Reise-Taschenbuch

oberbayern

Daniela Schetar

Senkrechtstarter

Wäre da nicht das Grün der Tannen und Spirken, könnte das nicht auch ein Südsee-Atoll sein? Zugegeben, die Voralpen dahinter passen nicht so recht, aber die Blau- und Türkisschattierungen der Osterseen sind durchaus fernwehtauglich. Nicht nur von oben betrachtet, aber vor allem so wird die Erdgeschichte dieser Landschaft greifbar: Die Toteislöcher, sprich: die Seen, sind Oberbayern von der letzten Eiszeit geblieben; früher war hier alles von Gletschern bedeckt. Aber so ist's mir ehrlich gesagt lieber.

Überflieger

Schutzengel im Dutzend
Eichstätt

Güldener Zweig mit magischer Kraft

Dollnstein
Auf den Kletterfelsen

Ingolstadt
Gruselig: Frankenstein!

Manching

Neuburg a. d. Donau
Der Pleite-Herzog

Wolnzach
Grünes Gold fürs Bayernbier

Waidhofen
Ein ungesühnter Mord

Schrobenhausen
Spargelland für Genießer

Freising
Beten & Brauen

Millionendorf?
München

Mittelaltermauerwerk und Dolcefarniente
Landsberg am Lech

Wo der ›Kini‹ ertrank
Starnberger See

Im Rokoko-Rausch
Wieskirche

Wessobrunn
Kloster & Naturkosmetik? Ja, klar!

Blau ist die Kunst –
Murnau
Kochel
und die Liebe

Wo die Millionen wohnen
Tegernsee

Neuschwanstein
Hier wohnt Cinderella

Höher geht's nimmer
Zugspitze

Schon mal eine Mittenwalderin gehört?
Mittenwald

Oberbayern — liebliches Voralpenland und schwindelnde Höhen! Mal eben drüberfliegen, von Ost nach West und von Nord nach Süd. Viel Berg und Tal, viele Seen, viel Urlaub!

Wo der Waldrapp brütet
Burghausen

Kunst am Inn
Wasserburg

Mast- und Schotbruch!
Chiemsee

Über eine Brücke musst du gehen
Laufen

Versailles war gestern
Schloss Herrenchiemsee

Salz im Überfluss
Bad Reichenhall

500 Bankerl und eine weise Frau
Aschau

Ein See wie gemalt
Königssee

Nationalpark Berchtesgaden
Schroffe Zacken, wilde Klammen

Querfeldein

Fundstücke — zwischen Hochkultur und Badeseen, zwischen Rokoko-Kircherln und Eisenbahnhallen

Blau ist die Sehnsucht

Blaues Land – die Region rund um Murnau vereint viele Charakteristika Oberbayerns: eine Kleinstadt mit wunderbar intaktem Altstadtkern, reizvolle Badeseen, Rokoko-Orgien in Klöstern und Kirchen, geheimnisvolle Moorlandschaft und kühne Voralpengipfel. Und dank Gabriele Münter auch die Spuren, die die Maler des Blauen Reiters hinterlassen haben.

München kriminell

Antiquitätenhändler Wilhelm Gossec ist definitiv ein Antiheld und ständig gerät er aus einem Schlamassel in den nächsten. München zeigt in den Krimis von Max Bronski seine nicht leuchtende Seite: Es geht um die kleinen Leute, um Immobilienhaie, rassistische Polizisten, Mafia-Banden. Und da dies alles vor der Kulisse der bayerischen Landeshauptstadt und ihres Umlandes spielt, könnten die Krimis glatt als Reiseführer durchgehen (Kunstmann Verlag, Droemer Knaur).

Glück

Vor mir das Moos, auf dem Tisch ein Wurstsalat und hinter mir das »Ramsachkircherl«, eines der ältesten Gotteshäuser in der Gegend: Das ist die oberbayerische Dreifaltigkeit im Ähndl, dem Wirtshaus am Murnauer Moos.

Irgendwo ist immer ein See in der Nähe, ein großer mit Strandbad wie der Starnberger, ein kleiner mit Moorwasser wie der Große Ostersee oder ein Naturbad wie das bei Grainau am Samerberg. Ich liebe das Freibad in Utting am Ammersee mit seinem historischen Sprungturm. Mindestens einmal pro Sommer muss ich auch an den Murnauer Staffelsee – die Alpenkulisse ist zu schön!

Verzückung

Wie surreal kann Kirche sein? Außen Stuck und Hochzeitstorten-Rosé, innen majestätischer Barock unter einem atemberaubenden Deckenfresko. In Ingolstadt sprengt die Asamkirche Maria de Victoria jede Vorstellungskraft.

Alle Jahre wieder

Wenn die Rosenheimer Lokschuppen-Macher das Startzeichen geben, pilgern wir aus allen Ecken Oberbayerns in die beschauliche Innstadt, um zu sehen, was sie sich diesmal wieder ausgedacht haben. Denn die jährliche Ausstellung im Lokschuppen ist so spannend, dass einmal gucken gar nicht reicht. 2024 erobern antike und moderne Helden das alte Eisenbahn-Maschinenhaus. Sie dürfen gespannt sein.

Zuzeln oder schneiden?
Darüber, wie Weißwürste zu essen sind (saugen oder schneiden), kann man streiten. Aber dass man sie als Nicht-Oberbayer zumindest einmal probieren sollte – mit süßem Senf natürlich –, da sind sich alle einig.

»Ich finde den Heimatbegriff ganz schwierig.« (Christian Stückl, Regisseur der Oberammergauer Passionsspiele)

Kunst im Quadrat

Zeitreise durch das knapp 2,5 km² große Münchner Museumsareal: Einstieg im pharaonischen Ägypten, dann die griechische Klassik auf dem Königsplatz, weiter zu den Alten Meistern. Von den Blauen Reitern im Lenbachhaus ziehen Sie zu Joseph Beuys und Damien Hirst in der Pinakothek der Moderne oder dem Museum Brandhorst. Spätestens jetzt ist Zeit für eine Pause von der Hochkultur. Im Sommer stellt Tausendsassa Daniel Hahn seine Minna Thiel, einen ausrangierten und mit Graffiti bemalten Schienenbus, als mobile Kneipe und kleine anarchische Oase vor den Riegel der Filmhochschule. Perfekt.

Inhalt

Vor Ort

München und Umgebung 14

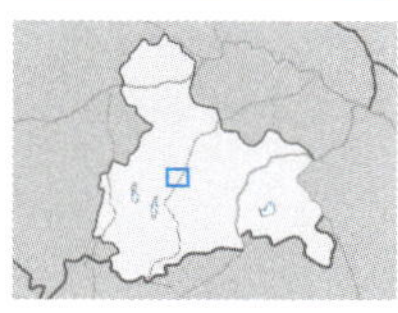

Da müssen die Maler schon mit der Hebebühne ran, um die weiß-blauen Rauten auszubessern: Knapp 40 m misst dieser Maibaum in der Gemeinde Eurasburg im Loisachtal. Traditionell ist er mit den Wappen- und Zunftschildern des Ortes geschmückt.

Nördliches Oberbayern 46

Zwischen Starnberger See und Lech 68

Pfaffenwinkel und Blaues Land 100

Im Schatten der Zugspitze 124

Vom Tölzer Land bis zum Inn 148

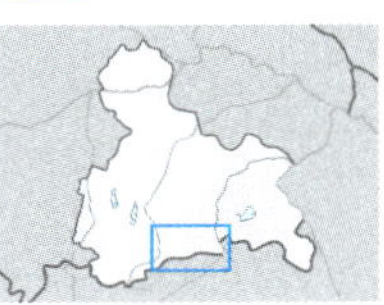

Chiemgau 178

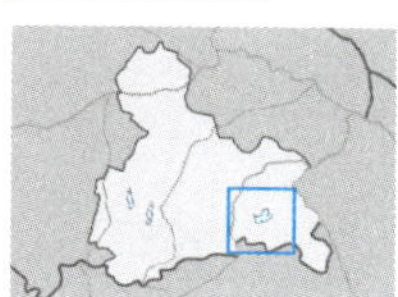

Berchtesgadener Land und Rupertiwinkel 210

Das Kleingedruckte

Das Magazin

Vor

Ort

Man muss ja nicht immer so hoch hinaus wie diese Kletterer im Karwendel. Auch in sanfteren Lagen macht das Wandern Spaß.

München und Umgebung

Hochkultur und Gemütlichkeit — sind hier keine Gegensätze, und da und dort weht sogar ein alternatives Lüftchen.

Seite 20

Frauenkirche

Am Wahrzeichen der Stadt müssen sich alle Gebäude messen – was die Höhe betrifft! Überdies punktet es mit Gotik in Vollendung, und im Innern erinnert der Teufelstritt an einen seltsamen Pakt.

Seite 23

Café Bellevue di Monaco

Leckeres Essen mit einem Schuss Exotik, günstige Preise und eine multikulturelle Atmosphäre – das Bellevue ist nicht nur Café, sondern auch eine wunderbar funktionierende Flüchtlingsinitiative in einem ehemaligen Abrisshaus.

Surfen in München? Auf der Eisbachwelle beim Haus der Kunst.

Seite 26, 37

Fräulein Grüneis

Gäbe es den Kiosk bei der Eisbachwelle nicht, wo sollten wir dann hin nach Radltour oder Spaziergang durch den Englischen Garten?

Seite 30

An der Isar entlang

… und Sie verfehlen weder den besten Biergarten noch die coolsten Kiesbänke.

Seite 32

Museumsareal

Museen-Hopping durch die Kunstgeschichte von Dürer bis Koons und ins Alte Ägypten.

Seite 37

Biergärten

Das Schöne ist: Die Brotzeit darf man sich auch selbst mitbringen, Getränke und die üblichen Highlights bayerischer Küche wie Würstl, Haxe und Co. gibt's vor Ort. Die Auswahl ist groß – von zentral über lauschig bis weit draußen.

Seite 38

Die Fünf Höfe

Äußerlich elegant und zeitlos, im Innern Shopping, Kunst und Genießen – die vom Architekturbüro Herzog und de Meuron entworfene Passage zu entdecken, macht richtig Spaß.

Seite 41

KZ-Gedenkstätte Dachau

Das Grauen, geronnen im Schriftzug »Arbeit macht frei«, vor den Toren der »Hauptstadt der Bewegung«.

Seite 44

Alte Utting

Schiff ahoi! Dieser Ausflugsdampfer liegt zwar auf dem Trockenen, ist aber trotzdem ein Unterhaltungsdampfer erster Güte: Konzerte, Biergarten, Bio-Essen und tolle Stimmung!

Urbanität und Natur finden im Werksviertel zusammen. Wo früher Kartoffelknödel gerollt wurden und später Europas Jugend tanzte, weiden nun Schafe auf dem Hochhausdach (werksviertel.de).

»Ich bin diese aggressive Gemütlichkeit gewohnt, hier ist alles auf eine wohltuende Weise fad.« (Regisseur Helmut Dietl in einem Spiegel-Interview vom 16. Januar 2012)

Millionendorf?

D

Dass München häufig als Dorf tituliert wird, verdankt es dem angeblich so gemächlichen Lebensstil seiner Bevölkerung. Die nämlich verbringt ihre Freizeit am liebsten im Biergarten, im Englischen Garten und an der Isar, die die Stadt wie ein grüner Lindwurm von Südwesten nach Nordosten durchzieht. Klischee oder Wirklichkeit? Beides. München ist eine sehr entspannte Großstadt mit vielen grünen Oasen. Urbanes Flair kommt nur punktuell auf, zumindest städtebaulich. Die wenigen Hochhäuser dürfen nicht höher sein als die Türme der Frauenkirche. Übrigens war diese Beschränkung das Ergebnis eines Volksentscheids und bindet die Bauwut in der Innenstadt seit 2004.

Die Höhe ist gedeckelt, nicht aber die Mieten, und die schießen in München durch sämtliche Decken. Das Thema ist Dauerbrenner, doch alle Diskussionen ändern nichts daran, dass, wenn gebaut wird, auch ordentlich geklotzt wird: 22 000 € kostete ein Quadratmeter Wohnung im schicken »The Seven« im Gärtnerplatzviertel. So besitzt München zwei Gesichter, das des ungehemmten Protzens und das der bierseligen Gemütlichkeit. Und irgendwo zwischen diesen Extremen steckt auch eine kleine kreative Szene, die der Stadt ihren Charme beschert, mit Projekten wie der Alten Utting, dem Stadtstrand und im Kollektiv geführten Kneipen.

O

ORIENTIERUNG

Reisekarte: E–G 6–9
Internet: www.muenchen.travel (Tipps, Aktivitäten, Unterkunft, Sehenswürdigkeiten); www.muenchen.de (offizielles Stadtportal); www.munichx.de (Veranstaltungen, Essen, Kino, Clubs)
Ankommen und Parken: In der Umweltzone und auf dem Mittleren Ring sind nur Fahrzeuge der Schadstoffklassen Euro 4 und 5 sowie Diesel-Kfz ab Euro 5/V zugelassen (grüne Plakette beantragen z. B. unter www.umweltplakette.org oder vor Ort beim TÜV). Im gesamten Innenstadtbereich gelten Parkbeschränkungen (Anwohnerparken, Parkuhren). Am besten parken Sie an einem der Park-&-Ride-Parkplätze außerhalb des Mittleren Rings.
Verkehr: U-Bahnen, Straßenbahnen, Busse und ein weit verzweigtes S-Bahn-Netz, z. B. zum Flughafen, ins Umland und zu nahen Ausflugszielen (www.mvv-muenchen.de)

München

Altstadt um den Marienplatz

Wo die Mönche lebten

Da sind Sie gleich mittendrin! Nicht nur im Herzen einer der teuersten Einkaufsmeilen Deutschlands, sondern auch am Puls der Geschichte. Münchens ›gute Stube‹, der **Marienplatz** ❶ mit dem Alten und dem Neuen Rathaus, schlägt einen Bogen von den frühen Anfängen der Stadt bis ins 20. Jh. Denn hier gleich um die Ecke befindet sich jenes **Petersbergl** ❷, an dem die städtische Geschichte mit den Mönchen, *ad munichen*, begann. Die zwischen 1278 und 1294 erbaute Kirche **St. Peter** auf dem Petersbergl ist im Kern romanisch und gotisch. Am barocken Hochaltar von Nikolaus Stuber (1730) sind die drei für Oberbayern so stilbildenden Epochen der Kunstgeschichte beispielhaft versammelt. Gekrönt ist er von einem gotischen Petrus aus der Hand von Erasmus Grasser (1517), ihm hat Egid Quirin Asam 1732 vier Kirchenväter beigestellt, deren Bewegtheit schon ins beginnende Rokoko verweist. Zum Abschluss tief Luft holen und über 306 Stufen auf den 92 m hohen Kirchturm des ›Alten Peter‹ klettern. Marienplatz und Viktualienmarkt sehen aus wie Puppenstuben von da oben.

St. Peter: Rindermarkt 1, alterpeter.de, U-/S-Bahnen zum Marienplatz, Kirche: 7.30–19, Turm: Sommer tgl. 9–19.30, Winter Mo–Fr 9–18.30, Sa/So 9–19.30 Uhr, letzter Einlass 30 Min. früher, 5 €

Zweimal täglich Hochzeit

Vom Turm der Peterskirche schauen Sie auch auf die Spitzen des neugotischen **Neuen Rathauses** hinunter, erbaut in der

Ein Tänzchen in Ehren – im Dianatempel im Hofgarten machen Salsa, Swing und Tango besonders viel Spaß.

München

Ansehen

1. Marienplatz
2. Petersbergl
3. Frauenkirche
4. St. Michael
5. Karlstor
6. Sendlinger Tor
7. Asamhaus und -kirche
8. Synagoge
9. Schrannenhalle
10. Alter Hof
11. Nationaltheater
12. Feldherrnhalle
13. Theatinerkirche
14. Siegestor
15. Englischer Garten
16. Olympiapark
17. Nymphenburger Schloss
18. Neuer Bot. Garten
19. Pfarrkirche Herz Jesu
20. Münchner Stadtmuseum
21. Jüdisches Mus. München
22. Museum of Urban and Contemporary Art
23. Valentin-Karlstadt-Mus.
24. Residenz
25. Deutsches Museum
26. Alte Pinakothek
27. Pinakothek der Moderne
28. Sammlung Brandhorst
29. Staatl. Mus. Ägypt. Kunst
30. Glyptothek/Antiken-sammlung
31. NS-Dokumentations-zentrum
32. Lenbachhaus

Schlafen

1. Cortiina

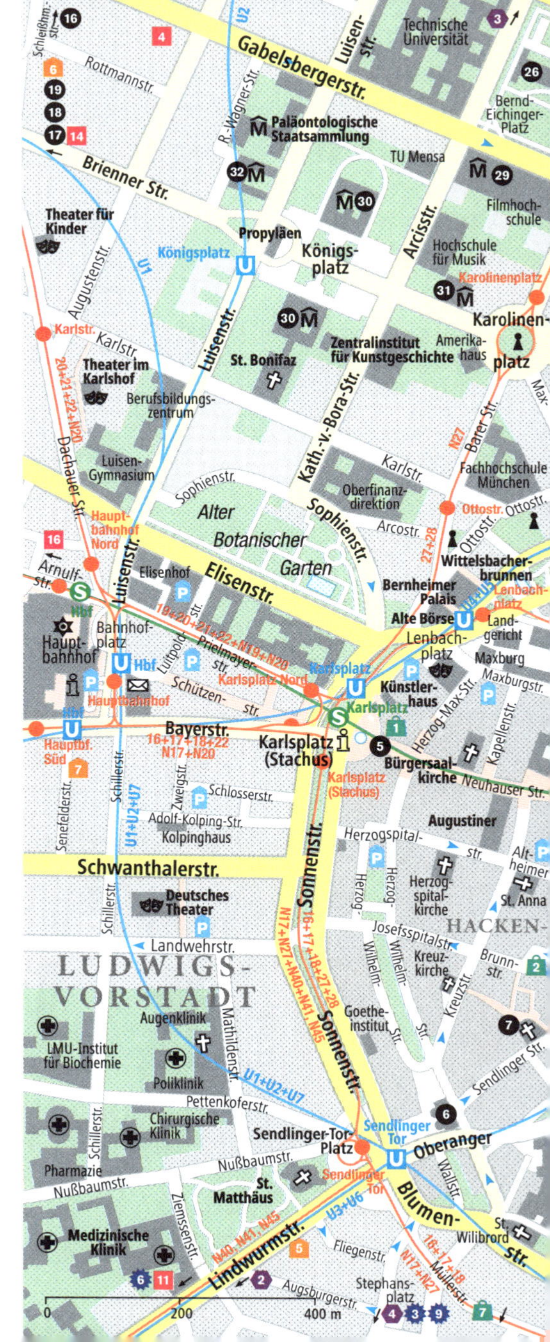

Neue Pinakothek
Pinakotheken
Theresienstr.
Türkenstr.
Amalienstr.
Schellingstr.
14
Ludwigskirche
4 15
19 20
Englischer
Garten
15
MAXVORSTADT
N40+N41
Walter-Klingenbeck-Weg
Mineralogische Staatssammlung
28
Barer Str.
27
Theresienstr.
Bayerische Staatsbibliothek
Kaulbachstr.
Ludwigstr.
Gabelsbergerstr.
Architektur-museum
Amalienstr.
St. Markus
Fürstenstr.
Rheinbergerstr.
Bayerisches Hauptstaatsarchiv
Königinstr.
Schönfeldstr.
Landeszentralbank
Schönfeldstr.
Japanisches Teehaus
Prinz-Ludwig-Str.
Oskar-von-Miller-Ring
SiemensForum
Hahnenstr.
U3+U6
Von-der-Tann-Str.
Glückstr.
Türkenstr.
Jägerstr.
Kardinal-Döpfner-Str.
Leuchtenberg Palais
Haus der Kunst
18
Brienner Str.
Finkenstr.
Prinz-Carl-Palais
Galeriestr.
Finkenstr.
Wittelsbacherpl.
Kunstverein
Deutsches Theatermuseum
Oberste Baubehörde
Sammlung Café Luitpold
Odeonspl.
6
2
Ottostr.
Platz der Opfer des Nationalsozialismus
Brienner Str.
F.-J.-Strauß-Ring
N40+N41+N45
IHK
Amirapl.
Odeonsplatz
Hofgarten
Bayerische Staatskanzlei
Seitzstr.
Unsöldstr.
Joseph-Str.
Maximiliansplatz
Literaturhaus
Jungfernturmstr.
8
13
Hofgartenstr.
Pilotystr.
Bruderstr.
Salvatorpl.
12
Herkulessaal
Münzsammlung
Sigmundstr.
Liebigstr.
Rochusbg.
Salvatorstr.
Akademie der Wissenschaften
Christophstr.
Rochusstr.
Prannerstr.
Viscardigasse
24
Bayer. Rotes Kreuz
Dreifaltigkeitskirche
KREUZVIERTEL
Erzbisch. Palais
Schatzkammer
Cuvilliés-Theater
U4+U5
St.-Anna-Str.
Kleine Komödie
Kard.-Faulhaber-Str.
Residenzmuseum
Marstallpl.
Theater im Marstall
Karl-Scharnagl-Ring
Seitzstr.
Pacellistr.
19+21+N19
Promenadeplatz
Hypo-Kunsthalle
Theatinerstr.
Max-Joseph-Platz
Residenztheater
St.-Anna-Kloster
Erzbischöfl. Ordinariat
5
Hartmannstr.
Residenzstr.
Nationaltheater
LEHEL
Maffeistr.
Theatinerstr.
Perusastr.
11
Marstallstr.
Wurzerstr.
Herzog-Rudolf-Str.
Löwengrube
ALTSTADT
Windenmacherstr.
Maximilianstr.
19+21+N19
Bürkleinstr.
Ettstr.
Polizeipräsidium
Schäfflerstr.
Schrammerstr.
Hofgraben
Alte Münze
Kammerspiele
4
Augustinerstr.
Albertg.
10
Falkenturmstr.
Regierung von Oberbayern
3
Liebfrauenstr.
Hofstr.
Pfisterstr.
Am Kosttor
6
Kammerspiele
2
Dt. Jagd- und Fischereimuseum
2
Sporerstr.
Neues Rathaus
GRAGGENAU
Maximilianstr.
Mazaristr.
Thiereckstr.
Weinstr.
Altenhofstr.
Platzl
Museum Fünf Kontinente
Kaufinger Str.
Dienerstr.
Burgstr.
Münzstr.
Am Platzl
3
10
Eck
Marienpl.
1
Sparkassenstr.
Orlandostr.
Neuturmstr.
Falckenbergstr.
Hildegardstr.
Färbergraben
Sattlerstr.
Marienplatz
Ledererstr.
Bräuhausstr.
VIERTEL
Hotterstr.
Fürstenfelder Str.
Rosenstr.
Marienpl.
Altes Rathaus
Maderbräustr.
1
Sprachschule
Hofstatt
9
Peterspl.
Spielzeugmus.
Hochbrückenstr.
Stollbergstr.
Knöbelstr.
22
Rosental
4
Pettenbeckstr.
Rindermarkt
St. Peter
2
S1-S4, S6-S8
Dürnbräug.
Herrnstr.
VIERTEL
Heiliggeistkirche
Heiliggeiststr.
Mariennstr.
Th.-Wimmer-Ring
Adelgundenstr.
Hackenstr.
Oberanger
Radlsteg
Küchelbäckerstr.
Tal
Sterneckerstr.
Pflugstr.
Lueg ins Land
Kanalstr.
Dultstr.
H.-Sachs-Str.
Rosental
3
Dreifaltigkeitspl.
Mannhardtstr.
20
Westenriederstr.
Isartorplatz
Mariannenpl.
Nieserstr.
Bier- und Oktoberfestmuseum
23
Kanalstr.
Mariannenpl.
St.-Jakobs-Pl.
5
Sebastianspl.
Zwingerstr.
Isartor
Isartor
Liebherrstr.
8
21
Prälat-Zistl-Str.
Frauenstr.
16
Oberanger
9
Utzschneiderstr.
Thierschstr.
Obermaierstr.
Klosterhofstr.
Corneliusstr.
Rumfordstr.
Isartor
Lanstr.
St. Jakob
Reichenbachplatz
Rumfordstr.
16+17+N17
Zweibrückenstr.
Liebherrstr.
Steinsdorfstr.
Angerkloster
Blumenstr.
Am Einlaß
Unt. Anger
Team-Theater
Reichenbachstr.
Reichenbachplatz
Klenzestr.
Aventinstr.
Baaderstr.
17+N17
17
1
Feuerwehrmuseum
Buttermelcherstr.
13
8
Corneliusstr.
Deutsches Patent- und Markenamt
Ludwigsbr.
Marionettentheater
Theklastr.
VORSTADT
Baaderplatz
7
7
16+17+N17
Gärtnerplatz
Kohlstr.
Morassistr.
Papa-Schmid-Str.
1
Müllerstr.
ISAR-
Staatstheater am Gärtnerplatz
Erhardtstr.
Dt. Museum
5
3
Europäisches Patentamt
4
Gasteig HP8
25
12
Müllerstr.
1

München Fortsetzung von Seite 18

2 Ritzi
3 Mariahilf
4 La Maison
5 Cocoon Sendlinger Tor
6 Laimer Hof
7 Wombat's

Essen

1 Café Bellevue di Monaco
2 Augustiner am Dom
3 Hofbräuhaus
4 Wirtshaus Maxvorstadt
5 Einstein
6 Tambosi
7 Spezlwirtschaft
8 OskarMaria/ Literaturhaus
9 Mural
10 Conviva im Blauen Haus
11 Goldmarie
12 BLITZ
13 Polka
14 Ruffini
15 Osterwaldgarten
16 Hirschgarten
17 Biergarten Muffatwerk
18 Fräulein Grüneis
19 Biergarten Chines. Turm
20 Aumeister

Einkaufen

1 Oberpollinger
2 Radspieler
3 Viktualienmarkt
4 servus.heimat
5 Die Fünf Höfe
6 Elly Seidl
7 Götterspeise

Bewegen

1 Müllersches Volksbad
2 Naturbad Maria Einsiedel
3 Alter Nordfriedhof
4 Alter Südfriedhof

Ausgehen

1 Glockenbachviertel
2 Rote Sonne
3 Gasteig HP8/ Philharmonie
4 Baader Café
5 Bergwolf
6 Strom
7 Unterfahrt
8 Muffathalle
9 Alte Utting

---

zweiten Hälfte des 19. Jh. Vielleicht dreht sich gerade das berühmte Glockenspiel im Rathausturm (tgl. 11, 12, im Sommer auch 17 Uhr), auf dem Wilhelm V. und Renata von Lothringen als bunt bemalte, bewegliche Kupferfiguren 1568 Hochzeit halten und zu ihren Ehren Turniere veranstaltet werden, während die Schäffler, also die Fassmacher, gegen die Pest antanzen. Mit 43 Glocken gehört es zu den größten Glockenspielen Europas. Das gotische **Alte Rathaus** schräg gegenüber wurde ab dem 14. Jh. gebaut, vollendet hat es der Dombaumeister Jörg von Halsbach im 15. Jh.

SÄULE UND KRIEG

S

Die **Mariensäule** in der Mitte des Marienplatzes wirkt doch eigentlich sehr friedlich. Dabei ließ sie ein Herzog aufstellen, der Maria so sehr verehrte, dass er sein Land in den Dreißigjährigen Krieg stürzte (s. S. 282).

Wo der Teufel sein Spiel verlor

Nun aber zum Allerheiligsten der Münchner, nicht nur was die Religion, sondern eben auch die maximale Höhe der Bebauung angeht. Der Liebfrauendom, meist **Frauenkirche** 3 genannt, scheint mit seinem machtvollen Körper die Innenstadt fast zu sprengen. Nahezu schmucklos ist die Ziegelfassade mit den beiden 99 und 100 m hohen Türmen, die Zwiebelkappen abschließen. So herrisch das Gotteshaus von außen wirkt, so schlicht und majestätisch ist es im Innern. 22 achteckige Säulen stützen das Sternrippengewölbe, alle Linien streben himmelwärts. Und von der Stelle, an der der Teufel angeblich seinen Fußabdruck hinterließ (›Teufelstritt‹), ist tatsächlich kein einziges Fenster zu erkennen. Baumeister Jörg von Haslach hatte dem Teufel eine fensterlose Kirche versprochen, würde er ihm helfen. Reingefallen! Hätte er das gehalten, müssten wir heute auf den Anblick der wunderbaren, aus dem 16. Jh. stammenden Glasfenster im Chor verzichten. Die Schutzmantelmadonna von Jan Polack (1500) wäre im Dunkeln dann wohl auch nicht zu sehen.

Frauenplatz 12, www.muenchner-dom.de, U-/S-Bahnen zum Marienplatz, Kirche: tgl. 8–20, Südturm (86 Stufen, dann Aufzug) Mo–Sa 10–17, So 11.30–17 Uhr, 7,50 €

Der herzlose König

Sollten Sie ›Kini‹-Fan sein, führt kein Weg an **St. Michael** ❹ vorbei. Unter dem lichten Renaissance-Bau haben sich 36 Wittelsbacher ihre Gruft eingerichtet, hier fand auch Ludwig II. seine letzte Ruhe. Sein Sarkophag ist dank der darauf platzierten Königskrone nicht zu übersehen. Auch frische Blumen liegen fast immer darauf – wir Bayern lieben unseren ›Kini‹. Obwohl er nicht komplett hier beigesetzt ist. Sein gebrochenes Herz wanderte in die Gnadenkapelle zu Altötting. Interessant ist auch ein Blick auf die Kirchenfassade: Neben dem Stifter Wilhelm V. – eben jenem vom Glockenspiel – stehen Statuen der heidnischen Agilofinger-Herzöge Otto, Theodo und Theodovalde sowie des ersten christlichen Herzogs Tassilo.

Maxburgstr. 1, www.st-michael-muenchen.de, U-/S-Bahnen zum Karlsplatz, Mo–Sa 7.30–19, So bis 22 Uhr, Gruft: Mo–Fr 10–12.30, 13–17.30, Sa bis 16.30 Uhr, 2 €

Kaufhaus mit Orientflair

Wenn Ludwig II. nicht so Ihr Ding ist, dann vielleicht der 1905 erbaute **Oberpollinger** 1? Münchens Antwort auf das KaDeWe in Berlin kann zwar nicht ganz mithalten, was die Exklusivität angeht, aber es ist schon ein sehr schickes Kaufhaus, in dem in den Sommermonaten ein gewisser Überhang an schwarz verhüllten Damen herrscht. Die Gäste aus den Emiraten sind nicht nur im Oberpollinger ein wichtiger Umsatzbringer; München lebt gut von arabischen Sommerfrischlern und Medizintouristen. Im Kaufhaus gibt es sogar einen muslimischen Gebetsraum. Und für alle anderen eine todschicke Feinkostabteilung im Obergeschoss, inklusive Aussichtsterrasse zum Chillen.

Neuhauser Str. 18, www.oberpollinger.de, U-/S-Bahnen zum Karlsplatz, Mo–Sa 10–20 Uhr

F

FAKTENCHECK

Einwohner: 1 590 218
Studierende: ca. 112 000
Bedeutung: Hauptstadt des Bundeslandes Bayern und des Regierungsbezirks Oberbayern
Auf den ersten Blick: geschäftig, zielstrebig, wohlhabend
Auf den zweiten Blick: geschäftig, aber mit Hang zum Posieren – und mit überraschenden Armutsecken
Besonderheit: Wirtschaftszentrum Bayerns mit 19 % der Wirtschaftskraft des Bundeslandes; Sitz von DAX-Unternehmen wie BMW, Allianz, Siemens; Messeplatz; hoher Freizeitwert durch das attraktive Umland (Voralpenland, Alpen)

Beim Stachus-Wirt

Ein Blick durchs **Karlstor** ❺ auf den **Stachus** – mehr muss nicht sein. Der Karlsplatz, wie er wirklich heißt, zählt zu den verkehrsreichsten Plätzen der Stadt, wenngleich der Stachusbrunnen als sommerliche Sprinkleranlage sehr beliebt ist. Stachus heißt er nach dem Wirt Matthias Eustachius Föderl, dessen Gasthof hier ab 1728 als »Stachus-Wirt« bezeugt war.

Nichts für Klaustrophobe

Das zweite Stadttor, das mit Efeu bewachsene **Sendlinger Tor** ❻, ist einen rund zehnminütigen Spaziergang entlang der Herzog-Wilhelm-Straße entfernt, die ziemlich genau dem Verlauf der abgerissenen Stadtmauer folgt. Dahinter beginnt die von Boutiquen und kleineren Geschäften gesäumte Fußgängerzone Sendlinger Straße, die zum Marienplatz zurückführt. Bei schönem Wetter stehen Tische und Stühle der Restaurants draußen, zwischen Blumenkübeln kann man sich auf Bänken und Stühlen niederlassen und die Shoppenden und Bummelnden beobachten. Oder aber ein Schatzkästchen besuchen, das sich als Kirche ausgibt. Die **Asamkirche** ❼ und das angrenzende **Asamhaus** sind wahre Kleinode des Hochbarock, obwohl man sich streiten kann, ob die feinen Ranken an der Fassade nicht doch eher dem Rokoko zuzuordnen wären. Eigentlich ist das Gotteshaus St. Johann Nepomuk geweiht, aber der Name der Stifter, Architekten und Ausstatter, der Brüder Egid Quirin und Cosmas Damian Asam (s. S. 269), hat sich im Volksmund durchgesetzt. Die Brüder Asam erbauten 1735 ein Wohnhaus, kauften dann das angrenzende Grundstück und setzten in Verhandlungen mit Bischof und Kurfürst durch, ihr privates Kircherl errichten zu dürfen. So zierlich es geriet, umso reicher wurde es ausgestattet. In dem kleinen, mit Stuckwerk und Skulpturen von Egid Quirin überfrachteten Raum entsteht beängstigende Enge. Aber da sind ja noch die illusionistischen Deckenfresken von Cosmas Damian, die den Blick befreit in den Himmel schweben lassen!

Asamkirche: Sendlinger Str. 34, www.erzbistum-muenchen.de, U-Bahn 1, 2, 7, Sendlinger Tor, Sa–Do 9–19, Fr 13–19 Uhr

Wie gut sind deine Zelte, Jakob!

Städtebaulich hat sich in München, das im Krieg ja heftig zerstört wurde, viel getan. An einigen Plätzen aber dauerte es verdammt lange, bis aus der Brache gestalteter Raum wurde. Am **St.-Jakobs-Platz** sind Sie an so einem Ort, mit dem historischen Zeughaus von 1500 (heute Stadtmuseum, s. S. 28) und, ihm gegenüber, dem **Jüdischen Kulturzentrum** mit Museum (s. S. 29), Hauptsynagoge, Kindergarten, Begegnungsstätte und Restaurant. Bis 2006 war der Platz kaum mehr als eine öffentliche Parkfläche. Seit Errichtung des Kulturzentrums wandelte er sich zu einem Ort, an dem man sich gerne aufhält, obwohl die Architektur der **Synagoge** ❽ in ihrer Verschlossenheit eher abwehrend wirkt. Aber sie ist symbolhaft: Der mit Travertinplatten verkleidete Quader steht für den ›Tempel‹, die über ihn hinausragende, fragile Struktur aus einem Fachwerkgerüst aus Stahlblech für das ›Zelt‹. Mit Glasplatten und einem feinen Metallnetz verkleidet, sorgt das Zelt für besondere Lichtverhältnisse im Innern.

Synagoge Ohel Jakob: St.-Jakobs-Platz 18, S-/U-Bahnen zum Marien-/Karlsplatz, Anmeldung zu öffentlichen Führungen, T 089 202 40 01 00, Termine unter www.ikg-m.de

Viktualien aus aller Welt

Was war das für ein Theater um die **Schrannenhalle** ❾! Die 1853 errichtete Eisen-Glas-Konstruktion war ursprünglich zur Lagerung des Getreides gedacht, 430 m lang und ein technisches Meisterwerk; doch bereits 1914 wurde sie überflüssig, abmontiert und eingemottet. 2005 wurden Teile der ›Schranne‹ als Einkaufsparadies mit Unterhaltungsprogramm wieder aufgebaut, und damit begann das Bäumchen wechsle dich. Die Betreiber gingen einer nach dem anderen pleite. Erst mit dem italienischen Delikatessenmarkt **Eataly** samt Erlebnisgastronomie scheint sich die Schranne zu rechnen (Viktualienmarkt 15, www.eataly.net, Mo–Sa 9–20 Uhr). Dabei mangelt es gleich nebenan

Lieblingsort

Gutes tun und Spaß haben – im Café Bellevue di Monaco

Heute gibt es Shakshuka mit Salat oder Süßkartoffel-Karotte-Erdnuss-Curry in meinem Lieblingscafé **Bellevue di Monaco** 1. Jedes Mal, wenn ich mittags im Bellevue einkehre, begebe ich mich auf kulinarische Weltreise von Syrien bis Eritrea. Die Preise? Mehr als günstig! Die Atmosphäre? Multikulturell, und man kommt schnell ins Gespräch. Aber von vorn: Die Initiative Bellevue di Monaco gründete sich 2015 auf dem Höhepunkt der ›Flüchtlingskrise‹, handelte der Stadt München ein leer stehendes und zum Abriss freigegebenes Haus an der Müllerstraße ab und errichtete in Eigenarbeit und mit Hilfe von Geflüchteten ein Sozialprojekt mit Wohnungen für junge Asyl-Bewerber, Asyl-Beratung, einem Kulturhaus und dem Café Bellevue di Monaco. Münchner und Geflüchtete besorgen hier das gastronomische Angebot, das so international ist wie die Herkunftsländer der hier arbeitenden Menschen. Solche Projekte muss man einfach unterstützen, und dieses hier bringt Spaß und Genuss (Müllerstraße 2–6, T 089 55 05 77 50, bellevuedimonaco.de/cafe, U-Bahn 2, Fraunhoferstraße, Tram 16, 17, Müllerstraße, Di–Fr 11–22, Sa 10–22 Uhr).

auf dem **Viktualienmarkt** 3 nicht an Leckereien aus aller Welt! Seit 1807 verkaufen die Stände an dieser Stelle Getreide, Obst, Gemüse und Spezereien, davor hielt man auf dem Marienplatz Markt. Kräuter, eingelegte Gurken und exotische Früchte duften um die Wette, und bei schönem Wetter finden im Biergarten ›Zugroaste‹ und Münchner bierselig zueinander. Die sechs Bronzebrunnen auf dem Markt erinnern an bekannte Münchner Volksschauspieler wie das Duo Karl Valentin und Liesl Karlstadt oder die Volkssänger Ferdl Weiß und Jackl Roider.

Vom Alten Hof nach Norden

Zum Hofbräuhaus

So richtiges Mittelalterflair stellt sich auch im **Alten Hof** 10 nicht ein, wenngleich sich historische Bausubstanz und moderne Architektur vorbildlich ergänzen. Hier residierten bis zum 16. Jh. die bayerischen Herzöge in ihrer Alten Veste und taten das, was als »Landesteilungen« in die Annalen einging. Je mehr männliche Erben da waren, die nicht miteinander auskommen konnten, desto kleinteiliger wurde das Herzogtum zersplittert. Die älteste Datierung des Alten Hofs stammt aus dem 12. Jh.; was heute sichtbar ist, Torturm, Affenturm und Burgstock, entstand im 15. Jh., als die Wittelsbacher bereits an der Neuveste, der Residenz, bauten. Der herzogliche Hühnerstall östlich der Alten Veste wurde 1589 abgerissen und an seiner Stelle ein Brauhaus errichtet, weil Herzog Wilhelm V., der vom Glockenspiel, genug hatte vom Brauereimonopol der Klöster. Im 17. Jh. zog es ans **Platzl** um, und da steht es, tausendfach besungen, bis heute: das **Hofbräuhaus** 3 (s. S. 35).

Flaniermeile und Provokateur

Wenige Schritte entfernt beginnt die feine Welt von Gucci, Prada & Co. auf der **Maximiliansstraße.** Die Straße sollte Mitte des 19. Jh. auf Wunsch König Maximilians II. die Residenz mit der Isar und dem dort in Sichtachse geplanten Prunkbau des Maximilianeums verbinden. Nach Entwürfen des Architekten Friedrich Bürklein entstand eine einheitliche Bebauung in historisierendem, teils auch neomaurischem Stil. Nobelboutiquen und -hotels haben sich in diesem eleganten Ambiente eingerichtet. Was war das für eine Aufregung, als der damalige Kammerspiel-Intendant Matthias Lilienthal – das renommierte Theater befindet sich ebenfalls hier – zum Einstand 2015 seine Shabbyshabby-Apartments zwischen auf der Maximilianstraße parkenden Luxuskarossen aufstellen und Freiwillige darin übernachten ließ! Vor den Kammerspie-

Eine Sonnenblume für Liesl Karlstadt, Karl Valentins treue Bühnenpartnerin

E

WIDER DEN MARMORNEN ERNST

Harmonisch im Geist der Antike plante Leo von Klenze den Platz vor der Oper, doch was im 19. Jh. mit Anklängen an die Renaissance Eleganz verströmte, empfinden viele Münchner heute als leblos. Pläne für die fußgängerfreundliche Umgestaltung und Begrünung liegen bereits in der Rathausschublade; 2025 sollen sich Passanten hier fühlen wie in König Ludwigs Wohnzimmer.

len war dies ein Zelt aus Altkleidern. Lilienthal eckte im konservativen München viel an, begeisterte aber auch. Beerbt hat ihn 2020 Barbara Mundel. Übrigens sind die **Kammerspiele** eines der schönsten Jugendstiltheater Deutschlands. Nicht nur wegen der künstlerischen Qualität, auch wegen der Architektur lohnt ein Theaterabend.

Wo die Welt noch in Ordnung ist

Auch vor dem **Nationaltheater** ⓫, Hauptsitz der **Oper** am Max-Joseph-Platz, stand ein Shabbyshabby-Apartment; eher ungemütlich, befand der Bewohner, weil so laut. Wahrscheinlich fand auch Max I. Joseph das Ganze ziemlich schräg: Der gerade König gewordene Kurfürst grüßt stolz erhobenen Hauptes auf seinem von Löwen getragenen Thron in Richtung Innenstadt und zeigt Münchens Opernhaus die kalte Schulter. Das Nationaltheater, 1818 errichtet und nach einem Brand durch Leo von Klenze 1823 wieder aufgebaut, sowie das **Residenztheater** als zweites bedeutendes Sprechtheater nebenan, bilden das bürgerlich-konservative Kontrastprogramm zu den Kammerspielen. Dazu passt die gesamte Platzgestaltung, gesäumt von der klassizistischen Fassade des Residenz-Komplexes (s. S. 29), die der in alles Antike verliebte Ludwig I. sich hier gewünscht hatte. Die Residenzstraße setzt, zumindest auf der die Residenz säumenden Ostseite, diesen majestätischen Stil nach Norden in Richtung Odeonsplatz fort. Gegenüber an der Westseite wechseln sich schicke und alteingesessene Geschäfte ab.

Ein Hoch auf die Armee …

Wo Residenz- und Theatinerstraße enden, prägt ein gewisser Hang zum Militarismus die so akkurat konzipierte Ludwigstraße: Das fängt schon mit der **Feldherrnhalle** ⓬ an, die nach Vorbild der Florentiner Loggia dei Lanzi zum Ruhme der bayerischen Armee 1844 errichtet wurde (Architekt Friedrich von Gärtner) und 1923 Schauplatz des misslungenen Putschversuchs von Adolf Hitler war.

… auf die Literatur …

Westlich der Feldherrnhalle widmet sich das **Literaturhaus** der Kunst der Sprache: Ausstellungen und Lesungen stellen Autoren vor – und damit es nicht beim geistigen Genuss bleibt, lädt die Brasserie **OskarMaria** 8 (s. S. 35) zur kulinarischen Nachlese.

Salvatorplatz 1, T 089 291 93 40, www.literaturhaus-muenchen.de, Öffnungszeiten und Eintritt je nach Veranstaltung

… auf Italien …

Wohltuend ist der Kontrast, für den die gelb leuchtende **Theatinerkirche** ⓭ schräg gegenüber mit ihren weichen, sinnlichen Linien des Barock sorgt. Im Innern weist François de Cuvilliés' Stuckausstattung bereits ins lichte Reich des Rokoko. Und weil wir uns hier definitiv in der nördlichsten Stadt Italiens befinden, darf auch ein entsprechendes Café mit Sonnenterrasse nicht fehlen. Das **Tambosi** 6 am Eingang zum Hofgarten wurde im 18. Jh. tatsächlich von einem Italiener gegründet und ist die Anlaufstelle für jene Bussi-Bussi-Münchner, die gerne im Rampen- oder zumindest im Sonnenlicht sitzen möchten.

… und die Pseudo-Renaissance!

Würden sie nach Norden stehen, blickten die Aperol-Sprizz trinkenden Gäste auf die **Ludwigstraße,** die Leo von Klenze nach König Ludwigs I. Vorstellungen als streng symmetrisches, weder durch Grün noch durch Denkmäler gestörtes Ensemble konzipierte. Ganz hat es zum Glück nicht geklappt, sonst hätten die Studierenden der hier angesiedelten Ludwig-Maximilians-Universität wenig Freude rund um ihre Alma Mater. Springbrunnen und Bäume schlichen sich ins Gesamtkunstwerk. Den Abschluss der 1000 m langen Straße bildet das **Siegestor** ⓮, 1849 ebenfalls zum Ruhme der Armee erbaut. Auf ihm hält die Patrona Bavariae, Bavaria mit einem Löwengespann, mit strengem Blick Wacht über die Leopoldstraße. Die Verlängerung der Ludwigstraße ist mit ihren Pappeln, den vielen Straßencafés, Läden und Kneipen zugleich ein lebhafter Kontrast. Von dort nach Osten geht's in den Englischen Garten.

Bei die Nackerten

Was wäre München ohne den **Englischen Garten** ⓯! Niemand könnte sich über Trommler, Kiffer und Nacktbader aufregen (rund um den Monopteros), Bootfahren und Biersaufen ginge auch nicht (Kleinhesseloher See, Chinesischer Turm), und ohne die internationale Eisbachsurfer-Szene und den Kult-Kiosk **Fräulein Grüneis** 18 (nahe Prinzregentenstraße) verschwände München gar von den Daten- und Fotohighways der Influencer! Insgesamt ist der bereits 1808 der Öffentlichkeit zugänglich gemachte Englische Garten zwischen Prinzregentenstraße im Süden und Oberföhring im Norden rund 5 km lang; der nördliche Teil jenseits des Mittleren Ringes ist ruhiger und naturbelassener, hier kann man sogar noch vor Hasen und Rehen erschrecken. Ganz am nördlichen Ende lockt das Wirtshaus **Aumeister** 20 mit Biergarten und bayerischem Restaurant an den Wochenenden Heerscharen von Ausflüglern unter seine alten Kastanien (Karte 4, C 2).

Im Westen Münchens

Auf die sportliche Tour

Dass der **Olympiapark** ⓰ ursprünglich mal als Flugplatz diente, bevor man hier den Weltkriegsschutt ablud und die Hügellandschaft formte, wissen heute die wenigsten Münchner. Spektakulär ist die Architektur der Sportstätten (Behnisch & Partner), die für die **Olympischen Sommerspiele 1972** errichtet wurden, und noch heute gilt das 75 000 m² messende **Zeltdach** aus Stahl und Acryl, das Architekt Frei Otto entwarf, als architektonisches Meisterstück. Vom 290 m hohen Olympiaturm bzw. von der 190 m hoch gelegenen Aussichtsplattform blickt man bei Föhn auf das typische München-Panorama und glaubt die Alpen zum Greifen nah. Nach Norden beherrscht die futuristische Glaskonstruktion des Auslieferungszentrums **BMW-Welt** (www.bmw-welt.com, Mo-Sa 7.30–24, So 9–24 Uhr) den Ausblick; am Horizont ist der »Schwimmreifen«, wie die Allianz-Arena abfällig genannt wird, zu erkennen.

45 Jahre dauerte es, bis die Stadt endlich einen **Erinnerungsort Olympia-Attentat 1972** schuf. Er gedenkt der elf israelischen Sportler, die die palästinensische Terrorgruppe Schwarzer September während der Spiele als Geiseln nahm und ermordete.

Spiridon-Louis-Ring 21, T 089 306 70,
www.olympiapark.de, U-Bahn 3, 8,
Olympiazentrum

Das weit geschwungene Dach über dem Olympiagelände überqueren Abenteuerlustige, Architekturinteressierte und Schwindelfreie mit Guide und Karabinerhaken.

Besuch bei den Königlichen

An manchen Tagen, wenn internationale Besuchermassen zum **Nymphenburger Schloss** ⓱ strömen und man vor lauter Selfie-Sticks die Bäume nicht mehr sieht, frage ich mich, warum es mich immer wieder hierherzieht. Ich liebe nicht so sehr das Schloss, sondern den Park, und zwar seine beiden Gesichter: das akkurate Parterre mit in Reih und Glied gepflanzten Blümchen, Springbrunnen und antiken Heroenstatuen wie auch den Landschaftspark mit seinen mäandernden Wegen, die zu Pavillons und Schlösschen führen. Zum zierlichen Jagdschloss **Amalienburg** (1739), zur **Badenburg** mit beheizbarem Wasserbecken (1719), zur romantischen **Magdalenenklause,** einer künstlichen Ruine mit Muscheldekor (1725), und zur **Pagodenburg** (1719) mit fernöstlicher Ausstattung. Zu jeder Jahreszeit ist es hier anders und besonders schön im Herbst mit gold gefärbtem Laub oder im Winter, wenn die Kanäle zufrieren und auf den Bäumen Raureif glitzert. Wissen Sie, was ein Aha ist? Die künstlich angelegten Sichtschneisen nach Westen! Sie erlaubten Königs den von Schlossmauern unverstellten Blick in die Landschaft!

Dass aus einer Ansammlung von Einzelbauten ab 1663 eine der weitläufigsten und geschlossensten Schlossanlagen Europas werden konnte, ist u. a. Joseph Effner und François de Cuvilliés zu verdanken. Wunderbare Gemälde und Fresken von Johann Baptist Zimmermann sind im Innern, so im berühmten Steinernen Saal, zu besichtigen. Legendär ist die **Schönheitengalerie** Ludwigs I., für die ab 1823 Ludwig Stieler 35 hübsche Münchnerinnen porträtierte, darunter Ludwigs Flamme Lola Montez. Irgendwo

K

KAFFEEPAUSE BEIM KOLLEKTIV

Gut gehalten Leute! Vor gut 40 Jahren begann die Geschichte des **Ruffini** 14 mit acht Gründerinnen und Gründern, selbst verwaltet und ohne Hierarchien. Heute zählt es 26 Gesellschafter und nach wie vor keinen Chef. Zum Café-Restaurant gehören ein Laden und eine Konditorei, weshalb das Ruffini nicht nur für sein italienisch angehauchtes Speisenangebot, sondern auch für köstliche Kuchen bekannt ist. Und für die herrliche Terrasse! (Karte 4, C 2, Orffstr. 24, T 089 16 11 60, www.ruffini.de, Mi–So 10–24, Di ab 18 Uhr)

in diesen Räumen tat am 10. März 1864 der Baby-Ludwig II. seinen ersten Schrei.

Schloss Nymphenburg 1, T 089 17 90 80, Tram 17, Nymphenburg, April–Mitte Okt. 9–18, sonst 10–16 Uhr, 8 €, Parkschlösschen im Winter geschl.

Blütenrausch

Durch eine Pforte in der nördlichen Mauer des Schlossparks gleich hinter der Magdalenenklause spaziere ich meist noch in den **Neuen Botanischen Garten** 18 und lande als Erstes in meiner geliebten Farnschlucht. Wenige Schritte weiter explodieren im April/Mai die Blüten im Rhododendrenhain. Die 20 ha große Gartenanlage hält eine Vielzahl botanischer Attraktionen bereit, es gibt dekorative Beete mit Zier- und Nutzpflanzen und die historischen Gewächshäuser. Die hebe ich mir für den Schluss auf, für eine Weltreise durch die Pflanzengesellschaften unseres Globus.

Haupteingang Menzinger Str. 65, www.botmuc.de, Tram 17, Winter 9–16, Sommer 9–18, Gewächshäuser bis 17 Uhr, 5,50 €

Symbolik des Kreuzes

Wenn sonntags an warmen Abenden die monumentalen und doch zugleich so filigran wirkenden Glastore der **Pfarrkirche Herz Jesu** 19 geöffnet werden, ist die Wirkung dieses außerordentlichen Baus am intensivsten. Er besteht aus zwei Quadern: dem aus Glas errichteten, äußeren Kubus mit den blauen Toren und einem aus Ahornlamellen aufgebauten, inneren Kubus, den ein schlichtes Kruzifix schmückt. 14 m hoch und aus blauen Glasplättchen zusammengesetzt, sind die offenen Torflügel eine blau schimmernde Einladung zum Betreten des Gotteshauses. Der Symbolik des Baus liegt die Passion Christi zugrunde. Das Kreuz, die Nägel, die Wundmale, Tod und Auferstehung sind in den Details präsent. Als nicht-christlicher Besucher mag man sich von diesem Rückgriff auf Leid und Schmerz irritiert fühlen. Doch jeder, ob christlich gläubig oder nicht, kann in diesem Gotteshaus eine ästhetisch faszinierende und sehr überzeugende Umsetzung dieses zentralen Themas erspüren und nachvollziehen.

Lachnerstr. 8, www.herzjesu-muenchen.de, Tram 12, Neuhausen, tgl. 8–19 Uhr, Winter So 18, Sommer 19 Uhr »Offene Tore in Herz Jesu« mit besinnlichen Texten und Musik

Museen

Die geheimnisvollen Tänzer

20 **Münchner Stadtmuseum:** Die Körper zu bizarren Pirouetten verdreht, Schellen in der Hand, Turban auf dem Kopf, dunkle Haut, expressiver Ausdruck, wie ihn die ausgehende Gotik nicht kannte – wen stellen sie dar? Die Moriskentänzer von Erasmus Grasser geben bis heute Rätsel auf. 1480 wurde er, den die Schnitzerzunft als »unfridlicher, verworner und arcklistiger knecht« bezeichnete, für 16 Figuren bezahlt, die er für den Tanzsaal im (heutigen) Alten Rathaus angefertigt

hatte. Zehn Tänzer sind noch erhalten und schmücken den Moriskensaal im Stadtmuseum, in dem es im Rahmen der Ausstellung »Typisch München« auch um die Gründung Münchens geht. Ebenfalls nicht verpassen: das historische Stadtmodell von Jakob Sandner und den wundervollen Innenhof des Stadtcafés.

St.-Jakobs-Platz 1, www.muenchner-stadtmuseum.de, U-Bahn 3, 6, Marienplatz, Di–So 10–18 Uhr, 7 €; Stadtcafé, T 089 26 69 49, stadtcafe-muenchen.de, Di–Sa 10–23, So 11–18 Uhr, €

München aus jüdischer Sicht

㉑ Jüdisches Museum München: Stimmen, Orten, Zeiten folgen die Installationen in dieser kleinen, aber anschaulich gestalteten Ausstellung durch das jüdische München. Jeder einzelne Abschnitt birgt Überraschendes, oft auch Trauriges und manchmal Überzeichnet-Fröhliches wie die Comics, die die Rückkehr jüdischen Lebens nach 1945 thematisieren. Am besten am Vormittag besuchen und mit einem koscheren Mittagessen im **Einstein** 5 (s. S. 35) beschließen.

St.-Jakobs-Platz 16, www.juedisches-museum-muenchen.de, U-Bahn 3, 6 Marienplatz, Di–So 10–18 Uhr, 6 €

Immer für eine Überraschung gut

㉒ Museum of Urban and Contemporary Art: Großer Name für eine relativ kleine Ausstellung zum Thema Street Art – aber die ist wirklich toll, und Themen und Exponate wechseln häufig. Die Sammlung des Museums besitzt u. a. zahlreiche Werke von Banksy, die auch als Teil der regelmäßig wiederkehrenden (und immer neu zusammengestellten) Show »Urban Fine Art« gezeigt werden, dazu gesellen sich Arbeiten von D*face, KAWS, Os Gêmeos oder Shepard Fairey. Das kreativ dazu passende Restaurant im Haus heißt **Mural** 9 (s. S. 35).

Hotterstr. 12, www.muca.eu, U-Bahn 3, 6, Marienplatz, Mi–So 10–18, Do bis 20 Uhr, 9 €

Wortwitz-Anarchie im Isartor

㉓ Valentin-Karlstadt-Musäum: Hier finden Sie den Nagel, an den Karl Valentin seinen Beruf hängte, ebenso wie die geschmolzene Eisplastik. Entweder der Humor des Komikers Karl Valentin (1882–1948) und seiner kongenialen Partnerin Liesl Karlstadt (1892–1960) schlägt ein, oder Sie flüchten ganz nach oben ins urgemütliche **Turmstüberl,** wo's Weißwürste, Leberkäs, Kaffee und Kuchen sowie Veranstaltungen wie das Turmsingen einmal im Monat gibt.

Im Tal 50, www.valentin-musaeum.de, S-Bahn Isartor, Do–Di 11–18, So ab 10 Uhr, 2,99 €

Hochherrschaftliches Labyrinth

㉔ Residenz: Selbst alteingesessene Münchner verlaufen sich in den Gängen, Sälen und Höfen dieses Prachtbaus, an dem ab dem ausgehenden 14. Jh. bis ins 19. Jh. gewerkelt wurde. Ihre prächtige Ausgestaltung verdankt die Residenz Wilhelm V. und Maximilian I., die ihren besten Renaissance-Baumeister, Hans Simon Reifenstuel, und für die Innenausstattung Peter de Witt, auch unter dem Namen Candid bekannt, im 16. Jh. all ihre Talente entfalten ließen. Im 18. Jh. entwarf François de Cuvilliés für Kurfürst Max III. Joseph das nach dem Architekten benannte Rokoko-Theater – eine Theaterpuppenstube par excellence! Kommt ein hoher Staatsgast nach München, tafelt er mit dem bayerischen Ministerpräsidenten im Antiquarium, das zusammen mit den Reichen Zimmern, dem Miniaturenkabinett, den Königsbauapartments, den Silberkammern und dem Kaisersaal das Residenzmuseum bildet, eines prunkvoller als das andere. Man kann, muss es aber nicht gesehen haben. Das Cuvilliéstheater hingegen, das ist ein echtes Sahneschnittchen. Die Zeit sollten Sie sich nehmen!

Residenzstr. 1, www.residenz-muenchen.de, U-Bahn 3, 6, Marienplatz oder Odeonsplatz; Residenzmuseum (9 €) und Schatzkammer (9 €): April–Mitte Okt. 9–18, sonst

TOUR
Münchner Sommer-Sonntagsausflug

Immer an der Isar entlang

Infos

Karte 3, R–U 12–15; Karte 4, C 3

Start:
Prinzregentenstr. 1, Haus der Kunst

Ziel:
Flaucherinseln

Länge:
7 km in eine Richtung

Dauer:
mindestens ein halber Tag

Von der Innenstadt an den Flaucher zu radeln, gehört wohl zu den beliebtesten Wochenendausflügen in München. Das geht (fast) zu jeder Jahreszeit, aber am schönsten ist es natürlich im Sommer, wenn das Sonnenbad auf einer Kiesbank, der Sprung in die eiskalte Isar oder eine deftige Brotzeit im Biergarten den krönenden Abschluss bilden. Ein Rad leihen Sie am bequemsten bei den städtischen MVG-Mieträdern (s. S. 39). Nur ein Tipp: Die Stationen in Isarnähe sind meistens leer!

Attraktive Stopps

Starten Sie am **Haus der Kunst** (Prinzregentenstr.1, hausderkunst.de, Mi–Mo 10–20, Do 10–22 Uhr, Eintritt je nach Ausstellung) mit wechselnden Kunst-Schauen internationaler Kreativer. Gleich daneben befindet sich die **Eisbachwelle,** eine der berühmtesten Münchner Attraktionen. Stadtsurfer sind hier zu jeder Tages- und Nachtzeit sommers wie winters zugange, zum Entzücken des zahlreichen Publikums. Anfänger dürfen allerdings nicht mitmachen – die Szene ist ein bisschen elitär. Das Rad in Richtung Isar schiebend (weil Sie sonst gegen die Fahrtrichtung fahren müssten), passieren Sie das **Bayerische Nationalmuseum** mit Ausstellungen zu Kunstgeschichte, Krippen, Skulptur etc., vor allem aber mit dem berühmten **Love-Hate-Schriftzug** von Mia Florentine Weiss davor (www.bayerisches-nationalmuseum.de, Di–So 10–17, Do 10–20 Uhr, 7 €). Selfie gefällig? Sie müssen's ja nicht gleich posten.

Gen Süden
Dann geht's auf die andere Straßenseite, aufs Rad und weiter Richtung Isar, die Sie auf der **Luitpoldbrücke** mit Blick auf den güldenen **Friedensengel** überqueren, übrigens einer der besten Aussichtspunkte fürs Silvesterfeuerwerk. Dann geht es gleich bergab in die **Maximiliansanlagen** und an der Isar entlang gen Süden.

Und immer lockt ein Biergarten …
Unterhalb des **Maximilianeums,** in dem der bayerische Landtag berät, passieren Sie die Praterinsel, kommen dann am **Muffatwerk** (s. S. 37) vorbei (lassen sich aber keinesfalls vom dortigen Biergarten verführen), wechseln kurz auf die Zeppelinstraße, um die Museumsinsel mit dem **Deutschen Museum** (s. S. 32) zu umfahren, und kehren an der Corneliusbrücke zurück in die Isarauen. Voraus tauchen die Brückenpfeiler des Mittleren Ringes auf, den sie unterqueren und wo Sie schon bald, sich leicht rechts haltend, auf die beliebte **Gaststätte Zum Flaucher** mit noch viel beliebterem Biergarten stoßen (Isarauen 8, www.zumflaucher.de, tgl. 12–23.30 Uhr).

Endlich ins Wasser springen
Aber Sie wollen ja baden, deshalb lassen Sie den Biergarten erst einmal links liegen, radeln bis zur Schinderbrücke und dann am Isarwehrkanal nach Süden. Schon tauchen sie auf, die **Flaucherinseln.** Und meist sind sie auch schon gut besetzt, wenn Sie nicht gerade frühmorgens aufgebrochen sind. Ein Badeplatz ist trotzdem schnell gefunden, und dann nichts wie rein in den Fluss. Nach ausgiebigem Genuss von Wasser und Sonne kommt auf dem Rückweg der Biergarten gerade recht. Nur nicht übertreiben mit dem Bier! Es sind noch 7 km bis zum Ausgangspunkt.

10–17 Uhr, zusammen 14 € (letzter Einlass jeweils 1 Std. früher); Cuvilliéstheater: April–Juli, Mitte Sept., Okt., Mo–Sa 14–18, So 9–18, Aug.–Mitte Sept. tgl. 9–18, sonst Mo–Sa 14–17, So 10–17 Uhr, 5 €, Residenz gesamt: 13 €

Technik zum Anfassen

25 Deutsches Museum: Sie wollten schon immer erleben, wie ein Faradayscher Käfig funktioniert? Wollten durch menschliche Zellen spazieren, den Sternenhimmel über sich rotieren sehen, im Bergwerk das Gruseln lernen und mit einem der vielen Knöpfe irgendein Experiment in Gang setzen? Hier sind Sie richtig! 1925 wurde mit dem Deutschen Museum auf der Isarinsel südöstlich des Zentrums nicht nur das damals weltgrößte Technische Museum eingeweiht, sondern auch ein neuartiges Museumskonzept präsentiert. Der in München geborene Ingenieur Oskar von Miller (1855–1934), Vater dieser Idee, wollte ein »Museum zum Anfassen«. Das ist, knapp ein Jahrhundert später, in die Jahre gekommen, weshalb jetzt überall geändert und umgebaut wird. Wer will denn heute noch über 18 000 Objekte bestaunen – hier und in den beiden Außenstellen Verkehrszentrum (Theresienhöhe) und Flugwerft Schleißheim (s. S. 42).

AUSSER BETRIEB

Viele Museen, viel Ärger. München musste 2018 eine seiner renommiertesten Sammlungen schließen: Die Neue Pinakothek mit europäischer Malerei und Skulptur des 19. Jh. bleibt mindestens bis 2025 zu. Ihre bekanntesten Werke werden im Wechsel in anderen Museen gezeigt – im Ostflügel der Alten Pinakothek und in der Sammlung Schack (Prinzregentenstr. 9, Mi–So 10–18 Uhr,4 €).

Wie das neue Konzept aussieht, lässt sich in den bereits umgebauten Abteilungen besichtigen.

Museumsinsel 1, T 089 217 91, www.deutsches-museum.de, S-Bahn Isartor, 9–17 Uhr, 15 €, wegen umfangreicher Renovierung immer wieder einzelne Abteilungen geschl., Infos auf der Website oder der Deutsches-Museum-App (gratis zum Herunterladen)

Museumsareal München

26 Alte Pinakothek: Was haben Albrecht Dürers »Vier Apostel« (1526), Leonardo da Vincis »Maria mit dem Kind« (1473), Rembrandts »Heilige Familie« (1633) und Giovanni Battista Tiepolos »Anbetung der Könige« (1753) miteinander zu tun? Sie sind Meisterwerke, ganz klar, und sie hängen in einem altehrwürdigen Bau, der 1836 nach Plänen Leo von Klenzes errichtet wurde, weil König Ludwig I. alles Schöne begeistert ausstellte.

Barer Str. 27, www.pinakothek.de, Tram 27, 28, Pinakotheken, Di 10–20, Mi–So 10–18 Uhr, 7 €

Eine Rotunde der Kunst

27 Pinakothek der Moderne: Vier Sammlungen des 20./21. Jh. – Kunst, Design, Architektur und Fotografie – unter dem Dach eines Museumsbaus von Stephan Braunfels. Die Werke namhafter Künstler wie Salvador Dalí, Pablo Picasso, Georg Baselitz, Andy Warhol, Joseph Beuys und Dan Flavin sind gekonnt in Szene gesetzt, denn die Lichtführung des Hauses ist vorbildlich.

Barer Str. 40, www.pinakothek.de, Tram 27, 28, Pinakotheken, Di, Mi, Fr–So 10–18, Do 10–20 Uhr, 10 €

Die hübsche Nebenbuhlerin

28 Sammlung Brandhorst: Mich persönlich spricht die Architektur des mit vielfarbigen Keramikstäbchen verblendeten Museumsbaus mehr an als der graue Beton der Pinakothek, aber das ist Geschmackssache. Hinter der bunten Fassade präsentiert die Sammlung von Udo und Anette Brandhorst ebenfalls Kunst des 20. und 21. Jh., darunter Werke von Andy Warhol, Cy Twombly und Damien Hirst.

Theresienstr. 35a, www.museum-brandhorst.de, Tram 27, 28, Pinakotheken, Di/Mi, Fr–So 10–18, Do 10–20 Uhr, 7 €

Abstieg zu den Pharaonen

29 Staatliches Museum Ägyptischer Kunst: Schon wieder erst mal das Thema Architektur. Wie ich finde, genial gelöst! Über eine Rampe gelangen Besucher, ebenso wie in pharaonischen Tempeln oder Pyramiden, in den Museumsbereich. In moderner Präsentation und klug erklärt gewinnen selbst unbedeutend scheinende Ausstellungsstücke an Ausdruckskraft.

Gabelsbergerstr. 35, www.smaek.de, Tram 27, 28, Pinakotheken, Di 10–20, Mi–So 10–18 Uhr, 7 €

Aufstieg in den Olymp

30 Glyptothek/Antikensammlung: Ganz München fieberte der Wiedereröffnung der Glyptothek entgegen – 2022 war es endlich so weit. Endlich konnte man wieder ins Museumscafé, die kriegerische Athena und den lasziven Barberinischen Faun bestaunen! Die Antikensammlung gegenüber versammelt Kunst und Alltag von Griechen, Etruskern und Römern. Ich finde die Ausstellung der Schmuckstücke einfach sensationell.

Königsplatz 3, www.antike-am-koenigsplatz.mwn.de, U-Bahn 2, 8, Königsplatz, Di–So 10–17 Uhr, beide Häuser 6 €

Blick in den Abgrund

31 NS-Dokumentationszentrum: Das Braune Haus, die Parteizentrale der NSDAP an dieser Stelle, zerstörten Bomben 1945, und es sollte bis 2015 dauern, bis in einem Neubau von Georg Scheel Wetzel Architekten eine Ausstellung zur Entstehung des Nationalsozialismus eröffnet werden konnte. Sie dokumentiert seine Menschenverachtung, sein Ende und die unzureichende Aufarbeitung in der jungen Bundesrepublik mit Schautafeln und erschütternden Einblicken in die Persönlichkeiten von Tätern und Opfern.

Auf den Grünflächen des Kunstareals kann man der Kunst auch mal entspannt den Rücken kehren.

Briennerstr. 34, www.nsdoku.de, U-Bahn 2, 8, Königsplatz, Di–So 10–19 Uhr, Eintritt frei

München leuchtet wieder

32 Lenbachhaus: Franz von Lenbach (1836–1904) ließ sich diese schlossähnliche toskanische Villa 1891 von Gabriel von Seidl erbauen. Darin sind seine prunkvollen Privaträume zu besichtigen, eine Vielzahl seiner Werke, vor allem aber eine exquisite Sammlung von Arbeiten der Künstlergruppe Blauer Reiter (s. S. 114), von Gabriele Münter, Alexej Jawlensky, Franz Marc und Wassily Kandinsky. Ein Hingucker ist der glänzende, mit goldenen Lamellen verkleidete Erweiterungsbau von Norman Foster. Sehenswert sind auch die vom Lenbachhaus verantworteten Sonderausstellungen im Kunstbau gegenüber.

Luisenstr. 33, www.lenbachhaus.de, U-Bahn 2, 8, Königsplatz, Di–So 10–18, Do bis 20 Uhr, 10 €

Schlafen

Zur Messe werden die Übernachtungspreise erhöht – und natürlich zum Oktoberfest, zu dem kurzfristig meist kein Zimmer zu bekommen ist.

Elegantes Domizil

1 **Cortiina:** Leder, Holz, Jura-Naturstein, dezentes Flair, eine viel gelobte Weinbar und schicke Gäste – das im Herzen der Altstadt gelegene Haus überzeugt mit einem guten Gefühl für Stil in jedem Detail.

Ledererstr. 8, T 089 242 24 90, www.cortiina.com, U-Bahn 3, 6 Marienplatz, 75 Zi., €€€

Weltreise im Doppelbett

2 **Ritzi:** Im edlen Bogenhausen, in einem wunderschönen Jugendstilhaus ohne Lift haben Sie die Wahl: Zimmerdesign lieber à la Marokko oder Tibet? Jogger freuen sich über die Isarauen vor der Türe, Gourmets über das beliebte Restaurant. Und alle anderen über den sehr individuellen Stil.

Maria-Theresia-Str. 2a, T 089 414 24 08 19, hotelmuenchen-ritzi.de, U-Bahn 4, 5, Max-Weber-Platz, 25 Zi., €€

Mit Münchner Charme

3 **Mariahilf:** Familiäre Atmosphäre, gemütliche Zimmer, Ruhe und vor der Tür eines der wenigen noch authentischen Viertel Münchens, die Au. Und gute Lage, das Deutsche Museum ist nur wenige Schritte entfernt. Aber: kein todschickes Design und Lifestyle-Blabla.

Karte 3, S 15, Lilienstr. 83, T 089 459 95 30, www.hotel-mariahilf.de, Bus 52, 62, Schweigerstraße, 23 Zi., €€–€€€

À la française

4 **La Maison:** Französisches Flair in Altschwabing. Mit dem Englischen Garten um die Ecke, der verspielt-eleganten Einrichtung, warmem Parkett und einer coolen Bar ist das »Haus« eine gemütlich-schicke Bleibe mit jeder Menge Unterhaltung und Restaurants drumherum.

Karte 3, T 8, Occamstr. 24, T 089 33 03 55 50, www.hotel-la-maison.com, U-Bahn 3, 6 Münchner Freiheit, 31 Zi., €€–€€€

Für den ewigen Hipster

5 **Cocoon Sendlinger Tor:** Wenn Sie kräftige Farben mögen und gerne unter kreativen Leuten sind, außerdem schicke, ein bisschen flippige Einrichtung schätzen, dann sind Sie hier richtig. Zudem stehen Ihnen alle Wege offen: Zu Fuß ist das hippe Glockenbach ebenso erreichbar wie die Shoppingmeilen der Innenstadt.

Lindwurmstr. 35, T 089 54 80 18 99 07, cocoon-hotels.de, U-Bahn 3, 6, Goetheplatz, 46 Zi., €€€

Romantik in Nymphenburg

6 **Laimer Hof:** Eines vorweg, das Hotel liegt nicht zentral, dafür aber nicht weit vom Nymphenburger Schloss. In den gediegenen Zimmern dieser Neorenaissance-Villa fühlt man sich auf Anhieb wohl, und wenn das Wetter schön ist, wird das Frühstück im Garten serviert. Verliebte buchen das Turmzimmer – soo romantisch!

Karte 4, B 2, Laimer Str. 40, T 089 178 03 80, www.hotellaimerhof.de, Bus 151, Hirschgartenallee, 23 Zi., €€

Unter Travellern

7 **Wombat's:** Die Stimmung macht's, und die ist hier (fast) immer gut und entspannt. Man muss ja nicht unbedingt im 10-Bett-Zimmer nächtigen. Die Doppelzimmer erlauben Privatsphäre, und trotzdem ist man immer mittendrin.

Senefelderstr. 1, T 089 59 98 91 80, www.wombats-hostels.com, U- und S-Bahnen zum Hauptbhf., 300 Betten in Dorms € und DZ €€

Essen

Gutes tun und Spaß haben

1 **Café Bellevue di Monaco:** s. S. 23

Bayerisch-gediegener Klassiker

2 **Augustiner am Dom:** Das Wirtshaus an der Frauenkirche ist einer von mehreren ›Augustinern‹ in der Stadt. Diesen hier schätze ich wegen seines kleinen, aber lauschigen Domgartens.

Frauenplatz 8, T 089 23 23 84 80, www.augustineramdom.de, U-Bahn 3, 6, Marienplatz, tgl. 10–24 Uhr, €–€€

Die Mutter aller Wirtshäuser

3 **Hofbräuhaus:** Einen Hauch Oktoberfest erhascht man in der bei Reisegruppen so beliebten Schwemme, bei Blasmusik und fröhlichem Geschunkel. Ruhiger geht es im Innenhofgarten zu oder im Bräustüberl im ersten Stock. Das Hofbräuhaus zu besuchen, ist wahrlich kein Muss, könnte aber überraschend viel Spaß machen.

Platzl 9, T 089 29 01 36 10, www.hofbraeuhaus.de, U-Bahn 3, 6, Marienplatz, tgl. 9–23.30 Uhr, €–€€

Das Vorstadt-Wirtshaus

4 **Wirtshaus Maxvorstadt:** Dieses Wirtshaus hat alles, was eine gute bayerische Wirtschaft haben muss: rustikales Mobiliar, ruppige Bedienung, hohen Lärmpegel, den besten Schweinebraten Münchens, richtig gute Stimmung. Geheimtipp: eine fast schon antike Kegelbahn im Keller, die man mieten kann.

Augustenstr. 53, T 089 95 49 35 26, www.wirtshaus-maxvorstadt.de, U-Bahn 2, Theresienstraße, Mi–Sa 17–24, So 11.30–23 Uhr, €€

Koschere Küche aus aller Welt

5 **Einstein:** Dass hier der Maschgiach jede einzelne Zutat darauf überprüft, ob sie koscher ist, mag nicht-jüdischen Gästen egal sein; aber was wirklich begeistert, ist die Speisenvielfalt, von Gefilte Fisch über Borschtsch bis Falafel. Auch das Mittagsmenü ist fein und preiswert.

Sankt-Jakobs-Platz 18, T 089 202 40 03 33, www.einstein-restaurant.de, U-Bahn 3, 6, Marienplatz, Mo–Do, So 12–14.30, 18–22, Fr 12–14.30 Uhr, Reservierung mind. 2 Tage vorher nur unter restaurant@ikg-m.de, €€

Bussi Bussi mit Sonnenterrasse

6 **Tambosi:** s. S. 25

Bayrisch für Hipster

7 **Spezlwirtschaft:** Die rustikale Wirtschaft serviert Bayernklassiker wie Gebackenes Hendl oder Altsendlinger Backfleisch, alles natürlich mit einem gewissen Pfiff stylish zubereitet. Daneben listet die übersichtliche Karte auch veganes Tartar oder Kohlrabischnitzel. Es ist gemütlich, laut und sehr angesagt, frei nach dem Motto: Wir sind bunt und manchmal laut (auch die Filiale in Sendling, s. Website).

Karte 3, U 15, Pariser Str. 34, T 089 44 99 29 99, www.spezlwirtschaft.me, S-Bahn und U-Bahn 5 Ostbahnhof, tgl. 17–24 Uhr, €€

Speisen mit Literaten

8 **OskarMaria:** Ob der Namenspate der Brasserie im Literaturhaus, Oskar Maria Graf, sich in den hohen, kühlen Räumen wohlgefühlt hätte? Eine urige Wirtschaft hätte er wohl vorgezogen. Ich hingegen genieße die lichte, luftige Atmosphäre und die feinen Gerichte aus allen Teilen der Welt, viele vegetarisch oder vegan.

Salvatorplatz 1, T 089 29 19 60 24, www.oskarmaria.com, Mo–Fr 11–22.30, Sa 10–23.30, So 10–18 Uhr, U-Bahn 4, 5 Odeonsplatz, €€

Im Street-Art-Museum

9 **Mural:** Joshua Leise und Johannes Maria Kneip setzen in schickem Industrie-Ambiente auf regionale, aufs Wesentliche reduzierte und sehr elegante Küche. Jeder

Völkerverständigung leicht gemacht – im Biergarten am Chinesischen Turm kommen sich Einheimische und Touristen näher. Im wahrsten Sinne des Wortes: Er ist immer gut besetzt.

Gang ein Genuss, jeder Wein (wenn mit Weinbegleitung bestellt) die perfekte Ergänzung. Auch ein 100 % veganes Menü wird serviert.

Hotterstr. 12, T 089 23 02 31 86, mural restaurant.de, U-Bahn 3, 6, Marienplatz, Di–Sa ab 19 Uhr, nur Menü, €€€

Eine Kantine mit Künstlerflair

10 Conviva im Blauen Haus: Bevor die Vorstellungen in den umliegenden Theatern beginnen, brummt es in diesem großen, kahlen Raum mit langen Holztischen und großen Glasfronten, und wenn die Vorstellungen vorbei sind, wieder. Dann lassen sich auch die Schauspieler und Regisseurinnen blicken – so viel zum Promi-Gucken. Zum Essen: kleine Auswahl, fast immer absolut fein, ungewöhnlich, regional, dazu gute Weine. Und: Conviva ist ein soziales Projekt, das Menschen mit Behinderungen Arbeit gibt. Also viele Gründe, das Blaue Haus zu besuchen.

Hildegardstr. 1, T 089 23 33 69 77, www.conviva-muenchen.de, U-Bahn 3, 6, Marienplatz, Mo–Fr ab 11, Sa/So 17–1 Uhr, €€

Besuch bei den Goldmaries

11 Goldmarie: Die Goldmarie ist zugleich Stadtteilkneipe und Restaurant. Lange, schlichte Holztische, ein paar Blumen und eine wunderbar kreative Küche vom Schweinsbraten bis zu fantasievollen Salaten und Pastagerichten sorgen rundum für Wohlbefinden. Im Sommer ist der Vorgarten ein Idyll!

Schmellerstr. 23, T 089 51 66 92 72, www.goldmarie-muenchen.de, U-Bahn 3, 6, Poccistraße, Di–Fr 12–15, 18–23, Sa 18–23 Uhr, €–€€

Der vegetarische Mexikaner

12 **BLITZ:** In der ehemaligen Kongresshalle des Deutschen Museums residieren der **Techno-Club BLITZ** und das gleichnamige vegetarisch-mexikanische Restaurant. Sandra Forster heißt eines der Münchner Multitalente, was Nachtleben und Gastronomie angeht. Im Restaurant bringt sie scheinbar Unvereinbares – vegetarische und mexikanische Küche – unter einen Sombrero. Und die Fangemeinde folgt ihr, isst und genießt, denn es schmeckt alles wirklich lecker. Fleisch? Wird überschätzt! Zumindest von den Mexikaner. Sie lebten viel gesünder, hätten auch sie eine Sandra.

Museumsinsel 1, T 089 380 12 65 60, www.blitz.restaurant, S-Bahn Isartor, Di–Sa 18–1 Uhr, €€

Auf ein Tänzchen ...

13 **Polka:** Retro ist angesagt in dem winzigen Haidhausener Lokal mit eng gestellten Tischen, das immer voll ist, denn in der Küche zaubert ein richtig Kreativer. Natürlich saisonal, regional, immer auch etwas Vegetarisches dabei. Nach dem Essen macht man an den Wochenenden Platz für späte Gäste und zieht um in die Bar darunter, ein sehr cooler und angesagter Ort.

Pariser Str. 38, T 089 89 06 83 91, www.polka-polka.de, S-Bahn Ostbahnhof, Di–Do 18–23, Fr/Sa bis 24 Uhr, Bar Do 19–1, Fr/Sa 20–2 Uhr, €€

Im Kollektiv

14 **Ruffini:** s. S. 28

Biergärten

Der Kleine in Schwabing

15 **Osterwaldgarten:** Ein etwas verstecktes Idyll, wenige Schritte vom Englischen Garten, klein, oft rappelvoll, und das Publikum ist eine Mischung aus Altschwabingern, zufällig reingeschneiten Touristen und den Münchner Bussi-Adabeis. Wenn das Wetter schlecht ist, genießt man die stets frische bayerische Küche in der urigen Wirtsstube. Achtung: keine Selbstbedienung!

Karte 3, U 8, Keferstr. 12, T 089 38 40 50 40, www.schwabinger-osterwaldgarten.de, U-Bahn 3, 6, Münchner Freiheit, 11–23 Uhr, €–€€

Der Große für die Familien

16 **Hirschgarten:** Einer der beliebtesten Biergärten der Münchner und mit 8000 Plätzen riesengroß. Nur Getränkekonsum ist Pflicht; das Essen kann man an den entsprechend ausgewiesenen Tischen selbst mitbringen. Für die Kinder gibt's Rotwild zum Füttern und ein Karussell.

Hirschgarten 1, T 089 17 99 91 19, www.hirschgarten.de, S-Bahn Hirschgarten, 11–22 Uhr, €–€€

Für die Alternativen

17 **Biergarten Muffatwerk:** Bio-zertifiziert und neben/hinter der **Muffathalle** 8, Münchens Konzert-Location, gelegen, ist er natürlich Anlaufpunkt all derjenigen, die vor oder nach dem Event noch Hunger oder Durst haben. Die Küche (Selbstbedienung) kombiniert Bayerisches und Mediterranes. Bei schönem Wetter sind die 400 Plätze schnell besetzt.

Karte 3, T 14, Zellstr. 4, T 089 45 87 50 73, www.muffatwerk.de, S-Bahn Isartor, bei schönem Wetter tgl. ab 12 Uhr, €–€€

Mini-Biergarten mit Kult-Kiosk

18 **Fräulein Grüneis:** Mein liebstes Münchner Kindl, so charmant, so lecker und immer von netten Leuten belagert. Vor dem Kiosk im Englischen Garten unweit der Eisbachsurfer sitzt gefühlt ganz München. Es gibt Frühstück, Pausenbrote, Brotzeit, Süßes und eine kleine Tageskarte.

Karte 3, T 12, Lerchenfeldstr. 1a, fraeulein-grueneis.de, Tram 16, Nationalmuseum, Mo–Fr ab 8, Sa/So ab 10 Uhr bis Einbruch der Dunkelheit, €

Blowing in the Wind

19 **Biergarten am Chinesischen Turm:** Münchens Biergarten schlechthin liegt im Englischen Garten. Dort wird wahr, was bayerische Bierwerbung gerne suggeriert: Ein Prosit, und die Welt ist in Ordnung – nicht nur für den Lederhosenbayern, sondern auch für seine chinesischen, nigerianischen, französischen, isländischen und US-amerikanischen Banknachbarn. Alle eine große, glückliche Bier-Familie, die selig in den Himmel der Bayern schunkelt.

Karte 3, U 10, Englischer Garten 3, www.chinaturm.de, Bus 54, 154, Chinesischer Turm, bei schönem Wetter Mo–Fr ab 11, Sa/So ab 10 Uhr, €

Mit dem Radl

20 **Aumeister:** s. S. 26

Einkaufen

Die Altstadt ist Domäne der Filialisten: Alle großen Bekleidungs- und Kaufhausketten sind zwischen Stachus, Marienplatz und Sendlinger Tor vertreten. Höherpreisig wird's vom Marienplatz in Richtung Odeonsplatz und entlang der Maximilianstraße mit Chanel und Gucci. Schicke Boutiquen, Galerien und Schmuckläden finden Sie im Gärtnerplatz- und Glockenbachviertel zwischen Marienplatz und Isar sowie in Schwabing. Neben dem **Viktualienmarkt** 3 gibt es Märkte am Elisabethplatz und am Wiener Platz sowie Bauernmärkte in verschiedenen Stadtteilen zu festen Terminen (www.muenchner-bauernmaerkte.de).

Münchens Antwort aufs KaDeWe

1 **Oberpollinger:** s. S. 21

Qualität bleibt

2 **Radspieler:** Nicht nur ein alteingesessenes Münchner Traditionsgeschäft, sondern auch eine Oase des guten Geschmacks, weit weg von der Hektik modischen Lifestyles. Qualität steht über allem, was hier verkauft wird – seien es Pullover, Tischsets, Postkarten, Stoffe, Keramik oder Schmuck.

Hackenstr. 7, radspieler.com, U-Bahn 3, 6, Marienplatz, Mo–Sa 10.30–19 Uhr

Einheimische und Touristen

3 **Viktualienmarkt:** s. S. 24

Souvenirs für Pfiffige

4 **servus.heimat:** Bayerische Souvenirs können ganz schön schrill und hip sein – z. B. eine Christbaumkugel als Dackel. In diesem Laden macht es wirklich Spaß, nach Mitbringseln zu stöbern.

Sendlinger Str. 1, www.servusheimat.com, U-Bahn 3, 6, Marienplatz, Mo–Sa 10–19 Uhr

Schönste Einkaufspassage

5 **Die Fünf Höfe:** Flanieren unter den Hängenden Gärten der Künstlerin Tita Giese, nach Puristischem stöbern bei Muji, Espresso trinken im Armani-Store oder thailändisch snacken im Kaimug: Die Fünf Höfe zwischen Theatiner-, Maffei- und Kardinal-Faulhaber-Straße präsentieren sich in eleganter, zeitloser Architektur und voller angesagter Läden wie Baldessarini, Camper oder ligne roset. Das Kulturprogramm verantwortet die **Kunsthalle** (www.kunsthalle-muc.de) mit sensationellen Ausstellungen. Und nicht übersehen: die magische Spiralkugel des isländischen Künstlers Olafur Eliasson!

Süße Versuchung mit Tradition

6 **Elly Seidl:** Seit 1918 entstehen bei Elly Seidl Pralinés aus Meisterhand. Kult!

Am Kosttor 2, www.ellyseidl.com, Tram 19, 21, Kammerspiele, Mo–Fr 9–18.30, Sa 9.30–14 Uhr

Mit dem gewissen Etwas

7 **Götterspeise:** Im Herzen des Glockenbachviertels nicht nur ein bezaubernder Laden mit Café, sondern auch

superfeine und sehr fantasievolle Pralinenkreationen.

Jahnstr. 30, www.goetterspeise.info, U-Bahn 1, 2, 7, Fraunhoferstraße, Mo–Fr 8–19, Sa 9–18 Uhr

Bewegen

Blaue Fahrräder für jeden

MVG Rad/MVG eRad: Einfach die App MVGO herunterladen, registrieren und schon stehen Ihnen gut gewartete Räder an 300 Stationen im Stadtgebiet zur Verfügung. Auswahl per interaktivem Stadtplan, dort bekommt man dann auch den Freischalt-Code – übrigens mittlerweile auch erweitert um Stationen im Landkreis sowie E-Bikes und E-Trikes.

T 0800 344 22 66 22, www.mvg.de/services/mvg-rad.html, Einzelnutzung 9 Cent/Min. max. 12 €/Tag, diverse Ermäßigungen und Paketpreise

Römisch entspannen

1 **Müllersches Volksbad:** Jugendstil außen und innen, Dampfbad und Sauna aus dem prunkvollen Anno dazumal und Frauenbadetage – wo gibt's denn so was?

Karte 3, T 14, Rosenheimer Str. 1, www.swm.de, Tram 17, Deutsches Museum, tgl. 7.30–23, Sauna 9–23, Frauenbadetag Di 15–20 Uhr

Wasser, Sonne und Gänsehaut

2 **Naturbad Maria Einsiedel:** Unter den vielen städtischen Schwimmbädern ist dieses im Süden gelegene Freibad Kult. Hier garantieren nicht Chemie, sondern Algen die Sauberkeit. Außerdem für Mutige: Schwimmen im Isarkanal – brrrr!

Karte 4, C 3, Zentralländstr. 28, www.swm.de, U-Bahn 3, Thalkirchen, Mai–Sept. tgl. 10–19, an heißen Tagen bis 20 Uhr

Aufs Dach steigen

16 **Zeltdachklettern:** Eine Tour für Abenteuerlustige, Architekturinteressierte und Schwindelfreie. Mit Seil gesichert, geht's über die berühmte Zeltdachkonstruktion von Frei Otto durchs Olympiagelände.

Anmeldung bei Olympiapark-Besucherservice, T 089 30 67 24 14, www.olympiapark.de, U-Bahn 3, Olympiazentrum

UNGESTÖRT JOGGEN

Am ruhigsten und ungestört von Hunden läuft man auf den beiden aufgelassenen Friedhöfen, dem **Alten Nordfriedhof** 3 (Arcisstraße) und dem **Alten Südfriedhof** 4 (Thalkirchner Straße). Viel mit Hunden und Radlern zu tun bekommt man es entlang der **Isar,** ganz gleich, wo Start und Ziel liegen, denn das ist eine der beliebtesten Hundeausführ- und Radstrecken. Wer die Herausforderung von leichten An- und Abstiegen sucht, ist im **Olympiapark** 16 richtig – dort allerdings durchgängig auf Asphalt.

Ausgehen

Treffpunkt für den frühen Abend sind die Lokale im **Glockenbachviertel** 1, wo Sie zwischen Gärtnerplatz und Hans-Sachs-Straße essen oder etwas trinken können. Später zieht die Szene in Clubs wie **Rote Sonne** 2 um, die sich im Stadtzentrum um Sonnenstraße und Maximiliansplatz konzentrieren. Konzertgänger pilgern in die Isarphilharmonie im neuen Kulturzentrum **Gasteig HP8** 3 (Karte 4, C 3, Hans-Preißinger-Str. 8, www.gasteig.de).

Szene-Hotspot mit Retro-Charme

4 **Baader Café:** Seit 1985 ein Hort der Möchtegern-Philosophen, Newcomer-Autorinnen und der Szene, die sich immer wieder erneuert. Bis 15 Uhr wird Früh-

Ein bisschen Mut gehört beim Surfen der Eisbachwelle dazu.

stück serviert, danach geht man zu Bier oder Wein über, nachts legt gelegentlich ein DJ auf, und Marys Kuchen sind nach wie vor der Geheimtipp in der Stadt.

Karte 3, S 15, Baaderstr. 47, baadercafe.de, U-Bahn 2, Fraunhoferstraße, So–Do 10–1, Fr/Sa 10–2 Uhr

Wenn der kleine Hunger kommt

5 **Bergwolf:** Das ist mehr als nur eine winzige, düstere Imbissbude über dem U-Bahnhof Fraunhoferstraße. Das ist Kult, und nachts stehen hungrige Partygänger geduldig bis auf die Straße an. Was es gibt? Currywurst.

Fraunhoferstr. 17, de-de.facebook.com/LateNightCurryWurst, U-Bahn 2, Fraunhoferstraße, Mo–Fr 12–15, 18–24, Fr bis 4, Sa 12–4, So 17–22 Uhr

Live-Acts unter Strom

6 **Strom:** Indie, Postpunk, New Wave – in diesem Club gibt's alle gerade angesagten Musikstile live oder von den Plattentellern.

Lindwurmstr. 88, T 089 24 20 57 11, strom-muc.de, U-Bahn 3, 6, Poccistraße, tgl. ab 20.30 Uhr

Blue Notes for Blue Nights

7 **Jazzclub Unterfahrt:** Hier kämpft Münchens Jazzszene gegen das Kneipensterben an, das inzwischen die meisten anderen Jazzlokale weggefegt hat. In der Unterfahrt spielen Stars wie Sons of Kemet, Joe Lovano oder das Munich Uptown Jazz Orchestra, in dem viele Größen der Münchner Szene miteinander jammen. Super Programm, super Stimmung.

Einsteinstr. 42, www.unterfahrt.de, U-Bahn 4, 5, Max-Weber-Platz, tgl. 19.30–1, Konzertbeginn 21 Uhr

Indie und Weltmusik

8 **Muffathalle:** Was täten wir Münchner ohne die Muffathalle. Von Lokalmatadoren bis zu internationalen Acts treten hier die Größen der (Welt-)Musikszene auf.

Karte 3, T 14, Zellstr. 4, www.muffatwerk.de, S-Bahn Isartor, Konzertbeginn 20/21 Uhr

Schiff auf dem Trockenen

9 **Alte Utting:** s. S. 44

Techno-Club

12 **BLITZ:** s. S. 37

Feiern

• **Biennale/SpielArt/Dance:** Abseits der etablierten Bühnen finden in München drei der wichtigsten europäischen Kulturfestivals statt – in geraden Jahren die **Biennale** mit Musikuraufführungen zeitgenössischer Kompositionen (April/Mai, www.muenchenerbiennale.de), in ungeraden Jahren das Theaterfestival

SpielArt mit spannenden Gastspielen und Neuproduktionen internationaler Theaterkompanien (Okt./Nov., www.spielart.org) sowie **Dance,** ein internationales Festival für zeitgenössischen Tanz (Mai, www.dance-muenchen.de).

- **Filmfest München/DOK.fest:** Das Filmfest (Juni/Juli) ist ein Fest fürs Publikum im Gasteig HP8 und zahllosen anderen Vorführungsstätten (www.filmfest-muenchen.de). Zum DOK.fest (Mai) präsentiert sich die internationale Dokumentarfilmszene (www.dokfest-muenchen.de).
- **Oktoberfest:** Vom vorletzten Sa im Sept. 2 Wochen. Schausteller, Karussells, Achterbahnen und Bierzelte locken Millionen Vergnügungssüchtiger auf die Theresienwiese (www.oktoberfest.de).
- **Tollwood:** Zweimal im Jahr, im Dez. auf der Theresienwiese, im Juni im Olympiapark, jeweils 4 Wochen. Jahrmarkt, Theater, Konzerte, Kunstaktionen und jede Menge Stände mit Ethno-Kitsch, Klamotten und Kunsthandwerk in einer Zeltstadt, mit kulinarischer ›Weltreise‹, alles bio (www.tollwood.de).

Infos

- **Tourismusamt München:** Sendlinger Str. 1, 80331 München, T 089 233 03 00, www.muenchen.de (nur Postadresse). Eine Tourismusinformation mit Publikumsverkehr gibt es am Marienplatz 8 im Neuen Rathaus (Mo–Fr 10–18, Sa 9–17, So 10–14 Uhr). Hilfe bei der Zimmersuche, Stadtpläne, Events usw.
- **www.muenchen.de:** touristische Infos wie Hotels, Restaurants, Ausgehtipps, Sehenswürdigkeiten mit weiterführenden Links, Kinoprogramm oder Veranstaltungshinweise. Kostenlose **WLAN-Hotspots** sind ebenfalls verzeichnet, z. B. Marien-, Odeons- oder Sendlinger-Tor-Platz.
- **Flugzeug:** Der internationale Flughafen Franz Josef Strauß liegt nordöstlich der Stadt. Es bestehen Bus- und S-Bahn-Verbindungen zum Hauptbahnhof (Fahrtdauer ca. 40–50 Min.); Informationen über Abflüge und Ankünfte: www.munich-airport.de.
- **Bahn:** Vom **Hauptbahnhof** (Bahnhofsplatz) und den beiden Bahnhöfen **Ostbahnhof** im Osten und **Pasinger Bahnhof** im Westen fahren sowohl regionale als auch nationale und internationale Züge, auch die meisten Züge der Bayerischen Oberlandbahn (BOB; Auskunft: www.bahn.de oder über die Bahn-App).
- **Bus:** Busse des Regionalverkehrs Oberbayern (RVO) starten von verschiedenen Stellen im Stadtgebiet (Fahrtzeiten/Preise: www.rvo-bus.de oder Regionalverkehr Oberbayern, Hirtenstr. 24, 80335 München, T 089 55 16 40). Alle anderen Busverbindungen: Zentraler Omnibusbahnhof ZOB, Arnulfstr. 21, www.muenchen-zob.de
- **Innerstädtischer Nahverkehr:** In der Stadt verkehren U-Bahnen, Straßenbahnen und Busse; das weitverzweigte S-Bahn-Netz verbindet München mit dem Umland und nahen Ausflugszielen. Tickets an Automaten an den Haltestellen sowie in Bussen und Trambahnen oder per Ticket-App (Auskunft und Download unter www.mvv-muenchen.de, www.mvg.de).

Rund um München

KZ-Gedenkstätte Dachau

F 7, Karte 4, B 1

»Arbeit macht frei« – dieser zynische Schriftzug am Tor zur **KZ-Gedenkstätte Dachau** ist heute Teil der Ausstellung. Das Tor, durch das 200 000 Häftlinge das 1933 eingerichtete Konzentrationslager betraten, war 2014 gestohlen und 2017 in Norwegen wiedergefunden worden. Zunächst wurden Oppositionelle, nach der Reichspogromnacht dann die ersten 10 000 Jüdinnen und Juden interniert. 32 000, so lautet die offizielle Zahl, überlebten Hunger, Arbeit, Folter und medizinische Experimente nicht. Die Gedenkstätte auf dem Gelände des ehemaligen KZs wurde Anfang 2000 grundlegend umgestaltet, Bunker und Wirtschaftsgebäude für Besucher zugänglich gemacht. Mit Ausstellungen dokumentiert die Gedenkstätte Einzelaspekte und Geschichte des Konzentrationslagers und der Naziherrschaft.

Alte Römerstr. 75, T 081 31 66 99 70, www.kz-gedenkstaette-dachau.de, von München mit der S-Bahn, tgl. 9–17 Uhr

Schloss Schleißheim

F 8, Karte 4, C 1

Dass wir Münchner gelegentlich einen Wochenendausflug nach Versailles unternehmen können, verdanken wir Max II. Emanuel: Der ›Blaue Kurfürst‹ und Bewunderer des französischen Absolutismus verwandelte das wilde Sumpf- und Waldgebiet nördlich von München in einen barocken Park mit 330 m langem Schloss. Von 1702 bis 1726 dauerten die Bauarbeiten an **Schloss Schleißheim,** an denen Enrico Zuccalli und Joseph Effner maßgeblich beteiligt waren. Im Innern arbeitete Johann Baptist Zimmermann als Stuckateur, Joseph Effner schuf mit dem Treppenhaus einen Prototyp barocker Repräsentationsaufgänge. Max II. Emanuel wohnte während der Bauarbeiten im Schlösschen Lustheim, das Enrico Zuccalli ihm bereits 1688 errichtet hatte. Perfekt positioniert steht es in der Sichtachse des Neuen Schlosses und ist mit diesem durch einen Kanal verbunden. Den Umzug erlebte der Kurfürst allerdings nicht mehr, er starb vor der Fertigstellung der Innenausstattung.

Im **Neuen Schloss** ist eine Gemäldegalerie italienischer und flämischer Meister des 17. Jh. zu sehen, **Schloss Lustheim** beherbergt eine Sammlung Meißener Porzellans, und das **Alte Schloss** widmet sich Skulpturen und Bildern aus aller Welt zum Thema christliche Symbolik. Am schönsten aber ist es hier während der Sommerkonzerte, die in Schloss und Park stattfinden.

Altes Schloss, Lustheim und Neues Schloss: Max-Emanuel-Platz 1, Oberschleißheim, T 089 315 87 20, www.schloesser-schleissheim.de, von München mit der S-Bahn, April–Sept. Di–So 9–18, Okt.–März Di–So 10–16 Uhr, Schlösser 10 €

TOLLKÜHNE MÄNNER, FLIEGENDE KISTEN

In den historischen Hallen der ehemaligen **Flugwerft Schleißheim** zeigt das Deutsche Museum historisches und modernes Fluggerät. Spannend ist die Gläserne Werkstatt, in der man zusehen kann, wie aufwendig die Maschinen restauriert werden. Auf dem alten Flugplatz herrscht immer noch Flugbetrieb: Sportmaschinen und gelegentlich sogar ein Zeppelin setzen zu Start bzw. Landung an (Effnerstr. 18, Oberschleißheim, T 089 315 71 40, www.deutsches-museum.de, tgl. 9–17 Uhr, 5 €).

Freising

G 6

Die charmante Kleinstadt **Freising** im Schatten des Münchner Flughafens wird von zwei Hügeln überragt: Den einen krönt der **Dom,** den anderen die **Brauerei Weihenstephan,** angeblich die älteste Braustätte der Welt.

Freising besitzt nicht nur eine hübsche Altstadt, sondern auch eine berühmte Brauerei.

739 gründete der hl. Korbinian das Bistum Freising, dessen Einflussbereich bis nach Südtirol reichte. In der Auseinandersetzung mit Herzog Heinrich dem Löwen zogen die Bischöfe 1158 den Kürzeren (s. S. 282). Vielleicht wäre sonst Freising und nicht München zum Millionendorf herangewachsen.

Großartig, diese Aussicht

Die im 12. Jh. errichtete, romanische **Basilika Mariä Geburt** wurde Anfang des 18. Jh. von Cosmas Damian und Egid Quirin Asam in Weiß und Gold barockisiert. Schön, aber nichts gegen die Stimmung in der von 24 Säulen gestützten, 1160 erbauten romanischen Krypta unter dem Hauptschiff. Ihren sakralen Mittelpunkt bildet der Reliquienschrein des hl. Korbinian. Fast heidnisch wirkt die »Bestiensäule«, auf der Menschen und apokalyptische Ungeheuer miteinander kämpfen. Wenn Föhn herrscht, ist der Aussichtspunkt zwischen Dom und dem **Diözesanmuseum** mit seiner kostbaren Sammlung sakraler Objekte aus allen Jahrhunderten besonders spektakulär: Über die Schotterebene um München und die Landeshauptstadt reicht der Blick bis an den Alpenriegel!

Von München mit Bahn/S-Bahn, Basilika, www.freisinger-dom.de, Mo–Mi, Fr 7–18, Do 14–18, Sa/So 8–18 Uhr, Museum, www.dimu-freising.de, Di-So 10–18 Uhr, 8 €

Essen

Rauf auf den Bierberg

Bräustüberl Weihenstephan: Im Bräustüberl gibt's natürlich Bier aus der Brauerei Weihenstephan und dazu gute Hausmannskost von bayerischen Weiden und Äckern und sogar ein paar vegetarische Gerichte. Natürlich gehört auch ein uriger Biergarten dazu!

Weihenstephaner Berg 10, Freising, T 08161 886 69 40, www.braeustueberl-weihenstephan.de, von München mit Bahn/S-Bahn, tgl. 10–23 Uhr, €€

Zugabe Alte Utting

Ein Schiff auf dem Trockenen

Man fragt sich, was Daniel Hahn antreibt, wenn in der Stadt mal wieder die Rede ist von einem seiner neuen, meist sehr bizarr wirkenden Projekte. Die **Alte Utting** 9 war und ist eines davon. Ein ausrangierter Dampfer vom Ammersee auf einer nicht mehr genutzten Eisenbahnbrücke in München und drumherum eine Art Gastro- und Event-Arena, die begeistert aufgenommen wird. Also auf der Homepage gucken nach dem Programm, hinradeln und mitfeiern (Karte 4, C 3, Alte Utting, Lagerhausstr. 15, alte-utting.de, U-Bahn 3, 6, Poccistraße, Di/Mi 16–24, Do 16–1, Fr 16–2, Sa 14–2, So 11–22 Uhr). ■

Nördliches Oberbayern

In sanft bewegtem Hügelland — sprießen Hopfen und Spargel um die Wette, und in den Gotteshäusern blüht üppiger Stuck. Außerdem zu genießen: Flussmäander-Wandern, gepflegter Jazz und erstaunliche Museen.

Eintauchen

Seite 50

Schrobenhausen

Atmosphärisch top: ein intakter Altstadtkern, umgeben von einer Stadtmauer, viele hübsche Häuser und mittendrin eine spätgotische Hallenkirche. Den Spargel, für den die Stadt berühmt ist, gibt es allerdings nur von April bis zum 24. Juni.

Seite 51

Auf dem Paartal-Wanderweg

Gibt's noch Natur bei so viel Landwirtschaft? Und wie: Da schwirren Libellen über der mäandernden Paar, und durch die Uferböschung staksen Störche. Ein Wanderweg der Überraschungen!

Hallertau-Hopfen findet man sogar in südafrikanischem Bier.

Seite 52

Ingolstadt 

Ein klassizistischer Festungsring umgibt einen Altstadtkern mit Barock- und Rokoko-Schmuckstücken, in der Nacht wandelt man auf den Spuren Dr. Frankensteins, der laut Mary Shelley sein Monster ausgerechnet in Ingolstadt erschuf …

Seite 62

Birdland

Blue Notes in der Alten Apotheke: Für Jazzfreunde führt kein Weg am Birdland in Neuburg vorbei. Carla Bley und Diana Krall waren schon zu Gast – und natürlich auch die Stars von morgen.

Seite 63

Auf den Altmühltaler Höhen

Entspannte Rundwanderung durch Altmühltaler Landschaft zwischen Trockenwiesen, lichten Wäldern und Kletterfelsen – Begegnungen mit den berühmten Lämmern inklusive.

Seite 64

Dom St. Willibald in Eichstätt

Mal kein Barock, sondern Hochgotik erfreut die Besucher des Doms, z. B. in Gestalt des Pappenheimer Altars oder im Kreuzgang mit dem filigranen Netzgewölbe.

Seite 66

Kloster Walburg

Zu den angenehmsten Unterkünften in der Region gehört das Gästehaus dieses Klosters in Eichstätt. Unspektakulär und friedlich.

Seite 67

Kultbäumchen von Manching

Ein rätselhafter goldüberzogener Zweig mit Efeublättern, Eicheln und eingeritzten Augen-Symbolen – über die Botschaft sind sich die Wissenschaftler nicht einig.

Wer professionell Spargel sticht, braucht 5 Sekunden, um eine Stange zu ernten. Das sind zwölf Stangen oder etwa 1 kg pro Minute, 12 kg pro Stunde.

Mord und Totschlag gibt's in der friedlichsten Landschaft: Andrea Maria Schenkel hat die Auslöschung einer ganzen Familie zum Roman »Tannöd« verarbeitet (s. S. 52).

Hier passt kein Bayern-Klischee

G

Geranienkaskaden an den Balkonen? Lüftlmalerei? Wilde Berglandschaft? Zwiebeltürme? Weit gefehlt! Um ehrlich zu sein, nicht einmal wir in Oberbayern wissen alle, dass die Region zwischen München und Altmühltal zu Oberbayern gehört. Passt ja auch nicht zu unserem sorgsam gepflegten Postkartenidyll. Hallertau, Dachauer Moos und Altmühltal sind Landschaften von spröder, stiller Schönheit. #Hopfen, #Spargel und #Audi sind die Hashtags, unter denen die Gegend gemeinhin aufgerufen wird. Alles drei Markenprodukte von besonderer Qualität – wäre da nicht der Dieselskandal, dem natürlich auch der oberbayerische Autobauer nicht entkommen konnte. In puncto Kulinarik steht die Region schon besser da: Hier wächst das edelste Gemüse der Welt (Spargel) und jener Stoff, aus dem nicht nur bayerisches Bier gebraut wird – weltweit wird Hopfen aus der Hallertau exportiert.

Ist das alles? Wertvollste Gemäldesammlungen schmücken das Schloss zu Neuburg an der Donau, aber auch das Jazzfest der alten Herzogstadt ist legendär. An Altmühl und Donau, die längst gebändigt sind, kann man trotzdem noch Flussauenwildnis entdecken. Städtchen wie Schrobenhausen bezaubern mit mittelalterlicher Romantik, und in Manching klärt ein fantastisches Museum über Römer und Kelten auf. Ingolstadt ist der urbane Mittelpunkt des Nordens, eingerahmt von Befestigungen, die heute als Freizeitdorado genutzt werden, geprägt von einer Altstadt mit lauschigen Plätzchen. Dass Mary Shelley hier ihren Frankenstein sein Unwesen treiben ließ, danken ihr die Stadtväter – schließlich ist diese Story ein touristischer Magnet.

ORIENTIERUNG

O

Reisekarte: D–G 3–6, Karte 2
Planung: Planen Sie für Stadtbesichtigungen ein bis zwei Tage ein, für Ingolstadt einen Zusatztag. Wenn Sie Wanderungen oder Radtouren unternehmen möchten, entsprechend länger.
Verkehr: Hauptverkehrsader von Süd nach Nord (oder umgekehrt) ist die Autobahn A9, die fast alle hier beschriebenen Orte passiert; ziemlich parallel verläuft die Bahnstrecke zwischen München und Nürnberg (Achtung: nicht alle Züge halten auch in den kleineren Orten). In Ingolstadt suchen Sie am besten eine innenstadtnahe Parkgarage auf, wenn Sie mit dem Auto unterwegs sind.

Hallertau

F/G 5

In einer kleinen Craft-Bier-Brauerei im südafrikanischen Port Elizabeth erfuhr ich Erstaunliches: Den Hopfen für das Kult-Bier bezogen die Jungbrauer nicht aus einem nahen, lokalen Anbaugebiet, sondern aus der oberbayerischen **Hallertau.** Also nichts wie hin in das »größte Hopfenanbaugebiet der Welt« und schauen, was an diesem Hopfen so besonders ist.

Wolnzach

F 5

»Grünes Gold« haben sie um **Wolnzach,** dem Hauptort der Hallertau, wirklich genug. Die typischen, schräg gestellten und mit Drähten verbundenen Hopfensäulen beherrschen die Hügelwelt rund um das Städtchen, und wenn gerade keine Pflanzen daran ranken, sieht die Landschaft ziemlich surreal aus.

Hopfen museal

Mehr über die Bedeutung des Hopfens erfahre ich im **Museum,** dessen weit vorkragendes Flachdach ebenfalls Hopfensäulen stützen. Im Innern spaziere ich durch die Geschichte des Hopfenanbaus und durch den Produktionsprozess von der Pflanze bis zum Bier. Danach verstehe ich etwas besser, warum sie in Südafrika unbedingt diesen Hopfen haben müssen, und der Bierdurst wird übermächtig. Zum Glück gibt es ja die Schlossbräukellerei (s. S. 50)!

Elsenheimerstr. 2, www.hopfenmuseum.de, Di–So 10–17 Uhr, 6 €

Mit 240 000 Hektar ist die Hallertau das größte zusammenhängende Hopfenanbaugebiet der Welt. Im August und im September wird geerntet – und danach sieht es hier ziemlich kahl aus.

M

MICRO ADVENTURE HALLERTAU

Micro Adventure? Die Autoren dieses toll erzählten und bebilderten Buches, Michael Urban und Tobias Rossmann, meinen damit das Abenteuer vor der Haustür. Die beiden Hallertauer erforschen ihre Heimat, als schlügen sie sich durch den brasilianischen Dschungel – und erleben zwischen Kleinstädtchen, Einödhöfen, Hopfenfeldern und Urwalddickicht tatsächlich echte Abenteuer. Ein bisschen Kreativität, ein bisschen Fantasie – und der Ausflug zum Badesee wird zum spannenden Naturevent.
Abenteuer Hallertau, Regenstauf 2022

Essen

Frisch gezapft
Schlossbräukellerei Au-Hallertau: 10 km südöstlich von Wolnzach, auf dem Schlossberg in Au in der Hallertau, würzt der frische Hopfen das in der Schlossbrauerei gebraute Bier. Im Bräukeller oder im Biergarten gibt es die dazu passende reichhaltige Kost.
Schlossbräugasse 4, Au-Hallertau, T 087 52 98 22, www.schlossbraeukeller.de, Di–So 17–22.30, Mi–So auch 11.30–14 Uhr, €€

Schrobenhausen

D/E 5

Schrobenhausen ist einfach zauberhaft: Das historische Städtchen ist noch rundum von der im 15. Jh. erbauten alten **Stadtmauer** und zwölf der ursprünglich 24 wehrhaften Türmen umgeben. Im Zentrum spreizt sich die **Stadtpfarrkirche St. Jakob** unter ihrem im 15. Jh. mit achteckigem Aufsatz bekrönten Turm. Viele hübsche Häuser, manche wie das Hebammenhaus an die Stadtmauer gelehnt, sind zu entdecken. Und die Straßennamen – Metzger-, Nagelschmied- oder Tuchmachergasse – erzählen ihre eigenen Geschichten. Geschichten erzählen auch die **drei Museen** – eines gehört natürlich ganz und gar dem **Spargel** (Eintritt 2 €). Den Malerfürsten **Franz von Lenbach** (1836–1904) würdigt ja bereits das Münchner Lenbachhaus (s. S. 33), hier, in seinem **Geburtshaus,** richtete Witwe Lolo eine eigene Ausstellung vor allem mit Frühwerken ein (Eintritt 2 €). Das **Stadtmuseum** wird noch umgebaut, gelegentlich zeigt es Sonderausstellungen – ich bin gespannt (Eintritt bislang 3 €). Im Mai und Juni kommt zum atmosphärischen Genuss noch der kulinarische, denn dann wird der Spargel gestochen.

Museum im Pflegschloss, Lenbachmuseum und Europäisches Spargelmuseum: museen-schrobenhausen.byseum.de, Mai/Juni, tgl. 14–17, sonst Mi, Sa, So 14–16 Uhr

Sandizell

D 5

Das **Wasserschloss Sandizell** westlich von Schrobenhausen wurde Mitte des 18. Jh. erbaut und wird bis heute von den gleichnamigen Grafen bewohnt. Gleich nebenan, in der **Pfarrkirche St. Peter** oder Asamkirche, verbirgt sich ein Meisterstück bayerischer Kunstfertigkeit des Spätbarock bzw. frühen Rokoko. Die Kirche wirkt wie ein achteckiger Zentralbau, ist aber ein geschickt unterteiltes Langhaus. Der 1747 von Egid Quirin Asam geschaffene Hochaltar bildet den prunkvollen Mittelpunkt einer durch Fresken, Stuck

TOUR
Spargelland mit Überraschungen

Zu Fuß oder per Rad auf dem Paartal-Wanderweg

Infos

D/E 5/6

Paartal-Wanderweg: 37 km langer Weg in der Auenlandschaft entlang der Paar, zu Fuß oder mit dem Rad mit Ausgangspunkt Aichach; Strecke abkürzbar in Radersdorf (Km 11) oder Schrobenhausen (Km 23), dort auf die Paartalbahn umsteigen (Fahrtzeiten auf www.brb.de)

Spargelland – das ist flache Landschaft mit sandigen Böden. Und durch diese landwirtschaftliche Einöde hüpft, gurgelt und windet sich fröhlich ein Flüsschen, dem der reizvolle und in beliebigen Abschnitten begehbare Paartal-Wanderweg folgt.

Botanische Besonderheiten

Das Überraschende hier ist: Trotz intensiver Landwirtschaft bergen die Auenwiesen und Kiefernwälder entlang dem Fluss wahre Sensationen: Wer die Augen offenhält, kann zahllose Libellenarten, Große Brachvögel, Kiebitze, Störche und vielleicht sogar Biber erspähen. Seekanne und Wasserfeder, Rohrkolben und Sumpf-Dreizack gedeihen in den Uferzonen. Hinweistafeln erläutern die jeweiligen Besonderheiten.

Sisi-Romantik und Barock

Auch Sehenswürdigkeiten liegen auf dem Weg, der in **Aichach** beginnt: Bei Km 3 führt ein Abstecher zum 1,3 km entfernten sogenannten **Sisi-Schloss** in **Unterwittelsbach,** wo die spätere österreichische Kaiserin als Kind einige Jahre verbrachte. In **Hörzhausen** lohnt der Weg ins 5 km entfernte **Sandizell** mit der spektakulären **Asamkirche.** Das romantische **Schrobenhausen** durchquert der Wanderweg sowieso. Und dahinter, in **Waidhofen,** geht es 2,3 km nach Norden zur **Gedenkstätte** (Marterl) für den Hinterkaifeck-Mord – ein gruseliger Ort. Endpunkt der Route ist **Gut Schenkenau.**

M

MORD IN HINTERKAIFECK

In der Nacht vom 31. März auf den 1. April 1922 gab es auf einem Einödhof unweit des Dorfes Waidhofen 3 km südlich von Schrobenhausen einen grausigen Mord: Eine ganze Familie – Vater, Tochter, deren beiden Kinder und eine Magd – wurde von Unbekannten erschlagen, die Leichen erst Tage später entdeckt, der/die Täter nie gefunden. Böse Gerüchte über Inzest und Vergeltung machten die Runde. Der Hof wurde abgerissen, aber ein Marterl (von Waidhofen die Heybergstraße ca. 2 km nach Norden) erinnert noch an den gruseligen Ort und das Grab der Ermordeten auf dem Friedhof in Waidhofen. Nicht zu vergessen der Roman »Tannöd« von Andrea Maria Schenkel (Hamburg 2006). Unbedingt lesenswert!

und Seitenaltäre erzeugten Raumillusion, in der die Grenzen zwischen realer und künstlerischer Welt verwischen.

Ingolstadt ✪ E/F 3/4

Lebhaft, attraktiv, modern sind Attribute, die man gemeinhin mit Ingolstadt verbindet, und so ist die Stadt an der Donau auch. Dabei blickt sie auf eine lange Siedlungsgeschichte zurück. Bereits 806 wurde sie erstmals urkundlich erwähnt, Bayerns älteste Universität steht hier, Feldherr Tilly starb in ihren Mauern, Dr. Frankenstein streifte in der Stadt umher, die besten Künstler des Barock und des Rokoko schmückten sie, Hofarchitekt von Klenze befestigte sie mit einem raffinierten Verteidigungssystem (s. S. 54), und Marieluise Fleißer kämpfte hier mit sich, ihrer poetischen Kraft und ihrer Heimatstadt.

Aber Ingolstadt ist auch ein bedeutender Industriestandort mit Unternehmen der petrochemischen Industrie in den östlichen Vororten sowie den Audi-Werken im Norden. Dass es eine deutliche Grenzlinie gibt zwischen dem historischen und dem modernen Ingolstadt ist den Klenzeschen Bastionen zu verdanken. Der so geschützte Stadtkern blieb nahezu intakt, denn Neubauprojekte wurden außerhalb des Verteidigungsrings in Angriff genommen.

Die Altstadt

Die Türken vor Ingolstadt …

… oder sogar schon drin? Nein, nicht wegen der zahlreich vertretenen Döner-Imbisse, sondern wegen des weißen Halbmondes auf dem ziegelroten **Kreuztor ❶**, das von Westen in die Altstadt führt. Was mag die Bauherren im 14. Jh. dazu veranlasst haben, den Stadteingang an der Kreuzstraße nicht nur mit sechs runden Türmchen, sondern auch mit eben diesem Halbmond zu schmücken? Eigenwillig gebaut wurde auch am gotischen **Liebfrauenmünster ❷** ein paar Schritte weiter. Sein Satteldach ist fast ebenso hoch wie die beiden über Eck gestellten Türme. 3800 Baumstämme wurden angeblich benötigt, um diesen Dachstuhl zu errichten. 1275 begannen die Arbeiten an der Franziskanerkirche, im 15. Jh. konnte sie dann fertiggestellt werden, später kamen einzelne Kapellen hinzu. 1572 erhielt sie zum 100-jährigen Jubiläum der Hohen Schule (s. S. 53) den von Hans Mielich angefertigten Hochaltar. In der Fortsetzung der Kreuzstraße nach Osten bildet die Ludwigsstraße Ingolstadts gemütliche Fußgängerzone. Hier steht das **Ickstatthaus ❸** (Ludwigstr. 5), Wohnsitz des

Rechtswissenschaftlers Johann Adam Freiherr von Ickstatt und berühmt für die höchste Barockfassade Süddeutschlands. Oder ist es doch Rokoko?

Bayerns älteste Universität

An der **Hohen Schule** ❹ (Goldknopfgasse 7), der von Herzog Ludwig dem Reichen 1472 gegründeten Ersten Bayerischen Landesuniversität, unterrichteten so angesehene Wissenschaftler wie Luthers Gegenspieler Dr. Johannes Eck, der Astronom Christoph Scheiner und der Arzt und Schwarzkünstler Dr. Jörg Faustus, der durch Goethe zu später Berühmtheit kam und 1528 aus Ingolstadt ausgewiesen wurde: »Dem warsager soll befohlen werden dass er zu der stat auszieh und seinen pfennig anderswo verzere«, heißt es in einem Protokoll des Stadtrats.

Die Asams in Ingolstadt

Wer nach Norden durch die hier eher stillen Altstadtgassen spaziert, bekommt das Kontrastprogramm zum kühlen Liebfrauenmünster: Die **Bürgerkirche Maria de Victoria** ❺ bietet mit ihrer roséfarbenen Fassade und zartem Stuckwerk einen Vorgeschmack auf den künstlerischen Hochgenuss im Innern: Cosmas Damian Asam schuf 1734 mit dem Deckenfresko ein Meisterwerk illusionistischer Malerei. Es zeigt die Rettung der Menschheit durch Gottes Gnade. Eingerahmt ist es von Stuckwerk seines Bruders Egid Quirin. Den intensivsten Eindruck von diesem Kunstwerk bekommt man sicherlich anlässlich eines der Orgelkonzerte, die regelmäßig in der Kirche stattfinden (www.orgelmatinee.de, April–Okt. So 12 Uhr). Außerdem nicht verpassen: die **Lepanto-Monstranz** in der Schatzkammer, eine der kostbarsten Monstranzen der Welt.

Neubaustr. 2, T 0841 305 18 31, Nov.–Febr. Di–So 13–16, März–Okt. Di–So 9–12, 12.30–17 Uhr, Mai–Sept. auch Mo, Nov.–Febr. Di–So 13–16 Uhr

Die Bayernherzöge im Krieg

Ein Stück weiter rahmen das **Neue** und das **Alte Rathaus** ❻ den Rathausplatz. Architekt Gabriel von Seidl, der sich in vielen oberbayerischen Orten um den Erhalt und die nicht immer originalgetreue Rekonstruktion historischer Bauten verdient gemacht hat, fasste 1882/83 drei aus dem 15./16. Jh. stammende Häuser am ehemaligen Salzmarkt zu einem Neubau im Stil der Neorenaissance zusammen. Alt und neu sind auch die beiden Residenzen der Bayernherzöge am benachbarten **Theaterplatz** ❼: Der vierstöckige **Herzogskasten** ❽ aus dem 13. Jh. mit seinem Treppengiebel wurde 1565 zur Schranne (Getreidemarkt) umgebaut und beherbergt heute die Stadtbibliothek. Das **Neue Schloss** ❾ gegenüber entstand ab 1418 in der Regierungszeit Herzog Ludwigs des Gebarteten (1365–1447): Er herrschte über das Teilherzogtum Bayern-Ingolstadt, das durch die bayerischen Landesteilungen (s. S. 282) entstanden war, und war seinen Vettern der Teilherzogtümer Bayern-München und Bayern-Landshut in tiefer Feind-

F

FAKTENCHECK

Einwohner: 140 490
Davon bei Audi Beschäftigte: 40 100
Bedeutung: zweitgrößte Stadt Oberbayerns, Verkehrsknotenpunkt, bedeutender Industriestandort
Stimmung auf den ersten Blick: Industrie
Stimmung auf den zweiten Blick: Altstadt zum Verlieben
Besonderheit: petrochemische Industrie, Audi-Werke, bestens erhaltener Festungswall aus dem 19. Jh., sensationell niedrige Arbeitslosenquote (3,7 %)

Ingolstadt

Ansehen
- 1 Kreuztor
- 2 Liebfrauenmünster
- 3 Ickstatthaus
- 4 Hohe Schule
- 5 Bürgerkirche Maria de Victoria
- 6 Altes Rathaus
- 7 Theaterplatz
- 8 Herzogskasten
- 9 Neues Schloss
- 10 Turm Triva
- 11 Reduit Tilly
- 12 Turm Baur
- 13 Alte Anatomie/Deutsches Medizinhistorisches Museum
- 14 Museum für Konkrete Kunst
- 15 Kavalier Dallwigk
- 16 Kavalier Hepp/ Stadtmuseum

Schlafen
- 1 Art'Hotel Pfeffermühle
- 2 Bayerischer Hof
- 3 Jugendherberge

Essen
- 1 Weissbräuhaus zum Herrnbräu
- 2 Stella d'Oro
- 3 Le Café
- 4 Neue Galerie ›Das Mo‹

Bewegen
- 1 Dr. Frankensteins Mystery Tour

Ausgehen
- 1 suxul Club
- 2 KAP94

schaft verbunden. Die saß so tief, dass die Herren 1420–22 sogar zwei Jahre Krieg gegeneinander führten. Es war kein Zufall, dass Ludwig sich eine so wehrhafte neue Residenz bauen ließ, er musste sich vor seinen Verwandten schützen. Und es ist wahrscheinlich auch kein Zufall, dass eben hier das **Bayerische Armeemuseum** residiert. Die neue Dauerausstellung »Formen des Krieges« mag nicht jeden interessieren, ist aber gut gemacht (Paradeplatz 4, www.armeemuseum.de, Di–Fr 9–17.30, Sa/So 10–17.30 Uhr, 3,50 €).

Festungsring

Gartenlandschaft
Unübersehbar beherrschen Festungsanlagen das dem Theaterplatz gegenüberliegende Donauufer. 1827 beauftragte König Ludwig I. Oberst Michael von Streiter mit dem Ausbau der Landesfestung Ingolstadt. Das Projekt sah eine Reihe von Wehrbauten vor, die eine Kanonade der Stadt verhindern und ausreichend Raum für den Aufmarsch von großen Truppenverbänden schaffen sollten. Ab 1837 war der Hofarchitekt Leo von Klenze an der klassizistischen Ausformung dieses Sicherungsrings, der die gesamte Altstadt umgibt, maßgeblich beteiligt. Ludwig I. befürchtete sowohl Angriffe der Franzosen als auch der Österreicher. Ingolstadt, strategisch günstig im Zentrum des Königreichs Bayern gelegen, sollte die Verteidigung organisieren. 7000 Menschen waren am Bau der ›Schanz‹ beschäftigt, die Ingolstädter tragen seither den Spitznamen Schanzer.

Den Ernst genommen
Was fängt man heute an mit all den Kavalieren, Redouten, Türmen und Kasematten? In einige Bauten sind Museen eingezogen, in andere Freizeiteinrichtungen, einige bröckeln vor sich hin. Vom Theaterplatz führt der Donausteg auf die gegenüberliegende Flussseite zwischen **Turm Triva** 10 und

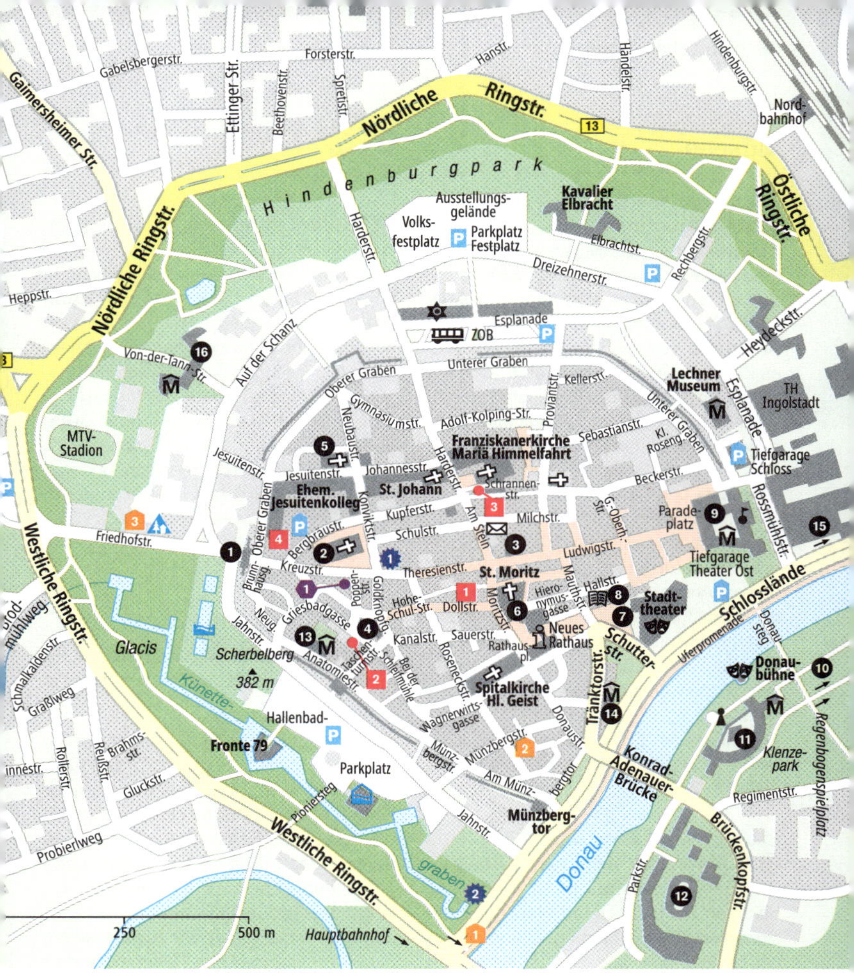

Turm Baur ⓬, die die Flanken der lang gestreckten Brückenkopfbefestigung bewachen. In ihrem Zentrum formt das **Reduit Tilly** ⓫ einen zur Donau hin geöffneten Halbkreis mit 36 Geschützkasematten. Der Brückenkopf diente der Verteidigung des Übergangs über den Fluss; das Reduit mit seinen unterirdisch angelegten Kasematten war als Rückzugsort für die Truppe geplant. Wirklich gekämpft wurde hier allerdings nie. Heute nimmt der **Klenzepark,** entstanden im Rahmen einer Landesgartenschau, mit seinen Rabatten, Bänken, Aussichtspunkten den martialischen Verteidigungsbauten ihren Ernst. Wo früher Soldaten exerzierten, spielen Kinder, liegen Pärchen in der Sonne. Für Kinder ein Muss: der **Regenbogenspielplatz** mit tollen Klettermöglichkeiten rund um ein ›gestrandetes Schiff‹.

Museen

Frankensteins Reich

⑬ Alte Anatomie/Deutsches Medizinhistorisches Museum: Hier also trieb er sein Unwesen, Mary Shelleys Dr. Victor Frankenstein. Warum und wie die englische Autorin auf Ingolstadts **Alte Anatomie** verfiel? Wahrscheinlich war es Zufall, vielleicht hatte es aber auch mit dem Geheimbund der Illuminaten zu tun, den Adam Weishaupt 1776 in Ingolstadt gegründet hatte und der Shelley faszinierte. 1723 wurde die Anatomie als Gebäude der Versuchs- und Sezieranstalt der medizinischen Fakultät in stolzem Barock erbaut. Heute lädt das **Deutsche Medizinhistorische Museum** im Hauptgebäude mit modernem Annex zu einem Spaziergang durch die Medizingeschichte ein. Im Heilpflanzengarten der Anatomie wachsen Heilkräuter aus aller Herren Länder; für Menschen mit Handicaps wurde ein Duft- und Tastgarten angelegt.

Anatomiestr. 18–20, www.dmm-ingolstadt.de, Di–So 10–17 Uhr, 5,50 €; Heilpflanzengarten: April–Okt., frei

Die Kunst im Konkreten

⑭ Museum für Konkrete Kunst: Im lang gestreckten Bau gibt es eine ambitionierte Schau, deren Herzstück die Sammlung Eugen Gomriger bildet. Nicht nur bedeutende Vertreter der Konkreten Kunst wie Max Bill, François Molleret oder Christian Megert werden vorgestellt, sondern auch Designer und Designobjekte. Doch das Haus ist längst zu klein für die gewachsene Sammlung. Am neuen Standort, in einer ehemaligen Gießereihalle unweit des **Kavaliers Dallwigk ⑮**, entsteht ein Museumsbau, dessen rapide steigenden Baukosten und stetigen Verzögerungen regelmäßig den Stadtrat beschäftigen (Eröffnung voraussichtlich 2025). Über den aktuellen Stand informiert die Website.

Tränktorstr. 6, www.mkk-ingolstadt.de, Di–So 10–17 Uhr, 5 €

Die Gesichter der Stadt

⑯ Stadtmuseum: Ein Kavalier hat militärtechnisch gesehen wenig Charmantes; es ist vielmehr eine Geschützstellung in erhöhter Position. Dieses **Kavalier Hepp** allerdings beherbergt anstelle von Geschützen und Mannschaften die sehenswerte Sammlung zur Ingolstädter Stadtgeschichte. Dessen bedeutendstes Exponat ist ein Bernsteincollier aus über 3000 Perlen. Es stammt aus der Bronzezeit (1. Jt. v. Chr.) und wurde in einem Tongefäß auf dem heutigen Audi-Gelände entdeckt.

Auf der Schanz 45, zentrumstadtgeschichte.ingolstadt.de, Di–Fr 9–17, Sa/So 10–17 Uhr, 5,50 €

Ausflug nach Manching F4

Salve ihr Römer!

So unscheinbar Manching heute wirkt, so bedeutend war es in der Antike: Zwischen dem 3. Jh. vor und dem 1. Jh. nach Christus war es Standort einer der größten bekannten Keltenstädte. Downtown Keltisch-Manching hatte zwischen 5 und 10 000 Einwohner und war von einer 7 km langen Stadtmauer umschlossen – ein Modell zeigt anschaulich, wie es ausgesehen haben muss. Nach den Kelten besetzten die Römer das Gebiet, errichteten ein Kastell, zogen aber auch bald weiter gen Norden – der Limes wollte gebaut werden. Das moderne **Kelten- und Römermuseum Manching** erläutert dies alles klug und anschaulich und zeigt Sensationsfunde. Der Goldschatz keltischer Münzen wurde 2022 bis auf eine Münze geklaut. Juli 23 konnten Ermittler zwar die Diebe fassen, Münzen wurden aber keine sicher gestellt. Doch das sensationellste Exponat ist in meinen Augen ohnehin das **Manchinger Kultbäumchen** (s. Zugabe S. 67).

Fast den gesamten Grünstreifen um die ehemalige Landesfestung können Sie mit dem Rad abfahren. Die rund 6 km lange Strecke führt u. a. durch den Klenzepark mit dem Reduit Tilly.

Im Erlet 2, www.museum-manching.de, Di–Fr 9–16, Sa/So 10–17 Uhr, 6 €

Schlafen

Die meisten Komforthotels befinden sich nahe dem Gewerbegebiet und sind auf Geschäftsreisende eingestellt. Altstadtnah gibt es nur eine begrenzte Auswahl an Unterkünften.

Kunst und Genuss

1 **Art'Hotel Pfeffermühle:** Wenn Sie moderne Kunst mögen, ist das Art'Hotel das richtige Haus für Sie. Das sehr persönlich geführte und mit zeitgenössischen Gemälden geschmückte Haus ist auch wegen seines guten Restaurants bekannt. Die Zimmer sind einladend, und das Hotel liegt relativ zentral.

Manchinger Str. 68, T 0841 96 50 20, www.arthotel-ingolstadt.de, 34 Zi., €€

Todschick und zentral

2 **Bayerischer Hof:** Das ehemals etwas biedere Haus hat sich in ein schickes und modernes Hotel mit Boardinghouse verwandelt. Sie wählen zwischen Zimmer mit Frühstück oder den Apartments für Selbstversorger – beide angenehm eingerichtet und ausgestattet. Bei aller Modernisierung: Den familiären Stil hat der Bayerische Hof sich erhalten.

Münzbergstr. 12, T 0841 93 40 60, www.bayerischer-hof-ingolstadt.de, 34 Zi., 6 Apt., €€

Mit historischem Flair

3 **Jugendherberge:** Junges Wohnen im Kavalier Zweibrücken, eine der originellsten Jugendherbergen Bayerns. Für

alle, die keine Lust auf Schlafsaal haben, gibt es auch Doppelzimmer.

Friedhofstr. 4, T 0841 305 12 80, www.jugendherberge.de/jh/ingolstadt, 108 Betten, 15 Zimmer, davon 6 Zweibettzimmer, €

Essen

Für kulinarische Traditionalisten

1 **Weissbräuhaus zum Herrnbräu:** Das Herrnbräu-Stammhaus ist gemütlich, bayerisch. Bodenständige Küche und ein schattiger Innenhof.

Dollstr. 3, T 0841 328 90, tgl. 9–24 Uhr, €–€€

Italienisches mit Pfiff

2 **Stella d'Oro:** Gesalzene Preise für einen ›Italiener‹. Aber das Lokal mit lauschigem Gastgarten ist eine Adresse für Feinschmecker, wenngleich die Karte auf den ersten Blick aus Italo-Standards besteht. Die aber sind fein und kreativ variiert, und man schmeckt die guten Zutaten.

Griesbadgasse 2, T 0841 794 37 37, stelladoro.de, Mo–Sa 17.30–22.30, Fr/Sa auch 11.30–14 Uhr, €€€

Beste-Freundinnen-Treff

3 **Le Café:** Das Café-Bistro passt für jede Gelegenheit – Frühstück, Lunch, Kuchen, leichter Abendsnack. Ob allein oder mit der Clique, hier sind Sie richtig.

Schrannenstr. 1, T 0841 967 87 40, www.le-cafe-in.de, Mo–Fr 9–24, Sa/So ab 9 Uhr, €–€€

Kultur, Szene, Gastronomie

4 **Neue Galerie ›Das Mo‹:** Lockere Kneipenatmosphäre, in der bayerische Traditionsgerichte gegen kreative Multikulti-Küche bestehen. Allerdings gibt's häufig Unterhaltungsprogramm und gelegentlich auch Fußballübertragungen.

Bergbräustr. 7, T 0841 339 60, dasmo.chayns.net, tgl. ab 11, So/Mo bis 22, Di–Do bis 23, Fr/Sa bis 24 Uhr, €€

Einkaufen

Kräuterkunde & Frankenstein

13 **Museumsshop Alte Anatomie:** Im Museumsshop gibt es Literatur über Kräuter und Heilpflanzen sowie Poster und Plakate. Frankenstein-Fans finden hier außerdem allerlei Devotionalien.

Adresse s. S. 56

Bewegen

Grusel-Sightseeing

1 **Dr. Frankensteins Mystery Tour:** Auf den Spuren Frankensteins zwischen Grusel und Klamauk durchs nächtliche Ingolstadt. Reservieren Sie rechtzeitig, es ist oft ausgebucht.

Beginn im Hof der Hohen Schule, Griesmühlstraße/Ecke Poppenstraße, T 0841 95 19 99 61, www.ingolstadt-erleben.de/frankenstein, April–Juli 21.30, Aug.–Okt. 21 Uhr, meist Fr

Ausgehen

Komm tanz' mit mir

1 **suxul Club:** Alteingesessen und doch immer wieder frisch und überraschend. Das suxul ist Ingolstadts Club für House, Techno, Rap, aber auch für gelegentliche 90ies-Partys.

Theresienstr. 31, T 0841 370 72 31, www.suxul.com, Fr/Sa ab 23 Uhr, sonst variable Öffnungszeiten je nach Programm

Kunst im Fort

2 **KAP94:** Die Kunst- und Kulturwerkstatt in der ehemaligen Kaponniere (Festung) 94 bietet bildenden Künstlern, Kunsthandwerkerinnen und Musikern Arbeits- und Performance-Raum, manchmal sogar auf der begrünten Terrasse. Was gerade los ist, finden Sie auf der Website.

Jahnstr. 1, kap94.de

Infos

- **Ingolstädter Jazztage:** Ende Okt.–Mitte Nov. Die Altstadt in Ausnahmezustand – verschiedenste Locations dienen als Bühne für Prominenz und Newcomer (www.kulturamt-ingolstadt.de).
- **Tourist-Information:** Moritzstr. 19, 85049 Ingolstadt, T 0841 305 30 35, newcityplatform.de
- **www.ingolstadt.de:** Auf der Homepage der Stadt finden sich alle wichtigen touristischen Informationen wie Hotels, Restaurants, Ausgehtipps, Sehenswürdigkeiten mit weiterführenden Links, Veranstaltungshinweise.
- **Bus/Nahverkehr:** Fahrplan- und Tarifauskunft, Mauthstr. 4, T 0841 97 43 93 33, www.invg.de
- **Bahn:** Vom Bahnhof (Bahnhofstr. 8) IC- und ICE-Verbindungen in Richtung München, Nürnberg, Berlin. Regionale Strecken wie etwa nach Schrobenhausen bedient die Bayerische Regiobahn (www.brb.de).

Neuburg an der Donau

D 4

Drückende Schuldenlast und Bankrott – wäre das Ihre erste Assoziation, wenn Sie das hübsche Städtchen mit dem stolzen Schloss, den Bürger- und Adelshäusern sowie den Kirchen auf dem Altstadtberg sehen? Graf Ottheinrich (1502–55) war gleichermaßen eifriger Bauherr wie auch Förderer der Künste. Er beauftragte diese Prunkarchitektur, die zum Inbegriff der Renaissance wurde. Finanziert wurde das alles mit Schulden, und als diese über 1 Mio. Gulden betrugen, reichte es den Gläubigern. 1544 musste Ottheinrich Neuburg verlassen, Schloss und Besitz wurden verkauft, und der verschuldete Graf verlegte sich aufs Goldmachen und die Alchemie.

Altstadt

Eintauchen in Geschichte

Auch wenn Sie historische Architektur nicht soo spannend finden – der erste Eindruck des hoch über der Donau thronenden, turmbewehrten Schlosses, der Kirchtürme dahinter und der geschlossenen Häuserzeile verlockt zum Blick hinter die Kulissen. Da reiht sich ein Haus aus Renaissance und Barock ans andere, so entlang der Herrenstraße und der parallel dazu verlaufenden und zum Karlsplatz führenden Amalienstraße. Hier stehen z. B. die **Münze** (Nr. A 36/37) auf Fundamenten des um 1200 errichteten Stadtturms und das **Obere Tor** (Nr. A 32), im 14. Jh. erbaut und 1541 unter Ottheinrich erweitert. Das prächtige **Weveldhaus** (Nr. A 19, von 1517) dient heute als Heimatmuseum, in den Gewölben der **Fürstenherberge** (Nr. A 52, von 1713), später als ›Alte Apotheke‹ genutzt, ist mit dem **Birdland** einer der besten Jazzclubs in Deutschland zu Hause. Schräg gegenüber und bereits am **Karlsplatz** (Nr. A 17) verbirgt sich hinter der verspielten Rokoko-Fassade der **Katholischen Bürgerkongregation** von 1732 ein wundervoller barocker Bibliothekssaal (meist nur während der Konzertveranstaltungen zugänglich). Die Renaissance prägt auch das **Rathaus** (Nr. A 12) mit seiner imposanten Freitreppe. Alles ist sehr hübsch, manchmal aber auch fast museal.

Fürstenresidenz der Renaissance

Richtig museal geht's weiter, wenn Sie die im **Schloss** residierende **Bayerische Staatsgalerie Flämische Barockmalerei** mit Werken u. a. von Peter Paul Rubens

TOUR

Flussmäander und Kletterfelsen

Mit dem Rad auf den Spuren der Ur-Donau

Infos

Karte 2, C/D 3/4

Planung: 50 km, 3 Std. (ohne Pausen); zurück mit der Bahn von Eichstätt nach Ingolstadt, dort nach Neuburg. Oder man radelt auf gleichem Weg zurück. Pause im Naturfreundehaus Konstein, Aicha 12, Wellheim, T 08427 985 76 06, www.naturfreundehaus-konstein.de, Mi–So

Die entspannte Fahrradtour verläuft weitestgehend eben, und die Landschaft ist ungemein abwechslungsreich. Die Donau wandte sich noch vor rund 100 000 Jahren, während der Riss-Eiszeit, westlich von Neuburg nach Norden und strebte über Wellheim dem jetzigen Bett der Altmühl zu, in dem sie dann weiter nach Osten floss. Dieses Donau-Urtal lässt die alten Schlingen und Schleifen der Donau noch deutlich erkennen.

Wo das Urtal beginnt

Auf der **Monheimer Straße** geht's erstmal nach Westen aus **Neuburg** hinaus in Richtung Rennertshofen (Markierung Donauradweg) und weiter in Richtung Norden nach Dollnstein (Markierung Urdonautal-Radweg). **Rennertshofen** mit seinen historischen Giebelhäusern ist zu hübsch und das Rathaus mit seinem Renaissance-Turm einfach putzig. Hinter dem Ort beginnt das **Urtal der Donau.** Schon schlägt das Tal (und die Straße) einen ersten Mäander, bevor man in **Wellheim** ankommt.

Zum Schluss wird's kurvig

Der Ort ist Mittelpunkt der Region, sein Wahrzeichen der Galgenberg, ein isolierter Hügel. Mächtige Burgruinen stehen auf den bewaldeten Hängen, darunter ducken sich hübsche Bauernhöfe um ländliche Marktplätze und Kirchen. In **Konstein,** nördlich von Wellheim, lockt der **Klettergarten am Dohlenfelsen** Anfänger und Profis im lichten Wald. Mich hingegen lockt meist das **Naturfreundehaus** zu einer gemütlichen Radl-Pause. Das Urtal mündet bei **Dollnstein** ins **Altmühltal.** Von dort sind es noch wenige Kilometer an der heftig mäandernden Altmühl (Altmühltal-Radweg) entlang bis **Eichstätt.**

und Jan van Breughel besuchen. Der kunstsinnige Graf Wolfgang Wilhelm (1578–1653) schaffte es, den allseits begehrten Rubens für seine kleine Pfalz zu begeistern. Das »Jüngste Gericht« und den »Engelssturz« malte der Meister eigens für Neuburg. Durchaus sehenswert also.

Wenn nicht so viel Zeit bleibt, sollten Sie zumindest dem Schloss Beachtung schenken: Zwischen 1530 und 1545 entstand der **Ottheinrichsbau,** der westliche Teil des Schlosses zum Karlsplatz hin; etwa gleichzeitig wurde der **Neue Bau** fertig, der den Karlsplatz nach Nordosten über dem ›Nadelöhr‹, einem Tor der Stadtbefestigung, abschließt. Interessant ist der Innenhof, dessen Wände mit Renaissance-Malereien in Sgraffito-Technik geschmückt sind. Wirklich spektakulär aber ist die **Schlosskapelle** von 1537 im Tordurchgang des Ottheinrichsbaus: Das 1543 vollendete Gotteshaus ist der älteste protestantische Kirchenraum Deutschlands – Ottheinrich hatte 1542 den evangelischen Glauben zum alleinig richtigen erklärt. Ihr einziger Schmuck ist der 1542 von Martin Hering aus Rotmarmor gehauene Altar sowie – eine Überraschung angesichts des eher bildfeindlichen Protestantismus – eine über und über mit Fresken bemalte Decke, die Luthers Lehre illustriert (Freskant Hans Bocksberger).

Residenzstr. 2, Schloss und Bayerische Staatsgalerie Flämische Barockmalerei: www.pinakothek.de, April–Sept. Di–So 9–18, im Winter Di–So 10–16 Uhr, 6 €, Kapelle Eintritt frei

Schlafen, Essen

Puristische Einrichtung

aussicht: Die ist toll, wenn man ein Zimmer nach hinten, auf die Donau ergattert. Holz, klare Linien und Farben prägen die Einrichtung des familiär geführten Altstadthotels. Einzige Hingucker sind die im Haus und in den Zimmern verteilten Skulpturenstelen. Im Restaurant gibt's frische Bio-Küche, die einen Bogen von Lamm über Ricotta bis Couscous schlägt. Fast alle Gerichte und auch das 3-Gänge-Überraschungsmenü können Sie in kleinen, *tapa* genannten Portionen bestellen.

Amalienstr. 27, T 08431 431220, www.dieaussicht.de, 8 Zi., 6 Suiten, €€

BÄUMCHEN WECHSEL DICH

Von der Romanik über die Gotik bis hin zum weiß-gold strahlenden Barock waren die architektonischen und künstlerischen Entwicklungsstufen der **Hofkirche.** Pfalzgraf Ottheinrich wandelte sie in eine evangelische Pfarrkirche um, doch 1617 wurden Pfalz und Kirche wieder katholisch. Hochrenaissance und Barock, vorrangig aus Händen italienischer Künstler, schaffen einen majestätischen Kirchenraum.

Bodenständig wohnen und essen

Gasthaus zur Blauen Traube: Schon seit Jahrhunderten wird hier in der Oberen Stadt Gastfreundschaft großgeschrieben. Freundlich eingerichtete Gasträume und Fremdenzimmer sowie die bayerische Küche mit mediterranen Anklängen machen den Aufenthalt in dem Haus mit dem mächtigen Renaissance-Giebel angenehm.

Amalienstr. A 49, T 08431 83 92, www.zurblauen-traube.de, 9 Zi., €–€€, Restaurant €

Kuchen zum Träumen

Café am Theater: Was da auf der Kuchentheke präsentiert wird, lässt niemanden kalt. Die Kuchen, Tartes, Cupcakes etc. sind so verführerisch, die Einrichtung romantisch, der Service bezaubernd. Einfach ein Muss!

Residenzstr. A 66, T 08431 647 89 99, www.cafe-am-theater.com, tgl. 9–18 Uhr, €

Ausgehen

Jazz im Keller

Birdland: Er gilt als einer der renommiertesten Clubs in Deutschland. Von September bis Mai wird freitags und manchmal samstags gejammt, was die alten Gewölbe halten. Schwerpunkte sind Modern Jazz und Mainstream. Höhepunkte sind die Sessions der hauseigenen Birdland Jazz Band.

Am Karlsplatz A 52, T 08431 412 33, www.birdland.de, Juni–Aug. Sommerpause

Infos

- **Donauschwimmen:** Die Riesengaudi für Hartgesottene findet am letzten Januarsamstag statt. Mitmachen kann jeder über 15 Jahre.
- **Neuburger Schlossfest:** Ende Juni/Anfang Juli in ungeraden Jahren, www.schlossfest.de. Alle zwei Jahre ziehen Ritter und Burgfräulein durch die historische Altstadt und unterhalten die Zuschauer mit dem Steckenreitertanz.
- **Tourist-Information:** Ottheinrichplatz A 118, 86633 Neuburg an der Donau, T 08431 554 00, www.neuburg-donau.info
- **Anreise und Weiterkommen:** Bahnhof, Bahnhofstraße, www.bahn.de. Bahnverbindung über Ingolstadt nach München; regionale Strecken wie etwa nach Eichstätt nur mit Umsteigen in Ingolstadt

Eichstätt

D 2/3

Macht und Selbstherrlichkeit verführen zur Überheblichkeit – was für den Neuburger Ottheinrich und seine weltliche Verschwendungssucht galt, bestätigte sich beim Eichstätter Kirchen-Finanz-

LATEINER AUF ABWEGEN

Die Crux im Eichstätter Finanzskandal: Der Finanzdirektor unterschrieb 31 Darlehensverträge, verfasst in englischer Sprache. Der studierte Theologe konnte natürlich Latein – des Englischen war er allerdings nicht mächtig.

skandal, der 2018 Schlagzeilen machte, auch für die Geistlichkeit. 47 Mio. € setzte das Bistum Eichstätt mit Fehlspekulationen in den Sand. Und natürlich ist auch Eichstätts Diözese in den kirchlichen Missbrauchsskandal verstrickt.

Die Ähnlichkeiten zwischen den beiden Städten beziehen sich nicht nur darauf: Wie Neuburg empfängt auch Eichstätt (13 900 Einw.) den Besucher mit einer gewissen fürstlichen Arroganz, mit seiner kantigen Burg, die schon von Weitem übers Altmühltal grüßt, und dem Altstadtkern jenseits des Flusses, den die Spitztürme des Doms überragen. Nur war hier nicht weltliche, sondern kirchliche Macht konzentriert. Vom 741 durch den Angelsachsen Willibald gegründeten Benediktinerkloster über 600 Jahre fürstbischöflicher Herrschaft bis zum Erzbistum Eichstätt mit der einzigen katholischen Universität Deutschlands führte die Entwicklung der Stadt über viele Stationen; stets aber blieb sie ein Hort geistiger Besinnung.

Der fürstbischöfliche Bezirk

Kirchliche Macht in Stein

Barocke Architektur hat die Neigung, zu einer eigenartig leblosen Majestät zu erstarren, vor allem einigen italienischen Baumeistern war dieser Stil eigen. Gabri-

TOUR
Schafherden und Kletterfelsen

Wanderung von Dollnstein nach Wellheim

Infos

Karte 2 C/D 3

Planung: 17 km lange, rund 4-stündige Rundtour, Markierung: »Schlaufenweg 11«

Einkehr: Naturfreundehaus Konstein (s. S. 60)

Ausgangspunkt der Rundwanderung ist **Dollnstein,** wo Altmühl- und Ur-Donautal aufeinandertreffen. Zunächst geht es vom Marktplatz über die Altmühlbrücke in Richtung Wellheim, nach der Bahnunterführung dann bergauf zur **Antoniuskapelle.** Auf der Hangkante wandert man oberhalb des Ur-Donautals durch die charakteristische, mit Wacholderbüschen bestandene Trockenrasenlandschaft und vorbei am **Dollnsteiner Weiher** in den Wald. Gelegentlich weiden hier noch große Schafherden. Dann führt der Weg hinunter Richtung Konstein und erneut bergauf zu dem markanten, **Löwenkopf** genannten Felsen über Wellheim.

Mühlenland

Über die Gammersfelder Straße wendet sich der Pfad bergab zum **Marktplatz** von **Wellheim.** Wir durchqueren das kleine Ortszentrum und erreichen über den Hüttenweg und entlang einer bezaubernden Pappelallee die **Schutterquelle.** Immer wieder bieten sich von der Allee Ausblicke auf den markanten **Dohlenfelsen,** an dem meist ein paar Freeclimber ihr Geschick testen. Die heute so unscheinbare Schutter trieb bis Anfang des 20. Jh. über 20 Mühlen an. In **Aicha** erinnern die Ruinen der Burg Adlerstein an vergangene Größe und einen legendären Ritter Groß. Über eine Forststraße durch ein Waldstück erreicht die Route die ehemalige **Römerstraße** von Nassenfels nach Weißenburg und folgt ihr bis zum Waldrand, wo sich ein herrliches Panorama auf Dollnstein und den Burgsteinfelsen eröffnet. Dann geht's über die **Antoniuskapelle** auf gleichem Weg zurück ins Zentrum von **Dollnstein.**

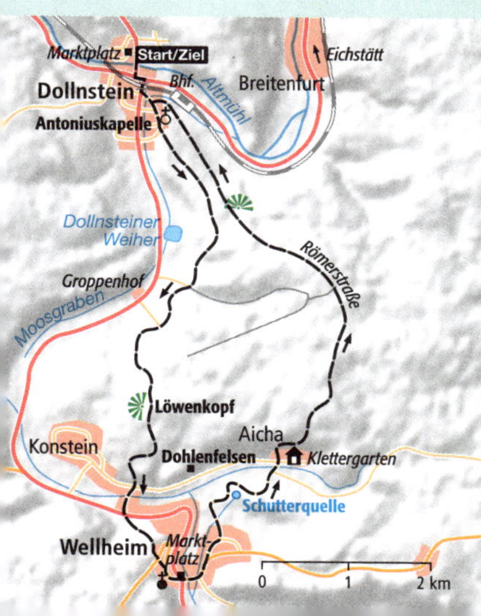

el de Gabrieli (1671–1747) aus dem italienischsprachigen Graubünden bildete da keine Ausnahme. Ihn beauftragte der zu Beginn des 18. Jh. amtierende Fürstbischof mit dem Bau von **Residenz** und **Schutzengelkirche** sowie der Anlage des **Residenzplatzes** mit der Mariensäule.

Die **Schutzengelkirche** allerdings liebe ich: Kurz vor dem Dreißigjährigen Krieg erbaut und von den Schweden wie übrigens ganz Eichstätt niedergebrannt, wurde sie in der zweiten Hälfte des 17. Jh. wiederaufgebaut und erhielt zur Hundertjahrfeier 1717 ihr zart-verspieltes Stuckgewand. Und 567 Engelsfiguren. Einer hat es mir besonders angetan: Er sitzt links auf dem Kranzgesims des ersten Pfeilers und hält ein vergoldetes »Tränentüchlein« in der Hand. Der Kirchenführer nennt ihn ein Symbol der Reue, der Trauer. Ich empfinde ihn als eher spitzbübisch, wie er da mit baumelnden Beinen vom Gesims hinunterguckt. Ansichtssache.

Kirchliche Anmut in Stein

Auch der hochgotische **Dom St. Willibald** fasziniert mich. Sein Hauptportal mit Mariens Tod und Himmelfahrt im Tympanon empfinde ich als ungemein berührend, die farblich gefassten Figuren strahlen Innigkeit und Andacht aus. Betritt man die Kirche, empfängt helle, lichte Gotik, fast schmuckfrei bis auf Seitenaltäre und den neugotischen Hauptaltar, dem bunte Glasfenster von Hans Holbein d. Ä. Licht spenden. Links vom Chor, im Nordquerhaus, könnte ich stundenlang den **Pappenheimer Altar** bewundern, ein filigranes Wimmelbild in Stein vom Ende des 15. Jh., Meister unbekannt. Auch der **Kreuzgang** mit einem Mortuarium mit filigranem Netzgewölbe und der berühmten Schönen Säule von 1489 be-

Zusammen mit dem Mortuarium gilt der Kreuzgang des Eichstätter Doms St. Willibald als spätgotische Meisterleistung.

geistern mich jedes Mal. Die Gebeine des Klostergründers, des hl. Willibald, ruhen in einer Urne im Westchor, wo sein von Loy Hering 1514 geschaffenes Denkmal als Meisterwerk der Gotik gilt. Wenn der Dom mit seinen vielen Details und Kunstwerken es auch Ihnen angetan hat, lohnt der Kauf des Kirchenführers. Es gibt viel mehr zu entdecken!

OLYMPIA LÄSST GRÜSSEN

Für den Kontrast zwischen Historie und Moderne steht in Eichstätt der transparente Bau der **Zentralbibliothek,** zu erreichen über die Universitätsallee nach Süden zur Altmühl. Das Münchner Architektenbüro Behnisch & Partner zeichnet für das 1987 errichtete preisgekrönte Gebäude verantwortlich.

Altstadt

Vom Marktplatz zur Notre Dame

Nördlich der Kirche erstreckt sich das weltliche Eichstätt um den lebhaften **Marktplatz:** Den barocken Willibaldsbrunnen schmückt eine Heiligenfigur aus der Hand Hans Krumpers (1628), um ihn herum Häuser aus dem 17./18. Jh. und das hübsche Rathaus, dessen 1444 erbauter Turm verspielt von Biedermeier eingerahmt wird. Es ist sicher kein Zufall, dass die Stadt hier viel lebendiger wirkt, auch an Cafés und Wirtschaften herrscht kein Mangel. Wenige Schritte sind es ebenfalls zur von Gabrieli 1719–21 errichteten, ehemaligen Klosterkirche **Notre Dame de Sacre Cœur.** Im zarten Stuckschmuck kündigen sich hier bereits erste Anklänge des Rokoko an; im Innern öffnen Fresken von Johann G. Bergmüller die Zentralkuppel zum Himmel. Ein hübscher Rahmen ist das für die **Informationsstelle des Naturparks Altmühltal,** in der Schautafeln und Fotografien den Naturraum Altmühltal erläutern.

Willibaldsburg

Wo der Urvogel flog

So herrisch, wie sich die Willibaldsburg über Stadt und Altmühltal erhebt, kann man sich gut vorstellen, dass sich die Fürstbischöfe hier oben sicherer fühlten als unten im Stiftsbezirk. Zwischen dem 14. und dem 18. Jh. diente die Burg als Residenz und wurde im 17. Jh. im Stil der Renaissance umgebaut. Um die Wende des 16./17. Jh. ließen die Bischöfe auch den wunderschönen Garten anlegen, der als **Hortus Eystettensis** wegen der vielen exotischen Pflanzen große Berühmtheit erlangte. Noch heute faszinieren die akkurat angeordneten Beete und Pflanzen unterhalb der Burg, in der das **Jura-Museum** residiert. Mit der Versteinerung des Urvogels Archaeopteryx und dem 1998 in der Frankenalb entdeckten Abdruck einer noch unbekannten Dino-Art, des *Juravenator starki,* besitzt das Museum einige Attraktionen.

Jura-Museum/Museum für Vor- und Frühgeschichte: Burgstr. 19, www.jura-museum.de, April–Sept., Di–So 9–18, Winter Di–So 10–16 Uhr, 5 €

Ausflug in den Naturpark Altmühltal

E/F 2/3

Wandern, Radeln, Paddeln

In den nord-oberbayerischen Städten haben Sie viel Kultur gesehen, daher sei Naturliebhabern noch ein Abstecher ins idyllische Altmühltal empfohlen. Die Altmühl entspringt beim fränkischen Rothenburg ob der Tauber und mündet 165 km weiter bei Kelheim in die Donau. Da der Fluss kaum Gefälle hat, können auch Anfänger auf ihm gefahrlos Kanu fahren; parallel verläuft ein schöner Radweg sowie der 200 km lange Altmühltal-Panorama-Wanderweg (www.naturpark-altmuehltal.de). Ein sehr vielseitiger Abschnitt ist die Strecke von Eichstätt nach Dollnstein (14 km), an der Sie die typischen Wacholderheiden, die Altmühltaler Schafe so lieben, und schroffe Kletterfelsen begleiten. Zurück nach Eichstätt geht's mit dem ÖPNV (www.rba-bus.de).

Schlafen, Essen

Friedvoll und besinnlich

Gästehaus Kloster Walburg: Die Zimmer im Kloster empfinde ich als eine passende Unterkunft für eine Stadt, die so sehr dem Katholizismus zugetan ist. Sie sind geräumig und freundlich eingerichtet, im kleinen Garten kann man gut entspannen. Das Frühstück kann sich sicherlich nicht mit üppigen Hotelbuffets messen, aber es ist gut und reichlich. Die Klosterkirche ist eine bedeutende Wallfahrtsstätte.

Walburgiberg 6, T 08421 988 70, www.abtei-st-walburg.de, 19 Zi., €

Bayern trendy

maletter: Frischer Wind am Domplatz. Die Küche nimmt bayerische Traditionen auf, setzt aber auch stark auf internationale Fusion. Alles möglichst regional, frisch, anregend. Und in kleiner Tapa-Portionsgröße bestellbar.

Domplatz 1, T 08421 935 61 91, www.maletter.de, Mi–So ab 17.30, So auch 11.30–14.30 Uhr, €–€€

Bayern traditionell

Gasthof Krone: Für das Kontrastprogramm sorgt dieser urige Gasthof mit schönem Biergarten; hier gibt's Fränkisches, so z. B. Rehmaultaschen. Lecker sind auch die Bratwürste aus Altmühltaler Lamm!

Domplatz 3, T 08421 44 06, www.krone-eichstaett.de, tgl. 10– 23 Uhr, Winter Di Ruhetag, €€

Bewegen

Pedalritter

Rentamania Bikes: Telefonisch einen Termin ausmachen, Fahrrad auswählen und los geht's. Rentamania hat gut gewartete Touren und E-Bikes und bietet auch Fahrradreparaturen an.

Gemmingenstr. 22, 0176 48 73 44 07, www.rentamania.de

Paddeltour

Kanuuh: Entweder Sie schließen sich den spannenden Ein- oder Mehrtagestouren an, oder aber Sie mieten ein Kanu und entscheiden selbst, wo's langgeht.

Wolfgang Chmella, Am Graben 22, T 08421 21 10, www.kanuuh.de

Infos

- **Tourist-Information:** Domplatz 8, 85072 Eichstätt, T 08421 600 14 00, www.eichstätt.de
- **Informationszentrum Naturpark Altmühltal:** Notre Dame 1, Eichstätt, T 08421 987 60, www.naturpark-altmuehltal.de, April–Okt., Mo–Fr 9–17, Sa/So 10–17, im Winter Mo–Do 9–12, 14–16, Fr 9–12 Uhr. Infos zu Sport- und Freizeitmöglichkeiten. Spannend auch für Kinder ist der Naturerlebnisraum, in dem Besucher im virtuellen Flug über das Altmühltal Wissenswertes über Natur und Ökologie erfahren.
- **Bahnhof Eichstätt:** Bahnhofstr. 6, 5 km südwestl., www.bahn.de; Zubringerbahn nach Eichstätt-Stadt, Bahnhofsplatz 17; Bahn nach Ingolstadt

Zugabe
Meditation über einen Zweig

Das Kultbäumchen von Manching

Die Nachbildung des Bäumchens lüftet so manches Rätsel – und manches lässt sich trotzdem nicht entschlüsseln.

Fast unscheinbar steht das Manchinger Kultbäumchen in seiner Vitrine im nachgebauten »Heiligen Hain«, mehr Zweig als Baum. Gäbe es die golden schimmernde Replik nicht, benötigte man schon sehr viel Fantasie, um zu erkennen, was zu sehen sein soll: Es handelt sich um einen mit Gold überzogenen Ast aus dem 3. Jh. v. Chr., an dem sowohl Eicheln hängen als auch Efeublätter. An der Replik sieht man, dass in den Goldbezug über und über kleine Kreise eingeritzt waren, die wahrscheinlich Augen symbolisieren sollten – nach Meinung der Wissenschaftler ein Hinweis darauf, dass das Objekt kultischen Zwecken diente, denn Augen oder ähnliche Symbole wehren ja in vielen Kulturen das Böse ab. Was aber bedeutet das Nebeneinander von Eicheln und Efeu? Man weiß so wenig über die Kelten und kann auch das nicht sicher interpretieren. Aber ich finde, man kann gut darüber meditieren: Eichen waren den Kelten heilig, ihre Druiden, also die Heiler und Priester, sind nach dem keltischen Wort für Eiche, *druir,* benannt. Während die Eiche mit dem Wettergott verbunden war, galt Efeu als reinigend und wurde in Quellen getaucht, um das Wasser zu säubern. Und da gab es dann noch das keltische Baumalphabet, eine Art Geheimschrift, bei der Symbole der Bäume für den jeweiligen Anfangsbuchstaben des Namens standen: Also D für *druir,* Eiche, und G für *gort,* Efeu. Ist der Zweig also eine Botschaft? Meine Lieblingsversion ist die von einer kleinen Keltenprinzessin, der das Bäumchen als Spielzeug und magischer Schutz diente. Den berühmten Keltenschatz des Museums, 483 Goldmünzen, die über 4 kg wogen und über 2000 Jahre alt waren, konnte es allerdings nicht schützen. Ende November 2022 stiegen Einbrecher ein und raubten den Schatz. Als man Mitte 2023 einen Teil der Beute fand, waren die Münzen eingeschmolzen und ein unschätzbarer wissenschaftlicher Wert verloren. ■

Ist der Zweig etwa eine Botschaft?

Zwischen Starnberger See und Lech

Wassersport und Kunstgenuss — ergänzen sich perfekt. Und einen heiligen Berg fürs leibliche Wohl gibt's auch.

Seite 78

Wandern an den Osterseen

Die besinnliche Wandertour um den Großen Ostersee belohnt mit Alpenblick, wilden Orchideen, einem Bad im Moorsee und zum Abschluss einem Besuch bei den Osterseelchen oder alternativ im Landgasthof Osterseen.

Seite 80

Roseninsel

Wenn Ludwig II. sich auf der Roseninsel mit Cousine Sisi traf, dann munkelten die Untertanen. Ein wunderschönes Inselchen für ein Stelldichein – Ludwig hatte ein sicheres Gespür für romantische Locations.

Wer zur Roseninsel hinüber will, muss eine Glocke läuten!

Seite 81

Buchheim Museum der Phantasie

Lothar-Günther Buchheim sammelte alles: Expressionisten, Kunsthandwerk und kindliche Collagen seiner Frau, untergebracht in wunderbarer Architektur!

Seite 86

Kloster Andechs

Berg + Kirche + Bier ergibt zusammen bayerische Glückseligkeit. Kloster Andechs ist ein besonders gutes Beispiel dafür, denn die Kirche ist Wallfahrtsort, womit sich die Tradition der Bierwallfahrt von Herrsching hinauf zum Kloster begründete.

Seite 87

Dießen

Hoch über dem Ort das Marienmünster, darunter eine lauschige Altstadt, die sich bis zum Ufer des Ammersees erstreckt.

Seite 90

Landsberg am Lech

Historisch mit Pfiff präsentiert sich die Lechstadt – zwischen Stadtmauern und Fluss wartet eine reizvolle, lebhafte Altstadt auf Besucher.

Seite 94

Immer an der Mauer lang

Ein Bummel entlang der Mauern, Türme und Tore um Landsberg macht die Geschichte der Stadt sinnlich greifbar. Und man kommt ins Schwitzen, denn zwischendrin geht es steil bergauf. Doch am Ende lockt ein nettes Café.

Seite 99

Bayerische Karibik

Reggae, Sonnenuntergänge, Cuba Libre, scharfe Saucen und ein Fischbrötchen – auf Jamaica könnt's nicht schöner sein als an Herrschings Uferpromenade.

Tradition: 30 Familien leben am Starnberger See von der Fischerei und vom Fischverkauf.

»Schilfgürtel-Gullyratten« nannte Lothar-Günther Buchheim seine Feldafinger Mitbürger, die ihm sein ersehntes Museum verwehrten.

Schickeria trifft Natur

S

Sanftes Hügelland umrahmt große und kleine Seen, in deren Wasser sich mondäne Villen, verspielte Schlösschen und urige Bauerndörfer spiegeln. Libellen tanzen über Sumpfröhricht, in dem Kormorane und Seeschwalben Deckung suchen. Wasser, nämlich das des ungestümen Lech, prägt auch das mittelalterliche Landsberg mit seiner jungen Szene.

Das Fünf-Seen-Land südwestlich von München zeigt viele verschiedene Gesichter. Die Kräfte der Eiszeit haben die Moränenlandschaft mit ihren glasklaren Seen geformt und sie mit sanften Hügelketten eingerahmt – ein Voralpenidyll! Die Kräfte des Kapitals haben dieses Idyll schließlich vereinnahmt und es zu einer der teuersten Wohngegenden Deutschlands gemacht. Zu Beginn des 20. Jh. lebten hier Literaten und Künstler, heute die frisch eingekauften Stars des FC Bayern. Das tut der Schönheit der Landschaft keinen Abbruch, verleiht der Region aber zugleich ein gewisses Neureichen-Flair. Was aber nur selten stört, denn das Panorama auf der Ilkahöhe, die Magie des Dießener Marienmünsters, die mittelalterliche Puppenstube Landsberg überdecken das Aufschneiderische mühelos.

ORIENTIERUNG

O

Reisekarte: B–E 9–11
Infos: Tourismusverband Starnberger Fünf-Seen-Land, Hauptstr. 1, 82319 Starnberg, T 08151 906 00, www.starnbergammersee.de
Internet: www.starnbergammersee.de ist die Homepage von Starnberger und Ammersee, www.5sli.de steht für die Gemeinden des Landkreises Starnberg; www.fuenfseenland.de ist eine regionale Info-Plattform zu den Seen, Sehenswürdigkeiten, Brauchtum, Flora; www.fuenfseen.de ist eine Marketingseite mit Hotel- und Restauranteinträgen, Sportangeboten sowie Veranstaltungshinweisen.
Verkehr: S-Bahn-Anbindung von München mit der S 6 nach Starnberg und Tutzing/Starnberger See und der S 8 nach Herrsching/Ammersee, www.mvv-muenchen.de; Fahrpläne der Schiffslinien findet man auf www.seenschifffahrt.de.
Golf: Golfplatz Iffeldorf, im Süden, www.golf-iffeldorf.de, 18-Loch, PAR 72; Gut Rieden: im Norden, golfplatz-gutrieden.de, 18-Loch, PAR 73; Golf-Club Tutzing: bei Tutzing über dem Westufer, www.golfclub-tutzing. de, 18-Loch, PAR 72.

Starnberger See

E 9–11

›Badewanne der Münchner‹ ist nur einer der Spitznamen, mit denen der Starnberger See belegt wird. Lang und schmal räkelt er sich in der aus eiszeitlichen Moränen geformten Hügellandschaft vor dem majestätischen Panorama der Alpengipfel, die an Föhntagen zum Greifen nah erscheinen. Mit 57 km² Fläche und einer maximalen Tiefe von über 120 m zählt der Starnberger See zu den wasserreichsten Seen Deutschlands. Seinen Abfluss bildet nach Norden das Flüsschen Würm, die sechs Zuflüsse liegen unterirdisch. Die Schönheit dieser Voralpenlandschaft zog bereits früh die bessere Gesellschaft an seine Ufer; die Liste der prominenten Anwohner ist lang, und noch heute sind Villen und Schlösser in privater Hand und nicht zu besichtigen. Privatbesitz sind auch große Teile des Ufers, weniger Privilegierte können an den ausgewiesenen Erholungsgebieten ins kühle Nass springen.

Starnberg

E 9/10

Sachlichkeit am See

Kein romantischer Badeort, sondern eine geschäftige und recht modern verbaute Kreisstadt erwartet Sie. Dabei hat Starnberg durchaus alte Wurzeln: Bereits römische Junker siedelten hier, wie die Fundamente einer Villa Rustica bei Leutstetten (s. S. 72) belegen. Einen radikalen Umschwung für den Fischerort brachte 1851 die Aufnahme der Dampfschifffahrt

Nach der Arbeit noch schnell der Sprung in den Sonnenuntergang? Ist von München mit der S-Bahn ohne Weiteres möglich.

R

RUND HERUM MIT DEM RAD

Den Starnberger See können Sie in einem gemütlichen Radausflug umrunden und an den beschriebenen Orten Pausen einlegen. Auch an Einkehrmöglichkeiten herrscht kein Mangel. Die 50 km lange Tour verläuft zum größten Teil auf verkehrsberuhigten oder für den Autoverkehr gesperrten Straßen und Wegen. Beschreibung der Tour unter www.bayregio-starnberger-see.de/tipps/radtour-starnberger-see.php. Und wenn Sie müde werden, bringt Sie das Schiff zurück nach Starnberg, samt Rad.

und drei Jahre später die Eröffnung der Bahnlinie Starnberg–München. Münchens bessere Gesellschaft engagierte die angesagtesten Architekten für ein Domizil am See. Leider hat der Entwicklungsboom als eleganter Außenposten Münchens nicht viele dieser Gebäude übrig gelassen. Historisch wird's aber dann doch noch an der Seepromenade, wo Friedrich Bürklein 1854 einen **Bahnhof** baute, an dem die königliche Familie ausstieg, wenn sie nach Schloss Berg wollte. Entsprechend repräsentativ ist die Architektur.

Geschichte und Geschichten

Wenn Sie etwas mehr über den See wissen möchten, empfehle ich den Besuch des **Museums Starnberger See** nördlich der Eisenbahnlinie. Es präsentiert seine Sammlung in den historischen Räumen eines Starnberger Bauernhofs von 1693 und im modernen Anbau des Neuen Hauses. Interessant sind die Ausstellungen zu Themen wie ›Villenkultur und Massentourismus‹ oder zu den Wittelsbachern und ihrem Verhältnis zum Starnberger See. Zu den Exponaten zählen u. a. die »Delphin«, das Prunkschiff König Ludwigs I., sowie ein Modell der »Bucentaur«, auf der König und Adel im 17. Jh. rauschende Feste feierten.

Possenhofener Str. 5, www.museum-starnberger-see.de, Mi–Fr 14–18, Sa/So ab 11 Uhr, 5 €

Drei heidnische Jungfern

Drei gute Gründe gibt es, **Leutstetten im Würmtal** (4 km nördlich von Starnberg) zu besuchen: Die erst 2002 entdeckten Fundamente eines römischen Gutshofes, der **Villa Rustica,** aus dem 2. Jh. n. Chr. zeigen, wie römische Landjunker lebten: Die Überreste einer Fußboden- und Wandheizung, die mit Hohlziegeln befeuert wurde, sind noch deutlich zu erkennen. Ein römischer Hausschlüssel und luxuriöses Tongeschirr sind Fundstücke aus dem Brunnen des Anwesens. Gezeigt wird auch die Kopie eines römischen Grabsteins, dessen Original im Leutstettener **Kirchlein St. Alto** eingemauert ist. Im spätgotischen Gotteshaus gibt es außerdem ein 1643 entstandenes Votivbild dreier heiliger Jungfrauen zu sehen, Gberpet, Ainpet und Firpet. Ihre Verehrung geht wohl auf vorchristliche Kulte zurück, in denen die drei Göttinnen als weise Nornen bzw. als Bethen, wie sie der Volksmund bezeichnet, Quellen bewachten. Tatsächlich entspringen bei Leutstetten mehrere Quellen, deren Wasser noch heute als heilsam und magisch gilt – wenn Sie sich umsehen, entdecken Sie rund um die Bethenquelle unweit der Kirche bunte Bänder und andere Votivgaben in Büschen und Bäumen. Grund Nummer drei für den Besuch in Leutstetten? Der idyllische Biergarten der **Schlossgaststätte** (s. S. 73)!

Schlafen

Individuell im Landhausstil

Fischerhaus: Das zentral gelegene Hotel ist in einem schönen alten Haus untergebracht und besitzt modern ausgestattete Zimmer, ein gemütliches Café und eine sehr familiäre Atmosphäre. Die Seepromenade ist nur wenige Schritte entfernt.

Achheimstr. 1, T 08151 905 50, www.hotel-fischerhaus-starnberg.de, 11 Zi., €€–€€€

Einfach und gemütlich

Landgasthof Brückenwirt: Sie wählen zwischen Zimmern nach vorne oder hinten und mit oder ohne Bad. Einige sind bayerisch-rustikal mit Holzmöbeln eingerichtet, einfach, aber mit Liebe, steht auf der Homepage, und genauso ist es. Eine nette, angenehme Unterkunft, die nicht die Welt kostet.

Berger Str. 7, Starnberg-Percha, T 08151 898 83, www.brueckenwirt-percha.de, 10 Zi., €–€€

Essen

Bayerisch-kroatisches Joint-Venture

Gasthof in der Au: Seit mehr als 30 Jahren ist Familie Ledic Garant für solide Küche zwischen Alpen und Adria, herzlichen Service und den gemütlichsten Biergarten von Starnberg. Noch mit einem großen Holzkohlengrill – aber die Nachbarn mosern.

Josef-Jägerhuber-Str. 15, T 08151 125 50, www.gasthofinderau.de, tgl. ab 11.30 Uhr, €

Bayerischer Klassiker

Schlossgaststätte Leutstetten: Ob im Wirtshaus oder im Biergarten – das Essen ist bayerisch und von feiner Qualität, das Ambiente einfach schön und die Gaststätte oft Ziel prominenter Bayern, worunter auch Fußballer und Fernsehsternchen fallen.

Altostr. 11, T 08151 81 56, www.hs-gaststaetten.de, Mai–Sept. tgl. ab 11 Uhr, Mo, zum Teil auch Di Ruhetag, €€

Süße Verführung

Starnberger Eiswerkstatt: Zwei Brüder und das beste Eis am See – handwerklich hergestellt in frisch gebackenen Waffeln, wenn möglich regional, auf jeden Fall aber aus frischen Zutaten und kein Instantschrott. Lecker!

Wittelsbacherstr. 9, www.starnberger-eiswerkstatt.de, tgl. 9–21 Uhr

Ausgehen

Starnberg feiert

H'Ugo's Beach Club Undosa: Unglaublich, aber wahr – das Undosa, seit Jahren der Renner in der Starnberger Partyszene, musste schließen und wurde unter dem Label H'Ugo's wiedereröffnet. Sonst ist alles beim Alten: Restaurant, Café, Disco und im Sommer Beach Club. Beliebt sind Events wie Ü-30-Partys, Jazzsessions oder Salsa-Nächte.

Seepromenade 1, T 08151 99 89 30, hugos-starnberg.de, tgl. 10 Uhr bis open end (Nov.–März Mo, Di geschl.)

Infos

- **Tourist-Information:** s. Infobox S. 70
- **Bayerische Seenschifffahrt:** T 08151 120 23, www.seenschifffahrt.de. Die Schiffe fahren eine kleine nördliche, eine südliche und eine große Rundfahrt. Startzeiten zwischen April und Mitte Okt. etwa alle 1,5 Std., Tickets gibt's auf dem Schiff.

Am Ostufer nach Süden

E 10/11

Wo der ›Kini‹ starb

Von Starnberg ist **Berg,** ein hübscher Villenort am Seeufer, an der Seepromenade entlang in einem einstündigen, angenehmen Spaziergang zu erreichen.

Bayerischen Royalisten und ›Kini‹-Verehrern bedeutet Berg aber viel mehr als nur Sommerfrische. Denn eben dort, wo sich ein schlichtes Holzkreuz im Wasser des Starnberger Sees spiegelt, ertranken unter bis heute ungeklärten Umständen am 13. Juni 1886 König Ludwig II. und sein Psychiater Dr. von Gudden, zwei Tage, nachdem der König auf Neuschwanstein für unmündig erklärt, abgesetzt und nach Schloss Berg gebracht worden war. Die neoromanische Votivkapelle oberhalb der Todesstelle hat man erst 14 Jahre nach dem Unglück fertiggestellt. Schloss Berg, von jeher eines der Lieblingsschlösser Ludwigs II., ist nicht zugänglich. Berg ist zudem Geburtsort des bayerischen Schriftstellers **Oskar Maria Graf,** der im Roman »Das Leben meiner Mutter« auch von Berg berichtet. Wer dem Haus seiner Eltern (Grafstr. 9) einen Besuch abstattet, hat im **Oskar-Maria-Graf-Stüberl** seine kulinarische Freude (s. S. 77).

Wo der Kasperlgraf wohnte

In **Ammerland** steht das Schloss des Grafen Pocci, in Bayern wegen seines Engagements fürs Puppentheater auch ›Kasperlgraf‹ genannt. Entstanden ist die Anlage mit den zwei Zwiebeltürmchen bereits um 1680 für einen Freisinger Fürstbischof; Kaspar Feichtmayr aus dem Wessobrunner Künstlerclan (s. S. 270) gilt als Architekt. Ludwig I. kaufte das Schloss 1841 für Pocci, der ihm als Zeremonienmeister diente und als feinsinniger Dichter und Zeichner berühmt war. Wie so oft am Starnberger See: Das Schloss ist Privatbesitz und nicht zu besichtigen. Trösten können Sie sich hier mit frischen Renken und Saiblingen beim **Hoffischer Sebald** (s. S. 77).

> **B**
>
> **BADEN**
>
> Eine tolle und nicht ganz so überlaufene Badestelle am Ostufer ist der Allmannshauser Strand ca. 4,5 km südlich von Berg, in Allmannshausen etwa 5 Min. durch Wald zu Fuß bergab.

Schauspieler-Urgestein

Auch in **Ambach** weiter südlich wohnen viele Menschen, die sich hinter hohen Hecken verbergen, aber es gibt auch noch ein ganz ländliches, bäuerliches Ambach in den Moränenhügeln östlich des Ortes, wo die Bauern den Sommer über heuen, säen und ernten, wie es ihre Vorfahren getan haben. Auf einem der schmucken, alten Höfe des Ambacher Hinterlandes wuchsen zwei Ausnahmeschauspieler auf: Sepp (Josef) und Annamirl (Annemarie) Bierbichler. Der 1948 geborene Sepp sollte ursprünglich den väterlichen Gasthof **Zum Fischmeister** (s. S. 77) übernehmen, besuchte dann aber die Otto-Falckenberg-Schauspielschule in München und ist heute einer der profiliertesten deutschen Darsteller; seine 1946 geborene Schwester (2005 gestorben) wurde zur Muse und Lieblingsschauspielerin des bayerischen Querdichters und Filmemachers Herbert Achternbusch.

Ebenso beliebt wie der Fischmeister ist der **Buchscharner Seewirt** ein paar Kilometer weiter (s. S. 77).

Wo die Rohrdommel ruft

Mit Schilf bewachsen wie bei **St. Heinrich** ganz im Süden sah das Seeufer ursprünglich überall aus. Für das ökologische Gleichgewicht des Sees sind solche Schilfflächen besonders wichtig: Sie verhindern die Ufererosion und bieten Vögeln und Amphibien einen Lebensraum. Rohrdommeln und Rohrsänger leben in dessen Schutz, Hechte kommen zum Laichen in die Flachgewässer, Libellen haben im Schilf ihre Brutstätten. Der Starnberger See hat durch Besied-

Lieblingsort

Kapelle mit Blick und Geschichte

Ein Hügel, eine Kapelle, ein Kruzifix, ein Bankerl unter Linden, der Blick über Weiden hinunter auf den Starnberger See und auf die Alpenkette – geht's noch oberbayerischer? Die Degerndorfer **Kapelle Maria Dank** (📍 E 10), keine 5 km vom millionärsschweren Ufer des Sees entfernt, scheint Lichtjahre weg vom mondänen Getue da unten. Wofür sie gestiftet wurde? Degerndorf lag 1944 in der Einflugschneise alliierter Bomberstaffeln mit Ziel München. Am 17. Dezember 1944 stürzte eine mit Phosphorbomben beladene Maschine ab und verfehlte das Dorf um Haaresbreite. Sechs Besatzungsmitglieder starben, den siebten retteten die Degerndorfer. 1948 erbauten sie der Gottesmutter zum Dank die Kapelle am schönsten Aussichtspunkt weit und breit. Wenn ich hier oben den Blick genieße, dann bewundere ich auch die Haltung der Degerndorfer: Die toten ›Feinde‹ auf dem Dorffriedhof zu begraben, einen gar zu verstecken – das war damals nicht selbstverständlich (Maria Dank, ca. 1 km südwestlich von Degerndorf oberhalb der Straße Am Weiher).

Sommerfrische im großzügigen Park am See des Schlossgutes Oberambach

lung, aber auch durch Absterben 90 % seines Schilfröhrichts verloren; Schutzmaßnahmen sollen zumindest den augenblicklichen Bestand stabilisieren. Der Schilfgürtel vor St. Heinrich ist Vogelschutzgebiet.

Wo die Schickeria anlandete

Der Fischerort **Seeshaupt** an der Südspitze des Starnberger Sees erwachte, als 1850 der erste Raddampfer anlegte. Damit begann Seeshaupts Karriere als Sommerfrische. Der Maler Carl Spitzweg, häufiger Gast am Starnberger See, hielt in seinem Gemälde »Ankunft in Seeshaupt« jenen Umbruch fest, der die kleine Gemeinde damals erfasste: Sie wurde von der ›feinen Gesellschaft‹ überschwemmt. Anlaufpunkt war die Alte Post, wo gekrönte Häupter und natürlich auch Ludwig II. Halt machten. 1916 zog der Expressionist Heinrich Campendonk (1889–1957) nach Seeshaupt, wo er nahe, aber doch unabhängig von der Künstlervereinigung Blauer Reiter in Murnau leben konnte. Auch Thomas Mann war in Seeshaupt häufig zu Gast. Die Alte Post gibt es immer noch; sie wurde modernisiert und heißt heute Seeresidenz (s. u.).

Schlafen

Vorbildliche Bio-Wellness

Schlossgut Oberambach: Das Öko-Hotel im ehemaligen Fürstenschloss offeriert ein auf Ayurveda basierendes Wellnessprogramm. Schön ist das riesengroße Seegrundstück mit eigenem Naturbadeteich, sehr fein und ebenfalls bio die Küche. Vieles, was an Obst und Gemüse auf dem Tisch der Gäste landet, stammt aus eigenem Demeter-Anbau! Zu den Gesundheitsangeboten gehört auch Basenfasten.

Oberambach 1, Münsing, 1 km östl. von Ambach, T 08177 93 23, www.schlossgut.de, 40 Zi., €€–€€€

Blumen vor der Hüttn

Gasthaus Fischerrosl: Was für eine Freude, dieser Gasthof mit seinen Geranien-Sturzbächen auf den Balkonen! Die Apartments bzw. Doppelzimmer sind einfach, hell und freundlich eingerichtet und mit Küchennische und Fernseher ausgestattet. Das Wirtshaus gehört zu den schönsten und besten am See.

Beuerbergerstr. 1, St. Heinrich, T 08801 746, www.fischerrosl.de. 11 Zi., €–€€

Himmlisch gelegen

Seeresidenz Alte Post: Herrlich ist die Lage am See in Seeshaupt, gelungen die Verbindung von Alt und Neu in Architektur und Einrichtung. Ein kleiner Wellnessbereich mit Schwimmbad bietet professionelle Massage und Anwendungen. Und Sie bewegen sich auf den Spuren berühmter Persönlichkeiten!

Alter Postplatz 1, Seeshaupt, T 08801 91 40, www.seeresidenz-alte-post.de, 17 Zi., €€€

Essen

Zeitgeistige Ausflüge

Oskar-Maria-Graf-Stüberl: Hat sich das Putencurry zwischen Tafelspitz, Milzwurst und Renkenfilet verirrt? Die Wirte in diesem Traditionsgasthaus gehen mit der Zeit und setzen auch exotische Gerichte auf die Karte. Aber immer gilt das Prinzip: Mit Sorgfalt und Liebe wird hier bayerisch (und indisch) aufgetischt; Spanferkel und Tafelspitz sind frisch zubereitet und einfach köstlich.

Grafstr. 9, Berg, T 08151 516 88, Mi–So 11–22 Uhr, €€

Frischer Fisch vom Fischer

Fischermeister Gastl: Neben Fisch (berühmt: der ofenwarme Räucherfisch am Donnerstag) gibt's auch selbst gebackenen Kuchen und Kaffee.

Assenbucher Str. 41, Berg-Leoni, www.fischermeister-gastl.de, Do–So 11–18 Uhr, im Sommer auch Mi, Räucherfisch-Wrap €

Feine Küche, tolle Lage

Buchscharner Seewirt: Natürlich locken auch hier ein schöner Biergarten am See, ein krosser Schweinebraten und feine Leberknödelsuppe – aber am besten mundet's beim Seewirt im Herbst, wenn Rehgulasch oder Hirschpflanzerl auf der Karte stehen.

Buchscharn 1, Münsing, 1,5 km südl. von Ambach, T 08801 24 09, www.buchscharner-seewirt.com, tgl. 11–23 Uhr, €€

Promitauglich und sympathisch

Zum Fischmeister: An Wochenenden ist der schöne Biergarten der Prominentengaststätte ziemlich überlaufen; wochentags lassen sich die bayerisch-mediterrane Küche und das ›Bierbichler-Ambiente‹ entspannter genießen.

Seeuferstr. 31, Ambach, T 08177 533, www.zumfischmeister.com, Do–So ab 12, Mo ab 17 Uhr, (im Winter eingeschränkt), €€

Urig-gemütlich

Fischerrosl: Fisch wird hier mal mediterran, mal holsteinisch serviert. Einziger Wermutstropfen: die Lage an einer viel befahrenen Straße.

Beuerbergerstr. 1, St. Heinrich, T 08801 746, Di–Sa 11.30–14, 17.30–22, So 11.30–21 Uhr, €€

Fischfang mit Tradition

Zum Hoffischer Sebald: Die Fangrechte von Familie Sebald gehen aufs Jahr 1860 zurück. Sie beliefert die Restaurants der Umgebung, verkauft aber auch Fische und Fischsemmeln direkt vom Hof.

Nördliche Seestr. 22, Münsing/Ammerland, T 08177 91 32, Di–Sa 8–19, So 9–19 Uhr (Winter Di–Sa 8–18, So 10–18 Uhr), €

Skandinavische Magie

Landgasthof Osterseen: Es ist der Blick von der Terrasse über die Osterseen, der mich immer wieder hierherlockt. Ganz gleich, ob beim Mittagessen mit feinem

PROMI INKOGNITO

Das ungarische Bauerntor gleich neben dem Fischmeister gehört zum Anwesen Nr. 25, 1895 nach Plänen von Emanuel von Seidl erbaut und zwischen 1919 und 1952 vom Erfinder der »Biene Maja«, Waldemar Bonsels, bewohnt. Irgendwo hier lebt auch der so ganz und gar unpromihaft-scheue Schriftsteller Patrick Süskind, Autor des Welterfolgs »Das Parfum« und kongenialer Drehbuchpartner vieler Filme von Helmut Dietl.

TOUR
Was bitte ist eine Spirke?

Zu Fuß oder auf dem Rad im Osterseen-Gebiet

Südlich von Seeshaupt spielt das Alpenvorland plötzlich Skandinavien: 19 große und kleine Seen schmiegen sich in weitgehend ebene Moorlandschaft, in der Raritäten wie die Spirke wachsen, eine Moorkiefer, die noch aus der Nacheiszeit stammt. Damals sind die **Osterseen** entstanden: Vor etwa 20 000 Jahren schmolz der Isar-Loisach-Gletscher ab und hinterließ eine Eiszerfalllandschaft mit Toteislöchern, Eisrandterrassen und Vertiefungen, die sich mit Wasser füllten. Ich kenne wenige so idyllische Orte für einen vertrödelten Tag wie die Osterseen (bloß nicht an den Wochenenden!). Meist verbinde ich eine hübsche Rundwanderung mit einem Bad im warmen Moorwasser und der abschließenden Stärkung in einer netten Iffeldorfer Einkehr.

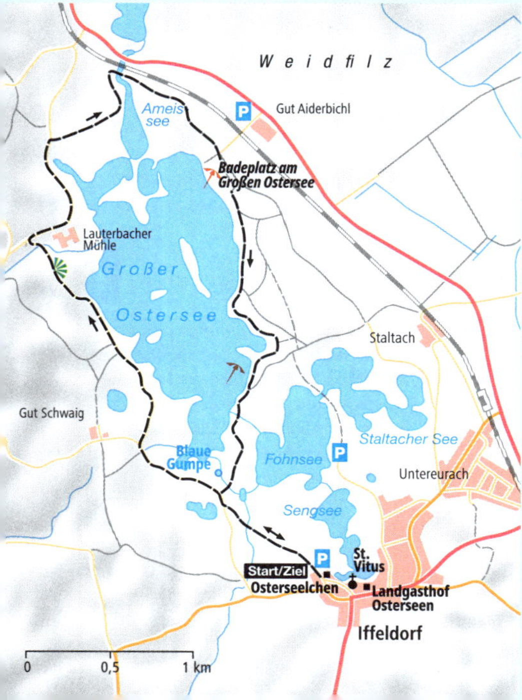

Flora und Fauna

Ich starte meist in **Iffeldorf,** wo ich das Auto am Parkplatz etwas oberhalb des Fohnsees abstelle. Dann geht es von Iffeldorf (Schild blau, Nr. 25) leicht bergab in Richtung **Großer Ostersee,** nach

Infos

E 11

Strecke: www.pfaffen-winkel.de/detail/id=62d64f13688edf9b8845010a

Planung: Ausgangs- und Endpunkt Iffeldorf (Bahnanschluss von/nach München), Länge: 8,5 km, Dauer: zu Fuß mindestens 2,5 Std., per Fahrrad 1 Std., mit Pausen entsprechend länger. Im Sommer Badesachen und Mückenschutz mitnehmen. Proviant und Wasser für unterwegs nicht vergessen!

Einkehr: Landgasthof Osterseen (s. S. 77) oder Kiosk der Osterseelchen

1,4 km biegt man nach links und Norden ab. Am Ufer des Großen Ostersees entlangwandernd, bleibt Muße für die Natur am Wegesrand: Im Frühjahr und Sommer blühen Leberblümchen, Frauenschuh, Orchideen und Primeln. Kormorane und Blässhühner dümpeln auf dem Wasser, und Seeschwalben jagen in wildem Flug nach Insekten. Nach 1,5 km entfernt sich der Weg vom See und steigt leicht an. Hier umrundet man das Gelände der **Lauterbacher Mühle.** Kurz vor Erreichen der Reha-Klinik lohnt am **Aussichtspunkt** ein Blick zurück über den Großen Ostersee und die Alpenkette. Vielleicht haben sie Glück, und der Föhn rückt die Berge ganz nahe an die Seen!

Amphibien

Nach der Mühle geht's wieder bergab und in einem großen nördlichen Bogen (Km 4) in einigem Abstand vom Ufer in Richtung Süden. Bei Km 4,5, wieder am Ufer angekommen, grüßt erneut die Alpenkette über den See. Dekorativ hebt sich der Zwiebelturm von **Iffeldorfs Pfarrkirche St. Vitus** davor ab. An vielen Stellen kommt man übrigens gar nicht ans Wasser, weil die Schilfgürtel so dicht sind. Sie bilden einen tollen Lebensraum für Grün- und Wasserfrösche, Erdkröten, Bergmolche und – Vorsicht! – Kreuzottern.

Beides ist schön

500 m weiter aber darf man offiziell ins Wasser steigen, der östliche **Badeplatz am Großen Ostersee** ist erreicht. Hier lege ich meist eine längere Badepause ein, schwimme, lese ein gutes Buch oder genieße die Fernsicht. Wenn es Ihnen hier nicht gefällt – ein zweiter **Badeplatz** liegt 2 km weiter nach Süden, der Weg verläuft jetzt wieder direkt am See entlang. 600 m weiter, kurz vor der Einmündung in den Hauptweg nach Iffeldorf, dürfen Sie noch die **Blaue Gumpe** bewundern, ein typisches Toteisloch. Dann stellt sich die Frage: Lieber zum **Kiosk Osterseelchen,** der früher Seemadames hieß (facebook.com/seemadames, T 0179 979 35 89, ab Pfingsten Sa/So 13–19 Uhr, €, bei schlechtem Wetter geschl., im Zweifel anrufen) oder ein Stück in den Ort hineinlaufen zum **Landgasthof Osterseen** und seiner Traumterrasse (s. S. 77). Ganz gleich, wie Sie entscheiden: Ein Blick auf die zarten Barockfresken von **St. Vitus** sollte unbedingt sein.

Knapp 500 m östlich des Großen Ostersees liegt übrigens **Gut Aiderbichl.** In dem Gnadenhof verbringen über 300 gerettete Tiere ihre letzten Jahre (www.gut-aiderbichl.com).

Tafelspitz oder geräucherter Renke, beim nachmittäglichen Kaffeetrinken mit köstlichem Kuchen, beim Sundowner mit einem Aperol Spritz – die Farben und Schattierungen auf den blauen, von tiefem Grün eingerahmten Wasseraugen sind jedes Mal anders.

Hofmark 9, Iffeldorf, T 08856 928 60, www.landgasthof-osterseen.de, 24 Zi., Zimmer €€€, Restaurant €€

Ausgehen

See und Romantik

BeachBar zum Kleinen Seehaus: Sand, See, Eisbecher und Drinks, dazu die schönsten Sonnenuntergänge über dem Starnberger See, und wenn der Magen knurrt, gibt's feine Leckereien vom benachbarten Restaurant.

Buchscharnstr. 11, St. Heinrich, T 08801 550, www.kleines-seehaus.de, im Sommer Sa/So ab 10.30 Uhr, wochentags nachfragen

Am Westufer nach Norden

E 10/11

Wo die Fantasie regiert

Die Gemeinde **Bernried** ist ein wahres Schmuckstück, und das nicht nur wegen der schönen, alten Bauernhausarchitektur, die hier offensichtlich liebevoll gepflegt wird. Das ehemalige **Augustinerchorherrenstift** besteht seit 1120; Glanzstück der barockisierten **Stiftskirche St. Martin** ist der gotische Sippenaltar von 1510. Am Friedhof gleich nebenan steht die Hofmarkskirche Mariä Himmelfahrt, ein intimes Kirchlein mit einer anrührenden, gotischen Madonna im Chorbogen und bäuerlich bunt gewandeten Heiligen an den Seitenaltären; nach links in der eigentlichen Wallfahrtskapelle findet sich das verehrte Gnadenbild der »Liab woanatn Frau«, eine Pietà aus dem 14. Jh. Hauptattraktion in Bernried ist aber das **Museum der Phantasie** von Lothar-Günther Buchheim (s. S. 81).

Alpen im See

Die lebhafte Kleinstadt **Tutzing** ist Ausgangspunkt für einen Spaziergang zu einem ganz besonderen Aussichtsbalkon des Fünf-Seen-Landes, der **Ilkahöhe** (s. S. 84). Aber zuerst sollten Sie sich Zeit nehmen für die vielen Villen, die in einem wahren Bauboom entstanden, nachdem Tutzing 1865 seinen Eisenbahnanschluss an München erhalten hatte. Dass sich die Architektur ähnelt – es ist eine Mischung aus hochherrschaftlicher Villa und romantischem Fachwerk –, liegt an Josef Knittl, der 1864 als Maurer für Herzog Ludwig in Bayern begann, sich dann selbstständig machte und am See, vor allem aber in Tutzing, alles baute, was ging.

Streit ums »Mauseloch«

Feldafing, das seinen prominenten Bürger Buchheim so schnöde vor den Kopf stieß, kann sich immerhin mit Thomas Manns **Villino** schmücken, in das er sich zwischen 1919 und 1923 vom Münchner Trubel zurückzog, um am »Zauberberg« zu arbeiten (Tutzinger Str. 46). Allerdings herrschte lange Uneinigkeit um die Restaurierung und museale Nutzung des »Mauselochs«, wie Mann sein Häuschen nannte. Auf dem Grundstück steht mittlerweile die Benedictus-Klinik, das Häuschen wird umfassend saniert. Im Klinikrestaurant zeigt eine Ausstellung Exponate zu Manns Villino-Zeit.

Wo Ludwig seine Sisi traf

Wie nähert man sich einem mystischen Sehnsuchtsort wie der **Roseninsel?** Genau so: durch den herrlichen Feldafinger Lenné-Park und dann mit einer Plätte, einem flachen Holzboot. Maximilian II. ließ den Park von Karl von Effner nach

Plänen Lennés anlegen und plante darin auch ein Schloss. Aus dem wurde nichts, dafür erbaute Franz Jakob Kreuter auf der Insel eine italienischen Vorbildern nachempfundene Villa, das **Casino,** und Lenné konzipierte die Gartenanlage und das berühmte Rosenrondell, das der Insel ihren Namen gab. Magie bekam das Ganze aber erst durch die heimlichen Rendezvous zweier unglücklicher Königskinder, Ludwigs II. und seiner Cousine Sisi. Sie verbrachten hier Zeit miteinander, hinterlegten sich heimliche Briefe und nannten sich »Möwe« und »Adler«. Wenn im Sommer die Rosen blühen, möchte man am liebsten selbst Möwe sein. Übrigens bergen die Gewässer um die Roseninsel ein UNESCO-Weltkulturerbe – im Schlamm verborgen liegen Überreste prähistorischer **Pfahlbauten!**

Fährbetrieb: www.roseninsel.org, Überfahrt Mai, Mitte Sept.–Mitte Okt. 11–18, Juni–Mitte Sept. 10–18 Uhr, Do–Sa häufig wegen Trauungen erst ab 12 Uhr, 5 €; Casino: Mai–Mitte Okt. Di–So 12.15–17.30 Uhr, nur mit Führung 4 €

Museen

Sisi im Bahnhof

Kaiserin-Elisabeth-Museum: Im ehemaligen Prunkwartesalon des Bahnhofs von Possenhofen, den Ludwig II. bauen und ausstatten ließ, breitet das Museum Erinnerungsstücke aus. Schließlich stieg die Kaiserin hier häufiger aus und zu, um im nahen, nach ihr benannten Hotel (bis 2027 geschl.) ein paar kaiserfreie Tage zu verbringen (oder um Adler zu treffen?).

Schlossberg 2, Pöcking-Possenhofen, www.kaiserin-elisabeth-museum-ev.de, Mai–Okt. Fr–So 12–18 Uhr, 4 €

Expressionisten im Schiff

Buchheim Museum der Phantasie: Ein Spaziergang durch den Museumspark schafft die richtige Einstimmung: Selten korrespondieren Architektur, Kunst und Natur so perfekt wie bei Günter Behnischs auf den ersten Blick fast sperrig wirkendem Museumsbau mit seiner lang gestreckten Hauptachse und zwei verschieden hohen ›Türmen‹, der wie ein Schiff in den See ragt. Riesige Skulpturen signalisieren schon außerhalb des Museums, dass den Besucher drinnen Außergewöhnliches erwartet. »Wiesenpfade« nannte Buchheim die Wege durch sein Museum. Besucher sollten den Künstler beim Wort nehmen und sich einfach treiben lassen. Das Museum möchte entdeckt werden! Der Zirkus Buchheim ebenso wie Max Beckmanns Radierungen, die Brücke-Maler wie Ditti Buchheims Blättercollagen, die Südseemasken und die Hinterglasbilder. Die Sammlung Buchheim könnte man als ›Kunst- und Wunderkammer‹ in bester Wit-

B

WIE BERNRIED ZU BUCHHEIM KAM

Ende der 1930er-Jahre hatte der Autor, Maler und Sammler Lothar-Günther Buchheim (1918–2007) Feldafing als Künstlersitz gewählt, um am Starnberger See Landschaftsaquarelle zu malen; schließlich ließ er sich endgültig hier nieder. In Feldafing, auf dem Gelände der Villa Maffei, sollte ursprünglich auch sein Museum errichtet werden, doch ein Bürgerentscheid kippte das Projekt 1997 – man befürchtete die sonntägliche Ruhestörung durch den Besucherverkehr. Eine Zeit lang schien es, als würde der als dickschädelig bekannte Buchheim grollend den Starnberger See verlassen, doch dann offerierte die Nachbargemeinde Bernried ein Grundstück – und erhielt den Zuschlag.

Alter BMW in ›neuem‹ Look: Der Künstler Siegfried Ulmer verarbeitete Buchheims abgelegten Wagen zum »Grusel-BMW«.

telsbacher Tradition bezeichnen. Auch in der Renaissance wurde gesammelt, was Neugier erregte und das Auge erfreute. Buchheims Sammlung expressionistischer Kunst bildet das Herzstück des Museums; sie gilt als eine der umfangreichsten ihrer Art und präsentiert auch Vorläufer wie Lovis Corinth. Wechselnde Ausstellungen erweitern die Dauerausstellung um neue und spannende Aspekte. Zum Abschluss spaziere ich hinaus auf den Steg, der 12 m hoch über dem Wasser schwebt. Hier kann ich das Gesehene sortieren und über den barocken Menschen Buchheim nachdenken, der zwar aus Chemnitz stammte, im Grunde aber ein echt bayerischer Querkopf war.

Am Hirschgarten 1, Bernried, T 08158 997 00, www.buchheimmuseum.de, April–Okt. Di–So 10–18, Nov.–März 10–17 Uhr, 13 €. Anreise mit den Schiffen der Seenschifffahrt bis Bernried, von dort 15 Min. Fußweg. Regiobahn bis Bernried, 20 Min. Fußweg

Schlafen

Ahoi!

Marina Hotel: Klare Formen, kühle, helle Farben, maritimes Ambiente. Das Marina Hotel an Bernrieds Jachthafen macht seinem Namen alle Ehre, und wenn es Ihnen zu sachlich erscheint, wählen Sie einfach eines der plüschigen Themenzimmer. Wellnessbereich, beheizter Pool, eigener Seestrand und Segelkurse sorgen dafür, dass keine Langeweile aufkommt.

Am Yachthafen 1–15, Bernried, T 08158 93 20, www.marina-bernried.de, 87 Zi., €€€

Klösterlich in herrlicher Lage

Bildungshaus Bernried: Hier ein Zimmer zu ergattern, gleicht einem (kleinen) Lotteriegewinn, denn in erster Linie wird das Kloster der Benediktinerinnen von Seminargruppen gebucht. Wenn Sie Glück haben, dann wohnen Sie in angenehm schlichten Zimmern direkt am See und genießen die stille, aber herzliche Gastfreundschaft der Ordensschwestern.

Klosterhof 8, Bernried, T 08158 25 50, www.bildungshaus-bernried.de, 75 Zi., €€

Klein und fein

Gasthof Georg Ludwig: Es muss nicht immer der Starnberger See sein. Hier wohnen Sie nicht weit vom ungemein idyllischen, wenn auch kleinen **Maisinger See** (5 km nördlich von Feldafing), der zu den ältesten Naturschutzgebieten Bayerns zählt. Im Winter kann man hier Schlittschuhlaufen und im Sommer baden und dabei seltene Wasservögel beobachten. Die Zimmer sind modern und mit altem Holz gestaltet, die Küche ist schnörkellos bayerisch.

Ortsstr. 16, Maising, T 08151 34 45, www.gasthaus-georg-ludwig.de, 11 Zi., Zimmer €€€, Restaurant €€

Essen

Wirtshaus mit Strand

Gasthof Seeseiten: Obwohl der toll gelegene Gasthof zu Seeshaupt gehört, rechne ich ihn eher zum Westufer (wo er eindeutig liegt). Etwas erhöht über dem See punktet er mit einem gemütlichen Biergarten- und Cafébereich und Postkartenaussicht auf Berge und das Wasser, das hier noch ein veritabler Schilfgürtel einrahmt. Die Kuchen sind selbst gebacken und gut, das bayerische Essen bodenständig. Und nun kommt der Geheimtipp: Das Seeseiten hat einen eigenen Strand, nur für die Gäste. Also nichts wie rein ins Wasser.

Seeseiten 3, Seeshaupt, T 08801 742, Do–So 11.30–18 Uhr, €€

Forsthaus mit Aussicht

Forsthaus Ilkahöhe: Zwei Seelen wohnen ach in meiner Brust! Da wäre zum einen der rustikale Biergarten mit den üblichen Speisen und Getränken zur Selbstbedienung – Würschtl, Wurstsalat, Radler – und zum anderen ein sehr ambitioniertes Restaurant mit Aussichtsterrasse, dessen Küche den hohen Preisen mit großer Kreativität gerecht wird. Beiden gemeinsam ist diese einzigartige Lage auf einem Muränenhügel, die wohl zu den schönsten am Starnberger See gehört.

Oberzeismering 2, Tutzing, T 08158 82 42, www.restaurant-ilkahoehe.de, Do–Mo 12–22 Uhr, €€–€€€

Strandlokal mit Aktivitätsbonus

Nordbad: Entspannte Stimmung im Bar-Restaurant und am Steg; die einfachen Gerichte wie Kalbspflanzerl sind schmackhaft zubereitet, das Bier ist gut gekühlt, und abends kommst fast so etwas wie karibische Stimmung auf.

Nordbadstr. 1, Tutzing, T 08158 68 19, www.nordbad.de/seerestaurant, tgl. 11–22 Uhr, €

Starnberger See alternativ

Tutzinger Keller: Das gibt es auch am Schickeria-See – eine bayerisch-alternative Kneipe mit Biergarten, multikultureller Speisekarte und gelegentlichem Musikprogramm. Die Beizn der etwas anderen See-Anwohner.

Schönmoosweg 5, Tutzing, T 08158 80 27, auf Facebook, Mi–Sa ab 17, So ab 12 Uhr, €

Sundowner à la Münsing

Zum kleinen Seehaus: Eine kleine Landzunge, darauf das Kleine Seehaus und davor ein kleiner Sandstrand zum großen See. Holzbänke, Liegestühle, Drinks und ein Sonnenuntergang zum Träumen.

Buchscharnstr. 11, Münsing, T. 08801 550, kleines-seehaus.de, im Sommer bei schönem Wetter

Bewegen

Baden wild oder gepflegt

Bei Niederpöcking liegt mit dem **Paradies** einer der beliebtesten Natur-Seestrände.

Und im **Strandbad Feldafing** können Sie vor der Kulisse historischer Badehütten, die hier seit der EröffnBarung 1927 weitgehend unverändert geblieben sind, sonnen und schwimmen.

Paradies, Niederpöcking, immer zugänglich, keine Infrastruktur, kein Eintritt; Strandbad Feldafing, Königinstr. 4, Mai–Sept. tgl. ab 9 Uhr, 4 €

Von S wie Segeln bis S wie SUP

Surf- und Segelcenter Tutzing: Das Nordbad bietet jede Menge Aktivitäten und Kurse auf dem Wasser: Surfen, SUP, Katamaran-Segeln u.v.m. Das Team ist bestens ausgebildet, engagiert und nett. Und wenn's etwas Besinnliches sein soll: Es gibt auch Yoga-SUP-Kurse!

Adresse s. Restaurant S. 83

INFOS FÜNF-SEEN-LAND

Tourismusverband Starnberger Fünf-Seen-Land: Hauptstr. 1, 82319 Starnberg, T 08151 906 00, www.starnbergammersee.de
www.starnbergammersee.de: Homepage von Starnberger und Ammersee
www.fuenfseenland.de: regionale Info-Plattform zu den Seen, Sehenswürdigkeiten, Brauchtum, Flora
www.fuenfseen.de: Marketingseite mit umfangreichen Hotel- und Restauranteinträgen, Sportangeboten sowie Veranstaltungshinweisen
www.ammersee-lech.de: Homepage des Tourismusverbandes Ammersee/Lech mit den Gemeinden am und westlich des Ammersees
www.seenschifffahrt.de: Fahrpläne der Schiffslinien auf Starnberger- und Ammersee
S-Bahn-Anbindung von München: S 8 nach Herrsching, www.mvv-muenchen.de

Hausberg Tutzings

Zur **Ilkahöhe** hinauf führen mehrere Wege, vom S-Bahnhof laufe ich an den Gleisen nach Süden, 700 m weiter durch eine Unterführung nach Westen, und dann sieht man auch schon ein Hinweisschild. Es sind etwa 100 Höhenmeter hinauf, man ist gemütlich eine halbe Stunde unterwegs, verkneift sich aber erstmal die Einkehr im **Forsthaus,** sondern steigt den Moränenrücken ganz nach oben, und da ist sie dann, eine Aussicht zum Niederknien. Die Alpenkette wie gemalt, davor der silbrig glitzernde See, Segelboote im Wind, Kühe auf der Weide. Jetzt also einkehren bei Selbstbedienung im Biergarten (oder feiner Küche im Restaurant, s. S. 83). Für den Heimweg können Sie noch einen Schlenker zum **Deixelfurther See** (plus 2,2 km) unternehmen und von dort nach Tutzing zurückkehren.

Ammersee

D 9/10

Steht der Starnberger See im Ruf, mondän oder schickimicki zu sein, gilt der etwas kleinere Ammersee als der ärmere Verwandte. Mag sein, dass hier nicht so viele Millionäre wohnen, auf jeden Fall aber scheinen sie nicht so gerne mit ihrem Wohlstand zu protzen: Es wirkt alles irgendwie ländlicher. Wie sein östlicher Nachbar lang und schmal geschnitten, wird der Ammersee von den Zuflüssen Ammer, Windach und Rott gespeist und im Norden von der Amper entwässert.

Weil der See seit 1976 zu den unter die Ramsar-Konvention fallenden Feuchtgebieten gehört, sind große Abschnitte des Westufers gesperrt. Die Schilfgürtel haben zwar auch hier gelitten, sind aber an vielen Stellen noch erhalten. **Ampermoos** im Norden und **Ammermündung** im Süden stehen unter Naturschutz.

Herrsching

D 10

Ein Bahnhof mit Geschichte

Gelegentlich scheint es so, als sei **Herrschings** einzige Daseinsberechtigung, als S-Bahnhof für Bier-Wallfahrer nach Andechs (s. S. 86) zu dienen. Dank des frühen Bahnanschlusses – 1903 dampfte der erste Zug aus München in den Herrschinger Bahnhof – entwickelte sich der kleine Fischerort zügig zu einer lebhaften Kleinstadt mit 10 000 Einwohnern. Künstler und Literaten begannen sich für den Ort zu interessieren, der Maler Ludwig Scheuermann ließ eine Villa erbauen (heute Kurparkschlössl), und die Münchner Boheme feierte in ihr rauschende Feste.

Ein kleiner Abstecher an den östlichen Ortsrand von Herrsching zum **Archäologischen Park** neben dem Friedhof enthüllt: Herrsching hat uralte Wurzeln! Hier wurden frühbajuwarische Adelsgräber sowie Fundamente zweier Kirchen aus dem 7. Jh. entdeckt; eine hat man originalgetreu rekonstruiert (Kirchenbesichtigung Mai–Okt. So 11–12.30 Uhr).

Schlafen, Essen

Eigenwillig, kreativ, fein

Chalet am Kiental: Die Verwandlung eines alten Hofes in ein sehr schickes, geschmackvolles und individuell geführtes Hotel am Pilgerweg nach Andechs ist gelungen. Jedes Zimmer ist anders und originell eingerichtet. Hochgelobt ist das Restaurant: Der Küchenchef aus der Riege der ›Jungen Wilden‹ schlägt nicht über die Stränge, sondern verwöhnt seine Gäste im kühl-modernen Ambiente des Restaurants wie im Biergarten mit wahrhaft delikaten Kreationen.

Andechsstr. 4, Herrsching, T 08152 98 25 70, www.chaletkiental.de, 10 Zi., €€€, Restaurant Do–Di 18–22 Uhr, €€€

Bayerisch, ambitioniert, gemütlich

Gasthof zur Post: Bayern und die Steiermark können gut miteinander, wie man am Wirts-Ehepaar sieht. Und da Liebe bekanntlich durch den Magen geht, wird bayerisch-steirisch gekocht, was eine tolle Bereicherung ist für Schweinsbraten & Co. Die Zimmer sind gemütlich und landhausstilig eingerichtet, so wie im ganzen Gasthof der Landhaus-Duktus dominiert. Das mag nicht jede:r – aber bei so viel Charme und leckerer Küche lässt es sich hervorragend darüber hinwegsehen.

Andechsstr. 1, Herrsching, T 08152 39 62 70, www.post-herrsching.de, 17 Zi., €€, Gasthof tgl. 11–21.30 Uhr, €€

Loungig, seeaffin, schick

Steg 32: Als da wären ein sehr schickes, modernes Restaurant – saisonal und regional, versteht sich. Eine Ammersee-Lounge für den Sundowner und relaxte Abende, untermalt vom Plätschern des Wassers, und eine Wein-Lounge für ausgiebige Verkostungen oder Schlechtwetterperioden. Feine Küche, sehr gute Weinauswahl, ein schöner Standort. Was will man mehr?

Summerstr. 32, Herrsching, T 08152 968 71 00, www.steg32.de, tgl. 12–23 Uhr, €€

Infos

- **Tourist-Information:** Bahnhofsplatz 3, 82211 Herrsching, T 08151 90 60 40, www.starnbergammersee.de
- **S-Bahn:** vom Bahnhof Verbindung nach München
- **Bayerische Seenschifffahrt:** Südliche (1,5 Std.) und nördliche (2 Std.) Rundfahrt lassen sich kombinieren, Abfahrt etwa alle 1,5 Std., www.seenschifffahrt.de.

Kloster Andechs

D 10

Dass das Spirituelle zugunsten des Weltlichen zurücksteht, das gilt für Andechs zumindest an sonnigen Wochenenden, wenn Heerscharen von Ausflüglern aller Art die Zufahrtsstraßen verstopfen und oben am Berg eine Stimmung herrscht wie auf dem Oktoberfest. Der achteckige Kirchturm mit seiner Zwiebelhaube steht etwas verloren über dem lauten Treiben zu seinen Füßen, und die Patres haben alle Mühe, unpassend angezogene und auftretende Besucher in der **Kirche St. Nikolaus, Elisabeth und Maria** zu bändigen.

Das Kloster, 711 m hoch in den Moränenhügeln gelegen, ist seit dem 11. Jh. als Burg der Dießener, später Andechser Grafen belegt. Bereits in dieser Zeit wallfahrteten die Menschen auf den Berg, und als 1388 vergrabene Reliquien gefunden wurden, entwickelte sich Andechs zum bedeutendsten Wallfahrtsziel Deutschlands. Um die Masse der Pilger zu lenken und zu verwalten, stiftete Herzog Albrecht III. im 15. Jh. das Benediktinerkloster. Ende des 20. Jh. war aus dem Kloster ein dynamisches Wirtschaftsunternehmen mit Brauerei und Lebensmittelbetrieb (Milch, Butter, Käse) geworden.

Eine Kirche gibt's auch …

Ich wähle wie die meisten Bierpilger den Weg von Herrsching durchs Kiental zum Kloster (ca. 1,5 Std.). Bevor ich mich im Biergarten niederlasse, besuche ich zumindest das von Johann Baptist Zimmermann mit grandiosem Stuck- und Freskendekor geschmückte **Gotteshaus.** Das Gnadenbild, eine Thronende Madonna aus dem 15. Jh., umschließt ein im 18. Jh. angefertigter zweistöckiger Hochaltar mit Heiligenfiguren von Franz Xaver Schmädl. Der Reliquienschatz wird in der nicht immer zugänglichen Heiligen Kapelle aufbewahrt: Unter spätgotischen Gewölberippen sind die Monstranz mit den Drei Heiligen Hostien und der Andechser Klosterschatz zu bewundern, zu dem u. a. ein Fragment der Dornenkrone gehört. In der Schmerzhaften Kapelle findet sich die Grabstätte des Komponisten Carl Orff (1895–1982), der am Ammersee lebte und dem Andechs jedes Jahr im Sommer Festspiele widmet.

Bergstr. 2, www.andechs.de, Messfeiern So 9.30, 11, 13.30, 18, unter der Woche Mi Vesper um 18 Uhr, aktuelle Infos zu den Führungen s. Website

Auch wenn es nur ein Ziel zu geben scheint – den Biergarten: Die Klosterkirche ist auch eine Einkehr wert.

Essen

Das klassische Original

Bräustüberl, Klostergasthof Andechs: Die Andechser Klosterbrauerei produziert jährlich 100 000 hl Bier, das meiste davon Starkbier, und ein Teil davon wird auf dem Heiligen Berg geleert, wo es im Bräustüberl, im Biergarten und im Klostergasthof entsprechend lebhaft zugeht. Während Biergarten und Bräustüberl mit bayerischen Gerichten günstige Mahlzeiten servieren bzw. in Selbstbedienung verkaufen, gibt es im etwas unterhalb gelegenen Klostergasthof gediegene Atmosphäre, eine hübsche Terrasse und feinere Speisen.

Bergstr. 2, Stüberl, T 08152 37 62 61, 10–20 Uhr, €; Gasthof T 08152 930 90, andechser-klostergasthof.de, Mo–Sa 11–20, So ab 10 Uhr, €€

Die entspannte Alternative

Der Obere Wirt zum Queri: Angenehme Alternative zum Andechser Rummel. In diesem schönen Gasthof sitzt man gemütlich in Stuben oder Garten und genießt eine feine bayerische Küche wie etwa Lammhaxe. Das Bio-Rindfleisch ist aus eigener Haltung und Schlachtung.

Georg-Queri-Ring 9, Andechs-Frieding, nordöstl. von Herrsching, T 08152 918 30, www.queri.de, Di–Sa 17–23 Uhr, €€

Feiern

- **Carl Orff Fest Andechs & Ammersee:** im Juli im Kloster und an Veranstaltungsorten am Ammersee, Infos auf www.carl-orff-fest.de

Dießen

Historische-Fassaden-Catwalk

Auch Dießen besitzt einen ›Berg‹ oder besser gesagt eine Anhöhe, von der das wunderbare **Marienmünster** über den See grüßt. Im Gegensatz zu Herrsching wirkt die lebhafte Kleinstadt am Westufer traditionsbewusster, was wohl nicht zuletzt an den vielen schönen historischen Fassaden liegt, die sich vor allem entlang der vom See bergauf führenden Herren- und Hofmarkstraße erhalten haben. Vielleicht ist es auch dieses homogene Stadtbild, das besonders viele Künstler nach Dießen zieht: Kunsthandwerk, Malerei und Musik stehen hier in Blüte. Galerien und eigenwillige Läden wie die beiden **Zinngießereien** (Herrenstr. 7 und 17) muss man nicht suchen, an jeder Ecke findet sich etwas Originelles oder Historisches, wie das 1704 errichtete **Rathaus** (Hofmark, Ecke Prinz-Ludwig-Straße) oder das 1620 erbaute **Gericht,** in dem heute die Polizei für Ordnung sorgt. Ganz oben führt ein Tor durch den dreistöckigen **Taubenturm** auf das Klosterareal um das Marienmünster. Im 17. Jh. schützte er vor den Horden des Dreißigjährigen Krieges; heute zeigt der Heimatverein darin durchaus ambitionierte Ausstellungen (www.heimatverein-diessen.de).

Unter dem Dießener Himmel …

… vollziehen sich Mysterienspiele. Die erleben Sie allerdings nur, wenn Sie die **Kirche Mariä Himmelfahrt** zwischen Ostern und Pfingsten oder in der Adventszeit besuchen, denn dann verwandelt sich der Hauptaltar, ein fast 20 m hohes, wahrscheinlich von François de Cuvilliés entworfenes Meisterwerk des Barock in ein Theatrum Sanctum. Das Altarblatt wird im Boden versenkt und durch Motive ersetzt, die zu den jeweiligen Tagen gehören: die Golgatha-Szene zum Passionssonntag, die Kreuzigung zum Karfreitag, danach Heiliges Grab und Auferstehung. Den Rahmen bilden die vier Kirchenväterskulpturen, die in dramatischer Bewegung erstarrt auf das Geschehen schauen. Was am 1739 von Johann Michael Fischer vollendeten Marienmünster noch bemerkenswert ist, ist das Spiel mit hellem Stuck und dunklen Fresken, darunter der berühmte

CARL ORFF

Haben Sie im Musikunterricht das Orff'sche Schulwerk kennengelernt? Der Komponist lebte ab 1955 in Dießen; ein Museum in der Hofmark 3 bewahrte sein Erbe, ist nun aber seit Jahren geschlossen. Ein neues Orff'sches Kulturhaus ist in Planung. Wer sich für Orff interessiert, schaue ab und an auf www.orff.de vorbei. Vielleicht wird es ja doch noch etwas mit dem neuen Haus!

»Dießener Himmel«, auf dem Bergmüller 1736 in der Chorkuppel 28 Heilige und Selige um Christus anordnete – ein sehr bewegtes Bild. Wenn ich mich an all den Heiligen, Engeln, Putten und Ornamenten sattgesehen habe, besuche ich meist noch die im ehemaligen Marstall eingebaute **Winterkirche St. Stephan,** ein Gotteshaus von gotischer Schlichtheit und Majestät.

Exil im Bauhaus-Atelier

In Dießen fühlte er sich zu Hause, der aus Westfalen stammende Maler Fritz Winter (1905–76). Von 1927 bis 1930 studierte er am Bauhaus in Dessau, u. a. bei Paul Klee. Die Nazis verboten 1937 seine Werke und zwangen ihn in die innere Emigration. Winter zog sich an den Ammersee zurück und malte hier heimlich weiter. 1960 bezog er das von Gustav Hassenpflug in der Bauhaus-Tradition entworfene Atelier, das heute einer seiner Nachfahren als **Galerie im Fritz-Winter-Atelier** mit wechselnden Ausstellungen führt. Immer sind auch Bilder von Fritz Winter dabei, der als einer der großen Wegbereiter der Moderne gilt.

Forstanger 15a, T 08857 45 59, www.fritz-winter-atelier.de, Besuch nach Vereinbarung

Schlafen

Kreativ-individuell und historisch

Hotel Maurerhansl: Auch im ältesten Gasthof Dießens (seit 1580) herrscht künstlerischer Geist: Jedes Zimmer ist individuell und originell eingerichtet; unterm Dach lockt ein schönes Loft. Zum Hotel gehört ein privates Seegrundstück samt Ruderkahn, den die Gäste ausgiebig nutzen dürfen. Abends gibt's im Rahmen der »Kultouren« öfters mal Livemusik.

Johannisstr. 7, T 08807 922 90, www.maurerhansl.de, 4 Zi., 4 FeWo, €€–€€€

Essen

Multikulti kulinarisch

Wirtshaus am Kirchsteig: Die Küchenkunst passt zum Künstlerort. Fantasievoll mixt der Küchenchef bäuerliche Rezepte mit mediterranen Elementen und führt seine Gäste auf eine Weltreise mit Couscous, Curry und Schweinebraten.

Am Kirchsteig 30, T 08807 72 86, Mo, Do–Sa 18–23, So ab 11 Uhr, €€

Blick ins weite Blau

Seehaus: Leider kein Geheimtipp mehr, deshalb kaum zu bekommen ist einer der Tische auf dem Steg. Romantischer geht's nimmer. Aber auch ohne Steg-Tisch ist das Seehaus eine kulinarische Entdeckung mit kleiner, sehr fein komponierter Karte, die Zeitgeistiges ebenso führt wie Klassiker, und dies alles exzellent zubereitet.

Seeweg Süd 22, Dießen-Riederau, T 08807 73 00, www.seehaus.de, Mi–Fr 18–22, Do, Fr auch 12–14, Sa/So 12–22 Uhr, €€€

Ein Spaziergang zur Alm

Schatzbergalm: Na klar, schon wieder Blick. Sie liegt nicht hoch, und trotzdem ist die Aussicht über Wiesen und See allein schon den Spaziergang wert (4 km leicht

Z

ZIMMER AUF DER SCHATZBERGALM

Die Schatzbergalm hat fünf hübsche, moderne Zimmer ausgebaut, eine Übernachtungsalternative für diejenigen, die nicht so gerne vom Verkehr oder Nachtleben wachgehalten werden (www.schatzberg alm-pension.de, €€).

bergauf vom Dampfersteg). So wie die Geranien am Balkon ist auch die Küche: richtig üppig! Wiener Schnitzel, Bratkartoffeln, Zwetschgenknödel und dazu ein Helles!

Ziegelstadel 11, Dießen-St. Georgen, T 08807 67 80, www.schatzbergalm.de, Mi–So, €–€€

Einkaufen

Handwerkskunst

Keramik und Zinngießerei: Die gibt's in Dießen von altersher. Die Künstler von heute präsentieren ihre Werke in einer Verkaufsausstellung im Pavillon (Seestr. 30, www.diessener-kunst.de), beim jährlichen Töpfermarkt am Dampfersteg (meist Mitte Mai), an Mariä Himmelfahrt oder in ihren Geschäften, so z. B. in den beiden Kleinzinngießereien in der Herrenstraße mit einem riesigen Sortiment von Zinnfiguren.

Bewegen

Wie ein Segel im Wind

Ammersee-Segelschule: Hier lernen Kinder wie Erwachsene von erfahrenen Seebären. Die Segelschule besitzt auch einen Bootsverleih.

Seestr. 28, T 08807 84 15, www.ammer see-segelschule.de

Pack die Badehose ein

Strandbad: Es gibt viele Gründe, dem hübschen **Utting,** 10 km nördlich von Dießen, einen Besuch abzustatten. Einer wäre das historische Freibad mit dem 1938 in Betrieb genommenen hölzernen Sprungturm, an dem sich vorrangig junge Menschen verlustieren. Drei Plattformen auf 3, 7 und 10 m Höhe fordern zur Mutprobe. Und wenn's ein Bauchplatscher wird, stöhnen alle mit.

Strandbad, Seestr. 12 A, Utting, www.strand bad-utting.de, Mai–Sept., 3 €

Ausgehen

Musik zum Frühschoppen

Alte Villa: Ein weiterer Grund für **Utting** (s. o.) ist der musikalische Frühschoppen im großen Biergarten der Alten Villa, eine Traditionsveranstaltung, zu der die Leute von weit her anreisen.

Seestr. 32, T 08806 958 33 82, www.alte-villa-utting.de, Frühschoppen mit Musik Juli–Okt. So und Feiertage ab 11.30, Fr/Sa gelegentlich Livemusik ab ca. 18 Uhr

Infos

- **Töpfermarkt:** am Wochenende um Christi Himmelfahrt. Keramikkünstler aus ganz Europa präsentieren Kunst und Gebrauchsgegenstände von hoher Qualität.
- **Fischerstechen:** im August. Jeweils drei Mann treten in Booten mit langen Stecken gegeneinander an. Wer als erster aus dem Boot ins Wasser ›gestochen‹ wird, hat das Kräftemessen verloren!
- **Tourist-Info:** Bahnhofstr. 15, 86911 Dießen am Ammersee, T 08807 90 60 10, www.starnbergammersee.de
- **Bus:** Verbindungen nach Geltendorf, Landsberg und München; Fahrpläne unter www.lvg-bus.de
- **Schiff:** Ammerseeschiffahrt, Fahrpläne www.seenschifffahrt.de

Landsberg am Lech

B/C 9

Der Ruf dieser hübschen Stadt am Lech (29 000 Einw.) ist ein bisschen ambivalent. Viele wissen, dass es eine wunderbar romantische Altstadt gibt mit Mauern und Stadttoren. Oldtimer-Fans denken bei Landsberg an den britisch-deutschen Maler, Bildhauer, Musiker, Schriftsteller und begeisterten Automobilisten Hubert von Herkomer (1843–1914), der in Landsberg lebte und 1905 die erste Autorallye in Deutschland organisierte. Und dann gibt es da noch ein berühmtes Machwerk, das zwischen April und November 1924 hinter den Mauern der Festung Landsberg entstand und ein Jahrzehnt später einen Weltenbrand entzündete: Nach dem gescheiterten Putsch in München verhaftet, nutzte Adolf Hitler seine Haft im Gefängnis zu Landsberg, um den ersten Band von »Mein Kampf« zu Papier zu bringen. Was also tun mit diesem Landsberg? Den österreichischen Gefreiten vergessen, denn

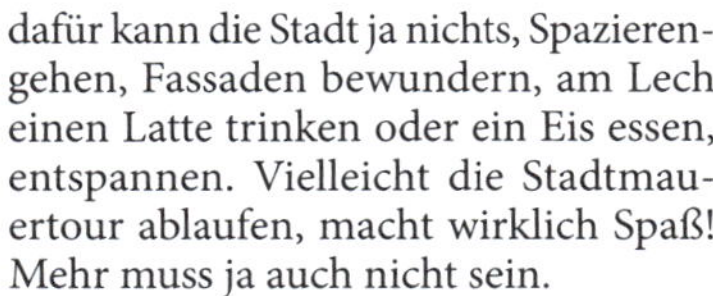

dafür kann die Stadt ja nichts, Spazierengehen, Fassaden bewundern, am Lech einen Latte trinken oder ein Eis essen, entspannen. Vielleicht die Stadtmauertour ablaufen, macht wirklich Spaß! Mehr muss ja auch nicht sein.

A

ACHTUNG, LINKS-VERKEHR!

Bevor Sie zum Lech spazieren, sollten Sie einen Blick in die sehr steile **Alte Bergstraße** hinter dem Schmalzturm werfen. Die Fuhrleute, die auf diesem Weg bergab zur Lechbrücke wollten, mussten höllisch aufpassen, um nicht die Kontrolle zu verlieren. Wenn ein Karren nicht mehr zu bremsen war, mussten sie ihn gegen die dafür aufgestellten Poller lenken. Und damit dies funktionierte, fuhren sie auf dieser Strecke auf der linken Straßenseite.

Altstadt

Das dreieckige Herz der Stadt

Bei näherer Betrachtung kann Ihnen an Landsbergs **Hauptplatz** einiges schräg vorkommen. Erst einmal der Platz selbst, er ist deutlich geneigt, was irgendwie ungewöhnlich und unkonventionell wirkt. Wie eine als Dreieck geformte, schiefe Ebene verläuft er vom grob verputzten **Schmalzturm** ❶ (13. Jh.) bergab Richtung Lech, gesäumt von schönen alten Giebelhäusern, deren Glanz aber vor der reich stuckierten Fassade des **Rathauses** ❷ verblasst. Dominikus Zimmermann, der Baumeister der »Wies« (s. S. 113), schuf 1719–21 durch Aufstockung, Giebelschmuck und eben jenen zarten Stuck ein vollendetes Rokoko-Ensemble. Er selbst fungierte übrigens eine Zeit lang als Bürgermeister von Landsberg, das damals an den Folgen von Pest und Dreißigjährigem Krieg litt. Auffällig sind auch die beiden schmalen Häuser, deren Giebel voneinander weg weisen: Zerstrittene Brüder, so der Volksmund, hätten sie erbaut.

Die Fingerübung eines Genies

Nichts gegen die gotische Stadtpfarrkirche **Mariä Himmelfahrt** ❸ nördlich des Hauptplatzes, deren Zwiebelhaube weit über Giebel und Dächer des alten Landsbergs grüßt. Im Innern herrscht hochbarocke Pracht mit fantastischem, zartgrauen Akanthus-Stuck des Wessobrunners Matthias Stiller. Wie ein prunkvoller Bühnenaufbau wirkt der hochbarocke Altar im hellen Raum (17. Jh., von

Man unterschätze den Lech nicht: Da der Fluss mitten durch Landsberg fließt, dient die Lechwehr dazu, die Stadt vor Hochwasser zu schützen – und angeln kann man hier auch ganz prima.

Jörg Pfeifer aus Bernbeuern geschaffen, Skulpturen von Lorenz Luidl). Dahinter leuchten bunt die spätgotischen Glasfenster. Majestätisch, von vollendeter Pracht. Aber: Ein Stück weiter am Vorderen Anger steht Dominikus Zimmermanns Rokoko-Kleinod, die **Johanniskirche** ❹. Zimmermann, der spätere Schöpfer der Wieskirche (s. S. 113), hat an diesem Gotteshaus schon mal alles ausprobiert, was die Wies so ungewöhnlich macht: den ovalen Kirchenkörper mit fast kreisrundem Altarraum und den geradezu magisch bewegten Stuck in Weiß und Gold. Thema am Hauptaltar ist die Christustaufe. Man meint fast, das in Gips gegossene Jordanwasser plätschern zu hören!

Am Mühlbach entlang zum Lech

Durch die Hintere Mühlgasse und das **Bäcker- und Färbertor** ❺ (beide 15. Jh.) hindurch wird Landsberg plötzlich ganz ländlich: Der Mühlbach fließt an alten Häuschen vorbei, und im Biergarten vom Fischerwirt am Rossmarkt genießen die Gäste ein kühles Bier. Die Lechstraße führt hier nach Süden zum **Lechsalzstadl** ❻, der, 1630 erbaut, als Salzlager diente und heute als städtische Bücherei fungiert. Einem neuen Zweck wurde auch der **Alte Salzstadel** ❼ (14. Jh.) an der Hinteren Salzgasse zugeführt: Vorbildlich saniert, beherbergt er nun Eigentumswohnungen mit historischem Ambiente.

Salz war über Jahrhunderte Landsbergs wichtigste Einnahmequelle, seit Heinrich der Löwe, der auf ähnliche Weise München gegründet hatte (s. S. 282), 1160 eine Brücke über den Lech schlagen ließ. Der alte Salzhandelsweg von Reichenhall führte von da an über diese Brücke und das entstehende Landsberg. Heute ist dieser Teil der Stadt ganz dem

Landsberg am Lech

Ansehen
1 Schmalzturm
2 Rathaus
3 Stadtpfarrkirche Mariä Himmelfahrt
4 Johanniskirche
5 Bäcker- und Färbertor
6 Lechsalzstadl
7 Alter Salzstadel

Schlafen
1 Arthotel ANA Goggl
2 Zweite Heimat
3 Chapeau

Essen
1 Fischerwirt
2 Wirtshaus am Spitalplatz
3 Lechcafé

Einkaufen
1 Discy MusikBuchHandlung

Bewegen
1 Inselbad
2 Lechpark Pössinger Au

Ausgehen
1 Likka

Dolcefarniente hingegeben. Restaurants und Cafés säumen den Fluss, der sehr eindrucksvoll über das vierstufige Karolinenweh rauscht. Spätestens hier ist Zeit für eine Pause!

Schlafen

Frischer Wind in der Altstadt

1 **Arthotel ANA Goggl:** Mit WLAN und Flatscreens ist die Moderne in das zentral gelegene Altstadthotel eingezogen, ohne dass das Haus seinen ländlichen Charme verloren hätte. Das römische Dampfbad bietet Entspannung nach dem Sightseeing. Fahrräder gibt es kostenlos zu leihen.
Hubert-von-Herkomer-Str. 19–20, T 08191 32 40, ana-hotels.com/goggl-landsberg, 60 Zi., €€

Individuell und charmant umsorgt

2 **Zweite Heimat:** Eine Pension mit eigenem Charakter. Jedes Zimmer ist anders eingerichtet, getreu dem jeweiligen Namen bzw. Motto, und jedes für sich ist einfach bezaubernd. Jeweils zwei auf der Etage teilen sich ein Bad/WC, das Frühstück serviert die Besitzerin Susanne Doebel aufs Zimmer und ist immer mit Tipps zur Stelle. Sie wohnen hier wenige Schritte vom Bayertor, ziemlich zentral und trotzdem ruhig. Allerdings ist der Mindestaufenthalt 7 Tage – nichts für einen Kurzbesuch!
Alte Bergstr. 451, T 0162 402 25 03, www.zweite-heimat.info, 4 Zi., €–€€

Hut ab im Herzen der Altstadt

3 **Chapeau:** Aus einem absolut süßen Café entstand direkt hinter dem Schmalzturm eine mindestens ebenso bezaubernde Pension, romantisch mit Möbeln eingerichtet, die Besitzerin Diana Stoewer auf Flohmärkten zusammensucht und farblich perfekt kombiniert. Betten und Matratzen sind natürlich topmodern und bieten besten Schlafkomfort.
Alte Bergstr. 405, T 08191 972 80 70, www.chapeau-landsberg.de, 6 Apt./Zi., €€

Essen

Ruhig und urig

1 **Fischerwirt:** Das historische Wirtshaus ist allein wegen seiner idyllischen Lage am Mühlbach ein Muss. Die bayerische und schwäbische Küche steht dem nicht nach. Die Karte ist klein, gut komponiert, und die Speisen schmecken richtig gut.

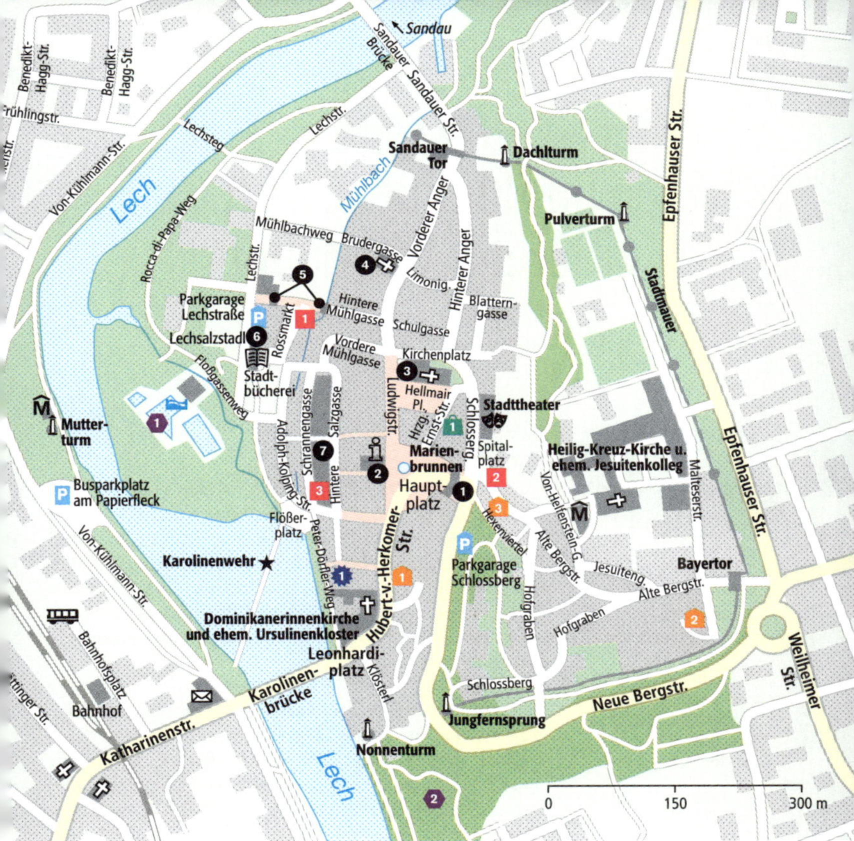

Rossmarkt 197, T 08191 507 28, www.fischerwirt-landsberg.de, www.fischerwirt-ll.de, Mo–Sa 17.30–23, Di–Sa auch 11–14 Uhr, €€

Crossover

2 Wirtshaus am Spitalplatz: Die deutsch-österreichische Küche wird in diesem Wirtshaus mit viel Charme und Schmäh zelebriert. Die Karte ist nicht allzu umfangreich und listet neben Klassikern wie dem Wiener Schnitzel auch Tafelspitzsalat mit Kürbiskernöl oder Kasknödel. Es schmeckt, und die Stimmung ist immer lässig-entspannt, nicht zuletzt dank der guten Auswahl an Craft-Bieren.

Alte Bergstr. 394, T 08191 937 05 74, wirtshaus-am-spitalplatz.de, Mi–Fr 16.30–22, Sa/So 11.30–23 Uhr, €€

Das zweite Wohnzimmer

3 LuSy's Lechcafé: Reingehen, hinsetzen, wohlfühlen. Das ist eines dieser Cafés, in denen man in jedem Detail die Handschrift einer engagierten Besitzerin spürt. Neben Kuchen und Torten – selbst gemacht – gibt's immer auch etwas Salziges, eine Quiche etwa. Dazu jede Menge Bücher zum Schmökern und bei schönem Wetter eine hübsche kleine Terrasse.

Salzgasse 138, T 08191 940 95 83, Do 14–19, Fr–So 13–19 Uhr, €

TOUR
Im Bummelschritt durchs Mittelalter

Mauern und Tore in Landsberg

Infos

B/C 9

Start/Ziel:
Hauptplatz

Länge/Dauer:
Länge knapp 2,5 km, Dauer 1–2 Std., Öffnungszeiten des Bayertors beachten!

Landsbergs Altstadt wird nach Westen vom Lech begrenzt und nach Süden, Osten und Norden von dem fast vollständig erhaltenen Mauerring der im 16. Jh. erbauten Stadtmauer sowie mehreren Toren und Türmen eingerahmt. Einige erzählen wundersame Geschichten, von anderen genießen Sie den Blick über die Altstadt. Ein bisschen Kondition sollten Sie mitbringen, es geht bergauf und bergab.

Schon am Start der Tour, dem **Hauptplatz,** gibt es einiges zu gucken: Ob der aus Ziegeln gemauerte **Schmalzturm** ❶ aus dem 13. oder 14. Jh. stammt, darüber streiten die Gelehrten. Dass er seinen Namen den Marktfrauen verdankt, die Schmalz verkauften und sich an warmen Tagen in seinen Torbogen flüchteten, damit die Ware fest blieb, gilt aber als gesichert. Und noch etwas Interessantes: Das gelbe Haus mit kleinem Erker links des Turms trägt ein Storchenrad. Ist da auch ein Nest? Wahrscheinlich nicht. Die Begradigung der Lech-Mäander und das Verschwinden der Flussauen haben Meister Adebar vertrieben.

Durch Ludwigstraße und Vorderen Anger spazieren Sie nach Norden, vorbei an der **Stadtpfarrkirche** ❸ (s. S. 90) und der **Johanniskirche** ❹ (s. S. 91), der Vorläuferin der Wieskirche. Den Abschluss des Vorderen Angers (400 m) bilden **Sandauer Tor** (17. Jh.) und **Färberhof** (16. Jh.). Diese Untere Färb und Mang besitzt schöne Renaissance-Arkaden; an der Außenfassade sind unter vorkragendem Dach noch die Balken zu erkennen, an denen die gefärbten Stoffe zum Trocknen aufgehängt wurden. Hinter dem Sandauer Tor geht's rechts die Treppe hoch und durch ein Wäldchen, vorbei am **Dachlturm** (15. Jh.) mit Zierfries und bergauf an der Stadt-

mauer entlang zum **Pulverturm** (16. Jh., 600 m). Bergauf führen mehrere Wege, und es ist im Grunde egal, welchen Sie wählen. Oben angekommen, wendet sich die Stadtmauer nach Süden und bringt Sie zur Südostecke der Stadtbefestigung (1,4 km).

Das **Bayertor** gilt als einer der schönsten, gotischen Torbauten in Bayern. Mit seinen Türmen wirkt es ungemein imposant, und wenn Sie sich die Mühe machen hinaufzusteigen, eröffnet sich ein schöner Blick über Landsberg und Lech bis hin zur Alpenkette. Aber Achtung, es sind 184 Stufen (Mai–Okt. Di–So 10.30–12.30, 13–17 Uhr, 3 €). Nach Bayern ist es benannt, weil es »nach Bayern« führte, denn Landsberg war Grenzstadt zwischen Bayern und Schwaben. Deshalb zeigt es wohl seine Schauseite nicht der Stadt, sondern den aus Bayern Ankommenden. Hier verlassen Sie die Stadtmauer, passieren das Tor und gehen die alte Bergstraße und den Hofgraben bergab, bis Sie auf den **Jungfernsprung** (14. Jh., 1,8 km) stoßen. Der Halbturm trägt seinen Namen nach einer Legende, die berichtet, die Landsberger Mädchen und Frauen hätten sich im Dreißigjährigen Krieg von diesem Turm in den Lech gestürzt, um den marodierenden Schweden zu entkommen. Ganz so war es nicht – der Turm war im 17. Jh. deutlich niedriger und steht zu weit vom Fluss weg. Aber die Legende und der Name gedenken jener Frauen, die damals tatsächlich den Freitod vorzogen.

Die Alte Bergstraße macht einen Schlenker entlang der Grünanlage um Landsbergs Mittelschule, dann führt eine Treppe ein paar Stufen hinauf zum Hofgraben und dort auf der Gasse **Hexenviertel** nach Nordwesten. Hexen haben im Mittelalter hier nicht gewohnt, aber Gerber, und die mussten wegen ihres übelriechenden Gewerbes am Rand der Stadt leben. An einigen Häusern sind noch Holzveranden erhalten, in denen die gegerbten Häute zum Trocknen hingen. Der **Schmalzturm** ❶, Torturm der mittelalterlichen Stadtbefestigung, ist nur noch wenige Schritte entfernt, und schon stehen Sie wieder am **Hauptplatz.**

TOUR
Was vom Original übrig blieb

Zu Fuß in die Lechauen

Schon im 14. Jh. unternahmen die Landsberger einen ersten Versuch, den Lech zu bändigen, und errichteten das Karolinenwehr genau dort, wo der Fluss auch heute über die Stufen springt. Im Laufe der Jahrhunderte wurde sein Lauf begradigt, das gewonnene Land bebaut, die ursprüngliche Natur der Auenlandschaft zerstört. An einigen Stellen, wie eben auch in den Lechauen südlich von Landsberg, haben sich Inseln der Original-Vegetation erhalten. Diese Tour führt zu und durch dieses Biotop.

Verkalkuliert

Von der **Lechbrücke** folgt der breite Weg in Richtung Pitzling linksseitig dem Lauf des Lechs, passiert den in den Lechauen angelegten Wildpark, den wir auf dem Rückweg erkunden werden, und erreicht nach ca. 45 Minuten (etwa 3 km) den **Gasthof Teufelsküche,** dessen moderne Holzarchitektur sich erstaunlich harmonisch in die Uferlandschaft fügt (Wildparkweg 1, Landsberg, T 08191 98 59 69 69, www.teufelskueche-landsberg.de, Di–So 10–21, Winter Mi–So 10–17 Uhr, €–€€). Weiter

Infos

B/C 9

Start/Ziel:
Lechbrücke (Karolinenbrücke) in Landsberg am Lech

Planung:
Die rund 7 km lange Tour (ca. 1,5 Std.) am Lech lässt sich nach Belieben nach Süden ausdehnen – je nachdem, wie lange Sie in der Pössinger Au unterwegs sind.

nach Süden gehend, erreichen Sie Pitzling (4,3 km), an dessen Ortseingang das **Schloss Pöring** (in Privatbesitz) die Wanderer empfängt. Hier werfen wir einen Blick in die **Schlosskapelle Maria von der Versöhnung,** ebenfalls ein Werk von Dominikus Zimmermann. Von 1764 bis 1766 arbeitete der Meister an dem Gotteshaus, das eigens für die Wallfahrt zur gotischen »Muttergottes auf dem Schifflein« von den Schlossherren errichtet wurde. Aber just, als man mit dem Bau begonnen hatte, flaute die Wallfahrt ab und damit auch die Einnahmen, die die Schlossherren daraus zogen. Architekt Zimmermann, der ursprünglich nur stuckieren sollte, musste den Entwurf überarbeiten und vereinfachen; schließlich war er sogar gezwungen, die Fresken selbst anzufertigen. Deshalb auch die recht schlichte Ausstattung des Kirchleins.

Mit Glück ein Mäusebussard

Nun empfiehlt es sich, auf gleichem Weg zur **Teufelsküche** zurückzukehren, wo die Panoramaveranda zu einer Rast bei feiner regionaler Küche lockt. Wer könnte wohl Spinatknödeln mit Schwammerlsauce oder einem rosa gebratenen Rehrücken aus den Wäldern der Umgebung widerstehen? Dazu der Blick auf den Fluss, und man möchte gar nicht weiterwandern. Danach geht's dann richtig in die Auenlandschaft, die ein geschütztes Habitat für verschiedene Vogel- und Amphibienarten darstellt. Sie folgen dem Pfad nach rechts und bergauf zu einem schönen Aussichtspunkt am ›Lech-Höhenweg‹ und durchqueren, parallel und oberhalb des Flusses nach Norden gehend, das Wildgehege des **Lechparks Pössinger Au,** in dem das Wild, abgesehen von den Wildschweinen im Gehege, frei laufen darf – bitte nicht füttern! Mit Glück begegnet man Rehen und Hirschen, entdeckt Spuren unermüdlicher Nagertätigkeit von Bibern oder sichtet einen Mäusebussard auf der Jagd.

Zurück in die Zivilisation

Auf einem schmalen Weg kehren Sie an den Fluss zurück und folgen ihm bis zur Lechbrücke. Kurz davor noch eine kleine Erfrischung im gemütlichen **Café WohnZim-mer,** und der Tag ist perfekt (Hubert-von-Herkomer-Str. 73, T 08191 937 04 02, www.zim-mer.de, tgl. ab 14 Uhr).

Einkaufen

Musik liegt in der Luft

1 Discy MusikBuchHandlung: Buchhandlung und Plattenladen, natürlich mit viel Vinyl. Der Laden organisiert zusammen mit dem Stadttheater auch Frühjahrs- und Herbstkonzerte mit Szenegrößen wie The Notwist oder Meret Becker.

Herzog-Ernst-Str. 179b, www.discy.de, Mi 10–14, Do 14–18, Fr/Sa 10–18 Uhr

Bewegen

Für Weicheier und harte Kerle

1 Inselbad: Landsbergs Schwimmbad bietet beides – Bahnen ziehen in wohltemperierten Becken oder Naturschwimmen im meist ziemlich frostigen Fluss Lech. Dazu gibt's ein Wellenbad und Riesenrutschen.

Lechstr. 1, T 08191 464 28, www.stadtwerke-landsberg.de, Mai–Sept. Mo 12–19, sonst 9–19 Uhr, 5 €

Spielen zwischen Rehen

2 Lechpark Pössinger Au: Dam- und Schwarzwildgehege, Kneippbad, Wasserspielplatz, die schaurige Teufelsschlucht und die schöne Auenlandschaft laden zum Spazierengehen und Spielen ein – fast im Zentrum von Landsberg (Tour s. S. 97).

R

EINMAL RITTER SEIN

12 km nordöstlich von Landsberg liegt **Kaltenberg** mit seiner Burg (C 9). Ihr Kern stammt aus dem 15. Jh., der Maler Lorenzo Quaglio ließ sie im 19. Jh. neugotisch umbauen und seit 1955 gehört sie der Wittelsbacher Adelsfamilie. Prinz Luitpold, ein Urenkel des letzten bayerischen Königs, Ludwigs III., betreibt im Ort Kaltenberg eine Brauerei. 1982 kam er auf die Idee, sein Schloss mit mittelalterlichem Leben zu füllen – die **Kaltenberger Ritterspiele** waren geboren. Seither wächst das Spektakel mit Mittelaltermarkt, Turnierkämpfen, Gauklern, Konzerten und Akrobatik von Jahr zu Jahr (Schlossstr. 8, Geltendorf, letzte drei Juliwochenenden, jeweils Fr–So, Infos und genaue Termine auf www.ritterturnier.de).

Ausgehen

Frühstücken, Chillen, Feiern

1 Likka: Das modern gestylte Café/Bistro mit Barbetrieb ist der Liebling der jungen Landsberger – vom Frühstück bis zum Absacker.

Hubert-von-Herkomer-Str. 111, T 08191 970 79 86, www.likka-landsberg.de, Di–So ab 9 Uhr, €

Infos

- **Landsberger Orgelsommer:** Von Juli bis Mitte Sept. spielen hochkarätige Musiker an der Orgel der Stadtpfarrkirche Mariä Himmelfahrt (Sa 11.15 Uhr, landsbergerkonzerte.de).
- **Herkomer-Konkurrenz:** Juni/Juli, alle zwei Jahre, nächster Termin 2024, www.herkomer-konkurrenz.de. Zu Ehren von Hubert von Herkomer ausgetragene Oldtimer-Rallye.
- **Kultur- und Fremdenverkehrsamt:** Rathaus, Hauptplatz 152, 86899 Landsberg am Lech, T 08191 12 82 46, www.landsberg.de
- **Bahn:** Bahnhof, Bahnhofsplatz 1, Landsberg, T 0180 699 66 33, www.bahn.de, Bahn- und Busverbindungen an den Ammersee, nach Augsburg und nach München

Zugabe

In der bayerischen Karibik

Cuba Libre, Fischsemmel und Solarboot

Ab und an, wenn der Andrang der Fischbrötchen-Aficionados nachlässt, gönnt sich Mato selbst eins.

Wie auch immer es angefangen hat mit dem Biotop an der Herrschinger Seepromenade, das der Volksmund nur »bayerische Karibik« nennt, es hat sich zum echten Hotspot entwickelt: Kurz vor dem südlichen Ende der 10 km langen und schicken Flaniermeile zwischen dem Steg des Segelclubs und dem, den die Ammerseeschiffe benutzen, wenn man glaubt, noch spießiger kann es gar nicht werden, betreiben drei sehr lässige Lebenskünstler ihre Geschäfte: Miene Reinhard, passionierter Surfer, ist mit seinem Kiosk **Bayrische Brandung** so etwas wie die Mutter der Kompanie am See. Von Taschentüchern über Kaffee, Snacks bis hin zu höllisch scharfen Würzsaucen von Mary Sharp's aus Belize bekommt man bei ihm so gut wie alles, was einem am Wochenende ausgeht, aber überlebenswichtig ist. Dazu gehört natürlich auch ein perfekter Cuba Libre. Vorausgesetzt, Miene ist da, denn ab und an packt ihn auch die Sehnsucht, er sperrt seinen Kiosk zu und schwingt sich aufs Brett.

> Auch für ein Fischbrötchen stehen die Leute geduldig an.

Zwei Häuser weiter hat Mato den traditionsreichen Fischereibetrieb Stumbaum in einen Kultladen verwandelt. Der große Schlacks kommt nicht vom Ammersee, sondern aus Westfalen und weigert sich, das bayerische Wort Fischsemmel in den Mund zu nehmen. Aber auch für seine Fischbrötchen stehen die Leute geduldig an. Schließlich wurden die Leckereien von **Matos Fischladen** schon von der Gourmet-Zeitschrift »Feinschmecker« gewürdigt.

Das Fischrötchen in der einen und den Cuba Libre in der anderen Hand, fehlt nur noch eins: das Boot, mit dem mein Liebster und ich in den Sonnenuntergang schippern können. Dafür sorgt **El Goro,** bürgerlich Peter Neuner, mit seinem Bootsverleih zwischen den beiden Ammersee-Freaks. Sein Prunkstück ist der solarbetriebene »Benjamin«. Damit surren wir selig dem Regenbogen entgegen (alle drei Summerstr. 18–22 in Herrsching, nur bei schönem Wetter). ■

Pfaffenwinkel und Blaues Land

Schaulaufen von Barock und Rokoko — oder Blauen Reitern und Roten Rehen? Und wandern können Sie auch.

Eintauchen

Seite 104

Polling

Das 1000 Jahre alte Städtchen südwestlich von Weilheim punktet nicht nur mit einer Rokoko-Bibliothek und exquisiten Konzerten darin, sondern auch mit lebendiger zeitgenössischer Kunst.

Seite 109

»Großer Gott von Altenstadt«

Der Gekreuzigte als erhabener Christkönig. Ein Kruzifix, mit dem ich sprechen könnte wie einst Don Camillo. Wahrscheinlich würde es ebenso milde antworten. So aber bleibt nur: tiefste Bewunderung.

Eine Moschee im Pfaffenwinkel? Oh ja, in Penzberg.

Seite 112

Kajakfahren auf der Ammer

Die Ammer gilt als einer der unverfälschtesten Wildflüsse Deutschlands – für Kajakfahrer sind die Schleierfälle eine schöne ›Belohnung‹.

Seite 113

Wieskirche 

Bergkulisse, glückliche Kühe und ein beschwingtes Gotteshaus – das Idyll ist perfekt. Dominikus Zimmermanns Meisterwerk südlich von Steingaden überwältigt mit einer Dekorationsfülle, deren einzelne Elemente aufeinander abgestimmt sind wie eine komplexe Komposition.

Seite 114

Radtour zum Blauen Reiter

Bilderbuchlandschaften und expressionistische Künstler – das wurde eine kreative Verbindung für das Blaue Land.

Seite 118

Staffelsee

Er erwärmt sich schnell und man kann toll in ihm baden. Und wer zu Fronleichnam kommt, erlebt eine der schönsten Fronleichnamsprozessionen zu Wasser.

Seite 120

Durchs Murnauer Moos

Eine schöne Wanderung durch Moor und Wald, ein barockes Kirchlein und krosser Schweinsbraten beim Ähndl. Schön zu jeder Jahreszeit, mit Frühjahrsblüte, Sommerpracht, Herbstnebel oder Winterzauber.

Seite 122

Kloster Wessobrunn

Kloster und Naturkosmetik, geht das zusammen? Geht doch schon seit Jahrhunderten. Und gäbe es Martina Gebhardt und ihre Cremes nicht, der Zauberstuck von Wessobrunn bliebe uns womöglich auf immer versperrt.

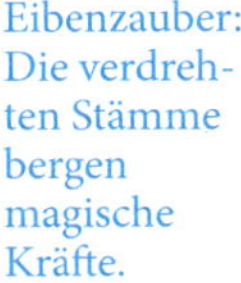

Eibenzauber: Die verdrehten Stämme bergen magische Kräfte.

»Es gibt einen schattigen Garten, sehr gute Radelwege, solides Essen, Mistgeruch u.s.w.« (Thomas Mann in einem Brief über sein Feriendomizil Polling)

erleben

Pfaffen und Künstler

Z

Zwischen Weilheim und Penzberg, zwischen Ammersee und den Ammergauer Alpen stehen Sakralarchitektur und -kunst auf dem Programm. Barock und Rokoko treiben im Pfaffenwinkel ihre buntesten und elegantesten Blüten, da verharren selbst Puristen in atemloser Bewunderung. Zugegeben, diese Region) ist sehr kirchenlastig, heißt ja nicht umsonst Pfaffenwinkel. Aber ein Gotteshaus ist schöner als das andere. Wie wäre es mit einem Spiel: Welche ist die schönste Barockkirche im ganzen Land? Oder ist es doch Rokoko? Eine kleine Entscheidungshilfe finden Sie auf S. 105.

Doch nicht alles jubiliert hier dem Herrn zu: Der »Große Gott von Altenstadt« weckt Ehrfurcht mit seinem majestätischen Ernst, jubeln mag man da nicht. Im größten Eibenwald Deutschlands bei Paterzell überkommen den Wanderer gemischte Gefühle. Schließlich gelten diese unheimlich verwachsenen und verwundenen Bäume als magisch. Gemischte Gefühle – je nach Alter – weckt auch die Musik von The Notwist. Die Weilheimer Indie-Band ist international unterwegs und Motor einer Musikszene, die erst einmal gar nicht zu dem beschaulichen Städtchen passt.

Da die Landschaft mit ihren sanften Hügeln und Tälern auch ideales Wander- und Radlerterrain ist, lassen sich Kunst und Sport auf Prälaten- und König-Ludwig-Weg sowie auf der Romantischen Straße wunderbar miteinander verbinden. Ein Wanderparadies ist auch das Blaue Land um den Staffelsee. Hier spaziert man auf den Spuren berühmter Expressionisten der Künstlergruppe Blauer Reiter durch eine Moorlandschaft und das romantische Städtchen Murnau.

ORIENTIERUNG

Reisekarte: B–E 10–13
Infos: Tourismusverband Pfaffenwinkel, Bauerngasse 5, 86956 Schongau, T 08861 211 32 00, www.pfaffen-winkel.de
Tourismusgemeinschaft DAS BLAUE LAND, Untermarkt 13, 82418 Murnau am Staffelsee, T 08841 47 62 40, www.dasblaueland.de
Verkehr: von München mit der Bayerischen Regio-Bahn stdl. nach Murnau oder Weilheim; dann mit der Pfaffenwinkelbahn weiter bis Schongau (www.bahn.de)

Weilheim

D 11

Man sieht es dem bürgerlichen Städtchen nicht an, dass aus seinen romantischen Gassen Musik stammt, die die deutsche, aber auch internationale Musikszene geprägt hat: Bands wie The Notwist mischen längst nicht mehr die Ortsjugend auf, sondern spielen in New York, Paris und Helsinki (s. S. 286). Im Ort selbst werden Sie die Acher-Brüder und ihre Co-Musiker deshalb mit Sicherheit nicht erleben. Aber wer weiß, vielleicht spielen in einer unscheinbaren Boatzn schon die nächsten Stars der Zukunft?

Wir halten uns erst einmal an die Historie und an die Ära zwischen dem 16. und dem 18. Jh., in der Weilheim und Wessobrunn (s. S. 270) die beiden bedeutenden Kunsthandwerkszentren im Pfaffenwinkel waren. Aus Weilheim kamen die Kistler und Schnitzer, aus Wessobrunn Freskanten und Stuckateure, und oft arbeiteten Weilheimer und Wessobrunner zusammen, denn die beiden Orte liegen nur wenige Kilometer auseinander. Für mich ist Weilheim ein sympathischer Ausgangspunkt für eine Kirchen- und Klöstertour durch den Pfaffenwinkel, der ja nicht zufällig so heißt. Hier wurde gebaut und dekoriert, was der Klingelbeutel hergab.

Durch die Altstadt

Viele dieser Arbeiten sind im **Stadtmuseum** ausgestellt, wo ein eigener Saal den Weilheimern gewidmet ist (im Alten Rathaus, Marienplatz, T 0881 682 60 00, www.stadtmuseum-weilheim.de, Di–Sa 10–17 Uhr, Dauerausstellung zzt. geschl.). Und auch die das Ortsbild beherrschen-

Keine Maschinen: Oft stellen die Männer vom ›Burschenverein‹ den Maibaum auf dem Dorfplatz auf, hier in Sindelsdorf bei Weilheim.

de **Pfarrkirche** mit ihrer Zwiebelhaube ist mit den Werken der talentierten Söhne der Stadt geschmückt. Hans Krumper (1570–1634) zeichnete auch als Architekt verantwortlich; Franz Xaver Schmädl, zwar nicht hier geboren, aber lange Bürgermeister zu Weilheim, besorgte einen Großteil des Skulpturenschmucks, den Stuck wiederum steuerte Jörg Schmuzer (1575–1645), ein Mitglied der Wessobrunner Stuckatorenfamilie, bei. Fast archaisch wirkt unter all diesem üppigen Schmuck das gotische Astkreuz von 1350 in einer Seitenkapelle. Nach Kunst und Kultur erfreut das hübsche Stadtbild mit den Giebelhäusern am **Marienplatz,** der im 17. Jh. errichteten Mariensäule und dem Vier-Jahreszeiten-Brunnen.

Polling

D 11

Das nur wenige Kilometer südwestlich von Weilheim gelegene **Polling,** das über 1000 Jahre alt ist, hat mit seiner **Pfarrkirche Hl. Kreuz** ein gotisches, später barockisiertes Kleinod zu bieten. Noch spannender ist die im 18. Jh. vollendete **Klosterbibliothek** im Stil des Rokoko (Führungen in der Bibliothek: T 0881 613 16, www.bibliotheksaal.de). Regelmäßig finden dort Konzerte mit weltbekannten Musikern statt (www.hoertnagel.de).

DIE SÄULEN VON POLLING

Viel Zeit und Geduld brachte der Maler Bernd Zimmer auf, und nun steht sie auf freiem Feld und wirkt: Stoa nennt der Initiator das Kunstwerk, das nach wie vor im Werden begriffen ist. Die **STOA 169,** einer indischen Säulenhalle nachempfunden, soll irgendwann aus 121 Säulen bestehen, die von über die ganze Welt verstreuten Künstlern gestaltet wurden. Zurzeit stehen rund 100, deren unterschiedlicher künstlerischer Ausdruck die beteiligten Kulturen widerspiegelt. Hinwandern, meditieren, tanzen! (stoa169.com, parken an der Roßlaichbrücke, weiter zu Fuß, ca. 25 Min.)

Zeitgenössische Kunst

Im 1745 von Johann Michael Fischer errichteten **Fischerbau** residiert eine Kunstgalerie mit ambitionierten Ausstellungen und Exponaten – 2023 war Dan Flavin zu Gast (Weilheimer Str. 12–14, T 0881 92 77 99 46, www.fischerbaukunst.de, Mai–Sept. Sa/So 14–18 Uhr, aktuelles Programm auf der Website).

Ein Jahrhundert später errichtete der unermüdliche Emanuel Seidl in Polling seinen **Regenbogenstadl,** den der amerikanische Künstler La Monte Young für bewegende Licht-Klang-Installationen nutzt (regenbogenstadl.de, Sa 15–18, So 13–19.30 Uhr, 4 €).

Schlafen

Am Pulsschlag der Stadt

Vollmann: Das Hotel im Altstadtzentrum ist im klassisch-modernen Stil gestaltet. Wer die Umgebung mit Fahrrad oder E-Bike erkunden möchte, bucht mit dem Zimmer das Fahrrad gleich mit. Außerdem gibt's eine E-Auto-Ladestation.

Eisenkramergasse 4, T 0881 92 77 18 60, www.hotel-vollmann.com, 35 Zi., €€

Am Pulsschlag der Natur

Naturfreundehaus: Das Hostel mit Gasthaus und Biergarten liegt am Ortsrand von Weilheim, unweit der Ammer im Grünen. Die Zwei-, Drei- und Vierbettzimmer mit Etagenduschen (Familienzimmer auch mit eigenem Bad) sind gemütlich mit Holzmöbeln eingerichtet.

www.naturfreundehaus.de, 22 Zi., €–€€

B

BAROCK ODER ROKOKO?

Darüber kann man trefflich streiten, besonders in Oberbayern, wo der Spätbarock vom Rokoko kaum zu unterscheiden ist. Zudem wurde kaum ein Gotteshaus speziell im barocken oder Rokoko-Stil erbaut. Man griff auf vorhandene Substanz (gotische Kirchen) zurück und versuchte, durch entsprechendes Innendekor dem Ideal möglichst nahezukommen. Mögliche Indikatoren wären:
Barock: konkav und konvex geschwungene Fassaden, Giebel, Kuppeln; üppige Pracht, verschiedenfarbiger Marmor oder Stuckmarmor als farblicher, gestalterischer Akzent, Symmetrie des Dekors; Scheinarchitektur, Illusionsmalerei.
Rokoko: Stuck-Rocaille (Muschelwerk) als gestalterisches Element; Asymmetrie des Dekors; Leichtigkeit, Eleganz, Heiterkeit; Gliederung des Baus durch Säulen oder Pilaster verschwindet unter Dekor, der Grundriss ist idealerweise geschwungen.

Essen

Bodenständig bayerisch

Allgäuer Hof: Die klassische Küche Oberbayerns und des Allgäus mit Wurstsalat, Krustenbraten und Hendl schmeckt in dem gemütlichen Gasthof richtig gut.
Marienplatz 17, T 0881 20 86, Mi–Sa, Mo 10–21, So 11–20 Uhr, €€

Zeitgeist-Küche, feine Weine

Salut: Restaurant mit Vinothek klingt modern und vielversprechend. Und das hält das Salut auch, denn die Qualität der Speisen wie die Auswahl der Weine sind hervorragend. Überraschungen sind allerdings nicht zu erwarten. Von Surf & Turf über Riesengarnelen bis zu Ochsenfetzen ist alles geboten, was der Zeitgeist so mag.
Pöltnerstr. 7, T 0881 909 52 60, auf Facebook, Di–So ab 17 Uhr, €–€€

Ausgehen

Casual und entspannt

sonnendeck: Der Treff im Herzen Weilheims mit üppigem Frühstück am Vormittag und bunten Drinks am Abend.
Pöltner Str. 25, T 0881 925 47 25, www.facebook.com/sonnendeck.weilheim, Di–So 8–1 Uhr, €–€€

Infos

- **Tourist-Info:** Marienplatz 2–4, 82362 Weilheim, T 0881 682 53 03, www.weilheim.de/touristinfo
- **Bahn/Bus:** Bahnhof am Bahnhofsplatz, bahn.de, Zugverbindung nach München, Landsberg; RVO-Busse in die Region (www.dbregiobus-bayern.de)

Wessobrunn C 10/11

Rokoko und Naturkosmetik

Als 2014 die Naturkosmetik-Unternehmerin Martina Gebhardt Kloster Wessobrunn kaufte, um es als Produktions- und Vertriebsstätte zu nutzen, weckte dies bei vielen, auch bei mir, schlimmste Befürchtungen. Dieses einzigartige Rokoko-Kunstwerk, das Herz und Zentrum der »Wessobrunner Schule«, aus dessen Umgebung zwischen dem 16. Jh. bis fast zur Säkularisation die besten

Baumeister und Stuckateure stammten, in Privatbesitz? Bleibt es zugänglich für Bewunderer und Besucher? Macht Martina Gebhardt ein Tagungshotel daraus? Alles Unkenrufe! Die Naturkosmetik-Unternehmerin blieb ihren Versprechen und Überzeugungen treu. Sie haucht dem Kloster behutsam neues Leben ein, sodass es nach all den Jahren des Quasi-Leerstands – nur noch eine Handvoll Missionsbenediktinerinnen lebte bis 2013 in dem riesigen Komplex – wieder eine Funktion erfüllt, ohne dabei verbogen zu werden (s. Interview S. 122). Wie zu Zeiten der Schwestern dürfen Besucher im Kloster den Südflügel mit dem Prälatentrakt und dem legendären Tassilosaal besichtigen.

Stuck wie geschlagene Sahne

Die Rehe, Jäger, Putten und Ornamente im **Tassilosaal** erinnern mich eher an Sahne denn an Gips. Es ist unglaublich, wie fließend und filigran dieses Dekor ist, das ganz im Zeichen der Jagdleidenschaft des Gründer-Herzogs steht: Sie spiegelt sich in gipsernem Wald, in Blättern, Ranken und Lianen, die den Übergang von Wänden zur Decke überziehen, und zwischen denen rosafarbene Hirsche zum Sprung ansetzen, sich Füchse verstecken und Hunde bellen. Alle Arbeiten im Südflügel, zu dem auch der imposante **Prälatentrakt** gehört, stammen von Johann Schmuzer (1642–1701), am Tassilosaal waren wohl auch seine Söhne beteiligt.

EIN WENIG GESCHICHTE

G

753 wurde der Konvent der Legende nach von Herzog Tassilo III. gegründet: Unter einer Linde träumte der Herzog von drei magischen Quellen, die sein Jäger dann tatsächlich fand. An dieser Stelle wurde das Kloster errichtet. Es ging dann in karolingischen Besitz über, unterstand Augsburg, wurde von den Ungarn zerstört, brannte ab und wurde 1285 neu errichtet und im 17. Jh. von der Crème de la Crème bayerischer Baumeister und Künstler barockisiert, die allesamt zur »Wessobrunner Schule« gehörten, einem vom Kloster geförderten Kreis von Künstlerfamilien wie den Schmuzers.

Der Traum des Herzogs

Die drei Quellen, von denen Herzog Tassilo III. träumte und die sein Jäger Wezzo dann unter Linden beim heutigen Wessobrunn fand, standen am Anfang der Klostergeschichte. Heute speisen sie in Stein gefasst ein schlichtes **Brunnenhaus,** das Sohn Joseph Schmuzer 1735 mit drei Arkaden über den Wassern errichtete. Es steht ein Stück abseits, jenseits der Klostermauern und von alten Bäumen beschattet. Wenn die Sonne die Becken türkisgrün aufleuchten lässt und der **Graue Herzog,** der Turm der zerstörten Klosterkirche von 1285, seinen massigen Schatten darüber wirft, ist es ein wirklich magischer Ort.

Stuckmarmor und Voluten

Dem Turm schräg gegenüber beeindruckt ein weiteres Meisterwerk nach Entwürfen von Joseph Schmuzer, mit Stuck, Altären und Predigtkanzel von Thassilo Zöpf und Fresken vom ›Lechhansl‹ Johann Baptist Baader, die **Pfarrkirche St. Johann Baptist.** An ihrer Nordwand hängt ein romanisches Kruzifix (13. Jh.) aus der Klosterkirche; verehrt wird die »Mutter der schönen Liebe«, ein barockes Marienporträt. Übrigens sehen Sie hier ein gutes Beispiel für die Verwendung von Stuckmarmor, aus dem die beiden Seitenaltäre gearbeitet sind. Und auch die vorschwingenden Voluten (Schneckenform) sind ein Charakteristikum des Hochbarock.

Oberbayern-Magie steckt in diesem Blick vom Wessobrunner Brunnenhaus auf die Pfarrkirche St. Johann Baptist und den Grauen Herzog.

Eine uralte Linde

Ein zehnminütiger Spaziergang an der Klostermauer entlang führt zur mächtigen **Tassilolinde,** unter der Herzog Tassilo III. seinen Quellentraum geträumt haben soll. In ihrem Schatten erinnert ein Gedenkstein an das berühmte »Wessobrunner Gebet«. Das um 814 verfasste Schriftstück, heute in der Münchner Staatsbibliothek, gilt als das älteste in deutscher Sprache. Gefunden wurde es in Wessobrunn; ob es auch hier geschrieben wurde, ist ungewiss.

Klosterhof 4, www.pfarrei-wessobrunn.de/fuehrungen-im-kloster, Führungen Nov.–März Fr–So 14, April–Okt. Mi–So 15 Uhr, Treffpunkt Eingang zum Pfarramt, 4 €

Schlafen, Essen

Unter Eiben

Landgasthof zum Eibenwald: Der große Gasthof im Wessobrunner Ortsteil Paterzell setzt auf schnörkellose bayerische Küche. Spezialitäten wie Tellerfleisch, Lüngerl oder Milzwurst gelingen perfekt. Danach kann man sich im größten Eibenwald Deutschlands verlustieren oder in eines der freundlichen Gästezimmer zurückziehen.

Peißenberger Str. 11, Paterzell, T 08809 920 40, www.landgasthof-eibenwald.de, Di–So 11–24 Uhr, €€, 28 Zi., €€

Tradition verpflichtet

Gasthof zum Löwen: Unverfälscht und unverschnörkelt bayerisch sind Gasthof und Zimmer (mit Dusche/WC) in dieser freundlichen Pension. Auch eine 3-Zimmer-Wohnung steht zur Wahl. Am Morgen macht ein üppiges Frühstück satt für den Ausflugs- oder Wandertag, z. B. in den nahen Eibenwald (s. S. 108).

Üblhörstraße 2, Wessobrunn, T 08809 352, www.gasthof-loewen-wessobrunn.de, 9 Zi., 1 Ferienwohnung, €

Bewegen

Magisch

Im Eibenwald: Von Wessobrunn knapp 3 km nach Südosten in Richtung Paterzell oder am südlichen Eingang (3 km weiter beim Landgasthof zum Eibenwald) beginnt/endet ein **Naturlehrpfad** durch Deutschlands größten Eibenwald. Eiben galten einst als Bäume, die mit der magischen Welt in Verbindung stehen. Das liegt an den oft bizarr verdrehten Stämmen, in denen man Fratzen zu erkennen meint, an ihrer wunderbaren Regenerationsfähigkeit und an ihren giftigen Bestandteilen – sowohl der Saft als auch ihre Ausdünstungen gelten als toxisch. Der Spazierweg ist rund 3 km lang, schattig und unanstrengend. Wer an übernatürliche Kräfte glaubt, wandert ihn barfuß.

Jesus Christus, wie ihn die Romanik sah: Nicht Leid, sondern Stärke prägt den »Großen Gott von Altenstadt«.

Schongau

C 11

Mauerbewehrtes Mittelalter, doch von verschlafener Historie keine Spur: Schongau ist eine lebhafte Kreisstadt mit bäuerlichem Charme und etwas verzwickter Geschichte: Das erste Schongau befand sich ab 1070 dort, wo sich heute das Dorf Altenstadt um seine romanische Basilika gruppiert (s. S. 109), also unten am Lech. Im 13. Jh. verlegten die Stauferkönige die Siedlung auf den Lechumlaufberg, von dem aus die Handelswege besser zu überwachen waren: Am Lechübergang bei Schongau kreuzte die Salzstraße von Bad Reichenhall nach Kempten die Via Claudia Augusta, die seit römischer Zeit bestehende Verbindung von Augsburg nach Verona.

Espresso unterm Treppengiebel

Die wusste Schongau lange auch zu nutzen: Den Mittelpunkt der romantischen Altstadt mit ihren mittelalterlichen Giebelhäusern bildet das mit einem Treppengiebel geschmückte **Ballenhaus** (15. Jh.), Rathaus und Warenlager in einem, mit einem lebhaften Café im Erdgeschoss und einem schönen, gotischen Ratssaal in der ersten Etage. Allerdings teilt Schongaus Altstadt das Schicksal vieler anderer oberbayerischen Kleinstädte: Traditionsgeschäfte und Gasthöfe haben aufgegeben, Discounter und Schnellimbisse haben die historischen Räume bezogen und Vieles steht leer.

Blasphemie oder Zufall?

An der Stadtpfarrkirche **Mariä Himmelfahrt** war Dominikus Zimmermann, das Wessobrunner Genie mit späterem Wohnsitz in Landsberg, beteiligt: Von ihm stammt der Stuck im Chor, der mit fließendem Schwung den Hochaltar von Franz Xaver Schmädl einrahmt; Matthäus Günther aus Augsburg schuf 1748 die plastischen Fresken und leistete sich dabei eine Extravaganz: Über dem Chor bildete er Maria als Braut des Heiligen Geistes ab und dabei den Heiligen Geist in Menschengestalt. Wusste er es oder nicht? Papst Benedikt XIV. hatte diese Form der Darstellung 1745, also drei Jahre zuvor, verboten. Seit dem Verdikt kennt man den Heiligen Geist nur noch als Taube.

Ein wahrlich großer Gott

Ich habe etwas Probleme mit den schmerzhaften Kreuzigungsbildern in katholischen Kirchen. Aber dieses hier finde ich ungemein faszinierend: Der »Große Gott« hängt in der romanischen **Michaelskirche** von **Altenstadt** am Fuß des Lechumlaufbergs, also im ursprünglichen Schongau. Um 1220 wurde die dreischiffige Basilika mit ihren zwei wuchtig-quadratischen Türmen und schlichtem Kreuzgratgewölbe errichtet, und der monumentale, 3,20 m große Christus am Kreuz, der Große Gott, ist sogar noch 20 Jahre älter. Er trägt einen Goldreif, keine Dornenkrone, sein Blick ist wach und ernst, nicht leidend oder gar sterbend, wie ihn die Gotik später gerne darstellte. Jemand, mit dem man Zwiesprache halten könnte, nicht ihn bedauern oder beweinen. Flankiert wird dieser Christkönig von Maria und Johannes, allerdings nur in Kopien – die Originalskulpturen befinden sich im Bayerischen Nationalmuseum in München. Übrigens stammt auch der Taufstein aus dieser Zeit und ist mit schönen Reliefs, u. a. des hl. Michael im Kampf mit Luzifer und der Taufe Christi, geschmückt.

Hoher Peißenberg C 11

Einen weiten Bogen nach Osten schlägt die Ammer, um dem solitär und wuchtig in der Landschaft stehenden **Hohen Peißenberg** (988 m), auch Bayerischer Rigi genannt, auszuweichen. Sie können auf diesen Aussichtsberg hinaufwandern (etwa 2 Std.) oder -fahren. Der Lohn der Mühe sind ein Bergpanorama, das von den Lenggrieser Bergen über die Benediktenwand und die Zugspitze bis zu den Füssener Bergen reicht, und eine der schönsten Wallfahrtskirchen des Pfaffenwinkels, in der wir, welche Überraschung, mal wieder den Schmuzers begegnen: **Maria Aich** wurde 1734 anstelle einer Kapelle mit einem Gnadenbild errichtet. Joseph Schmuzer, Matthäus Günther und Franz Xaver Schmädl arbeiteten hier wie in Rottenbuch (s. S. 111) Hand in Hand. Mit sparsamem Stuck, illusionistischen Fresken und plastischen Heiligenfiguren schufen sie einen harmonischen Rahmen für die gotische »Muttergottes auf der Mondsichel«.

Schlafen

Historische Bleibe

Blaue Traube: Das historische Gasthaus im Zentrum der Altstadt setzt nachhaltig auf Ökostrom, hat allergiegeeignete Einrichtung und Wäsche, aber natürlich auch überall kostenfreies WLAN. Ein sympathischer, familiärer Betrieb, in dem man auch gut essen kann.

Münzstr. 10, T 08861 30 60, blaue-traube-schongau.de, 17 Zi., €€

Essen

Bayerisch light

Schongauer Brauhaus: Das gemütliche Wirtshaus mit eigener Brauerei und Biergarten setzt auf bayerisch-schwäbische Spezialitäten. Natürlich gibt's Schweinshaxe, aber auch Semmelknödel-Carpaccio. Dazu Schongauer Bier, Musik und Comedy.

Altenstädter Str. 13, T 08861 933 62 22, www.schongauer-brauhaus.de, Mo–Mi

TOUR
Bergpanorama und Wildflusssteig

Rundwanderung ins Tal der Ammer

Infos

B 11

Planung: Mit dem Auto zum Parkplatz an der Wörther Ammerbrücke

Länge/Dauer/ Anspruch: 19,5 km, 6 Std., mittelschwer

Einkehr: Café Tralmer, Kirchstr. 8, 82389 Böbing, T 08867 250, Do–So

Ausgangspunkt dieser aussichtsreichen, aber mit knapp 20 km anspruchsvollen Wanderung ist der Parkplatz an der **Wörther Ammerbrücke.** Dort folgen Sie der Beschilderung 88 (rot) auf einem über Stufen führenden Weg entlang des tief eingeschnittenen Reitnerbachs bergauf nach **Grambach.** Der Höhenweg wendet sich nun nach Südwesten und Westen, verläuft weiterhin leicht bergauf und eröffnet herrliche Alpenpanoramen. In **Böbing** bietet sich nach rund 7,5 km die Gelegenheit zur Rast im **Café Tramler** (s. Infos). 1,5 km weiter wird es ab **Leithen** wildromantisch, der Weg erklimmt den Gipfel des **Schnalz** (806 m) mit weiteren herrlichen Ausblicken, um danach über Stufen steil ins Ammertal hinunterzuklettern. Hier sind Trittsicherheit und Schwindelfreiheit erforderlich. Am **Kalkofensteg** am Fluss angekommen, sehen wir die charakteristischen Kalkterrassen und folgen der Ammer nun am **Schnalzwehr** vorbei nach Osten. An verschiedenen Stellen bildet das Wildwasser Kiesbänke aus, die zur Rast und einem Sprung ins kühle Nass einladen. Rund 7,5 km liegen noch vor Ihnen; es bleibt also Zeit, der Natur Aufmerksamkeit zu schenken. Schachtelhalmhaine begleiten den Wasserlauf, Leberblümchen recken ihre lila Köpfchen zwischen Buchen der Sonne entgegen, Libellen schwirren über dem Fluss, in dem die schwarzen Schatten der Huchen entlangflitzen. Auch zahlreiches Totholz hat sich in dem unter Naturschutz stehenden Wald angesammelt und nährt Pilze wie den Tannenstachelbarth. Nach rund sechs Stunden erreichen Sie wieder die **Wörther Ammerbrücke.**

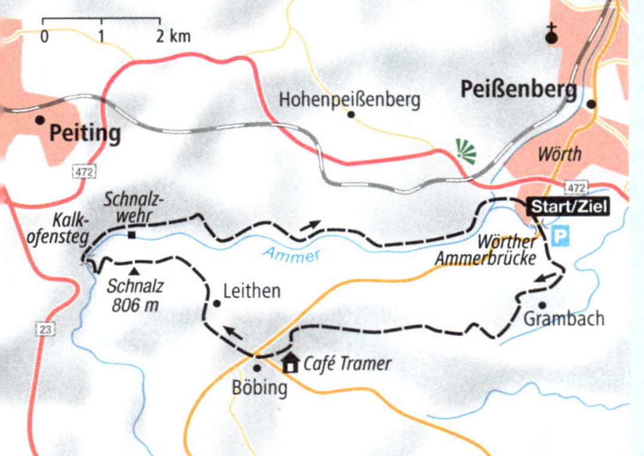

11.45–14, 17–22, So 11.30–20, Do–Sa nur bei Veranstaltungen geöffnet, €€

Versteckte Oase

Löwenhof: Ein Geheimnis ist der lauschige, mit viel Grün verschönerte Innenhof. Ein anderes die kreative bayerische Küche mit asiatischem Einschlag und leckeren, häufig wechselnden und teils sogar veganen Burger. Und dann wären da noch: nettes, junges Publikum und ebensolches Personal. Schön für den lauen Sommerabend.

Löwenstr. 3, T 08861 690 43 30, www.loewenhof.bar, Mo–Sa 11 bis open end, €–€€

Im Herzen der guten Stube

Ballenhaus: Was auch immer man über das Ballenhaus sagen möchte – nirgendwo in Schongau sitzen Sie bei schönem Wetter so nett wie hier. Die Küche setzt gerne auf lifestylige Standardgerichte, aber was soll's: Für einen guten Cappuccino reicht's allemal. Gelegentlich gibt's Gratis-Musikevents.

Marienplatz 2, T 08861 256 28 15, auf Facebook, tgl. 10–21 Uhr, €

Beliebtes Ausflugsziel

Bayerischer Rigi: Die gemütliche Wirtschaft auf dem Gipfel heißt genauso wie der Berg. Panorama genießen, dazu einen Wurstsalat, und die Welt unter dem weißblauen Himmel ist in Ordnung.

Peißenberg, T 08805 330, www.bayerischer-rigi.de, April–Okt. Di–So 9–20.30, Nov.–März Di–Fr 9–18, Sa/So 9–20 Uhr, €–€€

Infos

- **Tourist-Information:** Münzstr. 1–3, 86956 Schongau, T 08861 21 41 81, www.schongau.de
- **Bahn/Bus:** RVO-Busse (www.rvo-bus.de) und RB-Bahn (www.bahn.de) vom Bahnhof Weilheim (s. S. 105)

Rottenbuch

C 12

Spektakulärer Auftritt des oberbayerischen Schmuzer-Rokoko, diesmal in Gold und Rosé. Die Kirche **Mariä Geburt in Rottenbuch** sieht aus wie die Torte für eine Traumhochzeit! Auch hier waren die Welfen als Stifter tätig, Herzog Welf I. von Bayern legte 1073 den Grundstein. Brände und Einstürze machten im 15. Jh. einen Neubau nötig, und in der ersten Hälfte des 18. Jh. betraute der Abt Joseph Schmuzer (1683–1752), Klosterbaumeister zu Rottenbuch, mit der barocken Umgestaltung. Joseph war Sohn des in Steingaden tätigen Johann sowie Vater von Franz Xaver, der hier wie dort stuckieren durfte.

Gotik-Kern, barockes Gewand

Die gotische Form des dreischiffigen Gebetsraums mit Querschiff wurde nicht angetastet; einzelne Elemente wie die Joche durch Stuck verbrämt. Dadurch wirkt Rottenbuch nicht aus einem Guss, doch dies schmälert die Wirkung nicht. Das Spiel des Lichts durch geschickt eingefügte Fenster, die Bewegtheit des Band- und Pflanzenschmucks beschreiten den Weg zur Rokoko-Ekstase, sind aber noch in der barocken Schwerkraft gefangen. Probleme bereitete die lange, schmale Form der Kirche auch dem Maler Matthäus Günther (1705–88). Nicht ein zentrales Fresko konnte hier gelingen, sondern gleich zwei Bildmittelpunkte mussten geschaffen werden. Jenes über der Vierung zeigt die Vertreibung der Händler aus dem Tempel. In den Jahren 1749–51 arbeitete Franz Xaver Schmädl (1705–77) aus Weilheim am säulengestützten, theatralischen Hauptaltar mit einer fröhlichen Geburt Mariens und schuf auch die Kanzel mit den Skulpturen der vier Evange-

Ist das noch Kirche oder schon eine Stuckfantasie für ein Märchenschloss? Manchmal fällt es in der Wieskirche schwer, Andacht zu empfinden.

listen, die über den Gläubigen zu tanzen scheinen. Ein Meisterwerk ist die Orgel von 1747; zum Rottenbucher Festsommer (Konzerte Mai–Sept., s. Website unten) zeigt sie bei Konzerten ihren raumfüllenden Klang, ebenso bei feierlichen Gottesdiensten. Unter all den Rokoko-Kirchen des Pfaffenwinkels ist mir diese die liebste, weil ihr die Perfektion fehlt, sie wirkt wie mit Stuckgirlanden und Putten verkleidet.
Kloster und Kirche Mariä Geburt: Klosterhof 40, T 08867 10 08, www.pv-rottenbuch.de

Essen

Fast Food auf Bayerisch

Schönegger Käsealm: Die Käsealm serviert Brotzeit mit bestem Käse aus eigener Produktion, dazu Buttermilch; im Sommer freitagsmittags Kässpatzn.
Schönegg 6, T 08867 489, www.schoenegger.com, 9.30–18, Nov.–März Fr–So 11–17 Uhr, €

Bewegen

Wo die wilde Ammer rauscht

Kajakfahren: Südlich von Rottenbuch überquert die **Echelsbacher Brücke** (1929) in atemberaubender Höhe und auf nur einem einzigen, 130 m Spannweite messenden Bogen die 76 m tief eingeschnittene **Ammerschlucht.** Die Ammer rauscht noch ganz naturbelassen unter der Brücke hindurch. An schönen Tagen tummeln sich die bunten Boote von Kajak- und Kanadierfahrern auf den Stromschnellen, denn die Ammer gilt in ihrem Oberlauf zwischen Kraftwerk Kammerl und der Rottenbacher Brücke als einer der unverfälschtesten Wildflüsse Deutschlands. Mit Schwierigkeitsgraden von WW 1 bis 3 bietet der Fluss Anfängern wie Könnern eine Herausforderung (www.kajaktour.de/ammer.htm). Bei den hübschen **Schleierfällen** fällt das Wasser auf rund 10 m Breite über bemoosten Fels 15 m in die Tiefe und bildet einen romantischen Wasservorhang.

Infos

- **Fohlenmarkt:** www.rottenbuch.de/de/fohlenmarkt.html. Auch solche Events gibt es in Oberbayern – zum historischen Pferdemarkt mit Kaltblutfohlen-Versteigerungen, Festzelt und Karussells Ende Aug./Anfang Sept. kommen nicht nur Käufer und Verkäufer, sondern auch viele Schaulustige.

Steingaden und die Wieskirche 

B/C 12

Zwei Schmuzers, zwei Stile

Hier erleben Sie etwas ganz Besonderes, denn in mühevoller Kleinarbeit wurde 2018/19 der Rokokoschmuck der Kirche **St. Johannes Baptist** restauriert und erstrahlt jetzt so, wie ihn die Menschen 1750 zur 600-Jahr-Feier erlebt haben, farbenfroh und überwältigend. Aber zunächst zum Äußeren: Zwei wuchtige, romanische Türme bekrönen die Basilika des ehemaligen **Prämonstratenserklosters Steingaden,** die 1147 als Stiftung des Welfenherzogs Welf VI. gegründet wurde und deshalb auch als Welfenmünster bekannt ist. Zusammen mit seinem Sohn Welf VII. fand er in diesem Gotteshaus seine letzte Ruhe, und weil die Welfen mit diesem Kloster so verbunden waren, ziert eine um 1600 erstellte Genealogie der Fürstenfamilie die wohl um 1490 angebaute, gotische Vorhalle der Kirche. Im 17. und 18. Jh. gestalteten Mitglieder der Wessobrunner Künstlerfamilie Schmuzer das Kircheninnere im Geschmack von Barock und Rokoko. Den Unterschied können Sie hier gut studieren: Zurückhaltend-elegant arbeitete Johann Schmuzer (1642–1701) im barocken Chor, während sein Enkel Franz Xaver (1713–75) im Langhaus mit verspieltem Dekor aus dem Vollen schöpfte: Die gerade, strenge Form des romanischen Münsters wollte, ja musste das Rokoko auflösen, indem es den Raum komplett einhüllte. Zurück in die romanische Kunstepoche entführt der einzig verbliebene Teil des stillen Kloster-Kreuzgangs mit der um 1300 erbauten Brunnenkapelle – schlicht, still, schön!

Steingaden, Sommer 8–19, Winter 8–16 Uhr

Zwei Zimmermanns, ein Stil

Der Höhepunkt dessen, was die Rokoko-Künstler in Oberbayern geschaffen haben, und die perfekte Umsetzung der dahinterstehenden Idee erwartet Sie nur wenige Kilometer entfernt: Die **Wallfahrtskirche zum Gegeißelten Heiland auf der Wies** verbirgt sich in einsamer Hügellandschaft südöstlich von Steingaden. Auf den Weiden stehen Kühe und Pferde, darüber, die sanften Wölbungen der Landschaft aufnehmend, das Gotteshaus mit seinem niedrigen Turm – die Vollendung des Lebenswerks der Brüder Johann Baptist und Dominikus Zimmermann aus Wessobrunn. Dominikus baute und stuckierte, Johann Baptist schuf die Fresken. Nach neunjähriger Bauzeit konnte der »Gegeißelte Heiland« 1754 in das Rokoko-Wunder einziehen.

Das rauschhafte Innere wirkt von allein. Zielsetzung des Rokoko war es ja stets, die durch die Gesetze der Statik und das Material vorgegebene Bauform zu überwinden, die ›Technik‹ zu verhüllen. In später umgearbeiteten, älteren Kirchen war dies nur bedingt möglich; hier an der

TOUR
Wo der Blaue Reiter erfunden wurde

Auf dem Fahrrad von Seeshaupt nach Murnau

Per Rad waren die Künstler, die sich zum Blauen Reiter zusammengeschlossen hatten, gerne und viel unterwegs. Warum also nicht den Spuren Heinrich Campendonks, Gabriele Münters und Franz Marcs folgen?

In Penzbergs Christkönigkirche ist ein Glasfenster Campendonks, »Die Berufung Jesaias«, zu besichtigen.

Campendonks Lichtmagie

Start ist in **Seeshaupt** am Südwestufer des Starnberger Sees. Durch die idyllische Moor- und Seenlandschaft der Osterseen radeln Sie gemächlich 15 km nach Südosten bis **Penzberg,** wo zwei große Attraktionen des alten Bergbaustädtchens warten: Die erste hätten Sie in einer oberbayerischen Kleinstadt wahrscheinlich nicht erwartet, es ist eine faszinierend schöne **Moschee:** Architekt Alen Jasarevic entwarf das transparente Gotteshaus 2005, dessen blaue, gen Mekka gewandte Kibla-Wand den Gebetssaal in magisches Licht taucht. In Koranversen durchbrochener Stahl bildet das spektakuläre Minarett; der Gebetssaal ist meistens zugänglich (Bichler Str. 15, Penzberg, T 08856 93 23 32, www.islam-penzberg.de). Nordwestlich des Zentrums gelegen, birgt das architektonisch ebenfalls spannend umgebaute und erweiterte **Museum Penzberg** die Sammlung Campendonk, die größte Sammlung weltweit mit Werken des Expressionisten, der zeitweise in Penzberg lebte. Heinrich Campendonk

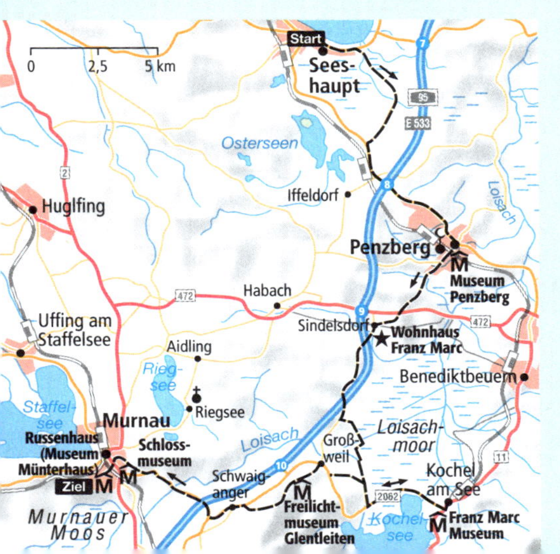

Infos

D/E 11/12

Planung: Ausgangspunkt ist Seeshaupt (S-Bahn- und Bahnanschluss ab München), Endpunkt Murnau, dort Bahn nach München (oder Weilheim und dann per Rad nach Seeshaupt) zurück

Länge/Anspruch: 48 km, 3–4 Std. plus Museumsbesuche; mittelschwer

Einkehr: in den jeweiligen Orten (s. dort) oder im Gasthof des Freilichtmuseums Glentleiten

Fahrradverleih: Zweirad Starnberger See, Bahnhofsstr. 13, Seeshaupt, T 08801 395 02 91, www.zweirad-starnbergersee.de, auch E-Bikes

(1889–1957) brilliert in der Dauerausstellung u. a. mit einer atemberaubend leuchtenden Bauernszene, »Blauer Schnitter« (Am Museum 1, Penzberg, T 08556 81 34 80, www.museum-penzberg.de, Di–So 10–17 Uhr, 7 €).

Franz Marc im rechten Licht

4,5 km sind es auf der weitgehend flach verlaufenden Sindelsdorfer Straße nach Südwesten bis **Sindelsdorf,** dem Wohnort von Franz Marc in der Franz-Marc-Str. 1. Hier entstanden die berühmten »Roten Rehe« (1912), die »Gelbe Kuh« und das »Blaue Pferd« (beide 1911). In der Gartenlaube gründeten Marc und Kandinsky den Almanach Blauer Reiter. Kandinsky dazu: »Den Namen Der Blaue Reiter erfanden wir am Kaffeetisch in der Gartenlaube in Sindelsdorf; beide liebten wir Blau, Marc – Pferde, ich – Reiter.« Gemütlich geht's 14 km weiter auf der Landstraße 2062. Sie biegt in Großweil aber nach Süden ab und wendet sich dann nach Osten in Richtung **Kochel am See,** wo das **Franz Marc Museum** (April–Okt. Di–So 10–18, sonst bis 17 Uhr, 9,50 €) das Werk dieses »Blauen Reiters« präsentiert.

Vorläufig genug der Kunst!

Auf gleichem Weg radeln Sie zurück, überqueren die Loisach, passieren Schlehdorf und fahren auf der Reuterbühler Straße 180 Höhenmeter bergauf zum **Freilichtmuseum Glentleiten,** das nach 8 km erreicht ist. Hier lebt es wieder auf, das bäuerliche Bayern, das die Maler so schätzten, in über 60 verschiedenen Bauernhäusern, die originalgetreu eingerichtet sind. Handwerker führen alte Techniken wie z. B. das Weben, Schmieden und das Seilerhandwerk vor. Außerdem gibt's einen richtigen Gasthof, in dem bayerische Spezialitäten serviert werden (Großweil, T 08851 18 50, www.glentleiten.de, März–Mai, Okt., Nov. Di–So 10–17, Juni–Sept. tgl. bis 18 Uhr, 9 €).

Unbedingt Gabriele Münter anschauen

Weitere 8 km, nun wieder sanft abfallend und die Autobahn querend, bringen Sie nach **Murnau** und dort ins **Schlossmuseum** (s. S. 117), das vorrangig die Werke Gabriele Münters pflegt. Und natürlich statten Sie hier auch dem **›Russenhaus‹** (s. S. 117) einen Besuch ab. Hier haben Sie Bahnanschluss für die Rückfahrt zum Ausgangspunkt – oder aber Sie bleiben einfach da!

Im imposanten Bienenhaus des Freilichtmuseums fanden früher bis zu 30 Bienenvölker Platz – ein lukrativer Nebenerwerb!

DER WEINENDE HEILAND

Angefangen hat die Geschichte der ›Wies‹ 1738 mit einer Tränen vergießenden Prozessionsfigur im Schober eines Bauernhofs, wie es heißt. Der an eine Säule gekettete und gegeißelte Heiland avancierte nach diesem Wunder schnell zum Wallfahrtsziel, die errichtete Kapelle war bald zu klein, und das zuständige Kloster Steingaden gab bei den Zimmermanns eine Kirche für das Gnadenbild in Auftrag. Das Ergebnis ist UNESCO-Weltkulturerbe.

Wies jedoch konnte Dominikus bereits mit dem Bau die Grundlagen für das umhüllende Werk schaffen: Der Schwung beginnt im ovalen Grundriss und setzt sich in der Stuckdekoration, in Rocaillen, Voluten und Kartuschen zum Deckenfresko hin fort, ja züngelt sogar hinein. Darauf öffnet sich der Himmel zum letzten Gericht. Arkadenbögen und Säulen gliedern den doppelstöckigen Altarraum, den der Hochaltar aus rotem Stuckmarmor und dem Gnadenbild ausfüllt. Der Kontrast des kühl-weißen Kirchenschiffs mit dem warmen Gold-Dunkel der Altäre, dazu der Lichteinfall aus den geschickt platzierten Fenstern schaffen einen Raum, in dem jedes Detail im Rhythmus einer unhörbaren Musik zu jubilieren scheint.

Wies 12, Steingaden, T 08862 93 29 30, www.wieskirche.de, Nov.–Feb. 8–17, März, April, Sept., Okt. bis 19, Mai–Aug. bis 20 Uhr

Schlafen, Essen

Einkehren und Genießen

Landhotel und Gasthof Kirchberger: Der Ort Wildsteig, wenige Kilometer östlich der Wies, ist ein Nordic-Walking-Paradies und das Landhotel dort der komfortable, angenehme Standort. Neben den freundlich und modern eingerichteten Zimmern besticht vor allem die Küche, in der es neben den bayerischen Standards auch gute Wildgerichte gibt. Nach dem Rummel an der Wies eine ruhige Oase.

Kirchbergstr. 43, Wildsteig, T 08867 221, www.landhotel-kirchberger.de, Mi–So 14–21.30 Uhr, Zimmer/Restaurant €€

Speisen beim Zimmermann

Gasthof Schweiger: Dominikus Zimmermann erbaute sich dieses Haus als Altersruhesitz gegenüber seiner Kirche; nun kann man im Wirtsgarten Bärlauchsuppe und Bauernhofente kosten oder sich von Schmalznudeln verführen lassen.

Wies 9, Steingaden-Wies, T 08862 500, www.gasthof-schweiger-wieskirche.de, tgl. 9–18 Uhr, im Winter Sa–Do, €€–€€€

Feiern

- **Festlicher Sommer in der Wies:** In den vier großen Kirchen der Region – Wies, Altenburg, Rottenbuch und und im Ballenhaus Schongau – wird von Ende Juni bis Anfang August jeweils So festlich musiziert. Programm unter www.wieskonzerte.de.
- **Ulrichsritt:** Jedes Jahr So nach dem Ulrichstag, dem 4. Juli, führt der festliche Ritt vom Marktplatz in Steingaden zur Heilig-Kreuz-Kirche auf dem Kreuzberg südlich des Ortes. Nach dem Gottesdienst werden Pferde und Reiter gesegnet.

Murnau und der Staffelsee

D 12

Es gibt Landschaften, die zu Kunst werden, weil Künstler sie so intensiv lieben und abbilden. Eine davon ist das »Blaue

Land«, wie der Maler Franz Marc die Region um Murnau nannte. Wenn ich durch Murnau spaziere, am Staffelsee sitze und natürlich, wenn ich durch das ›Russenhaus‹ streife, wie der Volksmund das Heim von Gabriele Münter nannte, erscheint mir alles wie schon einmal durch das Auge der Kunst gesehen. Was ja auch stimmt: Unzählige Motive fand die Künstlergruppe Der Blaue Reiter, zu der neben Franz Marc August Macke, Gabriele Münter, Wassily Kandinsky, Alexej Jawlensky und Marianne von Werefkin gehörten, in diesem ihrem Blauen Land. Münter und Kandinsky bezogen 1909 ein Haus in Murnau und ließen sich von der hier seit dem 17. Jh. gepflegten Hinterglasmalerei, von den flächigen Formen und kräftigen Farben inspirieren. All diese Elemente – Landschaft, Traditionen und die angespannte, zugleich aufbruchbereite Stimmung unter den Intellektuellen am Vorabend des Ersten Weltkriegs – mündeten später in den künstlerischen Befreiungsschlag des Blauen Reiters, in die abstrakte Malerei des Expressionismus (s. auch s. S. 114).

In der Altstadt

Nehmen wir den **Obermarkt:** Gemalt wurde die bergauf führende Hauptgasse von Murnau immer wieder; die Bilder hängen im Lenbachhaus zu München oder im Schlossmuseum zu Murnau. Mit seinen behäbigen, traufständigen Häusern vor dieser aberwitzigen Bergkulisse des Estergebirges sieht er aus, als hätte er sich seit dem Mittelalter nicht verändert. Doch der Eindruck täuscht. Ein großer Stadtbrand 1851 vernichtete die Häuser; den Wiederaufbau übernahm Emanuel von Seidl (1856–1919) im historisierenden Stil. Insofern war Murnaus Altstadt selbst schon ein Kunstprodukt, lange bevor sie durch Kunst verewigt wurde. Lebhaft geht's hier zu, die Leute bummeln, kaufen ein, sitzen im Café. Hoch darüber thront die **Pfarrkirche St. Nikolaus** mit spätbarocker und Rokoko-Ausstattung, an der alle namhaften Künstler aus der Region beteiligt waren. Auf dem Friedhof dann Spurensuche: Gabriele Münter und Emanuel von Seidl liegen hier begraben.

Hinterglasbilder als Inspiration

Der Kirche gegenüber steht Murnaus ältestes Gebäude, die 1233 errichtete Burg mit dem **Schlossmuseum.** Neben den lokalen Bräuchen und handwerklichen Traditionen widmet sich die Ausstellung auch Leben und Werk des Schriftstellers Ödön von Horváth, der von 1923 bis 1933 viel Zeit in Murnau verbrachte. Vorrangig aber geht's um den Blauen Reiter. Es ist eine schöne, unaufgeregte Ausstellung mit Motiven aus der Region, darunter Wassily Kandinskys »Murnau – Blick aus dem Griesbräu 1908«. Den Griesbräu gibt es immer noch; die gemalten Felder dahinter aber längst nicht mehr; so lässt sich einiges vergleichen. Und nicht verpassen: die Ausstellung der Hinterglasmalerei, von bäuerlich-naiv bis hin zu avantgardistisch. Die strahlenden Farben waren die Inspiration für die »Reiter«.

Schlosshof 4/5, T 08841 47 62 07, www.schlossmuseum-murnau.de, Di–So 10–17, Juli–Sept. am Wochenende 10–18 Uhr, 6,50 €, mit Sonderausstellung 11 €

Die Treppe im Münterhaus

Es war verschrien bei den Murnauern, das ›**Russenhaus**‹, in dem Gabriele Münter und Wassily Kandinsky von 1909 bis zu Kandinskys Flucht aus Deutschland 1919 in wilder Ehe lebten und Künstlerfreunde des Blauen Reiters empfingen, gemeinsam malten und feierten. Aus heutiger Sicht stelle ich mir das wie eine Anarcho-Kommune vor, doch wenn ich in diesem Haus stehe, in dem alles so putzig und manierlich ist, merke ich, dass das Bild nicht stimmt. In der nach oben führenden

Holztreppe, die Wassily Kandinsky mit folkloristischen Pünktchen, Blüten und Sonnen bemalt hat, manifestiert sich naive Lust am Dekor und nicht anarchisches Aufbrechen konservativer Strukturen. Dass dann doch nicht alles nur Folklore ist, dafür sorgen Reiter auf lila und gelben Pferden in dieser kindlichen Szenerie. Da ist sie dann doch, die Lust an der Provokation. Ich sehe mir diese Treppe immer wieder gerne an.

Kottmüllerallee 6, T 08841 62 88 80, www.muenter-stiftung.de, Di–So 14–17 Uhr, 3 €

Staffelsee

Obwohl einige Seen näher an München liegen, ist der **Staffelsee** unterhalb Murnaus mein liebster Badesee. Er erwärmt sich schnell, und Baden vor der Kulisse der Voralpenriegel ist einfach sensationell. Bevor aber die Saison beginnt, ist er an Fronleichnam Schauplatz einer der schönsten kirchlichen Prozessionen Oberbayerns. Die besten Badeplätze finden sich entlang dem Ostufer in den Gemeinden Murnau, Uffing (mein Favorit mit bestem Panorama) und Seehausen. Das Westufer steht zum Teil unter Naturschutz und darf auch nicht mit dem Boot angefahren werden. Im Winter friert der See sehr zur Freude der Schlittschuhläufer und Eisstockschießer zu.

Schlafen

Gediegene Wellnessoase

Alpenhof Murnau: Das Hotel verbindet bayerische Gemütlichkeit mit topmodernem Komfort, dem exzellenten Restaurant Murnauer Reiter und einem großen Wellnesscenter, dessen Sauna- und Relaxbereich keine Wünsche offenlässt. Es liegt, wie alle anderen Unterkünfte auch, nicht am See.

Ramsachstr. 8, T 08841 49 10, www.alpenhof-murnau.com, 71 Zi., €€€

Kunst & Wohnen

Galerie & Art Hotel Am Eichholz: Das ist eines dieser Hotels, in die man sich sofort verliebt. Eigentlich eher eine sehr luxuriöse Pension, eine Villa mit schönem Garten, und weil die Besitzer Künstler sind, angefüllt mit Kunstobjekten. Dazu sooo geschmackvoll eingerichtet und freundlich geführt, jedes Zimmer anders, und tolles Frühstück. Mittwoch bis Samstag abends gibt's auf Vorbestellung leckere, kreative Menüs.

Am Eichholz 21, T 08841 58 63, www.ameichholz.de, 6 Zi. und Suiten, €€–€€€

Essen

Viel gelobte Gourmetküche

Murnauer Reiter: Das Gourmetrestaurant im Hotel **Alpenhof** setzt in Design und Küche auf gehobene bayerische Gastronomie mit vorrangig regionalen Produkten, was aber nicht bedeutet, dass Sie auf Seeteufel oder Wagyu-Rind verzichten müssen. Mittags gibt's auch Snacks wie Clubsandwich. Die Weinkarte ist vorzüglich.

s. Schlafen, tgl. 10–21 Uhr, €€€

Schnörkellos bayerisch

Griesbräu: Der Gasthof ist das Kontrastprogramm zum Bayern-Gourmet, deshalb aber nicht schlechter. Hier gibt es geradlinige, bayerische Küche, große Portionen und ein sehr süffiges, im Haus gebrautes Bier.

Obermarkt 27, T 08841 14 22, griesbraeu.de, tgl. 10–24 Uhr, €€

Für Kaffee-Aficionados

Murnauer Kaffeerösterei: Gemütlich Kaffeetrinken, dazu leckere selbst gemachte Kuchen probieren und schließlich, verführt durch Aromen und Duft, einen

Alles fertig für eine der schönsten Prozessionen Oberbayerns: Fronleichnam auf dem Staffelsee.

frisch gerösteten Lieblingskaffee kaufen. Ein entspannter Ort für den Kaffeegenuss.
Am Mösl 4, T 08841 489 50 33, www.murnauer-kaffeeroesterei.com, Di–Sa 13–17 Uhr

Bergpanorama

Seerestaurant Alpenblick: Herrlich direkt am Staffelsee gelegen und mit Biergarten und eigenem Strandbad die ideale Einkehr! Die Küche serviert ambitionierte bayerische und internationale Küche. Im Biergarten holen Sie sich an der Selbstbedienungstheke Würschtl oder Leberkäs.
Kirchtalstr. 30, Uffing, T 08846 93 00, www.alpenblick-uffing.de, Mai–Sept. tgl., Okt.–April Mi–So 11.30–21.30 Uhr, €€

Infos

- **Fronleichnam im Blauen Land:** In Seehausen begeht man diesen zweiten Donnerstag nach Pfingsten mit einer feierlichen Bootsprozession auf dem Staffelsee, einem der buntesten ländlichen Kirchenfeste Bayerns: Pfarrer, Ministranten und die Kommunionskinder setzen nach der Acht-Uhr-Messe in Seehausen mit einer Fähre zur Insel Wörth über, gefolgt von einem Schwarm Boote voller Menschen in feierlicher Tracht. Drüben angekommen, betet die Gemeinde dort, wo bereits im 7. Jh. eine Kirche stand, kehrt dann aufs Festland zurück und versammelt sich schließlich zum feucht-fröhlichen Frühschoppen im Seehausener Wirtshaus.
- **Verkehrsamt Murnau:** Untermarkt 13, 82418 Murnau a. Staffelsee, T 08841 47 62 40, www.tourismus.murnau.de
- **Bahn/Bus:** Bahnhof in der Seehauser Straße, Züge nach Mittenwald, Oberammergau, München und Garmisch; RVO-Busse in die Region www.bahn.de

TOUR
Ein Moor mit vielen Gesichtern

Wandern oder Radfahren im Murnauer Moos

Als Beleg für das hohe Alter des Ähndl gilt eine knapp 60 cm hohe Eisenglocke aus dem 8. Jh., die im Gotteshaus aufbewahrt wird. Mit solchen Glocken hielten die damals missionierenden irischen Wandermönche Dämonen von sich fern.

Was ist die schönste Jahreszeit für diese 12,5 km lange Rundtour durch das Murnauer Moos? Schwer zu sagen. Gehe ich sie im Frühsommer, dann erblüht das Moos. Am Wegesrand wachsen Sumpfgladiolen, Sibirische Schwertlilien und Prachtnelken; Wachtelkönige und Wiesenpieper suchen Deckung im hohen Gras, und wenn es schon warm genug ist, springe ich zum Abschluss in den Staffelsee. Im Herbst kleidet sich die herbe Moorlandschaft mit ihren Altwassern, Bachläufen sowie Sumpf- und Streuwiesen in Gold- und Rosttöne, es wird stiller und besinnlicher, manchmal ziehen Nebel über das Moos, und es wirkt richtig unheimlich. Und wenn im Winter Schnee liegt, könnte man hier sogar Langlaufen.

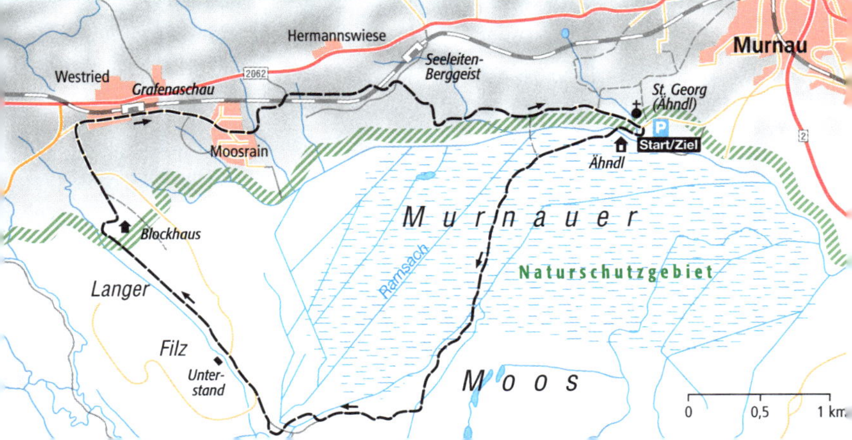

Nicht zu verfehlen

Das Murnauer Moos ist eines der bedeutendsten Feuchtgebiete Mitteleuropas, aber das nur nebenbei. Vor allem ist es ein Landschaftsidyll vor der Kulisse des Estergebirges und der Benediktenwand. Start des Rundwegs, der gut und deutlich ausgeschildert ist, ist das **Ähndl**, wie die bereits im 7. Jh. errichtete Kirche St. Georg (17./18. Jh. umgebaut) südlich Murnaus genannt wird. Der **Moos-Rundweg** verläuft über offene Fläche entlang der Ramsach und wendet sich dann nach rechts in Mischwald. Ein Bohlensteig führt durch das Herz des Moores, wo Infotafeln über die besondere Ökologie informieren. Fahrradfahrer müssen hier schieben oder aber weichen über die ausgeschilderte Radroute aus. Zurück folgt der Pfad weitgehend der Bahnlinie, passiert die Ortsteile **Westried** und **Moosrain** mit schönen Blicken auf die Voralpen und das Moos und erreicht nach 12,5 km wieder den Ausgangspunkt.

Qual der Wahl – oder beides?

Und nun kommt die Sahnehaube dieser Tour: **Ähndl** heißt nämlich nicht nur die Kirche, sondern auch das Wirtshaus nebendran. Beste bayerische Küche, gemütlicher Wirtsgarten mit Spielplatz daneben, Blick aufs Moos, ein Schweinsbraten zum Reinknien. Ist dann echt schwer zu entscheiden, ob Rast im Ähndl oder Baden im Staffelsee. Wenn man früh aufbricht, geht beides.

Infos

D 12/13

Planung: Den Ausgangspunkt, das Ähndl 2,5 km südwestlich von Murnau, erreichen Sie mit dem Auto (Parkplatz ca. 100 m davor) oder mit der Bahn nach Murnau und dann zu Fuß/per Rad.

Länge: 12,5 km, leichte Wanderung oder Radtour in flachem Gelände, zu Fuß ca. 2,5 Std.

Einkehr: Ähndl, Ramsachstr. 2, Murnau, T 08841 52 41, aehndl.de, Di–So 12–21 Uhr, €€

Zugabe

Die Kloster-Retterin

Interview mit Martina Gebhardt

Was tun mit 7500 m² Wohn- und 10 000 m² Nutzfläche, die nur noch drei Klosterschwestern bewohnen? Mehrere bedeutende oberbayerische Klöster gingen in den letzten Jahren in Privathand über und wurden so der Öffentlichkeit entzogen. Naturkosmetik-Unternehmerin Martina Gebhardt verfolgt mit Wessobrunn ein anderes Konzept.

Frau Gebhardt, 2015 haben Sie Teile des Klosters Wessobrunn erworben, um hier Vertrieb und Produktion Ihrer Naturkosmetiklinie unterzubringen. Was ist Ihr Fazit nach acht Jahren?

Kleinere Hindernisse gibt es immer wieder. So zeigt sich z. B. bei den Brandschutzvorschriften, wie außergewöhnlich das Objekt ist. Es stellte sich die Frage, ob es wirklich notwendig ist, in einen 80 m langen Stuckgang Brandschutztüren einzubauen – ein Abwägen von Sicherheit und Denkmalschutz.

Auch in Zukunft soll das Kloster auf jeden Fall weiterhin mit Leben erfüllt und dabei die innere und äußere Schönheit dieses einzigartigen Ortes bewahrt werden. Daher haben wir ein kleines Museum mit einer historischen Apotheke und einem Heilmittel-Laboratorium eingerichtet. Darüber hinaus gibt es ein Skriptorium, das vor allem der Geschichte der Nonne Diemut von Wessobrunn, einer Zeitgenossin der Hildegard von Bingen, gewidmet ist. Aus diesem Grund bieten wir auch einen Workshop an, in dem gezeigt wird, wie aus Heilpflanzen und Kräutern aus dem eigenen Klostergarten Tinte und Stofffarben hergestellt werden. Außerdem gibt es Workshops z. B. über historische Klosterkräuter, zum Selbermachen von Naturkosmetik, Kalligrafie oder zur Herstellung von spagyrischen Essenzen, ein Verfahren, das das Herzstück unserer Kosmetik bildet.

Sie haben einen neuen Klostergarten mit Heilpflanzen angelegt. Was diente Ihnen als Vorbild?

Es gab hier früher bereits einen benediktinischen Klostergarten, was mich u. a. dazu bewegt hat, diesen Ort für meine Naturkosmetikmarke zu erwerben. In den letzten Jahren haben wir den ca. 1000 m² großen Heilpflanzen- und Färbergarten wiederhergestellt im Sinne einer typisch benediktinischen Klostergartenanlage. Nun wachsen dort wieder Blumen, Kräuter, Obst und Gemüse. Der Brunnen in der Mitte wurde wieder aufgebaut und in Betrieb genommen.

Sie bieten Workshops zu Themen wie Naturkosmetik oder Imkerei an. Können Interessierte auch eine Führung durch Ihre Produktion buchen?

»Dieser Ort ist inspirierend, und die Ruhe dieses Klosters war vom ersten Augenblick an spürbar.«

Die Produktion ist die einzige Abteilung, die noch nicht ins Kloster eingezogen ist. Dafür wird noch das ehemalige Schwimmbad umgebaut und mit der neuesten Technik ausgestattet. Zurzeit bieten wir Rundgänge durch die anderen Gebäudeteile an, vorwiegend die wunderschönen Stuckräume im ersten Stock und natürlich auch durch unseren Klosterkräutergarten.

Später ist dann auch eine Art ›gläserne Manufaktur‹ geplant, bei der man einen Blick auf die Produktion werfen kann, ohne die Reinraumatmosphäre zu betreten.

Ihre Pflegeprodukte sind Demeter- und IHTN-zertifiziert, also tierversuchsfrei, und sie enthalten nur Naturstoffe und sogenannte spagyrische Essenzen. Was versteht man darunter?

Das Wort Spagyrik kommt aus dem Griechischen: *spao* = trennen und *ageiro* = zusammenfügen. Hier wird ein Verfahren der Heilmittelherstellung beschrieben, das schon seit mehreren tausend Jahren bekannt ist und seine Wurzeln im Orient bzw. wahrscheinlich sogar bei den Kulturen im Himalaya findet. Noch heute wird diese Form der Extraktion in der ayurvedischen Medizin eingesetzt. Hierbei werden die Bestandteile der Pflanze sowohl destilliert als auch zu Asche verbrannt bzw. kalziniert.

Empfinden Sie die klösterliche Umgebung als inspirierend?

Ja, allerdings. Dieser Ort ist inspirierend, und die Ruhe dieses Klosters war für mich vom ersten Augenblick an spürbar. Auch die Mitarbeiter bemerken dies im Tagesablauf, wenn sie durch die wunderschönen Räume gehen oder durch den Klostergarten spazieren, um aufzuatmen und Kraft zu tanken. Dafür bin ich sehr dankbar, und es ist auch nach fünf Jahren für mich noch keine Selbstverständlichkeit. ■

Eine glückliche Fügung brachte Martina Gebhardt und das Kloster Wessobrunn zusammen. Hier kann die Naturkosmetik-Unternehmerin ganz im Geiste klösterlicher Traditionen schalten und walten.

Im Schatten der Zugspitze

Oberbayern wie auf der Postkarte — schroffe Felsspitzen, Lüftlmalereien, Geigenbau, Königsschlösser und Wanderwege.

Seite 136

Zum Ferchensee

Am Ende der kurzen, knackigen Radtour ab Mittenwald steht der Sprung ins Wasser.

Seite 137

Korbinianhütte

Bitte mal den Blick von Karwendel, Mittenwald, Arnspitzen und Wettersteingrad abwenden und das zünftige Brotzeitbrettl würdigen!

Seite 137

Karwendel 

Bizarre Landschaft und majestätisches Panorama zugleich: Unter dem ›Riesenfernrohr‹ gähnt ein 1300-m-Abgrund.

Der Ruf der Mittenwalder Violinen reicht bis Japan.

Eintauchen

Seite 138

Zum Königshaus am Schachen

Träume aus 1001 Nacht und eine lange schöne Wanderung. Das Königshaus am Schachen ist mit Sicherheit der spektakulärste Rückzugsort König Ludwigs II.

Seite 140

Abtei Ettal

Drunter machte es Johann Jakob Zeiller nicht: Für das Kuppelfresko der Basilika der Benediktinerabtei Ettal malte er 1751 über 400 Einzelfiguren, die den Betrachter über die weltlichen Grenzen des Baus in den Erlösung verheißenden Himmel führen.

Seite 141

Schloss Linderhof

Maurischer Kiosk, Venusgrotte, Tischleindeckdich … geht's noch? Ja, denn jenseits der schrägen Spielereien eines Märchenkönigs ist der Bau mit dem gratis zugänglichen Park eines der schönsten Schlösser Ludwigs II.

Seite 144

mSE Kunsthalle

Inmitten von Landidyll in Unterammergau und beseelten Passionsdarstellern zeigt die moderne Halle Werke aufstrebender Kreativer.

Seite 146

Altenauer Dorfwirt

Den Altenauern reichte es mit dem Wirtshaussterben. Sie stellten einen so schmucken Gasthof hin, dass die Leute aus dem ganzen Oberland herpilgern.

Seite 147

Heimat? Ammertal!

Unternehmer und Kunstsammler Christian Zott aus Unterammergau geht in diesem Bildband der Frage nach, was Heimat bedeuten kann. – Es kommt auf die Perspektive an: »Ansichtssache!«

Ein Gamsbart gehört zur altbayerischen Männertracht! Die schönsten werden alle zwei Jahre bei einer Olympiade gekürt.

»(…) Sie scheinen immer etwas zu wissen, und deshalb kommt's einem so vor, wenn man einer Schildkröte ins Gesicht sieht, als würde sie leise lächeln.« (Michael Ende)

erleben

Hochgebirge zum Greifen nah

E

Einen der markantesten Söhne dieses Landstrichs stelle ich Ihnen im Magazin vor: Christian Stückl (s. S. 266). Der Intendant des Münchner Volkstheaters und Spielleiter der Oberammergauer Passion ist ein typisches Gewächs dieser an Oberbayern-Klischees reichen, aber auch tief in den Traditionen verwurzelten Region. Einer, der seine Überzeugungen gegen Gemeinderäte und konservativen Beharrungswillen durchzusetzen weiß und innovativ ist im positiven Sinne. Nicht umstürzlerisch, sondern offen für das Neue, dabei aber seinen Wurzeln treu. Viele Leute hier denken ähnlich, nur deshalb sind Orte wie Oberammergau oder Mittenwald überhaupt auszuhalten, wenn Busladungen von Tagestouristen sie fluten. Selbst im Wald von Selfie-Sticks gibt es irgendwo einen Ruhepol zu entdecken. Und ich hoffe, ich kann Ihnen einige zeigen.

Hier im südwestlichsten Winkel Oberbayerns stößt das hügelige und seenreiche Voralpenland an die schroffen Felsmassen von Karwendel und Wetterstein mit einigen der höchsten Gipfel Deutschlands. So entstehen grandiose Landschaftsszenerien mit weichen, grünen Vorbergen und geranienstrotzenden Dörfern im Schatten weißgrauer Felszacken. In dieser kontrastreichen und von uralten Verkehrswegen durchzogenen Landschaft blühten traditionell-ländliches Kulturschaffen und Handwerk: In Mittenwald war es der Geigenbau, in Oberammergau hingegen die Lüftlmalerei. Urban und dennoch ländlich bildet Garmisch-Partenkirchen den Mittelpunkt des Werdenfelser Landes und den Ausgangspunkt für die›Eroberung‹ des höchsten Berges (?) nicht nur der Bayerischen Alpen, sondern Deutschlands.

ORIENTIERUNG **I**

Reisekarte: B–E 12–14
Internet: www.zugspitzland.de für die Region Farchant, Oberau, Eschenlohe; www.bayregio-gap.de für den Landkreis Garmisch-Partenkirchen; www.zugspitz-region.de für die Verbände vom Blauen Land bis zu den Ammergauer Alpen
Verkehr: nach Garmisch-Partenkirchen von München auf der A 96. Von München aus gute Zugverbindungen (www.bahn.de); Weiterfahrt mit Bussen in Richtung Mittenwald oder Oberammergau (www.dbregio bus-bayern.de). In der Hochsaison häufig längere Wartezeiten an den Bergbahnen wie Zugspitzbahn oder Karwendelbahn.

Garmisch-Partenkirchen

D 13/14

27 500 Einwohner, zwei Ortsteile, die sich nicht immer grün sind und 1935 vom NS-Regime zwangsvereinigt wurden. 1936 Austragungsort einer der größten NS-Propaganda-Aktionen, der Olympischen Winterspiele. Wirkungsort eines der bedeutendsten deutschen Komponisten, Richard Strauss (1864–1949), und eines Autors, der die Köpfe von Kindern und Jugendlichen weit für die Kraft der Fantasie öffnete, Michael Ende (1929–95). Lange war hier die US-Armee stationiert, dadurch ist der Ort etwas amerikanisiert. Garmisch-Partenkirchen ist hübsch, aber touristisch betrachtet im Grunde wenig mehr als der Ausgangspunkt für die Fahrt auf die Zugspitze. Das Tal wird von zwei Flüssen, der Loisach und der Partnach, durchströmt. Beschützt vom Wettersteingebirge nach Süden, vom Wank (1780 m) gen Nordosten und vom Kramerspitz (1985 m) nach Nordwesten, bietet es schöne Wandermöglichkeiten. Und was ist in der Stadt zu sehen?

Business & Tradition: Garmisch

Die Fußgängerzone mit zahllosen Souvenirgeschäften und Straßencafés ist vor allem eines: geschäftig und modern. Auf den Michael-Ende-Platz haben sie eine Spielbank gebaut (oder umgekehrt, den Platz nach Ende benannt), was sicherlich nicht im Sinne des Schriftstellers war. Am Garmischer Marienplatz ist rund um die neue **Pfarrkirche St. Martin** ❶ die Welt der Lüftlmalereien und weit vorkragender Schindeldächer dann wieder in Ordnung. Das im 18. Jh. errichtete Gotteshaus trägt

Auf dem Felsgipfel der Zugspitze ist man selten allein, und ab und an herrscht sogar ziemliches Gedränge.

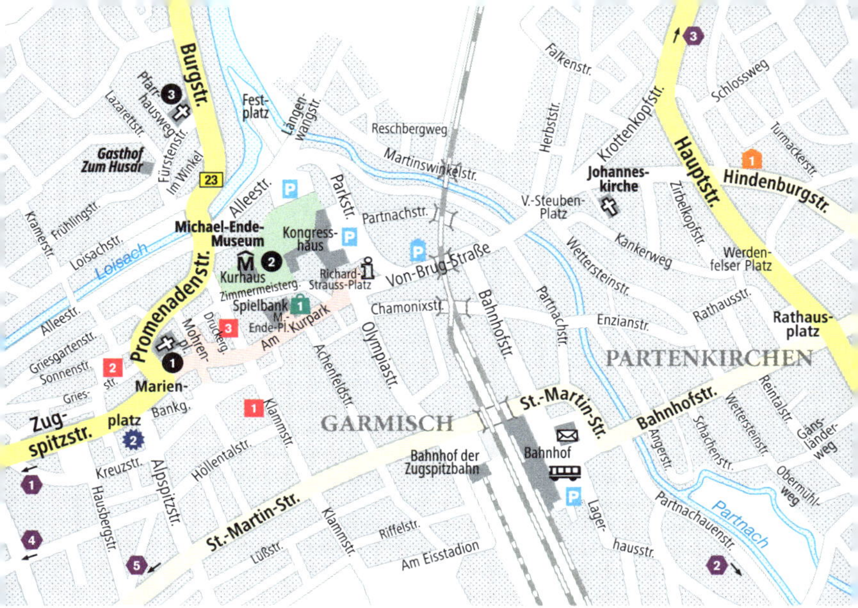

die typische Handschrift der Wessobrunner mit seinem lichten, durch zwei Reihen von Fenstern erhellten Raum und dem Stuckfeuerwerk, beides von der Werkstatt Joseph Schmuzers geschaffen. Jenseits der Loisach wird der ländliche Eindruck noch gesteigert, vor allem entlang der **Frühlingsstraße,** wo sich ein prächtiges Bauernhaus ans andere reiht. Der **Gasthof Zum Husar** mit entsprechendem Fresko in der Fürstenstraße dient bis heute als Gaststätte. Ein paar Schritte weiter steht die **Alte Pfarrkirche St. Martin ❸** auf romanischem Fundament als gotischer Neubau von 1280. Eine wahre Freskenflut mit Themen der Passion überzieht das Innere mit dem Sterngewölbe.

FANTASTISCH

Als Reverenz an den berühmten Sohn versteht Garmisch seinen **Michael-Ende-Kurpark ❷.** Skulpturen erinnern darin an die fantastischen Wesen aus seinen Büchern. Natürlich darf auch eine Schildkröte mit Holzkopf und Graspanzer nicht fehlen. 2023 feierte Garmisch den 50. Geburtstag der Ende-Heldin »Momo« mit Lesungen und Musik; ein Ende-Museum ist leider nicht in Sicht.

Ernste Musik in Partenkirchen

Mit Bussen der Linie 1 oder 2 kommen Sie bequem vom Marienplatz zum Partenkirchener **Rathausplatz,** oder aber Sie bummeln gemütlich etwa 20 Minuten durch Fußgängerzone und über die Loisach nach Osten. Mögen Sie klassische Musik? Eine hübsche Jugendstilvilla im Kurpark von Partenkirchen beherbergt das **Richard-Strauss-Institut ❹,** das 1999 im Gedenken an den berühmten Komponisten eröffnet wurde. Ab 1908 lebte Strauss rund 40 Jahre in Garmisch. Bilder, Dokumente und Partituren beleuchten sein Leben und Werk; ein Musikfestival, das jedes Jahr im Juni abgehalten wird, bringt seine Kompositionen zu Gehör.

Garmisch-Partenkirchen

Ansehen

- ❶ Pfarrkirche St. Martin
- ❷ Michael-Ende-Kurpark
- ❸ Alte Pfarrkirche St. Martin
- ❹ Richard-Strauss-Institut
- ❺ Werdenfels Museum
- ❻ Wallfahrtskirche St. Anton
- ❼ Olympia-Skistadion

Schlafen

- 1 Das Nordberg Guesthouse
- 2 Das Graseck

Essen

- 1 4eck
- 2 Gasthaus zur Schranne
- 3 Alte Druckerei

Einkaufen

- 1 Der Grasegger
- 2 Schuhhaus Bernhard Berwein

Bewegen

- 1 Zugspitzplatt
- 2 Partnachklamm
- 3 Kletterwald
- 4 Höllentalklamm
- 5 AlpspiX

Ausgehen

- 1 Gasthof zum Rassen
- 2 Music Café

Schnitzschulstr. 19, T 08821 91 09 50, www.richard-strauss-institut.de, Mo–Fr 10–16 Uhr, 3,50 €

Das schönste Lüftlbild im Land?

Nicht umsonst ist Partenkirchens **Ludwigstraße** so berühmt: Reich und verspielt geschmückte Häuser schmiegen sich hier unter den steil emporsteigenden Hang des Hausberges Wank. Im aus dem 17. Jh. stammenden Haus Zum Schlampn zeigt das **Werdenfels Museum** ❺ die Volkskunst aus dem Werdenfelser Land. Hinterglasbilder, aus Kirchen und Klöstern nach der Säkularisierung gerettete Schnitzarbeiten, Möbel, Trachten und die Partenkirchener Silberne Krippe breiten die große Vielfalt bäuerlich-christlicher Kultur der Region aus. Mich zieht es immer in die Larvenausstellung. Die furchterregenden Holzmasken gehören zum berühmten und seit Jahrhunderten überlieferten Maschkera-Laufen, mit dem in den Faschingstagen die Wintergeister ausgetrieben werden. Gruselig!

Ludwigstr. 47, T 0881 21 34, www.werdenfels-museum.de, Di–So 10–17 Uhr, 4,50 €

Treiben lassen

Ländliches Theaterspiel wird ein Haus weiter im **Gasthof zum Rassen** 1 hochgehalten. Im Theatersaal hinter den Gastzimmern tritt regelmäßig das älteste Bauerntheater Bayerns auf. Lassen Sie sich hier einfach treiben, kehren Sie in einen Gasthof ein, bewundern Sie die Lüftlbilder. Es ist einfach hübsch!

R

ROKOKO OHNE ENDE

Haben Sie noch nicht genug vom Wessobrunner Rokoko? Dann machen Sie sich auf zur **Wallfahrtskirche St. Anton** ❻, zu der ein Kreuzweg mit zehn Stationen hinaufführt. Ihr achteckiger Gebetsraum ist ein weiteres Meisterwerk der Schmuzer-Dynastie aus Wessobrunn: Der alle Ecken und Kanten verhüllende helle Stuck, Fresken und Altäre sowie die Zunftstangen, die bei den Prozessionen getragen werden, bilden einen rauschhaften Rahmen für das illusionistische Deckenfresko von Johann Evangelist Holzer, das den Blick über die Grenzen des Kirchenraums hinauf in einen von Heiligen und Engeln bevölkerten Himmel zieht. Nicht Religion, die Raffinessen des Rokoko waren Opium fürs Volk!

Die NS-Olympischen Spiele

Zurück auf der Erde und in Partenkirchen, sollten Sie schließlich auch dem berühmten **Olympia-Skistadion** ❼ einen Besuch abstatten, in dem die Nazis 1936 massenwirksam und die sportliche Begegnung nutzend die zuschauende Welt über die tatsächlichen politischen Verhältnisse in Deutschland täuschen konnten. Das hufeisenförmige Stadion mit den drei Sprungschanzen liegt südlich von Partenkirchen auf dem Weg zur Partnachklamm und wirkt mit seinen Monumentalfiguren bis heute wie die Stein gewordene Ideologie vom Übermenschen.

Schlafen

Günstiger als in den zumeist recht hochklassigen Hotels wohnt man in Privatzimmern, die von der Tourist-Information vermittelt werden.

Da möcht' ich hin

1 **Das Nordberg Guesthouse:** Zwei sympathische Nordlichter, eine romantische Villa, helle, luftige Einrichtung mit etwas alpinem Flair und gute Laune. Eine schicke, angenehme und leider auch sehr beliebte Unterkunft für Leute, die gerne aktiv sind. Es empfiehlt sich, langfristig zu buchen!

Hindenburgstr. 20, T 08821 930 50, dasnordberg.com, 7 Zi., 8 Apts., €€

Naturnaher Schick

2 **Das Graseck:** Manchmal muss es eben etwas Besonderes sein. Der über der Partnachklamm gelegene Alpengasthof ist ein todschickess Bergchalet mit Zimmern, Suiten, Edelgastronomie und Spa – auch für Tagesgäste.

Graseck 4, T 08821 94 32 40, das-graseck.de, 31 Zi., €€€

Essen

Geht fine dining auch leger?

1 **4eck:** In diesem sympathischen Restaurant klappt's – gekocht wird regional, aber es gibt auch Sylter Austern. Abends stellen sich die Gäste ihr Dinner aus einer kleinen, häufig wechselnden Karte zusammen, als 2-, 3- oder 4,5-Courses-Menü. Originell und sehr gut!

Klammstr. 8, T 08821 798 42 40, 4-eck.com, Di–Sa ab 18 Uhr, Fr/Sa auch mittags, €€–€€€

Bayerische Klassiker

2 **Gasthaus zur Schranne:** Kein übertriebenes Alpenchichi, dafür gediegene Holzbänke und -tische, Wandvertäfelungen und rustikale Leuchter. Auf den Tisch kommen sehr gut zubereitete Bayernstandards wie Böfflamott oder Schweinebraten, aber auch Schrannen-Burger in Brezenbrioche mit Süßkartoffelpommes. Eine gemütliche Einkehr ist hier garantiert.

Griesstr. 4, T 08821 909 80 30, www.zurschranne.de, Mo–Fr ab 11, Sa/So ab 10 Uhr, €€

Oléoléolé

3 **Alte Druckerei:** Heute bleibt der Schweinebraten liegen, denn es gibt köstliche Paella in den ehemaligen Druckereiräumen. Oder aber eine Vielzahl leckerer Tapas. Garmisch kommt mir hier recht spanisch vor.

Druckergasse 3, T 0172 836 71 19, www.restaurant-altedruckerei.de, tgl. ab 17 Uhr, €–€€

Einkaufen

Tracht

1 **Der Grasegger:** In Garmischs größtem und bestem Geschäft für Trachten bekommen Sie sogar Federkielstickereien – und natürlich das lang gesuchte Lieblings-Dirndl.

Am Kurpark 8, www.grasegger.de, Mo–Fr 9.30–18.30, Sa 9.30–17 Uhr

Haferlschuh'

2 **Schuhhaus Bernhard Berwein:** Hier werden noch Maßschuhe angefertigt. Die Preise liegen dabei deutlich unter jenen vergleichbarer Promi-Schuster. Schöne bayerische Trachtenschuhe gibt's auch ›von der Stange‹.

Badgasse 14, T 08821 30 35, Mo/Di, Do/Fr 9–12, 14–7.30 Uhr, Mi, Sa nur vormittags

Bewegen

Schneesicher

1 **Zugspitzplatt:** Die 22 km Pisten auf dem Schneefernergletscher sind sieben Monate im Jahr befahrbar; die alljährliche Eröffnung der Snowboard-Saison im Terrain Park ist der Freestyler-Event schlechthin.

zugspitze.de

Stetes Wasser höhlt den Stein

2 **Partnachklamm:** Die rund 900 m lange, von 100 m hohen Felswänden eingerahmte Klamm des Flüsschens Partnach überwindet einen Höhenunterschied von 90 m und ist so ausgebaut, dass sie sogar im Winter durchwandert werden kann. Dann bilden sich an den Felswänden bizarre Eisskulpturen. Nur bei Hochwasser muss die Schlucht gesperrt werden. Der Eingang befindet sich unweit des Olympia-Skistadions.

Zugänglichkeit der Klamm auf der Website prüfen: T 08821 31 67, www.partnachklamm.eu, tgl. Juni–Sept. 8–20, Okt.–Mai 8–18 Uhr, 7.50 €; Rundwanderung ca. 6 km, etwa 1 Std. 45 Min., festes Schuhwerk und regendichte Kleidung zu jeder Jahreszeit erforderlich

Schwindelfrei

3 **Kletterwald:** Große und kleine Schwindelfreie haben ihren Spaß an verschiedenen Parcours zwischen 3 und 17 m Höhe.

Eiskalt und sooo erfrischend ist das Wasser des Hammersbaches nach einer Wanderung durch die Höllentalklamm.

Wankbahnstraße, T 0170 634 96 88, www.kletterwald-gap.de, April–Okt. tgl. 10–18 Uhr, im Winter je nach Wetter, 26 €

Ungezähmt und wild

4 **Höllentalklamm:** Wesentlich anspruchsvoller als die Partnachklamm ist die Höllentalklamm, die man von Hammersbach/Grainau aus begeht. Zunächst wandern Sie eine gute Stunde durch Wald zur Höllentalklamm-Eingangshütte (1047 m) und steigen dort in die enge, von 120 m hohen Felswänden eingeschlossene Klamm des Hammersbaches ein. Am wild tosenden Wasser entlang, über künstliche und natürliche Brücken, durch Tunnel und auf mit Drahtseilen gesicherten Wegen geht's rund 30 Minuten 120 Höhenmeter bergauf bis zum Schluchtende und weiter über Almwiesen zur Höllentalangerhütte (1387 m). Die Hütte ist unter Kletterern berühmt für die nahe ›Schwarze Wand‹ und das Felsrund der Riffelspitzen und der Zugspitze. Von hier geht es auf gleichem Weg zurück zum Ausgangspunkt (ca. 2 Std.).

Klamm je nach Schneelage Mai–Okt. zugänglich, 5 €, Auskunft Höllentalklamm-Eingangshütte: T 08821 88 95, www.hoellentalklamm-info.de, Länge: ca. 10,5 km, ca. 4 Std., Einkehr: Höllentalangerhütte, T 0163 554 22 74

Muss das sein?

5 **AlpspiX:** Naturschützer liefen dagegen Sturm, dennoch sei auf die Aussichtsplattform AlpspiX unterhalb des Zackengipfels der Alpspitze hingewiesen. 50 m oberhalb der Bergstation der Alpspitzbahn (zugspitze.de) ragen zwei Brücken in Form eines X aus Gitterrost auf 8 m Länge über den Abgrund ins ›Nichts‹ – der Blick knapp 1000 m nach unten ist also unverstellt. Die Stege enden an einer Glaswand. Scheint nichts für Menschen zu sein, die nicht schwindelfrei sind. Oder doch (s. auch Pro und Contra S. 288)?

Ausgehen

Derb-lustig-traditionell

1 **Partenkirchner Bauerntheater im Gasthof zum Rassen:** Die Vorstellungen im historischen Theatersaal finden immer samstags statt und sind schnell ausverkauft!

Ludwigstr. 45, T 08821 519 56, www.partenkirchner-bauerntheater.de

Chillig, cool, angesagt

2 **Music Café:** In kühlem Weiß, mit güldenen Spiegeln und heißer Lightshow gestaltet, ist das der Ort, um die Nacht tanzend zu verbringen.

Marienplatz 17, T 08821 187 27, www.musife.de, Fr/Sa 22–3 Uhr

Infos

- **Richard-Strauss-Festival:** Ende Juni, www.richard-strauss-festival.de. Musikfestival zu Ehren von Richard Strauss.
- **Tourist-Information:** Richard-Strauss-Platz 2, 82467 Garmisch-Partenkirchen, T 08821 18 07 00
- **Bahn/Bus:** Hauptbahnhof Garmisch-Partenkirchen, Bahnhofstraße, Zugverbindung nach München; Regionalbusse der RVO in die Region, z. B. nach Mittenwald, Linderhof, Oberammergau (www.bahn.de, www.dbregiobus-bayern.de)

Zugspitze und Eibsee

C14

Das ist der Gipfel

Von Garmisch-Partenkirchen aus wirkt die **Zugspitze** gar nicht so spektakulär, die benachbarte Alpspitze schiebt sich zackig und schroff in den Vordergrund, während von der Zugspitze nur das 2600 m hoch gelegene ›Platt‹ zu sehen ist.

Alles gut organisiert

Am 27. August 1820 gelang Leutnant Josef Naus die Erstbesteigung. Seit 1930 führt die **Zugspitzbahn,** eine Zahnradbahn, auf den Berg: von Garmisch-Partenkirchen zum Eibsee und von dort weiter auf das Zugspitzplatt mit dem Schneefernergletscher. Hier steigt man um in die Gletscherbahn hinauf zum Gipfelkreuz. Zurück geht's dann per niegelnagelneuer **Seilbahn Zugspitze** hinunter zum See und per Zugspitzbahn nach Garmisch. Die Infrastruktur auf Gletscher und Gipfel ist hervorragend, von der bayerischen Wirtschaft bis zur 360°-Panorama-Lounge gibt's Essen und Trinken für jeden Geschmack. Gratis dazu haben Sie den berühmten Vier-Länder-Blick auf Gipfel in Deutschland, Österreich, Italien und der Schweiz. Wie international die Besucher hier oben sind, beweist u. a. der muslimische Gebetsraum auf dem Zugspitzgipfel. Die Gelegenheit zu einer kleinen Gletscherwanderung bietet sich am **Schneefernergletscher,** über den ein markierter Rundweg führt. Hier liegt auch Bayerns schneesicherstes Skigebiet mit mehreren Liften und Pisten aller Schwierigkeitsgrade sowie einem Funpark mit einer 130 m langen und bis zu 6 m hohen Superpipe. Die Wintersaison-Eröffnung Mitte November ist Pflichttermin für passionierte Skifahrer. Nirgendwo sonst kann man die weiße Pracht so früh genießen.

Informationen zu den Abfahrtszeiten der Bahnen, zu Preisen, Schneehöhe, Wetter etc. unter zugspitze.de

Der See im dunklen Tann

Der **Eibsee** in rund 1000 m Höhe und gut mit Auto oder Zugspitzbahn erreichbar, ist auch ohne Zugspitz-Gipfelsturm ein lohnendes Ziel, zum Baden allerdings meist zu kalt. Entstanden ist er in der letzten Eiszeit, als ein Bergsturz einen Kessel unterhalb der Zugspitze formte, den die schmelzenden Gletscher dann mit Wasser füllten. Von den Eiben, denen er seinen Namen verdankt, ist heute kaum noch eine erhalten; dunkle Tannenwälder säumen die türkisgrüne Wasserfläche, um die ich bequem in knapp zwei Stunden herumwandere. Alternativ können Sie eine 20-minütige Rundfahrt mit dem Elektroboot »Reserl« unternehmen, das der Eibsee-Kapitän gemächlich über den See steuert (Start beim Hotel Eibsee, www.eibsee.de/de/bootsverleih, 7,50 €).

SUPERLATIV?

Ist die Zugspitze (2962 m) denn nun wirklich Deutschlands höchster Berg? Nein, ist sie nicht. Sie ist Deutschlands höchster Gipfel, denn der Großteil des Berges steht auf österreichischem Staatsgebiet. Gemessen am Anteil deutscher Bergfläche wäre es der Watzmann. Spitzfindig, meinen Sie? Stimmt, aber doch auch witzig …

Schlafen

Alpenidyll

Hotel Eibsee: Wenn schon, denn schon. Idyllischer kann man nicht wohnen als direkt am Eibsee, und den Aktivitäten sind keine Grenzen gesetzt. Neben Wandern und Skifahren können Sie im Sommer ein Boot mieten oder Elektroboot-Rundfahrten unternehmen, im Winter steht der Anfängerskilift direkt vor der Haustür.

Am Eibsee 1–3, Grainau/Eibsee, T 08821 988 10, www.eibsee-hotel.de, 123 Zi., €€–€€€

Doch, diese Kuh ist echt! Aber alle anderen Teilnehmer des Faschingsumzugs geben nur vor zu sein, wie sie aussehen. Die ›fünfte Jahreszeit‹ hat auch in Mittenwald viele Anhänger.

Mittenwald

E 14

Als Geheimrat Goethe 1786 in Mittenwald weilte, erlebte er den Ort als »lebendiges Bilderbuch«. Das gilt heute noch, denn auf fast jedem Haus, ja sogar am Kirchturm erstrahlen bunte Fresken. Das Flair des kompakten Ortskerns mit seinen behäbigen Häusern mit großen Torbogen, kunstvoll gedrechselten Holzbalkonen voller Geranien und den bunten Bildern, die ihre Geschichten erzählen, ist einfach vollkommen. Die Schattenseite dieser perfekten Illusion heißt drohender Overtourism. Vor allem Besucher aus Fernost schätzen die farbenfrohen Fotomotive.

Die wirtschaftliche Karriere Mittenwalds begann im 15. Jh.: 1487 verlegte die Republik Venedig, verärgert über Herzog Sigismund von Tirol, den Markt zu Bozen kurzerhand nach Mittenwald, das bereits seit der Römerzeit eine wichtige Handelsstation auf dem Weg von Verona nach Augsburg war. Schnell gewann der neue Markt an Bedeutung und die Bürger an Wohlstand. Ab dem 18. Jh. wurde es dann üblich, diesen Wohlstand durch die in Oberammergau aufgekommenen Lüftlmalereien an der Hausfassade zu zeigen.

Eine Altstadt zum Fotografieren

Wer arbeitete an der **Kirche St. Peter und Paul** aus dem 18. Jh.? Klar, einmal wieder Joseph Schmuzer. Er widmete das gotische Haus in spätbarocker Manier um. Der Entwurf für die illusionistischen Lüftlfresken am Turm, die Heiligen Petrus und Paulus von Triumphbogen ein-

Offene Fragen*

** Fragen über Fragen – aber Ihre ist nicht dabei? Dann schreiben Sie an info@dumontreise.de. Über Anregungen für die nächste Ausgabe freuen wir uns.*

Daniela Schetar liebt ihre zweite Heimat Oberbayern ebenso wie die erste, Slowenien, die sie als ›Gastarbeiterkind‹ verließ. Über beide hat die studierte Ethnologin und passionierte Reisejournalistin DuMont-Reise-Taschenbücher verfasst, und sie findet sie gar nicht so unähnlich. Als Alpenanrainer bieten beide Heimaten mit Bergen und Seen intensives Naturerleben; Traditionen zählen viel, aber auf Innovationen ist man ebenso stolz. Nur eines: Oberbayern hat das bessere Bier.

Abbildungsnachweis
AWL-Images, Whitchurch (GB): S. 33 (Aurora Photos); 181 (imagebroker/Heiner Heine) **DuMont Bildarchiv,** Ostfildern: S. 12/13, 68 li., 100 li., 101 o. re., 108, 112, 124 li., 127, 141, 148 li., 148 re., 149 o.li., 158, 167, 178 li., 185, 245, 250 (Reinhard Eisele); 6, 14 re., 17, 27, 43, 86 (Thomas Linkel) **Ella Badura,** Ramsau: S. 258 **Friedrich Köthe,** München: S. 69 o. re., 99, 172, 190, 220, 303 **Hans-Joachim Ellerbrock,** Hamburg: S. 125 o. re., 147 (Aus: Christian Zott (Hrsg.): Heimat? Ammertal! Ansichtssache. Ein Heimatbuch der besonderen Art. Zott Media Verlag, 2018) **Herbert Reiter,** Aschau: S. 203, 290, 293 **Huber-Images,** Garmisch-Partenkirchen: S. 178 re. (Marco Arduino); 193 (Reinhard Schmid) **iStock.com,** Calgary (CA): S. 179 M. (Andreas Balg); 149 u. re. (Gueholl); 211 o. li. (sbossert) **laif,** Köln: S. 283 (API/Gamma-Rapho); 264 u. (Berthold Steinhilber); 101 M., 121 (Clemens Zahn); 263, 264 o. (Contrasto/Archivio GBB); Titelbild, 170, 175, 254/255 (Dietmar Denger); 36, 119, 261, 268/269, 271 (Dorothea Schmid); 295 (Eddie Gerald); 69 M., 91 (Frieder Blickle); 76 (Gerhard Westrich); 189, 213, 214, 225, 231, 256/257 (Guenter Standl); 131, 210 li., 211 o. re., 239, 274 o. (Hans-Bernhard Huber); 69 u. re. (Quirin Leppert); 280 (SZ Photo/Hannes Betzler); 296 (Thomas Ebert); 151 (Thomas Linkel); 184 (Tobias Gerber) **Lookphotos,** München: S. 15 li. (Ingrid Firmhofer); 103 (Peter von Felbert); 71 (Wilfried Feder) **Martina Gebhardt Naturkosmetik GmbH,** Wessobrunn: S. 123 **Mauritius Images,** Mittenwald: S. 134 (Akinci); 40 (Alamy/Peter Widmann); 2/3, 100 re., 197, 232 (Christian Bäck); 124 re. (go-images); 7 re., 125 o. li. (Günter Gräfenhain); 7 o. li. (imagebroker/Egon Bömsch); 8 (imagebroker/Hans Lippert); 24 (imagebroker/Heiner Heine); 211 u. re. (imagebroker/Jörn Friederich); 107 (imagebroker/Martin Moxter); 157, 205 (imagebroker/Martin Siepmann); 279 u. (imagebroker/Stefan Kiefer); 236 (jkb-ne); 101 u. re. (Martin Siepmann); 228 (Moreno Geremetta); 273 (Rocha); 274 u. (Tierfotoagentur/S. Ott); 64 (Udo Siebig); 179 o. re., 209 (Westend61/Lisa und Wilfried Bahnmüller); 75 (Westend61/Martin Siepmann); 49 (Westend61/Tom Chance); 149 o. re., 177 (Wolfgang Filser) **Michael Riehle,** München: S. 68 re., 82, 210 re. **Otto Stadler,** Geisenhausen: S. 145 **picture-alliance,** Frankfurt a. M.: S. 143, 267 (dpa/Angelika Warmuth); 46 re., 57 (dpa/Armin Weigel); 285 (dpa/David Ebener); 47 o. re., 67 (dpa/Frank Mächler); 279 o. (dpa/Sven Hoppe); 287 (Jazzarchiv/Isabel Schiffler); 15 o. re., 44/45 (Johanna Hoelzl); 217 (SZ Photo/RoHa-Fotothek Fürmann); 14 li., 23 (SZ Photo/Stefan Rumpf) **Shutterstock.com,** Amsterdam (NL): S. 47 o. li. (manfredxy); 7 u. li. (akf ffm); 240 (footageclips); 46 li. (fotoping); 47 u. re. (mahirart); 125 u. re. (Menna); 200 (Mikalai Nick Zastsenski); 179 u. re. (Robin Verhoef) **URKERN GmbH,** München: S. 15 u. re. (Ivana Bilz)

Zitate S. 239: Süddeutsche Zeitung vom 9. August 2018, »Am Königssee befürchten sie den Ausverkauf der Heimat« von Matthias Köpf

Umschlagfoto
Titelbild: Almwiese bei Garmisch-Partenkirchen mit Blick auf die Zugspitze

Kartografie
© KOMPASS-Karten GmbH, A-6020 Innsbruck; DuMont Reiseverlag, D-73751 Ostfildern

Autorin: Daniela Schetar **Redaktion/Lektorat:** Anne Winterling **Bildredaktion:** Anne Winterling, Titelbild: Susanne Troll **Grafisches Konzept und Umschlaggestaltung:** zmyk, Oliver Griep und Jan Spading, Hamburg

Hinweis: Autorin und Verlag haben alle Informationen mit größtmöglicher Sorgfalt geprüft. Gleichwohl erfolgen alle Angaben ohne Gewähr. Bitte schreiben Sie uns! Über Ihre Rückmeldung und Ihre Verbesserungsvorschläge freuen wir uns: DuMont Reiseverlag, Postfach 3151, 73751 Ostfildern, info@dumontreise.de, www.dumontreise.de

2., aktualisierte Auflage 2024

Printed in Poland

gerahmt, stammt von Matthäus Günther, ebenso wie die Deckenfresken im Innenraum, die Schmuzers Stuckrocaillen umschmeicheln. Draußen vor der Kirche gilt alle Bewunderung der Lüftlmalerei. Ende des 18. Jh. wurden die ältesten Bilder angefertigt, Franz Karner aus Mittenwald und Franz Seraph Zwinck aus Oberammergau sind die beiden am häufigsten vertretenen Künstlernamen. Die Bilder dienten nicht nur als Schmuck, sie hatten auch eine Botschaft: Eine religiöse bei den vielen Heiligen und Szenen der Christuspassion, wie z. B. am 1762 bemalten Schlipferhaus (Goethestr. 23), oder aber sie informierten über den Beruf des Hausbesitzers, der bei seiner Tätigkeit als Schuster, Kistler oder Geigenbauer dargestellt ist. Übrigens gibt es den Beruf des Lüftlmalers in Mittenwald bis heute: Stephan Pfeffer sorgt dafür, dass die Häuser im Werdenfelser Land traditionell geschmückt sind.

Mekka der Geigenbewunderer

Warum nur drängen sich immer so viele Japaner vor der kunterbunten Fassade des **Geigenbaumuseums?** Die Besucher aus Fernost haben tiefen Respekt vor der hohen Kunst des Geigenspiels, und wer sie im Museum beobachtet, mit welcher Ernsthaftigkeit sie die moderne und anregend konzipierte Ausstellung über die Techniken des Geigenbaus würdigen, schämt sich fast ein bisschen für sein Banausentum. Das Museum zeigt Instrumente in verschiedenen Stadien der Fertigstellung und vermittelt u. a. mit einem Film die filigrane Arbeit des Geigenbauers. Die können Besucher auch live erleben. In einer Schauwerkstatt arbeiten Meister ihres Fachs an den kostbaren Geigen.

Ballenhausgasse 3, T 08823 25 11, www.geigenbaumuseum-mittenwald.de, Febr.–Mitte März, Mitte Mai–Mitte Okt., 17. Dez.–Jan. Di–So 10–17, ansonsten 11–16 Uhr, 5,50 €

Schlafen

Ein Haus mit Tradition

Hotel/Gasthof Post: Das Traditionshaus in der Fußgängerzone war, wie die Lüftlbilder belegen, früher Poststation. Heute verwöhnt es seine Gäste mit Zimmern im Landhausstil, Innenpool, Sauna und Fahrradverleih.

Obermarkt 9, T 08823 938 23 33, www.posthotel-mittenwald.de, 73 Zi, €€–€€€

Urig und liebenswert

Alpenrose: Das beliebte Wirtshaus in der Fußgängerzone hat seine Gästezimmer richtig bayerisch-ländlich eingerichtet. Einige haben Karwendelblick, und wer mag, kann beim Gastwirt eine Kutschfahrt zum Lautersee buchen.

WELCH SCHÖNHEIT, WELCH KLANG!

Im 18. Jh. wurden die ›Mittenwalderinnen‹ von Petersburg bis Konstantinopel verehrt – gemeint waren nicht die holden Töchter Mittenwalds, sondern die hier angefertigten Geigen. Ein gewisser Matthias Klotz (1653–1743) hatte dieses Handwerk in Italien erlernt und in Mittenwald eingeführt. Das Geigenholz stand praktischerweise an den Berghängen vor der Haustür – geflammter Bergahorn war perfekt für den Geigenhals und Fichte für die Decke –, und so begann die Karriere der Mittenwalder Geigen, die bis heute andauert. Als in Bronze gegossenes Denkmal schmückt Klotz, letzte Hand an eine Geige legend, den Platz vor der Kirche am Obermarkt (Ferdinand von Miller, 1890).

TOUR
Strampeln und baden

Radtour von Mittenwald zum Ferchensee

Infos

 D/E 14

Start/Ziel:
Mittenwald

Länge/Dauer:
23 km, ohne Pausen etwa 2 Std.

Anspruch: leicht bis mittelschwer, 330 m Höhendifferenz

Einkehr:
Gasthaus Ferchensee, www.ferchensee.eu, Sa–Do 9–17 Uhr

Ein bisschen Sport, ein bisschen Baden – bei dieser Tour ist alles dabei, und richtig anstrengend wird es beim Anstieg von ca. 300 m auch nicht. Die leichte MTB- oder Trekkingrad-Runde führt hinein ins Karwendel und endet am Ferchenee – also Badesachen mitnehmen!

Was für ein Auftrieb!
Mittenwald in Richtung Klais verlassend, verläuft die Route zunächst auf einer Straße und biegt dann nach rechts (Richtung Jugendherberge) ab. Kurz und steil geht's bergauf, am **Tonihof** vorbei und dann bergab zum **Quicken,** wo Sie auf die Mautstraße in die Elmau treffen. Die idyllische Umgebung bietet gleich zwei absoluten Luxushotels bzw. deren Gästen Ruhe, Abgeschiedenheit und Wellness. Erstes ›Hideaway‹ ist das Hotel **Das Kranzbach** (www.daskranzbach.de), das 1913 erbaute Heim der englischen Geigerin Mary Isabel Portman. Danach geht's weiter zum Hotel **Schloss Elmau.** Hier trafen sich 2015 und 2022 Staats- und Regierungschefs zum G7-Gipfel – war das ein Auftrieb! Im Schloss finden auch Konzert- und Literaturveranstaltungen statt, es gibt also einige Gründe, hierherzukommen, vorausgesetzt das Kleingeld reicht für Preise um 500 € für ein Rundumpaket (www.schloss-elmau.de). Über einen 4 km langen, zunächst sanften und am Schluss steilen Anstieg, dem Ferchenbach folgend, erreichen Sie schließlich die Ferchenhöhe mit dem **Ferchensee** (Km 16). Essen und Trinken gibt es im **Gasthaus Ferchensee,** etwa einen fluffigen Kaiserschmarrn. Die besten Badestellen liegen am Südufer. Zurück strampelt's sich dann flott bergab über den **Lautersee** nach **Mittenwald.**

Obermarkt 1, T 08823 927 00, www.alpenrose-mittenwald.de, 18 Zi., €€

Essen

Gegen den Strich

Das Marktrestaurant: Ein junges Team geht kreativ ans Werk und serviert den Landgockel mit Chili oder den Kalbskopf mit Linsensalat. Am besten bestellen Sie das Menü. Frech und gut!

Dekan-Karl-Platz 21, T 08823 926 95 95, www.das-marktrestaurant.de, Di–Sa ab 18.30, Fr/Sa auch 12–13.30 Uhr, €€€

Bodenständig bayerisch

Gasthof Stern: In der Bauernstube oder im Biergarten – es schmeckt geradlinig und bayerisch, und die feschen Bedienungen sind stets gut gelaunt.

Fritz-Prößl-Platz 2, T 08823 83 58, www.stern-mittenwald.de, Mi–So ab 12 Uhr, €€

Der schönste Blick

Korbinianhütte: Vor den Genuss hat der liebe Gott eine halbstündige Wanderung (ab Wanderparkplatz Kranzberg) gestellt, aber was tut man nicht alles für diesen Blick: Karwendel, Mittenwald, Arnspitzen und der Wettersteingrad bauen sich so dominant vor Ihnen auf, dass Sie fast vergessen, die Kässpatzen zu würdigen!

Hoher Kranzberg 6, T 08823 84 06, www.korbinianhuette.com, Sommer tgl. 10–17 Uhr, €

Einkaufen

Die Macht der Tracht

Heidi's Gwandstub'n: Wunderschöne Trachtenstoffe, fertige Dirndl und Accessoires, z. B. Taschen mit Federkielstickerei.

Obermarkt 56, heidis-gwandstubn.jimdo.com, Mo–Fr 9.30–12.30, 14.30–18, Sa 9.30–12 Uhr

Infos

- **Tourist-Information:** Dammkarstr. 3, 82481 Mittenwald, T 08823 339 81, www.alpenwelt-karwendel.de; hier auch Zimmervermittlung
- **Bahn/Bus:** Bahnhof am Bahnhofplatz, stdl. Bahnverbindung in Richtung München und nach Garmisch-Partenkirchen; RVO-Busse z. B. nach Seefeld/Tirol, Garmisch und Kochel (Auskunft unter www.bahn.de, www.dbregiobus-bayern.de)

Karwendel

Das schroffe **Karwendelgebirge** beginnt quasi am Ortsrand von Mittenwald. Nahezu senkrecht steigen die Felswände aus dem Tal – da möchte man unbedingt hinauf. Die **Karwendelbahn** schwebt in wenigen Minuten vom Tal (913 m) zur 2244 m hoch gelegenen Bergstation im ›steinernen Herz‹ des Karwendels. Ein Fußgängertunnel führt in einen Kessel zu Füßen von Karwendelköpfen (2358 m) und Pleisenspitze (2569 m) in eine Welt aus grauem, scharf erodiertem Fels. Vom Aussichtspunkt ein Stück bergan blickt man tief in die Zentralalpen, auf den Großvenediger und die Hohen Tauern. Wer hier oben einem der vielen Klettersteige oder Gratwanderungen folgen möchte, sollte erfahren, trittsicher und entsprechend ausgerüstet sein. Auch der Abstieg ins Tal über die Dammkarhütte ist nichts für Turnschuhwanderer. Ein Klassiker für erfahrene Klettersteiggeher ist der **Mittenwalder Klettersteig,** bei dem sich acht über 2000 m hohe Felsgipfel wie an einer Kette aneinanderreihen. Kult unter Freeridern ist die 7 km lange Dammkar-Abfahrt. Wenn Wetter und Schneebedingungen stimmen, wird sie für erfahrene Snowboarder geöffnet. Sie

TOUR
Träume aus 1001 Nacht

Zum Königshaus am Schachen

Infos

D 14

Planung:
Start am Wanderparkplatz bei Schloss Elmau. Kompass-Wanderkarte Nr. 5, »Wettersteingebirge«

Königshaus:
Juni–Anfang Okt. Führungen tgl. 11, 13, 14, 15 Uhr, www.schloesser.bayern.de, 5 €. Alpengarten: www.botmuc.de, Mitte Juni–Ende Aug. 8–17 Uhr, 3,50 €

Länge/Anspruch:
10 km Länge, 850 Hm, Aufstieg ca. 3,5 Std., Abstieg etwas kürzer, Zeit für Königshaus und Alpengarten einplanen; mittelschwer

Einkehr:
Gasthof Schachenhaus, T 0172 876 88 68, www.schachenhaus.de, Ende Mai–Anfang Okt. tgl. 10–21 Uhr, €

»Im stillen Gebirgshause auf steiler Höhe, von Schnee und dichtem Nebel umhüllt, aber froh, dem Weltgetriebe entrückt zu sein ...«, so fühlte sich Ludwig II. in seinem Jagdhaus auf dem Schachen. Bevor der König dorthin flüchten konnte, musste das Chalet auf der 1866 m hohen Schachenalpe allerdings erst einmal erbaut werden. Dieser unter Ludwig II. angelegte Weg führt heute von Kais kommend als mautpflichtige Straße bis zum **Wanderparkplatz** im Elmau-Hochtal (1050 m). Hier heißt's dann Bergschuhe schnüren und einen letzten Blick werfen auf das ehemalige Alpengut Elmau, das König Ludwigs Telegrafen- und Pferdewechselstation war.

Wandern mit Panoramablick

Grandios ist das Bergpanorama mit den Massiven von Zugspitze, Karwendel und Wetterstein bereits hier am Ausgangspunkt. Den Wanderer zieht's einen gemütlichen Weg am Elmauer Bach entlang bergan. Nach eineinhalb Stunden durch Fichtenwald, im zweiten Teil deutlich steiler, biegt der Weg rechts ab zur **Wettersteinalm,** einer angenehmen Einkehr vor dem weiteren Anstieg. In teils steilen Serpentinen und weiter durch Wald führt der Weg bergan und schließlich hinaus auf Almwiesen. Ein toller Blick auf das Zugspitzmassiv tut sich auf.

Das Ende der Zirbelkiefern

Noch ein letzter Anstieg über den **Steilenberg,** dann liegen nach weiteren eineinhalb Stunden die aus mehreren Wirtschaftsgebäuden bestehenden Schachenhäuser voraus. Einige Zirbelkiefern sind die kläglichen Reste, die der Holzschlag für den Bau des Königshauses übrig gelassen hat. Stolz thront es auf einer Kuppe. 1869 war die Grundsteinlegung für das **Schachenhaus,** 1872 konnte Ludwig II. einziehen. Er selbst ließ sich meist in einem Pferdewagen oder -schlitten hinauffahren.

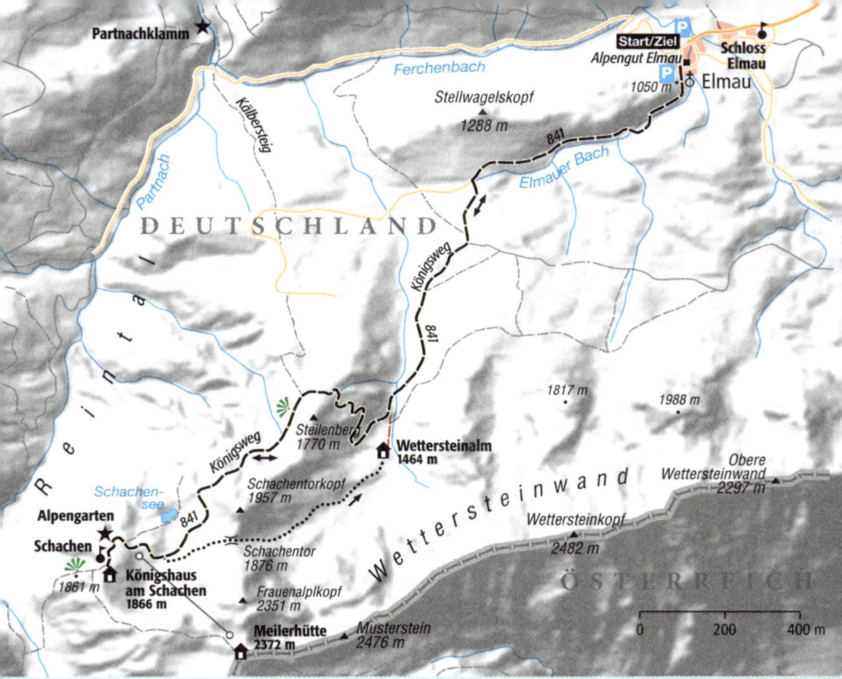

Wenn der ›Kini‹ in seiner Telegrafen- und Pferdewechselstation einkehrte, soll ihm deren Wirt öfter auf der Zither vorgespielt haben.

Ludwig und die 40 Räuber

Von außen sieht es aus wie ein Schweizer Chalet, und wer die mit Zirbelholz getäfelten Räume im Erdgeschoss, sein schlichtes Schlafzimmer und die Gesindestuben, besichtigt, wird Ludwig II. für einen bescheidenen Zeitgenossen halten. Doch oben im ›Türkischen Saal‹ überzieht Blattgold die Holzornamente an den Wänden, bunte Glasfenster lassen blaue und rote Lichtstrahlen hinein. In der Mitte steht ein goldener Brunnen. »Hier saß in türkischer Tracht Ludwig II. lesend, während der Tross seiner Dienerschaft als Moslems gekleidet auf Teppichen und Kissen herumlungerte, Tabak rauchend und Mokka schlürfend …«, berichtete Louise von Kobell, die Gattin des damaligen Kabinettssekretärs Johann August von Eisenhart.

Königliche Aussicht

Fünf Minuten vom Schloss entfernt enthüllt der **Königspavillon** einen geradezu atemberaubenden Blick ins Reintal, auf die Zugspitze, die Alpspitze und die Höllentalspitzen. Auf jeden Fall lohnt auch ein Blick auf den **Alpengarten:** Über 800 Pflanzenarten aus den Alpen und dem Himalaya werden hier gepflegt.

ist lawinengesichert, aber nicht präpariert und bietet deshalb absoluten Hochgenuss.

Karwendelbahn: Alpenkorpsstr. 1, Mittenwald, aktuelle Fahrtzeiten s. Website, www.karwendelbahn.de, Berg- u. Talfahrt 36,90 €

Riesenfernrohr

Was tun, wenn man weder Freerider noch klettersteigtauglich ist? Ein attraktives pädagogisches Angebot bietet die **Bergwelt Karwendel,** ein futuristisches Natur-Informationszentrum neben der Bergstation, dessen spektakuläres Riesenfernrohr 7 m über den 1300 m tiefen Abgrund hinausragt. Im Innern informiert eine sehenswerte Ausstellung über die Bergwelt, ihre Pflanzen und Tiere.

Benediktinerabtei Ettal

D 13

Weiche Bergkuppen bilden im Hochtal der Ammer die grüne Kulisse für die imposante **Benediktinerabtei Ettal,** die nicht nur geistiger Versenkung dient, sondern ein florierendes Wirtschaftsunternehmen mit eigener Likördestillerie, Brauerei, Verlag, dem Hotel König Ludwig und einem ehemals angesehenen Internat ist. Gerne würde ich nur über diese grandiose Wallfahrtskirche schreiben, aber bei aller Begeisterung über Architektur und Kunst kann ich einfach nicht vergessen, dass Kinder und Jugendliche im Angesicht dieser Schönheit jahrzehntelang misshandelt und missbraucht wurden. Auch Kloster Ettal bzw. das ihm angeschlossene Internat war Schauplatz des katholischen Missbrauchsskandals. Er kam 2010 ans Tageslicht und wurde, auch das sei hier gesagt, vorbildlich aufgearbeitet. Nur den Opfern hilft das nicht mehr.

König Ludwig der Bayer wollte mit der Stiftung des Klosters seine besondere Frömmigkeit unter Beweis stellen. 1370 wurden Kloster und Kirche geweiht, besondere Verehrung galt schon damals einer aus Italien stammenden Marienstatue. Der zwölfeckige Zentralbau war ungewöhnlich für die Gotik, doch als Ettal im 18. Jh. den Anforderungen einer Wallfahrtskirche entsprechen sollte und im Geschmack des Hochbarock umgebaut wurde, kam eben dieser Grundriss sehr zupass. Enrico Zuccalli und Joseph Schmuzer arbeiteten nacheinander an dem Projekt, 1762 war der Umbau beendet und ein Meisterwerk entstanden: eine Symphonie in Weiß und Gold, überwölbt von einem Kuppelfresko mit über 400 Einzelfiguren, die den Betrachter über die weltlichen Grenzen des Baus in den Erlösung verheißenden Himmel führen (Johann Jakob Zeiller, 1751). Am Tabernakel findet sich das Gnadenbild, eine gotische Marmormadonna.

Kaiser-Ludwig-Platz 1, T 08822 740, www.kloster-ettal.de, Klosterkirche, tgl. 8–18 Uhr

K

ALLES KÄSE

Gleich neben dem Kloster haben 30 Milchbauern aus der Region eine **Schaukäserei** eingerichtet, in der man bei Themenführungen anschaulich erfährt, wie die Milch zum Käse wird und diesen danach auch verkosten und kaufen kann (Mandlstr. 1, Ettal, T 08822 92 39 26, www.schaukaeserei-ettal.de, Mi–So 10–17 Uhr).

Schlafen, Essen

Das Kloster im Blick

Blaue Gams: Die Panoramalage dieses Hotel-Restaurants mit Blick auf den Klosterkomplex ist unübertroffen.

Ludwig, Ludwig und kein Ende – aber ehrlich gesagt: Was sollten sich die Busladungen internationaler Touristen sonst ansehen?

Auf der Speisekarte stehen bayerische Standards.

Vogelherdweg 12, Ettal, T 08822 64 49, www.blaue-gams.de, Mo–Fr ab 15, Sa/So ab 12 Uhr, €€

Ausflug nach Schloss Linderhof C 13

Warum sich Ludwig II. ausgerechnet das abgelegene Graswangtal aussuchte für **Linderhof,** eines seiner schönsten Schlösser? Das neobarocke Gebäude mit Barockgarten ist in einen englischen Landschaftspark eingebettet, in dem wie zufällig verstreut fantasievolle Bauten Ludwigs Träumereien repräsentieren. Entweder, Sie finden das toll und träumen mit, oder das Ganze erscheint so absurd, dass Sie sich den Eintritt sparen können. Den Park können Sie ohnehin umsonst besichtigen und die tollen Wasserspiele auf sich wirken lassen, die im Sommer alle halbe Stunde stattfinden.

Klang und Überschwang

Was Sie verpassen: In der **Venusgrotte,** einer künstlichen Höhle mit See, ließ er sich in einem Muschelboot übers Wasser kutschieren (bis 2025 geschl.), im **Maurischen Kiosk** entspannte er in morgenländischer Kleidung zwischen orientalischem Interieur, in der **Hundinghütte** gab er sich Wagnerscher Musik hin. Da der junge König technischen Neuerungen gegenüber sehr aufgeschlossen war, wurde Linderhof mit einem ›**Tischleindeckdich**‹ ausgestattet, mit dem die Dienerschaft den gedeckten Tisch vom

Erdgeschoss in sein Speisezimmer kurbelte. Höhepunkt der Innendekoration ist der in Blau und Gold gehaltene **Spiegelsaal** (1874, Jean de la Paix). 1878 war Linderhof nach jahrelangen Bauarbeiten fertig, das parallel geplante Neuschwanstein (s. u.) ein paar Bergrücken weiter westlich wurde erst 1885 vollendet.

Linderhof 12, Ettal, T 0882 920 30, www.linderhof.de, tgl. 19. März–15. Okt. 9–18, sonst 10–16.30 Uhr, Kasse öffnet/schließt jeweils 30 Min. vorher, 10 €

Ausflug nach Schloss Neuschwanstein

B 13

Da steht es nun, **Schloss Neuschwanstein,** hoch auf steilem Fels über Hohenschwangau bei Füssen, nach Ludwigs Wunsch »im echten Stil der alten deutschen Ritterburgen« erbaut und eingerichtet und wirkt doch wie eine Kopie des Disneyschen Cinderella-Schlosses. Natürlich ist es umgekehrt, aber die Absurdität dieses Baus wird durch sein Zeichentrick-Double noch unterstrichen.

Symbol der Reinheit

Das Schlafwandeln zwischen Traum und Lächerlichkeit beherrscht auch das Innere. So begegnet man dem Sagenzyklus um Tannhäuser (Arbeitszimmer), Lohengrin (Wohnzimmer) und den Heiligen Gral (Sängersaal). Sein Thronzimmer ließ Ludwig II. nach dem Vorbild einer byzantinischen Basilika erbauen, damit seinen Anspruch als absolutistischer König unterstreichend. In allen Räumen findet sich das Motiv des Schwans als Symbol der Reinheit, die Ludwig so tief verehrte und die er doch nie erreichte. Die jungen Kerle in seiner Umgebung waren einfach zu verführerisch. Das Schloss wurde übrigens nie fertig, Ludwig ausgerechnet hier abgesetzt und nach Schloss Berg gebracht, wo er im nahen See ertrank (s. S. 74).

Neuschwansteinstr. 20, Hohenschwangau, T 08362 93 98 80, www.neuschwanstein.de, tgl. April–15. Okt. 9–18, sonst 10–16 Uhr; **Tickets unbedingt online bestellen** unter www.hohenschwangau.de (Bestellgebühr 2,50 €). Im Ticket Center (Alpseestr. 12, T 08362 93 08 30, www.ticket-center-hohenschwangau.de, tgl. April–15. Okt. 8–16, Winter 8.30–15 Uhr) ist mit langen Wartezeiten zu rechnen; in der Hochsaison können bereits morgens die Tickets für den gesamten Tag ausverkauft sein

Infos

- **Anfahrt:** Von Oberammergau erreichen Sie Neuschwanstein über Steingaden nach Füssen (ca. 45 km); von Linderhof auf der landschaftlich überaus reizvollen Regionalstraße über Reutte (Österreich) nach Füssen (40 km). Ein Fußweg führt in ca. 30 Min. teils recht steil bergauf vom Parkplatz zum Schloss; man kann ihn auch in der Pferdekutsche bewältigen (um 8 €/Pers.).

Oberammergau

C/D 13

Das Dorf ist passionsverrückt. Zumindest alle zehn Jahre, wenn, wie 1633 nach einer verheerenden Pestepidemie gelobt, die Passion vom Leiden und Sterben Christi aufgeführt wird (s. S. 266). 1634 wurde dieses Gelübde erstmals erfüllt, ab 1680 die Aufführung dann auf die vollen Dekaden verlegt. Sollten Sie also im Umfeld eines Passionsspieljahrs in Oberammergau sein, wundern Sie sich nicht über die langhaarigen und langbärtigen Männer. Sie alle spielen mit (bei Frauen fällt das mit den langen Haaren ja nicht so auf).

Das Tal der Ammer war bereits in keltischer und römischer Zeit Handelsweg und Siedlungsraum, der Aufschwung für Oberammergau kam aber erst mit der Gründung des Klosters Ettal und der Verleihung des Stapelrechts 1332. Um das 16. Jh. entwickelte sich in Oberammergau wohl auf Initiative und Förderung des Klosters Rottenbuch (s. S. 111) hin die Holzschnitzerei als wichtiges Gewerbe. Um 1748 wurde in Oberammergau jener Künstler geboren, der die Lüftlmalerei zur Blüte bringen sollte: Franz Seraph Zwinck.

Lüftlbilder und Kreative

Heute ist der 5000-Seelen-Ort eines der bekanntesten touristischen Ziele in Bayern, und dies nicht nur in den Passionsjahren. Rund um die Pfarrkirche herrscht deshalb ein ziemlicher Trubel, Holzschnitzereien unterschiedlicher Qualität füllen die Auslagen der Souvenirläden, eine Touristenbahn bimmelt durch den Ort, und der erste Eindruck ist der eines oberbayerischen

Werbung braucht's wahrlich nicht: Die Passionsspiele sind fast immer restlos ausverkauft.

Disneylandes. Dennoch scheint diesem geschäftstüchtigen Dorf ein sehr kreativer Geist innezuwohnen, denn nicht nur berühmte Maler und Schnitzer stammen aus Oberammergau, auch der Schriftsteller Ludwig Thoma (1867–1921, s. S. 66) erblickte hier, im ehemaligen **Richterhaus** (Dorfstr. 20), das Licht der Welt. Tausendsassa Christian Stückl (s. S. 266), der Dauer-Passionsspielleiter, natürlich auch. Außerdem die Mitglieder der Indie-Band Kofelgschroa, die sich 2018 leider eine kreative Pause verordnet hat, von der aber alle Fans hoffen, sie dauert nicht zu lange. So divers ist Oberammergau.

Trubel und Stille

In angenehmem Kontrast zum Trubel draußen kehrt im Innern von **St. Peter**

PASSION

Die »Passion vom Leiden und Sterben Christi« wird wie bei der ersten Passion 1634 von Laienschauspielern bestritten. Das sechsstündige Stück zeigt die letzten fünf Tage im Leben Jesu und fußt auf Texten aus dem 16. Jh. Wohl mehrere damals gängige Passionsspiele fanden im Laufe der Geschichte hier zueinander, wurden im Zeitgeist überarbeitet und erneuert. Schon seit 2000 inszeniert Christian Stückl die Passion und weitere historische Stoffe wie »Julius Caesar« nach William Shakespeare. Das Passionstheater kann besichtigt werden (www.passionstheater.de, Öffnungszeiten und Eintritt wie Museum).

und Paul (gegründet bereits im 12. Jh., im 18. Jh. Neubau) die Ruhe zurück, ein Meistertrio – Joseph Schmuzer als Architekt und Stuckateur, Matthäus Günther als Freskant und Franz Xaver Schmädl als Holzbildhauer – hat vollendetes, luftig-leichtes Rokoko geschaffen. Perfekt sind auch die Lüftlmalereien am Pilatus-Haus (Ludwig-Thoma-Str. 10), das Zwinck 1784 mit illusionistischen Fresken um die Verurteilung Christi durch den römischen Statthalter überzog. Zwischen Mai und Oktober lassen sich Oberammergauer Künstler im Pilatus-Haus bei der Arbeit über die Schulter gucken (Lebende Werkstatt, Ende Mai–Mitte Okt., Di–So 13–18 Uhr). Auch die meisten anderen Häuser tragen Lüftlbilder, diejenigen an Judasgasse 2, Dorfstraße 24 und Lüftlmalereck 1 stammen ebenfalls aus dem 18. Jh.

Museen

Was heißt denn hier Lüftl?

OberammergauMuseum: Heißen die Fresken so, weil sie in der frischen Luft aufgetragen wurden, oder nennt man sie so, weil Franz Seraph Zwinck eine Zeit lang im Lüftlhaus zu Oberammergau lebte? Diesen und anderen Fragen der lokalen Kunst- und Kulturgeschichte geht das Museum nach. Die modern präsentierte Ausstellung legt den Schwerpunkt auf die Holzbildhauerei und zeigt sowohl historische als auch Arbeiten zeitgenössischer Künstler aus Oberammergau; sehenswert sind die wertvollen Krippen im Erdgeschoss.

Dorfstr. 8, Oberammergau, T 08822 941 36, www.oberammergaumuseum.de, Mitte April–Anfang Nov., Dez., Di–So 10–17 Uhr, 3,50 €

Zeitgenössisches im Ammertal

mSE Kunsthalle: Christian Zott ist in Unterammergau geboren, machte im Logistikbereich Karriere mit seiner Beratungsfirma mSE-Solutions und wandte sich schließlich der Kunst zu. Dass er ausgerechnet Unterammergau als Standort für seine Kunsthalle wählte, hat viel mit Heimat und dem Gefühl zu tun, Unterammergau etwas zurückgeben zu wollen. Das Züricher Architekturbüro Wild Bär Heule hat es verstanden, traditionelle Bauformen in moderne Architektursprache zu übersetzen. Eine luftige Holzfassade mit weit vorkragendem Dach umhüllt den Glas-Beton-Kern der drei Häuser – zum Komplex gehören auch ein Hotel, ein Restaurant und ein Innovationszentrum – und schafft so den Bezug zur ländlichen Umgebung. Die wechselnden Ausstellungen und der Skulpturengarten zeigen Werke aus Zotts Sammlung zeitgenössischer Kunst, zu der u. a. die monumentalen Skulpturen des griechischen Bildhauers Lois Anvidalfareis gehören. Ein spannendes Projekt!

Weiherweg 32, Unterammergau, Führungen unter info@zottartspace.com, www.mse-kunsthalle.de, Fr–So 9–16.30 Uhr, Kunsthalle 7 €, mit Skulpturengarten 9,50 €

Schlafen

Stilvoll modern wohnen

Hotel Maximilian: Hier ist alles geschmackvoll mit dezentem Design: Schöne Zimmer und Suiten, ein kleiner, feiner Wellnessbereich und das neubayerisch-schicke Restaurant Maxbräu, machen den Aufenthalt zu einem Rundumgenuss. Zur Passion lange im Voraus buchen!

Ettaler Str. 5, Oberammergau, T 08822 94 87 40, www.maximilian-oberammergau.de, 20 Zi., €€€

Kunst & Hotel

Hotel Lartor: Im Industrie-Design und mit hochwertiger Ausstattung, dabei

Ein unbekannter Oberammergauer Schnitzkünstler hat sich mit viel Liebe zum Detail am Wegesrand verewigt.

aber architektonisch sehr geschickt in die Voralpenlandschaft eingefügt, bildet das Boutique-Hotel die perfekte Ergänzung zur neuen Kunsthalle.

Weiherweg 34, Unterammergau, T 08822 93 99 10, www.lartor.de, 8 Zi., 4 Suiten, €€€

Gasthof der alten Schule

Gasthof zur Rose: Ein geradliniges Gasthaus, darin geschmackvoll und ländlich eingerichtete Zimmer sowie rundherum himmlische Ruhe, obgleich das Dorfzentrum nur wenige Schritte entfernt ist. Im Restaurant wird bayrisch-allgäuerisch aufgekocht. Muss man nicht wissen, aber vielleicht interessant: Hier ist der Passions-Regisseur Christian Stückl aufgewachsen.

Dedlerstr. 9, Oberammergau, T 08822 47 06, www.rose-oberammergau.de, 19 Zi., €€

Essen

Jung & bayerisch

Mundart: Die Steffi stammt aus der Region, genauso wie die Zutaten zu den wenigen, aber stets ausgesuchten Gerichten auf der Karte. Meist liefern die Nachbarn, Verwandte und Freunde. Ob Kohlrabischaumsuppe, Teigtascherl mit Ziegenkäse oder Zweierlei vom heimischen Rind – es schmeckt immer, und deshalb sollten Sie unbedingt reservieren!

Bahnhofstr. 12, Oberammergau, T 08822 949 75 65, www.restaurant-mundart.de, Mi–So 17–23 Uhr, €€

Genüsse bei Familie Zwink

Dorfwirt & friends: Wenn man Zwink heißt wie der Dorfwirt, muss man ja zwangsläufig aus der Region kommen (s. Lüftlmaler). Der Familienbetrieb verzichtet auf eine Speisekarte und verspricht: Fast alles Fleisch, was auf den Tisch kommt, stammt von glücklichen Tieren aus der Umgebung. Am besten bestellen Sie eines der 3- bis 5-gängigen Überraschungsmenüs und erfreuen sich an der unglaublich leckeren Traditionsküche. Und am familiären Stil.

Pürschlingstr. 2, Unterammergau, T 08822 949 69 49, www.gasthaus-dorfwirt.com, Do–Sa 17–22, So 11.45–20 Uhr, €€–€€€

Grill & Kulinarik international

Hieronymus: Das Restaurant des Innovationszentrums mit Kunsthalle setzt auf internationale Spezialitäten am offenen Grill, wobei die Bandbreite bis Tandoori und Robata reicht. Das sorgt für exotische Akzente bei vorrangig regionalen Produkten und eine anspruchsvolle, spannende Küche.

Weiherweg 36, Unterammergau, T 08822 939 91 20, www.lartor.de/restaurant-und-bar, Mo, Mi–Sa 17–23 Uhr, €€€

Im wahrsten Sinne handgemacht

Altenauer Dorfwirt: Das fängt schon bei der Renovierung an. Als das Dorfwirtshaus zumachte, sprangen die Altenauer ein, renovierten es und machten einen schmucken Gasthof daraus. Als Pächter übernahm ein Profi, der aber auch wieder dem Haus- und Selbstgemachten den Vorzug gibt vor tiefgefrorenen Riesengarnelen. Das Ergebnis: Wunderbare Wirtshausküche, warme dörfliche Atmosphäre (bis hin zum Musikantenstammtisch), pures Glück. Gott sei Dank gibt's schmucke Gästezimmer, man muss also nicht mehr fahren.

Obere Dorfstr. 19, Altenau, T 08845 703 39 99, www.altenauer-dorfwirt.de, Do–Mo 10–22 Uhr, €€

Bewegen

Raufschweben, runtergehen

Auf den 1683 m hohen **Laber,** den Hausberg von Oberammergau mit herrlichem Blick in die Ammergauer Alpen, schwebt eine Kabinenbahn. Der Abstieg über die Soila-Alm dauert etwa 3 Std.

Kabinenbahn: www.laber-bergbahn.de, tgl. 9–17, im Winter bis 16.30 Uhr, Berg- u. Talfahrt 19,50 €

Runter vom Laber

Wolkenlutscher: Im Tandem mit einem erfahrenen Gleitschirmpiloten vom Laber ins Tal segeln – das verspricht Gänsehaut pur!

Tandemflüge vom Laber ab 160 €, nach Absprache unter T 0179 298 61 64, www.wolkenlutscher.de

Infos

- **Königstreue:** Zum Geburtstag von König Ludwig II. werden am 25. August Feuer auf den Berggipfeln um Oberammergau entzündet.
- **Passionstheater:** Auch außerhalb der Passionsspielzeit gibt es hier hochkarätig besetzte Theateraufführungen. Christian Stückl hat die Tradition der »Kreuzschule« wiederaufgenommen, mit der man bis 1905 die zehnjährige Wartezeit auf das nächste Passionsspiel halbierte.
- **Oberammergau Tourismus:** Eugen-Papst-Str. 9a, 82487 Oberammergau, T 08822 92 27 40, www.ammergauer-alpen.de, auch Vermittlung von Privatunterkünften
- **Bahn/Bus:** Bahnhof in der Bahnhofstraße, Regionalbahn in Richtung Murnau, dort Anschluss nach München, Garmisch, Weilheim; RVO-Busse z. B. nach Saulgrub, Garmisch und Kochel (Auskunft unter www.bahn.de, www.dbregiobus-bayern.de)

Zugabe
Heimat? Ammertal!

Ansichtssache

Da geht einer von Unterammergau in die Welt hinaus, macht Karriere und Geld – und was beschäftigt ihn? Die Frage, was genau denn nun Heimat sein soll, hat Christian Zott umgetrieben, bis er einen Weg fand, sich der Antwort anzunähern. Er engagierte den Fotografen Hans-Joachim Ellerbrock und ließ ihm ein Jahr Zeit, das Ammertal zu fotografieren, Menschen zu begegnen, deren Geschichten aufzuschreiben und sich ihre Lieblingsorte zeigen zu lassen. Das so entstandene Buch »Heimat? Ammertal! Ansichtssache« gibt ganz unterschiedliche Antworten auf die Heimat-Frage und zeigt uns das Ammertal sowohl durch das künstlerische Auge des Fotografen als auch durch die liebenden, nostalgischen oder auch kritischen Augen der Bewohner. Es ist Bild- und Lesevergnügen in einem, das ein bisschen im Zickzack durchs Tal führt, manchmal erstaunt, manchmal verwirrt, vor allem aber viele verschiedene Möglichkeiten aufzeigt, mit dem Begriff Heimat umzugehen.
Christian Zott (Hrsg.): Heimat? Ammertal! Ansichtssache. Ein Heimatbuch der besonderen Art, Zott Media Verlag, 2018, 252 S., nur noch antiquarisch. ■

Vom Tölzer Land bis zum Inn

Im Frühtau zu Berge — oder an den Walchenseestrand. Und hier und da barocker Überschwang!

Seite 151

Bad Tölz 

Schaulaufen der Hausfassaden und Lüftlbilder zwischen Isar und Mühlfeld – die Tölzer Marktstraße ist wie ein Bilderbuch von Stilen und Zeiten und eine Flanierstraße, wie man sie selten findet im Voralpenland.

Seite 157

Kloster Benediktbeuern

Zwiebeltürme vor Benediktenwand – mit klassisch-bayerischem Panorama begrüßt das Kloster seine Besucher. Und mit dem Zweiklang Barock für die Seele, Köstliches für den Leib macht es glücklich.

Im Winter von der Königsalm rodeln? Geht und macht Spaß!

Seite 159

Jachenau

Ein Tal wie von vorgestern: ursprünglich, von der Sonne geküsst und trotz Tourismus nur selten von Rummel geplagt. Denn Land- und Forstwirtschaft stehen an erster Stelle.

Seite 163

Franz Marc Museum

Spannende Architektur, spannende Sammlung, dazu hübsche Lage und ein nettes Museumsrestaurant. Das Museum kann unter verschiedenen Aspekten begeistern, vor allem aber mit den Werken von Franz Marc, der in Kochel seine letzte Ruhe fand.

Seite 165

Vom Herzogstand zum Heimgarten

Mit der Gondel schweben Sie auf 1600 m Höhe, dann geht es auf steilem Pfad von Gipfel zu Gipfel – der Lohn sind herrliche Ausblicke auf den Großglockner, die Zugspitze und den Walchensee.

Seite 168

Ruderbootfähre am Tegernsee

»Hol über« müssen Sie nicht mehr rufen, der Herr Mayr kommt auch, wenn Sie die Glocke schlagen, und rudert Sie von der Point nach Egern.

Seite 174

Alter Wirt

Da fetzt kulinarische Energie durch den alten Gasthof, und auch das Auge isst mit, z. B. beim Kaiserschmarrn mit Zwetschgenröster.

Seite 177

Am Grabkreuz vom Jennerwein

Wie's wirklich war mit dem Wilderer und angeblichen Freiheitshelden Jennerwein, der hinterrücks erschossen wurde, davon erzählt ein Lied.

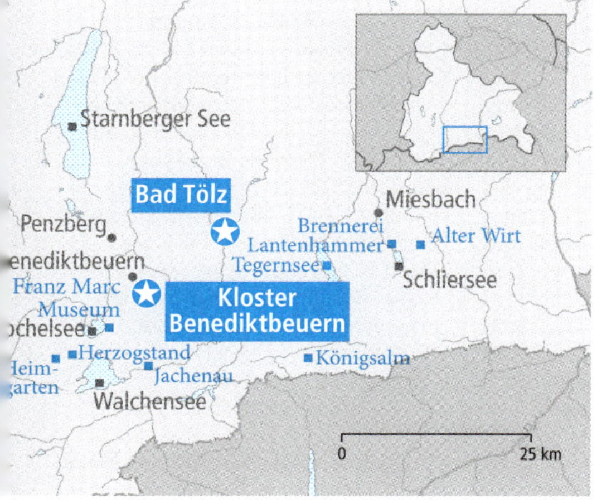

Wer hat's erfunden? In diesem Fall die Brennerei Lantenhammer. Sie destillierte 1999 am Schliersee den ersten bayerischen Whisky: SLYRS.

»A Flößlerweib is' arm dro' – im Winter koa Geld und im Sommer koan Mo!« (Volksmund)

Blaue Pferde, weiße Segel und stille Seen

Oberbayerischer geht es kaum noch – manchmal wirkt die ganze Region wie eine Filmkulisse. Aber sie ist echt, und die Bauern, die zur Leonhardifahrt pilgern, tun dies in tiefer Inbrunst. Im Tölzer Land fühlte sich Heimatdichter Ludwig Thoma ebenso wohl wie der Literatur-Nobelpreisträger Thomas Mann. Vom Bilderbuchstädtchen Bad Tölz mit seinem Wander- und Skiberg Blomberg entführt die reißende Isar flussaufwärts ins malerische Rißtal mit gemütlichen Gasthöfen zu Füßen des mächtigen Karwendelgebirges. Weiter nach Westen schimmern Kochel- und Walchensee geheimnisvoll zwischen dunklen Wäldern, ein Bayerisch-Finnland möchte man meinen. Hier fand Franz Marc seinen Lieblingsort und malte nicht nur rote Rehe, sondern auch die dramatische See- und Bergszenerie in immer neuen Variationen.

Zwei ungleiche Brüder sind die beiden Seen südlich der Kreisstadt Miesbach: Mondän, schick und rundum fast komplett zugebaut der Tegernsee, bäuerlicher und ursprünglicher der Schliersee im Osten. Doch zwischen Michelin-Restaurants und Edelboutiquen sind selbst am Tegernsee noch Originale zu entdecken, die vom Beharrungswillen der Tradition zeugen: so die berühmten Dirndl-Schneiderinnen und der »Überholer«, eine Ruderbootfähre.

Und weil beide Seen so nah beieinanderliegen, kann der Gast sich je nach Lust und Laune Trubel oder Ruhe gönnen.

O

ORIENTIERUNG

Reisekarte: E–H 11–13
Infos: Tölzer Land Tourismus, Prof.-Max-Lange-Platz 1, 83646 Bad Tölz, T 08041 50 52 06, www.toelzer-land.de
Tourismusbüro Alpenregion Tegernsee-Schliersee, Hauptstr. 2, 83684 Tegernsee, T 08022 927 38 90, www.tegernsee-schliersee.de
Per Rad durchs Tölzer Land: Radtouren im Tölzer Land sind unter www.toelzer-land.de zu finden. Die Daten einiger Touren kann man auf sein GPS-Gerät herunterladen.
Verkehr: Die Bayerische Oberlandbahn BOB fährt von München nach Bad Tölz/Lenggries sowie nach Schliersee/Bayerischzell und Gmund/Tegernsee (www.brb.de). Zwischen den Orten verkehren Busse der Regio Bus Bayern, www.dbregiobus-bayern.de.

Bad Tölz

Der »Bulle von Tölz« bzw. die gleichnamige Fernsehserie ist wahrscheinlich nur uns Südlichtern ein Begriff. Jedenfalls, in dieser Serie spielte der gewichtige Ottfried Fischer die Hauptrolle und Bad Tölz einen nicht unwichtigen Nebenpart. Ohne all die im Überschwang der Lüftlmanie bemalten Hausfassaden und die gemütlichen Cafés an der malerischen Marktstraße wären die 69 Folgen nur halb so nett gewesen. Aber nun ist der »Bulle« in Rente und die Stadt hat ein Bulle-von-Tölz-Museum.

Bad Tölz verdankt seine Existenz alten Handelswegen, darunter der Salzstraße von Reichenhall ins Allgäu und dem Flößerweg auf der Isar. 1331 erhielt die Siedlung am Mühlfeld Marktrechte; ihre Flößer brachten Handelswaren, v. a. aber Baumstämme aus dem Isarwinkel bis nach Passau und Wien, und Mitte des 15. Jh. war Mühlfeld bereits ebenso groß wie der heutige alte Teil von Bad Tölz. Das ›Bad‹ links der Isar kam 1846 dazu: Eine Jodquelle versprach Heilung von allerlei Gebrechen. Elegante Villen der Jahrhundertwende, ein hübscher Park und das ›Herrensitzchen‹ (Heißstr. 31 am nördlichen Stadtrand), eine Jugendstilvilla, in der Thomas Mann und seine Familie gerne den Sommer verbrachten, sind Zeugen des vergangenen Kur-Ruhms.

Auf der Marktstraße

Ein Tipp: Bevor Sie in die Altstadt gehen, machen Sie einen Fotostopp auf der **Isarbrücke** ❶: Von ihr aus durchquert die Marktstraße stetig aufsteigend das alte Tölz. Linker Hand krönt die **Hl.-**

Isarstrand mit Aussicht: In Bad Tölz können Sie an den Kiesbänken gegenüber der Altstadt baden.

Bad Tölz

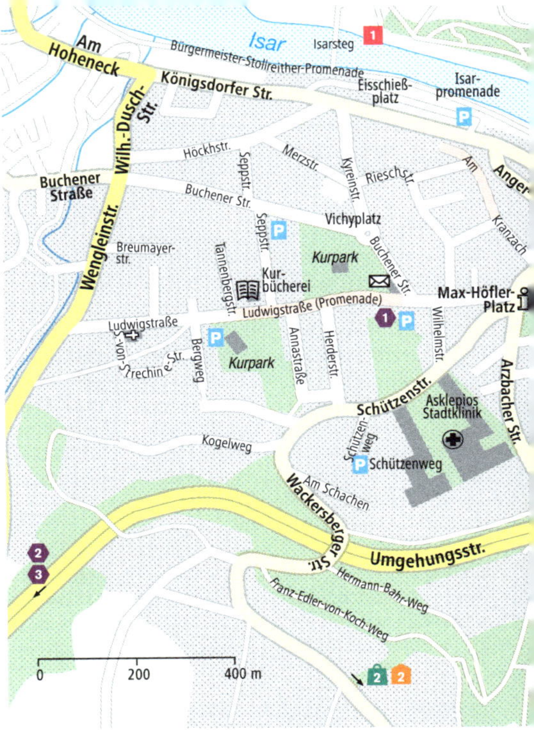

Ansehen

❶ Isarbrücke
❷ Kirche Hl. Kreuz
❸ Sporerhaus
❹ Pflegerhaus
❺ Altes Rathaus
❻ Mühlfeldkirche
❼ Kirche Mariä Himmelfahrt
❽ Gries
❾ Bulle-von-Tölz-Museum

Schlafen

1 Kolbergarten
2 Landhaus Benediktenhof

Essen

1 Schwingshackl's Esskultur
2 Gasthaus Tölz
3 Metzgerbräu
4 Jägerwirt

Einkaufen

1 Tölzer Kasladen
2 Liebling

Bewegen

1 Bike Boutique
2 Kletterwald Blomberg
3 Blomberg

Ausgehen

1 Papas Kesselhaus

Kreuz-Kirche ❷ mit ihren zwei Türmen den steilen Kalvarienberg, rechts liegt an der Isar der alte Flößerstadtteil Gries – ein hübsches Bild. Die Marktstraße gilt als eine der schönsten Straßen Oberbayerns. Große, behäbige Häuser mit weit vorkragenden Dächern säumen sie beidseitig, viele besitzen imposante Tordurchgänge zum Hinterhof, wo früher Handelswaren gelagert wurden, die meisten sind mit herrlichen Lüftlmalereien geschmückt. Zwischen dem 15. und dem 18. Jh. erbaut, wurden sie auf Anregung und nach Plänen des Architekten und Denkmalpflegers Gabriel von Seidl, dem wir in Oberbayern immer wieder begegnen, Anfang des 20. Jh. im heutigen Stil rekonstruiert. Unter den vielen schönen Häusern verdienen das **Sporerhaus** ❸ (Nr. 45) mit seinem herrlichen Freskenschmuck und dem Tordurchgang sowie das **Pflegerhaus** ❹ (Nr. 59) aus dem 15. Jh. Ihre Bewunderung.

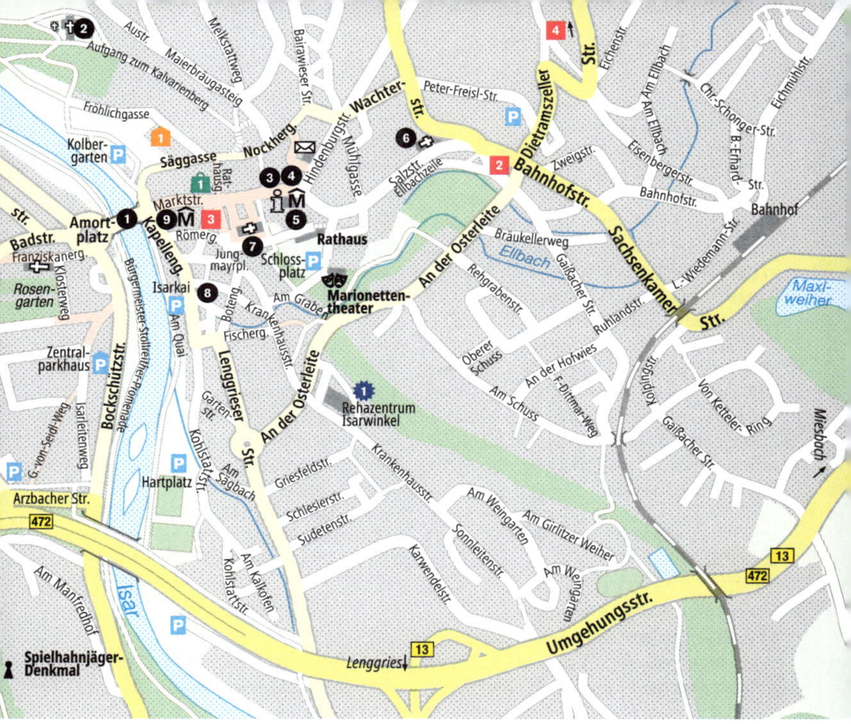

Rosen für die Tölzer

Das **Alte Rathaus** ❺ (Nr. 43) mit seinem charakteristischen Durchgang ist Sitz des **Stadtmuseums.** Dort sind vor allem die robusten Bauernmöbel, die Tölzer Kasten, sehenswert. Typisch für die Tölzer Bauernmalerei sind die auf vielen Möbelstücken prangenden Rosen. Sie waren das Symbol für den Wohlstand der Stadt und sind nicht nur auf Trachten, Schmuck und Möbeln zu sehen, sondern finden sich auch im Stuckwerk der **Mühlfeldkirche** ❻, der 1737 nach Plänen des Wessobrunners Joseph Schmuzer erbauten ehemaligen Wallfahrtskirche Mariahilf, wieder.

Stadtmuseum, Marktstr. 48, T 08041 50 46 88, Di–So 10–17 Uhr, 2 €

In gutem Zustand

Südlich der neugotischen **Stadtpfarrkirche Mariä Himmelfahrt** ❼ erstreckt sich unten an der Isar das **Gries** ❽**,** das ehemalige Flößer- und Herbergenviertel, dessen alte, teils vielfach unterteilte Häuser mit eng beieinanderliegenden Eingängen und Außentreppen noch fast alle erhalten sind.

Pilgern zum ›Bullen‹

Braucht's des, ein **Bulle-von-Tölz-Museum** ❾ für die Fernsehserie? Wohl schon, so viel ist über die Dreharbeiten, die Schauspieler, die Drehorte zu erzählen. Machen Sie sich selbst ein Bild (oder auch nicht). Das Museum entstand in Privatinitiative; die Stadt hat ihrem Lieblingsbullen einen **Brunnen** aufgestellt, am Max-Höfler-Platz vor der Tourist-Info.

Kapellengasteig 3, T 08041 799 13 77, www.dasbullevontoelzmuseum.de, Mo–Sa 10–18, So 11–18 Uhr, 7,50 €

Pilgern zu St. Leonhard

An der parallel zur Marktstraße verlaufenden Säggasse beginnt der Pilgerweg hinauf zum 707 m hohen Kalvarienberg. An fünf Wegkapellen vorbei erreichen Sie die **Doppelkirche Hl. Kreuz,** in der die Wallfahrer kniend die Heilige Stiege bewältigen. Wichtiger als die Kirche ist jedoch die **Leonhardikapelle,** Ziel der berühmten, am 6. November stattfindenden Leonhardifahrt, bei der die Tölzer in reicher Tracht und auf herausgeputzten Rössern Fruchtbarkeit für ihr Vieh erflehen. Zweimal müssen Reiter und Wagen dabei die Kapelle umrunden.

Schlafen

Romantisches Refugium

1 **Kolbergarten:** Die Jugendstilvilla liegt in einem schattigen Garten am Fuß des Kalvarienbergs. Jedes der Zimmer ist individuell eingerichtet, das Hotel wird nach ökologischen Prinzipien geführt, das Restaurant **ViCulinaris** zählt zu den besten Adressen der Stadt.

Fröhlichgasse 5, T 08041 789 20, www.hotel-kolbergarten.de, 15 Zi., €€

Bio-Idyll

2 **Landhaus Benediktenhof:** Dieses Bio-Hotel macht Freude. Nicht nur, weil es dank vorbildlichem Umgang mit Abfall und Ressourcen zertifiziert ist, nicht nur wegen des herzhaften Bio-Frühstücks, sondern auch wegen der geschickten Kombination traditioneller und moderner Elemente in Einrichtung und Design. Aus dem Schwimmteich möchte man gar nicht mehr raus, höchstens, um in das kleine, gemütliche Wellnesscenter umzuziehen.

Alpenbachstr. 16, Wackersberg/Arzbach, T 0 80 42 914 70, www.benediktenhof.de, 13 Zi., €€

Essen

Für Feinschmecker und Normalos

1 **Schwingshackl's Esskultur:** Das ehemalige Alte Fährhaus hat sich unter den kulinarisch geschickten Händen der Michelin-Sterne-gekrönten Schwingshackls zu einem Gourmet-Dorado entwickelt. Und im Partnerrestaurant **Heimatküche** gibt's à la carte, bevorzugt mit Südtiroler Geschmack. Wer zu tief ins Weinglas geschaut hat – Frau Schwingshackl ist eine exzellente Sommelière – kann in einem der hübschen Zimmer mit Isarblick übernachten.

An der Isarlust 1, T 08041 60 30, www.schwingshackl-esskultur.de, Heimatküche Mi–So 12–13.30, 18.30–21.30 Uhr, €€, Gourmet-Menü Mi–So abends, €€€, 5 Zi., €€

Selbst gebraut

2 **Gasthaus Tölz:** Vom Frühstück über deftige Brotzeit, günstiges Mittagessen und solide Hauptgerichte wie die hochgelobten Schnitzel bis hin zu Tölzer Sushi (was ist das?), versorgt das Gasthaus seine Besucher fast rund um die Uhr mit Speis und selbst gebrautem Trank. Die Räume unweit der Mühlfeldkirche sind modern und gemütlich.

Bahnhofstr. 2, T 08041 792 94 07, www.gasthaus-toelz.de, Mi–Mo 9–1 Uhr, €€

Rustikal-bayerisch

3 **Metzgerbräu:** Altbayerische Küche gleich neben der Pfarrkirche. Die Karte listet Saure Lüngerl, Schweinsbraten und Tellerfleisch auf, dazu Röstkartoffeln oder selbst gerollte Semmelknödel.

Klammergasse 4, T 08041 795 00 88, Mo, Di, Do, Fr 11–14, 17–21, Sa/So 10–22 Uhr, €–€€

Wie aus dem Bilderbuch

4 **Jägerwirt:** Die 6 km nach Norden lohnen den Weg, denn Biergarten und

Gasthaus sind so perfekt oberbayerisch und dabei so unaufgeregt, dass man am liebsten für immer dabliebe. Der Schweinsbraten ein Genuss, die Hendlbrust kross, die Ravioli mit Peperonata perfekt. Der Jägerwirt ist eines der wenigen Wirtshäuser, denen ich die gelegentlich auf der Speisekarte auftauchenden Garnelen verzeihe. Weil auch sie lecker sind. Dazu Bier von Kleinbrauereien, schattige Linden und Buttermilcheis!

Nikolaus-Rank-Str. 1, Bad Tölz-Kirchbichl, T 08041 95 48, jaegerwirt.de, Fr–Mo 11–15, 17–22, Do 17–22 Uhr, €€

Einkaufen

Alles Käse

1 **Tölzer Kasladen:** Riesenauswahl an Käsesorten aus aller Welt und köstliche Spezialitäten aus dem Tölzer Raum.

Marktstr. 31, www.toelzer-kasladen.de, Mo–Fr 9–18, Sa 8.30–16 Uhr

Bayerisches Streetwear

2 **Liebling:** Die Strickjanker von Liebling sind Kult, in tollen frischen Farben und mit schicken Schnitten, dazu T-Shirts, Funktionsjacken, Gürtel, Beanies. Alles mit einem Touch Oberbayern und viel *street credibility.*

Längentalstr. 19, Wackersberg/Arzbach, liebling.cc, Mi–Fr 11–18, Sa 10–15 Uhr

Bewegen

Bequem biken

1 **Bike Boutique:** Verleih vom Stadtrad, E-Bike bis zum MTB, Buchung online.

Vichyplatz 1, T 08041 749 54, bikeboutique-toelz.de

Die Balance wahren

2 **Kletterwald Blomberg:** Schwindelfreie finden Parcours verschiedener Schwierigkeitsgrade in luftigen 1200 m Höhe; zum Eingewöhnen kann man sein Geschick in ›nur‹ 2 m Höhe beweisen.

Am Blomberg 1a, T 08041 56 70, www.der-blomberg.de, Mo–Fr 12–18, Sa/So 10–18 Uhr, außerhalb des Sommerhalbjahrs eingeschränkte Zeiten, 25 €

Ski, Boarden, Sommerrodeln

3 **Blomberg:** Abfahrten aller Schwierigkeitsgrade und ein Funpark für die Snowboarder sorgen für sportlichen Spaß im Schnee. Jüngster Trend hierbei ist das Airboarding, bei dem sie auf einer Art Luftmatratzen-Rennschlitten bäuchlings ins Tal rasen (slopes.airboard.com). Im Sommer vergnügen sich die Familien bei der Abfahrt auf der Sommerrodelbahn (tgl. 11–17 Uhr). Mit 1300 m Länge, 41 Schikanen und 17 Steilkurven ist sie eine der längsten Bahnen Europas und auch für Kinder ab acht Jahre geeignet. Wer es schneller liebt, nimmt den Blomberg-Blitz, eine Achterbahn bergab, auf der man sich mit 40 km/h ins Tal begibt und dabei Steilkurven, Wellen, Jumps und einen Twister bewältigt (tgl. 10–17 Uhr, ebenfalls ab acht Jahre).

Westlich von Bad Tölz, T 08041 37 26, www.blombergbahn.de

Ausgehen

Kultig-laut

1 **Papas Kesselhaus:** Die urige Szenekneipe und Kleinkunstbühne zieht mit Livekonzerten und vielseitiger Küche von Bruschetta bis Curry auch Gäste aus der weiteren Umgebung an.

Krankenhausstr. 37, T 08041 80 25 26, www.kesselhaus-madhouse.de, So–Do 11–22, Fr 11–24, Sa 17–24 Uhr

All in one

2 **Gasthaus Tölz:** Gasthaus, Bar, Theater, Musikevents – für jeden Geschmack ist etwas dabei.

Bahnhofstr. 2, T 08041 792 94 07, www.gasthaus-toelz.de, Mi–Mo 9–1 Uhr

Infos

- **Leonhardifahrt:** 6. Nov. Farbenprächtiger Wallfahrtsritt zur Leonhardikapelle.
- **Tourist-Information:** Max-Höfler-Platz 1, 83646 Bad Tölz, T 08041 786 70, www.bad-toelz.de
- **Bahn/Bus:** Bahnhof, Bahnhofstr. 8, Züge nach München; RVO-Busse z. B. nach Lenggries, Dietramszell (www.bahn.de, www.dbregiobus-bayern.de)

Rund um Bad Tölz

Lenggries F 12

Ein schöner Wander- bzw. Radweg führt an der ›Reißenden‹, so der keltische Name der Isar, 10 km nach Süden. Die **Isar-Pyramiden** auf dem Weg baut ein Künstler aus Kieselsteinen auf – ein moderner Sisyphos. Lenggries mit seinem hübschen Ortsbild ist vor allem eines: Ferienort für alle, die am Brauneck (1556 m) wandern oder Ski fahren möchten. Immerhin kommen so berühmte Skistars wie Hilde Gerg und Martina Ertl aus dem Ort. Seit 1957 führt die Kabinenbahn aufs Brauneck, von dem aus viele leichte, aber auch anspruchsvolle Wanderungen möglich sind. Das Fremdenverkehrsamt gibt eine Broschüre mit den schönsten Wandertipps heraus. Im Winter locken Loipen und Lifte in die herrliche Natur.

H

SCHMERZENDE HINTERN

Im Winter keinesfalls das **Gaißacher Schnablerrennen** am 3. Sonntag im Januar verpassen (www.schnabler.de). Auf den alten, früher zum Heutransport bestimmten Schnablern (Schlitten) rasen wagemutige junge Burschen auf einer Strecke von 1,5 km den Gerstlandhang bei Gaißach hinunter. Die Raserei endet meist mit einem weiten Luftsprung und schmerzendem Hintern – ein Riesenfetz!

Bewegen

Wandern, Skifahren, Klettern

Brauneck: Wanderwege, präparierte Pisten und Loipen sowie mehrere bewirtschaftete Hütten für den perfekten Freizeitspaß. Kletterer finden an den Felswänden neben der Talstation über 200 Routen.

Gilgenhöfe 28, T 08042 50 39 40, www.brauneck-bergbahn.de, Mai–Ende Okt. tgl. 8.15–17 Uhr, Winterbetrieb ab etwa Mitte Dez., Berg- u. Talfahrt 25 €

Kloster Dietramszell F 11

Geben Sie es ruhig zu: Sie haben unser kleines Rätselraten »Ist es Barock oder Rokoko« in diesem Kapitel schon vermisst! In Dietramszell, rund 15 km nordöstlich von Bad Tölz, dürfen Sie sich wieder auf Namen wie Magnus Feichtmayr und Johann Baptist Zimmermann freuen, die in der **Stiftskirche Mariä Himmelfahrt** von 1729 bis 1741 gemeinsam tätig waren. Gold und Blau sind die tragenden Farben, in denen Altäre, Heiligenfiguren und Stuckranken am Weiß des Kirchenraums emporwachsen und, in die Deckenfresken züngelnd, alle architektonischen Raum-

Dass die tollkühnen Flugkünstler beim Gaißacher Schnablerrennen hart landen werden, ist ausgemachte Sache. Das tut der Gaudi allerdings keinen Abbruch!

grenzen sprengen. Meister ihres Fachs, neben den bereits genannten auch Philipp Rämpl und Hans Dengler aus Weilheim sowie Franz Xaver Schmädl, haben mit ihrer plastischen Kunst den gesamten Raum zum Schwingen gebracht – Barock oder Rokoko? Und noch ein Grund spricht für den Abstecher nach Dietramszell: Die **Klosterschänke** gleich nebenan besitzt einen idyllischen Biergarten am Zellbach.

Klosterplatz 2, T 08027 90 45 00, www.klosterschaenke-dietramszell.de, Mi–So 10–23 Uhr, €€

Mögen Sie Greifvögel?

Ich meine keine Flugvorführungen, sondern den aktiven Umgang mit den Flugkünstlern? Auf dem **Falkenhof** bekommen Sie die Möglichkeit, das einzuüben. Eines der vielen Angebote hier ist ein Falkner-Workshop, bei dem Sie in zwei Stunden Grundlagen des Falknerns lernen.

Unterleiten 36, T 0173 379 22 09, www.vogeljakob.de, Workshop ca. 65 €

Kloster Benediktbeuern

E 12

Auch dieses klösterliche Ausflugsziel rund 17 km südwestlich von Bad Tölz verbindet Kunst und Genuss und sorgt für ein weiteres Kreuzerl in der Umfrage »Barock oder Rokoko«: Um 740 sollen die altbayerischen Adeligen der Huosi mit dem hl. Bonifatius dieses Stift vor der imposanten Kulisse der schroffen Benediktenwand (1801 m) gegründet haben. Karl der Große schenkte dem

Seit dem 13. Jahrhundert begehen die Katholiken in Oberbayern das Fronleichnamsfest wie hier in der Jachenau mit einer Prozession. Oft werden Kirche und Weg mit frischen Birkenzweigen geschmückt.

Kloster um 800 seine Reliquie, eine Speiche des Unterarms des hl. Benedikt, nach dem das Stift fortan benannt wurde. Ende des 17. Jh. erlebte das Kloster seine höchste Blüte, Theologie und Philosophie wurden gelehrt, der barocke Neubau vorangetrieben. Nach der Säkularisierung geriet es in Besitz von Josef von Utzschneider, der Josef Fraunhofer seine optische Forschung ermöglichte. Seit 1930 unterhalten Don-Bosco-Salesianer das Kloster und die darin angesiedelte theologisch-philosophische Hochschule. Die **Pfarrkirche St. Benedikt** zeigt schweres, hochbarockes Dekor. Hans Georg Asam, Vater der beiden Asam-Brüder, malte die Deckenfresken nach italienischen Vorbildern, Haupt- und Seitenaltäre tragen üppigen Schmuck. Die **Anastasiakapelle** neben dem Nordturm ist wiederum ein Meisterwerk in jubilierendem Rokoko aus der Hand Johann Michael Fischers und anderer Wessobrunner Künstler. Nach so viel Kirchenkunst bietet ein Ausflug in die Technik spannende Abwechslung: In der **Frauenhoferschen Glashütte** beleuchten historische Dokumente und zwei Original-Schmelzöfen die Forschungen des Physikers Josef Fraunhofer (1787–1826), der hier die ›Fraunhoferschen Linien‹ entdeckte. Sie führten zur Spektralanalyse und eröffneten einen neuen Einblick in das Wesen des Lichts. Den Besuch krönt das **Klosterbräustüberl Benediktbeuern** (Benediktbeuern, T 08857 94 07, www.klosterwirt.de, Di–So 10–22, im Winter Mi–So 11–22 Uhr, €€) mit Biergarten und historischer Gaststube. Wie wäre es mit einem Klosterherrentopf oder der Spezialität, Kälberner Milzwurst?

Don-Bosco-Str. 1, T 08857 880, www.kloster-benediktbeuern.de, Kirche, Kapelle, Teile des Klosters und Glashütte tgl. 9–18 Uhr frei zugänglich, Führungen siehe Homepage

Jachenau

F 12/13

Ich kann es jedes Mal gar nicht glauben, dass es inmitten all des Oberbayern-Trubels so etwas wie die Jachenau gibt. Das westöstlich verlaufende Tal des gleichnamigen Flüsschens südlich von Bad Tölz gilt als eines der sonnenreichsten Täler des Voralpenlandes. Nicht nur das: Trotz Fremdenverkehrs ist es noch sehr ursprünglich; Alm- und Holzwirtschaft ergänzen den Ackerbau, und viele traditionsreiche Bauernhäuser und Wegkreuze sind erhalten. **St. Nikolaus,** die Pfarrkirche des Dorfes Jachenau, trägt ein naiv-bäuerliches Rokoko-Gewand, und die Zimmer im **Gasthof zur Jachenau** gleich nebenan sind so urig-bayerisch eingerichtet, dass es eine wahre Freud' ist.

Gasthof: Dorf 81/2, Jachenau, T 08043 91 00, www.gasthof-jachenau.de, Mi 17–20, Do–So ab 11.30 Uhr, €–€€

Kochel- und Walchensee

Am besten Sie schauen erstmal von oben: Zu Fuß oder mit der Seilbahn geht's auf den 1731 m hohen **Herzogstand,** und dort dürfen Sie dann staunen über das Gemälde, das Ihnen die Natur zu Füßen legt: Tief unten schimmert das Wasser des 6 km² großen Kochelsees, und auf einer rund 200 m hohen Stufe darüber spreizt sich der von Wäldern umstandene Walchensee wie ein dunkel funkelndes Juwel. Er ist mit 194 m der tiefste deutsche Alpensee und wegen seiner Tiefe von allerlei Gerüchten und Legenden umkränzt – u. a. soll hier das legendäre Nazi-Gold liegen.

Als der Ingenieur Oskar von Miller die beiden Seen 1918 zum Standort eines Kraftwerks erwählte, sah er weniger die romantische Landschaft: Für ihn war's eine »gmahde Wiesn«, wie wir Bayern sagen, also optimale Bedingungen. Der Höhenunterschied zwischen Walchen- und Kochelsee konnte das benötigte Gefälle und den Wasserdruck zur Stromgewinnung liefern. Vom Wasserschloss am Walchensee führte er sechs Rohre auf die Turbinen des Kraftwerks am Kochelsee. Um den Wasserspiegel des Walchensees konstant zu halten, leitete er Wasser aus dem Rißbach und der Isar durch künstlich angelegte Stollen zu. 1924 war das Kraftwerk fertig und mit einer Leistung von 124 000 KW eines der größten weltweit. Nach umfassender Modernisierung erbringt es heute ein Vielfaches der ursprünglichen Leistung (300 Mio. KW). Im Infozentrum des **Walchenseekraftwerks** (s. S. 164) sehen Sie, wie das funktioniert.

Kochelsee

E 12

Bayerische Patrioten kennen das lebhafte Städtchen **Kochel am See** als Heimat des »Schmieds von Kochel«. Von hier soll der legendäre Anführer des Bauernaufstands gegen die österreichische Besatzung (s. S. 282) stammen, der mit seinen Mannen 1705 in der sogenannten Sendlinger Mordweihnacht den Tod fand. Die Oberländer Bauern, die München befreien wollten, wurden verraten und im Dorf Sendling niedergemacht. Ihrem Anführer Balthasar Mayer wird jener Schlachtruf zugeschrieben, der nun auch sein **Denkmal** in der Ortsmitte ziert: »Lieber bayerisch sterben

TOUR
Natur im Bild: Wo die Blauen Reiter ihre Motive fanden

Rund ums Loisachmoor

Infos

E 11/12

Planung: Start bzw. Ziel ist Kochel. Die Rundtour führt zu Museen, Wirkungsorten und Motiven einiger der bedeutendsten Maler des Expressionismus und, ganz nebenbei, durch idyllische Landschaft.

Länge/Dauer: 54 km, 1 Tag

Einkehr: Griesbräu, Murnau (s. S. 118)

Ein stilles Moorgebiet um Kochel- und Staffelsee schrieb Anfang des 20. Jh. Kunstgeschichte: 1909 zog der Maler Franz Marc mit seiner Frau Maria nach Sindelsdorf bei Penzberg und erwarb fünf Jahre später ein Haus in Ried nahe Benediktbeuern. Ebenfalls 1909 ließen sich Gabriele Münter und Wassily Kandinsky im sogenannten Russenhaus in Murnau nieder, das bei den Einheimischen etwas despektierlich so hieß, weil hier neben Kandinsky auch andere russische Künstler verkehrten. 1911 wählte Heinrich Campendonk Sindelsdorf zum neuen Lebensmittelpunkt – und im gleichen Jahr beteiligten sich all diese Künstler an einer gemeinsamen Ausstellung in München. Ihr Titel: »Der Blaue Reiter«.

Die letzte Ruhe

Beginnen Sie die Tour mit einem Besuch auf dem **Kocheler Friedhof:** Franz und Maria Marc sind hier begraben. Er war 1916 vor Verdun gefallen und ein Jahr später hierher überführt worden; sie starb 40 Jahre später. Wassily Kandinsky hat dieser stille Ort 1909 zu einem Wintergemälde, »Friedhof und Pfarrhaus«, inspiriert, das heute im Münchner Lenbachhaus hängt.

Inspiration in Ried

Der Eisenbahntrasse folgend, radelt man nun rund 7 km am Loisachmoor entlang nach Norden bis **Ried,** wo die Marcs 1914 nach Jahren zur Miete ein eigenes Haus bezogen hatten. Franz Marc bannte im gleichen Jahr Schloss Ried, Paul Klee ein Jahr später den »Föhn im Marc'schen Garten« auf die Leinwand. Marianne Werefkin, die sicherlich Eigenwilligste der Gruppe, hatte

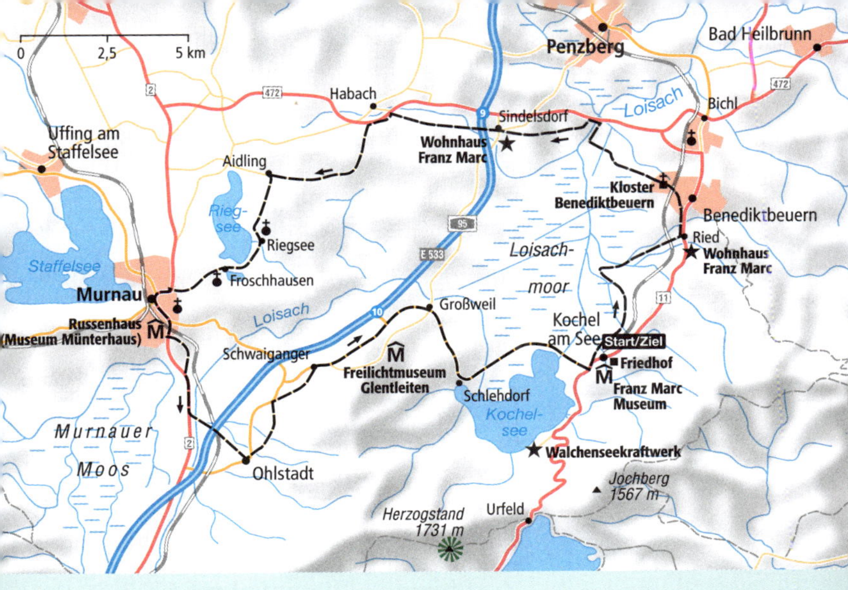

bereits 1912 den Kalkofen von Ried (neben dem Gasthof Rabenkopf) als Motiv gewählt. Der wird übrigens bis heute gelegentlich befeuert, der gewonnene Kalk bei der Restaurierung von Kirchen und Klöstern verwendet.

Schutzwall und Vogelparadies

8 km lang ist die nächste Etappe, vorbei am **Kloster Benediktbeuern** (s. S. 157) am Nordrand des Moores nach Westen radelnd, wobei die Loisach auf der Bundesstraße überquert werden muss. Irgendwo hier hatte Marc sein Motiv für die »Hocken im Schnee« gefunden, bunte Riedgrashaufen mit Schneekappen im nebligen Winterlicht. Wer mit offenen Augen unterwegs ist, kann im Moor seltene Vögel beobachten. Die im Mittelalter unüberwindbare Moorlandschaft diente dem Kloster Benediktbeuern als natürlicher Schutz. Heute sind Renaturierungsbemühungen im Gange, um dem Feuchtgebiet seine Ursprünglichkeit wiederzugeben.

Rote Rehe im Garten

In **Sindelsdorf** angekommen, geht es dann auf Spurensuche: Im ersten Stock des Hauses Franz-Marc-Str. 1 wohnten die Marcs, auf dem Dachboden hatten sie ihr Atelier, in dem Marc 1911 das berühmte »Blaue Pferd« und 1912 seine im Garten gehaltenen Kitze als »Rote Rehe« malte. Auch andere Maler des Expressionismus wohnten zeitweilig in Sindelsdorf, so Heinrich Campendonk und Jean Bloé Niestlé.

Ein Kirchlein steht in Riegsee

Die nächste Etappe gehört dem Naturgenuss: 18 km zunächst Richtung Habach nach Westen, dann ein Stück südwärts durch Wald und erneut westlich sind es nach **Riegsee,** dessen Kirche Wassily Kandinsky 1908 ebenso wie das Kirchlein des nächsten Ortes, **Froschhausen,** malte.

Murnau im Auge der Maler

Dann geht es nach **Murnau** hinein und zum ›Russenhaus‹, wo Gabriele Münter und Wassily Kandinsky lebten und arbeiteten (s. S. 117). Wie wäre es mit bayerisch-deftiger Kost im Griesbräu am Obermarkt (s. S. 118)? Hier wohnten Münter und Kandinsky bei ihrem ersten Murnau-Aufenthalt. 1908 malte Kandinsky den »Obermarkt mit Gebirge«, 1909 ließ Gabriele Münter das Haus Obermarkt 45 hinter winterlichen Zweigen als »Das Gelbe Haus« strahlend leuchten. Zu diesen und vielen weiteren Motiven mit Abbildungen der dazugehörigen Gemälde führt die Broschüre »Kunstspaziergang durch Murnau«, die bei der Touristeninformation erhältlich ist.

Hilf- und aufschlussreich ist Joachim W. Giesslers und Fritz W. Schmidts Radwanderkarte »Auf den Spuren des Blauen Reiters« mit drei Routenvorschlägen und einem 120-seitigen Büchlein mit Hintergrundinfos. Sie ist bei den Touristeninformationen in Kochel und Murnau oder unter www.blauer-reiter.com erhältlich. Die beschriebene Tour folgt der Route 3.

Münters Gerade Straße

21 km ist die letzte Etappe lang; sie führt nach Süden über **Ohlstadt** und dann nordostwärts bis **Großweil** wieder an den Rand des Loisachmoores. Auch Gabriele Münter wird hier wohl geradelt sein, denn von dieser Strecke erzählt das Gemälde »Gerade Straße mit weißem Haus« (1910), das sich in einer privaten Sammlung befindet und nicht öffentlich zu sehen ist.

Architektur als Symbol

Schließlich führt die Radtour an der Loisach entlang bis kurz vor Schlehdorf und dann nach Osten biegend nach **Kochel** zurück. Den Abschluss bildet das **Franz Marc Museum** (s. S. 163), bestehend aus einer Villa der vorletzten Jahrhundertwende und dem zeitgenössischen Kubus des eigentlichen Museums, den das Zürcher Architektenbüro Diethelm & Spillmann entworfen hat. Man könnte diese Kombination als Stein gewordenes Sinnbild des künstlerischen Anspruchs interpretieren, der die Künstlervereinigung Blauer Reiter antrieb: Aus den Konventionen des 19. Jh. auszubrechen, dabei an traditionellen Motiven festzuhalten und sie wieder neu zu interpretieren.

als kaiserlich verderben!« Allerdings behaupten ganz unpatriotische Zungen, den Schmied hätt's nie gegeben.

Innere Heimat

Mich zieht es hier magisch in das **Franz Marc Museum,** dessen wechselnde Ausstellungen wie die ständige Schau immer wieder begeistern. Wie seine Künstlerkollegen Gabriele Münter und Wassily Kandinsky im nahen Murnau, fand der Maler Franz Marc in und um Kochel seine innere Heimat. Zunächst kam er zu Mal- und Studienaufenthalten an den See und ließ sich 1914 ganz in Kochel nieder. Das Museum am nördlichen Ortsrand zeigt Grafiken und Gemälde des Künstlers. Im Erweiterungsbau wird die Franz-Marc-Sammlung Werken aus der Sammlung Etta und Otto Stangl gegenübergestellt, die Künstler der ›Brücke‹ sowie der Nachkriegsgeneration umfasst.

Franz-Marc-Park 8–10, Kochel, T 08851 92 48 80, www.franz-marc-museum.de, April–Okt. Di–So 10–18, sonst bis 17 Uhr, 9,50 €

Schlafen

Wenn schon, denn schon

Seehotel Grauer Bär: Eines der wenigen Häuser direkt am See und mit Strandzugang. Eingerichtet ist es komfortabel modern, teils im hier weitverbreiteten Alpinschick, aber alles ist gediegen und freundlich. Nach einem Wandertag ist das entspannende Spa willkommen. Im Restaurant wird ähnlich gediegen bayerisch gekocht, mit einigen Abstechern in die mediterrane Küche.

Mittenwalder Str. 82–86, Kochel, T 08851 925 00, www.grauer-baer.de, 30 Zi., Restaurant Do–Di 11.30–22 Uhr, €€

Erlebnis-Ferien für Familien

Erharthof: Der Bauernhof mit rustikal eingerichteten Ferienwohnungen beschäftigt Groß und Klein mit Piratenschiff, Streichelzoo, Ponys, Bike-Verleih, eigenem Skilift und einer Loipe.

Kapellenweg 8, Kochel, T 08851 14 29, www.erharthof.de, 6 Wohnungen u. Häuser, €€

Essen

Zum Lunch oder Kaffee

Blauer Reiter: Das Restaurant-Café des Franz Marc Museums präsentiert eine kleine Tageskarte mit asiatischem und mediterranem Pfiff. In den hell gestalteten Räumen und dem hübschen Garten werden natürlich auch Kaffee und Kuchen serviert.

Franz Marc Park 8, Kochel, T 08851 929 28 60, franz-marc-museum.de/cafe, Di–So 11–18, Nov.–März 11.30–16 Uhr, €€

Crossover

Kochler Stuben: Erstaunlich – urbayerisch sieht das Restaurant aus, urbayerisch auch die Speisekarte, und dann gibt's da noch eine Abteilung mit französischen Gerichten. Sie könnten mit Leberknödelsuppe starten, danach einen Loup de Mer Provençale bestellen und das Mahl mit Kaiserschmarrn beenden. Die Weinauswahl bestätigt den hohen kulinarischen Anspruch.

Mittenwalder Str. 14, Kochel, T 08857 51 93, www.kochler-stuben.de, Mi–So 11–22 Uhr, €€

Einkaufen

Keramik wie von der Großmutter

Kocheler Keramik: Die Formen sind traditionell, die Motive bäuerlich. Wenn Sie solche Keramik mögen, sind Sie hier genau richtig.

Graseckstr. 47, Kochel, www.keramikshop.de, Mo–Fr 9–12.30, 14–18, Sa 9–12 Uhr

S

SERPENTINEN

Die einzige Verbindung vom Kochel- zum Walchensee (803 m ü. N.N.) ist die bei Motorradfahrern sehr beliebte **Kesselbergstraße,** die auf 5 km die 200 m Höhenunterschied zwischen den beiden Seen in Serpentinen überwindet. Goethe reiste auf ihr zweimal nach Italien. Heute wird die Alte Kesselbergstraße von Wanderern und Mountainbike-Fahrern genutzt. Motorräder dürfen Mo–Fr zwischen 15 und 22 Uhr nicht mehr, dafür aber an den Wochenenden bis 15 Uhr fahren.

Bewegen

Baden, relaxen, genießen

Kristall trimini: Das Tollste an der Therme ist die Lage, eingerahmt von Bergen, den See vor der Liegewiese. Den Bereich des Spaßbads mit Riesenrutschen etc. überlasse ich gerne Familien und ziehe mich in den Wellnessbereich mit Thermalwasserbecken, Hamam und Panoramasauna zurück.

Seeweg 2, Kochel, T 08851 53 00, www.kristall-trimini.de, Mo-Do 10–22, Fr 10–23, Sa 9–23, So 9–22 Uhr, 2 Std. 25 €

Infos

- **Tourist-Info Kochel am See:** Bahnhofstr. 23, 82431 Kochel am See, T 08851 338, tourismus.kochel.de
- **Informationszentrum des Walchenseekraftwerks:** Altjoch 21, 82431 Kochel, T 08851 772 11, www.uniper.energy, Mai–Okt. Di–So 9–17, im Winter 10–16 Uhr
- **Bahn/Bus:** Bahnhof, Bahnhofstr., Kochel, www.bahn.de, www.dbregiobus-bayern.de, fast stündlich Züge nach München; Busverbindungen nach Murnau, Bad Tölz, Garmisch-Partenkirchen, Tegernsee. Fahrpläne in der Tourist-Info oder unter www.bahn.de, www.dbregiobus-bayern.de
- **Schiff:** Motorschifffahrt Kochelsee, Kirchenweg 1, Kochel, T 088 51 416, www.motorschifffahrt-kochelsee.de, mehrmals tgl. Rundfahrten

Walchensee

E 13

Während Franz Marc das heitere Kochel vorzog, malte der Impressionist Lovis Corinth zwischen 1919 und 1925 seine berühmten Walchensee-Bilder vor der dramatischen Kulisse des dunklen Walchensees. **Urfeld,** wo die Kesselbergstraße endet, war sein Lebensmittelpunkt. Ideales Setting für Wikinger, fand fast ein Jahrhundert später der Schauspieler und Regisseur Bully Herbig und drehte hier Szenen seines erfolgreichen Kinofilms »Wickie und die starken Männer«. Der Gemeinde **Walchensee** hinterließ er das Kulissendorf Flake mit Palisadenzaun und Wikingerhäusern (Mitte April–Ende Okt. tgl. 9–18 Uhr). Ansonsten steht der See ganz im Zeichen des Aktivtourismus: Vom Ski- zum Surfbrettverleih oder von der Tauchschule zum Mountainbike-Trainingskurs ist hier für alle Geschmäcker und Bedürfnisse gesorgt. Natürlich gibt es auch Liegewiesen für Sonnenanbeter und kälteunempfindliche Wasserratten, denn selbst im Sommer steigt die Wassertemperatur selten über 20 °C. Wegen der besonderen Windverhältnisse tanzen fast immer bunte Surfsegel auf dem See. In Walchensee startet auch die **Herzogstandbahn** auf den beliebten Aussichtsberg. Ein kleines Idyll ist die **Halbinsel Zwergern** südöstlich des Ortes mit dem gotischen Kirchlein St. Margareth (14. Jh.). Das barocke Klösterl St. Anna nahebei dient als Jugendhaus.

TOUR
Ein bisschen Grat muss sein

Zu Fuß vom Herzogstand zum Heimgarten

Infos

E 13

Planung: Talstation der Herzogstandbahn, Am Tanneneck 6, Walchensee, www.herzogstandbahn.de; Schwindelfreiheit und Trittsicherheit erforderlich; mittelschwer
Länge/Dauer: 8,4 km/5 Std.
Einkehr: Heimgartenhütte, T 0171 950 77 87, www.heimgartenhuette.de, nur Mai–Okt., €

Mit der Gondel schweben wir von **Walchensee** auf 1600 m Höhe und folgen dann dem Treppenweg über die **Kriegerkapelle** (1627 m) zu den **Herzogstandhäusern** (1575 m) und weiter über Serpentinen zum Aussichtspavillon auf dem **Herzogstand** (1731 m), den König Ludwig II. errichten ließ – das Panorama über Großglockner, Zugspitze und Walchensee bis zur Münchner Schotterebene ist gewaltig (ca. 45 Min.). Im Westen erhebt sich das Ziel der Wanderung, der **Heimgarten.** Zwischen den beiden Gipfeln verläuft ein zunächst holpriger, dann breiterer und mit Drahtseilen gesicherter Weg an den **Heimgartengipfel** (1 Std. 15 Min.), den man mit etwas Geschick in einer weiteren halben Stunde auf steilem, ruppigem Pfad erklimmt (1790 m). Hier lädt die **Heimgartenhütte** zu einer deftigen Rast. Nun verläuft die Route zügig bergab und durch Wald zu einer Alm mit einem weiteren herrlichen Blick auf den Walchensee. Dann geht's zunächst auf gleichbleibender Höhe und schließlich wieder durch Wald bergab zurück nach **Walchensee-Ort** (2,5 Std.).

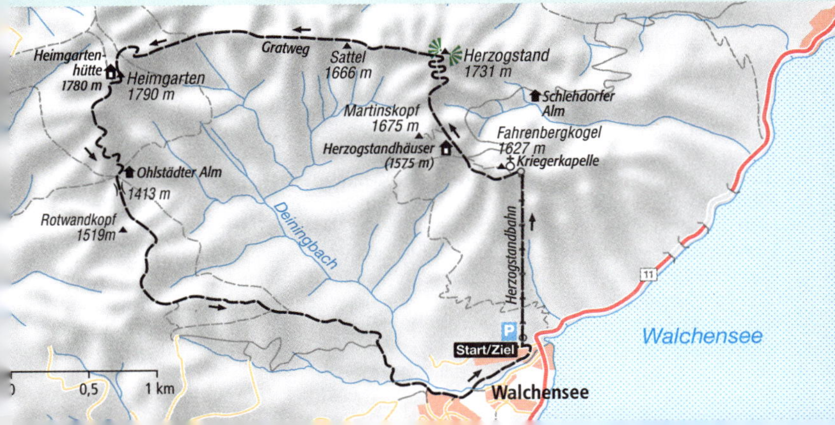

Schlafen, Essen

Dass es so was noch gibt!

Gästehaus Kiefersauer: In dem denkmalgeschützten Bauernhaus am See hat bereits König Ludwig II. übernachtet. Es hat einfache, bäuerlich eingerichtete Gästezimmer (Dusche/WC am Flur), einen eigenen Strand und Ruderbootverleih und ist ein beliebter Anlaufpunkt für Angler.

Altlach 59, Walchensee, T 08858 92 90 90, www.haus-kiefersauer.de, 4 Zi., 1 FeWo (FeWo Mindestaufenthalt 7 Tage), €

Genießen auf der Seeterrasse

Karwendelblick: Das schönste Fleckchen am See hat sich dieses Panorama-Hotel mit beliebtem Restaurant gesichert. Die Zimmer sind einfach, aber gemütlich – unbedingt eines mit Balkon und Seeblick wählen. Außerdem: solide bayerische Küche ohne Chichi.

Urfeld 15, Walchensee, T 08851 410, www.hotel-karwendelblick.de, €€

Infos

- **Tourist-Info Walchensee:** Ringstr. 1, 82432 Walchensee, T 08858 411, tourismus.kochel.de

Rißtal

F 13/14

In **Vorderriß** am westlichen Ende des Sylvensteinstausees beginnt eines der schönsten Alpentäler, das **Rißtal:** Über Hinterriß führt es weit nach Südosten und nach Tirol hinein, links und rechts umgeben von den schroffen Felswänden des Karwendelgebirges. Es endet nach dem Großen Ahornboden in der Eng, wo sich von den Eng-Almen aus leichte bis anspruchsvolle Wanderungen in den Naturpark Karwendel unternehmen lassen. Im Winter kann man im Rißtal wunderbar langlaufen. Ein absolutes Highlight aber bietet hier der Herbst auf: Wenn sich die Blätter der mehrere Tausend teils über 300 Jahre alten Bergahornbäume des **Großen Ahornbodens** im September golden färben, scheint das ganze Tal zu leuchten. Die Laubfärbung zieht natürlich Scharen von Besuchern an, aber wochentags ist man meist allein mit dem wunderbaren Panorama des goldenen Laubes vor den schroffen Felswänden des Karwendels.

Essen

Mit dem Adel speisen

Gasthaus Post Vorderriß: Hirschkeule mit Pfifferlingen ist nur eine der vielen Köstlichkeiten, die prominenten Sportlern wie auch bayerischem Adel in diesem historischen Gasthaus schmecken. Die urgemütliche Stube schätzte schon der kleine Ludwig Thoma, der hier aufwuchs.

Vorderriß 5, Lenggries, T 08045 277, www.post-vorderriss.de, Mi–So 10–21 Uhr, im Winter kürzer, €€

An Tegernsee und Schliersee

Als Kind habe ich den Tegernsee nicht gemocht. Entweder die Eltern zwangen einen, jeden Sonntag abwechselnd zur Moni- oder zur Königsalm zu wandern, oder aber ein Dirndlkauf musste als Vorwand dafür herhalten, sich in den endlosen Wochenendstau von München in Richtung Tegernsee zu begeben. So ganz habe ich die unangenehmen Erinnerungen bis heute nicht überwunden – deshalb ziehe ich den ländlicheren und nicht ganz so zugebauten (und -geparkten)

Anlaufen, abheben und eines der vielen Bilderbuchpanoramen auf den Tegernsee aus der Vogelperspektive genießen. Das Tegernseer Tal ist bei Gleischirmfliegern besonders beliebt.

Schliersee vor. Das mit der Königsalm und dem Dirndl aber habe ich beibehalten. Kein Sommer, in dem ich nicht wenigstens zwei-, dreimal hinaufwandere, um mir den selbst gemachten Topfen schmecken zu lassen. Und wenn ich oder sonst jemand in meinem Umkreis ein Dirndl braucht, fahren wir natürlich nach Tegernsee zur Schneiderin, die es so perfekt nach Maß näht, dass es eine wahre Freud' ist.

Tegernsee

G 11/12

Wer war der Erste am See? Wie immer die frommen Brüder: Huosi-Herzöge stifteten bereits 746 im heutigen Ort Tegernsee eine Benediktinerabtei, die nach der Säkularisation eine Umwidmung zum königlichen Schloss erfuhr. Mit dem Schloss begann die touristische Entwicklung des Tegernsees. Den Hoheiten folgte der Adel, und später kamen Literaten und Maler. Der bayerische Volksschriftsteller Ludwig Thoma bezog ein Haus überm Tegernsee, der norwegische Zeichner und Maler Olaf Gulbransson lebte im Ort, ebenso wie der Heimatdichter Ludwig Ganghofer, der Opernsänger Leo Slezak und viele andere. Noch heute beeindruckt der Tegernsee mit einer bemerkenswerten Zahl luxuriösester Hotels und Michelin-besternter Restaurants. So richtig exklusiv wirkt er dann trotzdem nicht, denn an den Wochenenden brechen Münchens Normalsterbliche als Ausflügler in die Bussi-Bussi-Welt ein.

F

MIT DEM FÄHRMANN

Eine besonders nette Art, von Tegernsee nach Rottach-Egern zu kommen, bietet die Ruderbootfähre von der **Halbinsel Point.** Angeblich gibt es sie schon seit 500 Jahren! Gerufen wird das Boot, indem man die Glocke an der Anlegestelle schlägt. 200 m rudert der »Überführer« dann hinüber nach Egern zum Seehotel Überfahrt – ein Knochenjob, für den er pro Passagier 2,60 € berechnet.

Tegernsee-Ort

G 12

Souvenirläden, Dirndl-Schneidereien, Modeboutiquen, und Restaurants – der Ort brummt. Die ehemalige Benediktinerabtei hat ihre verschiedenen Nutzungsphasen vorläufig als Sitz eines Gymnasiums und des Herzoglich Bayerischen Brauhauses beendet. Umgebaut wurde sie wiederholt, zuletzt im Sinne des Klassizismus durch Leo von Klenze. Interessant ist es, den aufeinanderfolgenden Bauphasen in der **Pfarrkirche St. Quirinus** auf den Grund zu gehen: Aus der romanischen Basilika stammen noch die Turmfundamente, im Innern umhüllt schwerer italienischer Stuck die Fresken von Hans Georg Asam (Ende 17. Jh.), die Kirchenfassade wendet ihr von Klenze gestaltetes klassizistisches Gesicht dem See zu. Auf eine lange Tradition blickt das Herzogliche Bräustüberl zurück, das gleich neben der Kirche im Kloster residiert: Seit 300 Jahren wird darin Bier ausgeschenkt, und sein zum See hinunterführender Biergarten ist einfach wunderschön.

Unterirdisch

Im Kurgarten zeigt das unterirdische **Olaf Gulbransson Museum** Zeichnungen und Gemälde des Künstlers (1873–1958), der zusammen mit Ludwig Thoma beim »Simplicissimus« arbeitete und mit seinem unverwechselbaren Stil auch Thomas »Lausbubengeschichten« illustrierte.

Im Kurgarten 5, T 08022 33 38, www.olaf-gulbransson-museum.de, Di–So 10–17 Uhr, 12 €

Rottach-Egern

G 12

Achtung, in **Rottach-Egern** wird's mondän. Zu Füßen des Wallbergs (1722 m) reiht sich entlang der Seepromenade Hotel an Hotel, Cafés und Restaurants locken mit frischem Saibling, Baumkuchen und Champagner, und natürlich kann keine Modefirma, die auf sich hält, auf eine Filiale in Rottach verzichten. Etwas abseits überrascht die im 15. Jh. errichtete **Pfarrkirche St. Laurentius** im Ortsteil Egern mit einem fast bäuerlich wirkenden Stuckdekor und einem Altarbild des Kirchenpatrons von Hans Georg Asam. Auf dem Friedhof ruhen Ludwig Thoma, Olaf Gulbransson, Ludwig Ganghofer und Leo Slezak sowie schlesische Adelige, russische Prinzen und, sehr ungewöhnlich, ein jüdischer Tegernseer. Der hier beigesetzte Dr. Gustav Mayer war im Ort als Wohltäter bekannt, und so stellte der Pfarrer ein Stück seines Pfarrgartens für dessen Grabstätte zur Verfügung. Er ließ sogar die trennende Friedhofsmauer an dieser Stelle abtragen, um das Grab nicht auszugrenzen.

Wallberg

G 12

Auf den Wallberg schwebt von Rottach-Egern eine Gondelbahn zur Bergstation (1620 m), von der aus Sie schöne Wanderungen, z. B. zum benachbarten Risserkogel, unternehmen kön-

TOUR
Gehen oder rodeln?

Auf die Königsalm und zum Schildenstein

Infos

G 12/13

Start/Ziel: Parkplatz Kreuth-Klamm (795 m)

Länge/Dauer: 4 km (320 Hm) zur Königsalm hin und zurück, plus 7 km (500 Hm) zum Schildenstein hin und zurück; 2,5 (+ 2,5) Std.

Einkehr: Königsalm, Juni–Sept.

Start ist am **Parkplatz Kreuth-Klamm** (795 m) an der B307 zwischen Kreuth und Achenpass. Als Weg dient die Winterrodelbahn, die stetig und meist sanft ansteigend die meiste Zeit durch Wald verläuft. Der Pfad ist gut ausgeschildert, Sie können sich also gar nicht verlaufen. Die 320 Höhenmeter Differenz sind in spätestens 1,5 Std. bewältigt, das letzte Stück führt aus dem Wald heraus und über Buckelwiesen auf die Stallgebäude und die **Königsalm** (1115 m) zu. Die Kulisse bilden die Blauberge und die beiden markanten Gipfel von Roß- und Buchstein. Übrigens ist diese Wanderung auch im Winter ein Riesenspaß. Dann nehmen Sie natürlich den Schlitten mit und sausen den Rückweg hinunter.

König Max I. Joseph kaufte die Alm 1818 dem Benediktinerkloster in Tegernsee ab und ließ das Kavaliershaus errichten. Bis heute gehört die Alm den Wittelsbachern. Bewirtschaftet wird sie von zwei jungen Paaren, die bis zu 90 Tiere Jungvieh haben. Aus der Milch stellen sie den berühmten Topfen (Quark) her und backen Kuchen.

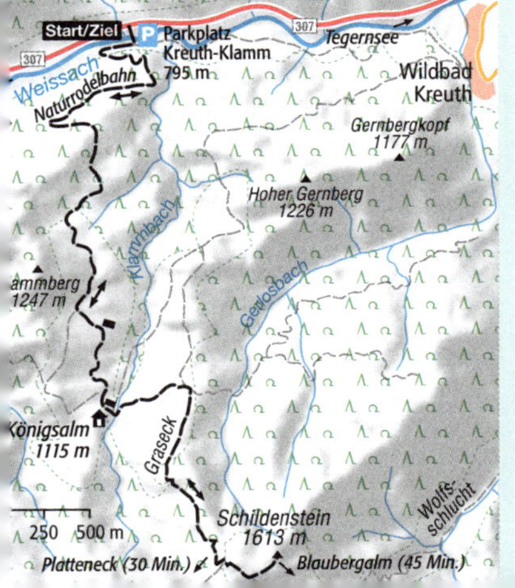

Sie könnten jetzt auf gleichem Weg absteigen, aber der Gipfel des **Schildenstein** (1613 m) ist allzu verlockend. Wenn Sie trittsicher sind, kein Problem: Links am **Kavaliershaus** vorbei, sehen Sie schon das Schild ›Gufferthütte, Schildenstein, Blaubergalm‹, dem Sie auf steinigem Pfad, einen Hang querend, bis zum Höhenrücken des **Graseck** folgen. Ein weiteres Schild schickt Sie nun rechts und ein Stück weiter durch lichten Wald, der in eine Latschenzone übergeht, bergauf. So erreichen Sie die Senke zwischen Schildenstein und **Platteneck** (1 Std.), von der Sie in 15 Min. auf den Gipfel des **Schildenstein** gelangen. Es geht auf demselben Weg zurück.

Entspannte Radwege führen auch um den Tegernsee, allerdings muss man manchmal auf die Straße ausweichen.

nen. Bis auf rund 1000 m Höhe führt die aussichtsreiche Wallberg-Straße zur Moosalm, von der es dann rund eine Stunde zum Gipfel weitergeht. Im Winter ist die 6,5 km lange Rodelbahn vom Wallberg ins Tal beliebt.

Am Westufer nach Norden

G 11/12

Einen Katzensprung weiter am See entlang nach Norden ist das Kurbad **Bad Wiessee** stolz auf seine heilsamen Jod-/Schwefelquellen. Seit Ende des 19. Jh. werden hier Rheuma, Herz- und Hauterkrankungen geheilt, seit 1957 gibt es eine Spielbank gegen die Langeweile während der Kur. **Gmund** schließlich breitet sich am nördlichen Ende des Tegernsees aus und ist dessen ländlichste Gemeinde. Dazu passt, dass sich hier, im Ortsteil Gasse, einer der schönsten und ältesten Bauernhöfe des Tegernseer Tals befindet, der Unterbartenhauser (Gasse 6). Es ist ein stolzer Einfirsthof mit Holzaufbau und ›Katzenlaube‹, einer schattigen Altane unter dem Dachfirst. Von innen besichtigen kann man den 220 Jahre alten Hof leider nicht.

Schlafen

Wenn schon, dann richtig!

Das Tegernsee: Das Hotel passt zur Region: Um das hundertjährige Sengerschloss gruppieren sich die modernen, schicken Gästehäuser, alle in traumhafter Panoramalage. Zwei Restaurants, ein lauschiger Biergarten und eine ebenso lauschige Bar sorgen fürs leibliche Wohl und ein luxuriöses Spa für die Entspannung.

Neureutherstr. 23, Tegernsee, T 08022 18 20, www.dastegernsee.de, 93 Zi., €€€

Behäbig & schick

Lederer Hof: In den schlicht, aber schick eingerichteten Ferienapartments unterschiedlicher Größe (von 1–2 bis zu 7 Personen) fühlen sich alle wohl. Der Blick auf den Wallberg, das üppige Frühstück, die Liegewiese, der Spielplatz und die Gartensauna komplettieren das Angebot.

Schwaighofstr. 89, Tegernsee, T 08022 922 40, derledererhof.de, 22 Apt., €€–€€€

Alpiner Charme

Hotel Garni Fischerweber: Hier wohnen Sie direkt am See! Alle Doppelzimmer haben Seeblick, daneben gibt's noch Apartments und Ferienwohnungen. Alpin mit viel Holz eingerichtet, ein paar moderne Akzente, alles wie es sein soll und nichts Sensationelles. Aber der eigene Strand ist Gold wert!

Überfahrtstr. 1, Rottach-Egern, T 08022 920 40, www.fischerweber.de, 5 Zi., 2 Apt., 4 FeWo, €€

Essen

Kulinarisches Elysium

Überfahrt: Die frenetisch gefeierte Feinschmecker-Adresse am See! In elegant-modernem Ambiente kreierte der Heinz-Winkler-Schüler Christian Jürgens internationale Küche mit Ausflügen ins Asiatische, bis er wegen angeblichen Machtmissbrauchs und Drangsalierens seiner Mitarbeitenden freigestellt wurde. Vorläufig bis Ende 2023 bleiben dem Lokal die drei Michelin-Sterne erhalten.

Überfahrtstr. 10, Rottach-Egern, T 08022 669 25 50, www.althoffcollection.com, Mi–Sa ab 18.30, So mittags ab 13 Uhr, unbedingt reservieren, €€€

Kulinarisches Panorama

Freihaus Brenner: Zum Panoramablick aus luftiger Höhe über Gmund wird auch hier feine regionale Küche aufgetischt. Bayerische Lieblingsspeisen von Braten über Tafelspitz bis Bauernente schmücken die Speisekarte.

Freihaus 4, Bad Wiessee, T 08022 865 60, www.freihaus-brenner.de, Mi–Mo 12–14, 18.30–22 Uhr, €€–€€€

Überraschung

Manuelis: Miesbach liegt ein Stück nordöstlich vom See und wäre eine 08/15-Kleinstadt, gäbe es da nicht dieses ungewöhnliche Restaurant. Auch Manuel Greindl hat Sterne-Erfahrung und kocht in seinem intimen Lokal auf hohem Niveau. Die Gäste kombinieren aus einer kleinen und sehr fein komponierten Speisekarte je nach Gusto ein 3- bis 9-Gänge-Menü. Und der Fisch kommt aus eigener Zucht.

Kolpingstr. 2, Miesbach, T 08025 922 96 93, www.manuelis.de, Do–So 18–23 Uhr, €€–€€€

Kaffee mit Seeblick

Aran: Köstliche Kuchen, leckeres Brot, ein gemütlicher Wintergarten und der Blick über See und Berge!

Seestr. 8, Tegernsee, T 08022 663 47 00, www.aran.coop, Mi–So 9–18 Uhr

Einkaufen

Süße Versuchung

Confiserie Hagn: Hier gibt's köstliche Schokoladen und Pralinés vom Tegernsee, darunter die weißblaue Bierbrandpraline.

Seestr. 80, Rottach-Egern, T 08022 67 31 37, www.confiserie-hagn.de, tgl. 10–18 Uhr

Hübsch behütet

Wiesner: Da blühen das traditionelle Hutmacherhandwerk und die Tracht – wetten, dass Sie den Laden nicht ohne verlassen?

Feldstr. 9, Rottach-Egern, T 08022 67 38 24, www.hutmacherei-wiesner.de, Mi–Sa 9–12, Mi–Fr auch 14–17 Uhr

Scharfe Sachen

Liedschreiber: Obstbrände gibt es viele im Tal – diese hier entstehen in einem kleinen, sympathischen Familienbetrieb.

Schafstatt, Gmund, T 08022 754 12, www.liedschreiber.com, Mo, Di, Do/Fr 10–12, 15–18, Sa 10–12 Uhr, informative Besichtigung mit Probe Fr 15 Uhr, 12 €

Alles Käse

Käse-Alm: Köstlicher Käse und Bauernbrot, dazu frische Buttermilch.

Nördl. Hauptstr. 6, Kreuth, www.kaese-alm-kreuth.de, Mo, Di, Do, Fr 9–12.30, 14–18, Sa 8–12, Winter bis 17 Uhr

Bewegen

Schweben

Gleitschirmschule Tegernsee: Das Tal ist, von oben betrachtet, verdammt

Lieblingsort

Gucken und essen in der Gmunder Papierfabrik

Ein ungewöhnlicher Lieblingsort? Das stimmt, normalerweise finde ich Fabriken nicht sooo spannend. Aber in dieser hier entstehen so wunderschöne Papiere, Karten, Kuverts, Notizbücher und was weiß ich noch, dass es eine Freude ist, durch die Papeterie zu streifen, die unterschiedlichen Strukturen zu fühlen, die Farben zu bewundern und – ja, natürlich – auch einzukaufen. Wie die Papier-Kostbarkeiten entstehen, habe ich mir einmal bei einer Fabrikbesichtigung zeigen lassen und dabei gelernt, dass Nachhaltigkeit eine große Rolle spielt – die Produkte aus der **Gmunder Papierfabrik** (G 11) tragen das Eco-Zertifikats-Logo. »Die design-verrückteste Papierfabrik der Welt« nennt Chef Fabian Kohler seinen Laden. Und er hat sich etwas Neues ausgedacht: Mangfallblau heißt das Fabrikrestaurant im Industrial-Schick, das als Belegschaftskantine und Besucherrestaurant dient. Serviert wird feine regionale Küche, vegetarisch und vegan. Ich sage nur: Mangfallnudeln! (Mangfallstr. 5, Gmund, T 08022 750 05 00, www.gmund.com, Restaurant: www.mangfallblau.com, Di–So 9–15 Uhr, €, Führungen jeden 2. und 4. Fr 13 Uhr, zu buchen über die Tourist-Info Gmund, 18 € oder individuell bei der Fabrik, 1–10 Pers. 180 €.)

schön! Hier erlernen Sie den Sport selbst oder fliegen bei einem Profi im Tandem mit.

Tegernseer Str. 88, Rottach-Reitrain, T 08022 25 56, www.paragliding-tegernsee.de, Tandemflug um 160 €

Mit dem Wind

Sailingcenter: Segelkurse und Seglershop von netten, hochprofessionellen Segellehrern.

Seestr. 10, Gmund, T 08022 188 41 26, www.sailingcenter.de

Einputten

Golf Center Bad Wiessee: Insgesamt acht Greens liegen in der Nähe des Sees; Infos unter www.tegernsee.com/golfen.

Auf Schusters Rappen

Eine der beliebtesten (und gut familientauglichen) Wanderungen führt zur **Moni-Alm** (Wegweiser auch zur Hafner-Alm). Start ist der Parkplatz an der Mautschranke in Enterrottach, von wo aus es 45 Min. gemächlich bergauf geht bis zur Almhütte, deren Kuchen sich im ganzen Tal großer Beliebtheit erfreuen. Sind Kinder dabei, kann man eine Viertelstunde weiter bis zur **Hafner-Alm** gehen, deren Streichelzoo die Kleinen lange beschäftigen dürfte.

www.moni-alm.de

Ausgehen

Bauerntheater

Das **Tegernseer Volkstheater** in Tegernsee ist eine beliebte Volksbühnen, die bevorzugt Thoma und Ganghofer aufführt. Programm s. www.tegernseer-volkstheater.de oder bei der Tourist-Information.

Infos

Alle Infostellen vermitteln Gästezimmer und Apartments:

- **83684 Tegernsee:** Hauptstr. 2, T 08022 92 73 80, www.tegernsee.com
- **83700 Rottach-Egern:** Nördliche Hauptstr. 9, T 08022 92 73 80, www.tegernsee.com
- **83707 Bad Wiessee:** Lindenplatz 6, T 08022 92 73 80, www.tegernsee.com
- **83703 Gmund:** Wiesseer Str. 11, T 08022 92 73 80, www.tegernsee.com
- **Bahn/Bus:** Bahnhof, Bahnhofsplatz, Tegernsee, Zugverbindung nach Miesbach und München. RVO-Busse verbinden die Orte im Tegernseer Tal miteinander; Fahrplaninformationen bei den Tourist-Infos oder unter www.bahn.de, www.dbregiobus-bayern.de
- **Schiff:** Bayerische Seenschifffahrt, Fahrplaninfo: T 08022 933 11, www.seenschifffahrt.de, große Rundfahrt (90 Min.) mit Aus- und Zustiegsmöglichkeiten in Tegernsee, Rottach-Egern, Bad Wiessee und Gmund

Schliersee H 11/12

A bisserl wild wirkt er, der 3 km lange See inmitten der schroffen Bergkulisse und im Schatten der mächtigen Rotwand (1884 m) im Süden. Die Berge rücken so nahe, dass es nur an Nordost- und Südufer Dörfer gibt. Was man anschauen kann außer Natur, lässt sich an einer Hand abzählen, ist aber von außergewöhnlichem Reiz.

Schliersee-Ort H 11/12

Im **Ort Schliersee** überrascht die **Kirche St. Sixtus** (14. Jh.) durch ihren Prunk – Johann Baptist Zimmermann und andere namhafte Barock-Künstler haben ganze Arbeit geleistet. Mit acht Altären für 300 Einwohner wirkte St.

Sixtus zur Bauzeit etwas überdimensioniert, über so viel Frömmigkeit wunderte sich selbst der Fürstbischof zu Freising, der sie 1715 weihte. Ich bewundere besonders die bezaubernde Schutzmantelmadonna von Jan Polack und den berühmten Gnadenstuhl von Erasmus Grasser, dem Schöpfer der Moriskentänzer (s. S. 28). Hier hat er sich um 1490 des Themas »Dreifaltigkeit« angenommen: Gottvater hält seinen toten Sohn im Arm, und darüber schwebt der Heilige Geist als Taube. Typisch für Grasser sind ja die hageren, tief gefurchten Gesichter seiner Skulpturen, in denen noch die Gotik nachschwingt, auch hier ist er als Meister auf den ersten Blick erkennbar. **St. Martin** im Ortsteil **Westenhofen** reicht bis ins 8. Jh. und auf die erste Klostergründung an diesem Ort zurück. Der im 18. Jh. neu errichtete Bau besitzt im Innern noch einige spätgotische Fresken. Wer hierherkommt, tut dies aber wegen eines Grabes: Auf dem Friedhof ruht der legendäre Wildschütz Jennerwein (1848–77), den die Obrigkeit gejagt und 1877 hinterrücks auf dem Peißenberg erschossen hat. Für Oberbayern eine Art Robin Hood der Berge. Wobei der Girgl Jennerwein wohl eher nur ein Wilderer und Schürzenjäger war (s. auch Zugabe S. 177). Drittes sehenswertes Kircherl im Schlierseer Bunde ist in Fischhausen das barocke **St. Leonhard** (1670), an dem sich die Schlierseer zur Leonhardifahrt versammeln.

Skistar als Museumschef

Der Ex-Skistar und gebürtige Schlierseer Markus Wasmeier wollte seiner Heimat vielleicht auch etwas zurückgeben, so wie Kunstmäzen Zott in Unterammergau. Er hat am südlichen Ufer des Schliersees das **Markus Wasmeier Freilichtmuseum Schliersee** gegründet. Mehrere denkmalgeschützte Höfe präsentieren bayerisches Leben von früher mit Schmiede, Brennerei, Klostergarten, originalgetreu eingerichteten Stuben und einer zünftigen Wirtschaft mit guter, altbayerischer Küche. Vor allem Kinder haben hier Freude, sie können Viecherl streicheln und füttern und nach Herzenslust auf den Wiesen toben.

Brunnbichl 5, Schliersee/Neuhaus, T 08026 92 92 20, www.wasmeier.de, April–Leonhardifahrt (um den 6. Nov.) Di–So 10–17 Uhr, 9,90 €

Schlafen

In und um Schliersee werden vor allem Ferienwohnungen vermietet. Bei der Gäste-Information gibt es ausführliches Infomaterial.

Gutbürgerlich

Stöger: Der große Hof ist ruhig am Südufer gelegen und sorgt mit Liegewiese, Bootsverleih sowie Wander- und Aktivtipps dafür, dass keine Langeweile aufkommt. In den freundlich eingerichteten Gästezimmern werden Sie sich gleich zu Hause fühlen.

Maxlrainer Weg 3, Schliersee-Fischhausen, T 08026 66 13, www.stoeger-schliersee.de, €€

Essen

Künstler im Alten Wirt

Alter Wirt: Mehrere Jahre blühte der Alte Wirt unter österreichischer Gourmet-Leitung; nun haben neue Pächter übernommen und setzen ebenfalls auf kulinarische Genüsse mit Anspruch. Es gibt regionale Küche mit etwas mediterraner Würze wie etwa Räucherfischmousse oder Burrata mit Feigensenf und Ochsenbäckchen, die auf der Zunge zergehen. Gemütliche Zimmer und ein herzlicher Empfang sorgen dafür, dass sich Hotel- und Restaurantgäste wohlfühlen.

Sundowner am Schliersee: Die Sonne verabschiedet sich in Orangerot, und im Strandbad stößt man mit Gin Chilla auf einen entspannten Abend an.

Leitzachtalstr. 209, Fischbachau, T 08028 478 99 09, alterwirt-fischbachau.de, 8 Zi, Restaurant Mi ab 16, Do–So ab 12 Uhr, €€

Ente und Panorama

Stögeralm: Gegrillte Ente (nur auf Vorbestellung) und karamelisierter Kaiserschmarrn sind hier die kalorienlastigen Spezialitäten, die der herrliche Blick über den Schliersee orchestriert.

Stögeralm 1, Schliersee, T 08026 21 73, www.stoegeralm.de, Do–So 11–23 Uhr, €

Bewegen

Übers Wasser gleiten

Watersports Schliersee: Der Windsurf-, Kajak- und SUP-Verleih am Ostufer hat für jeden etwas im Programm – dynamisch über den See paddeln oder besinnliches Stand-up-Paddling.

Neuhauser Str. 1F, Schliersee, T 08026 60 69 15, watersport-schliersee.de, SUP 20 €/ halber Tag

Durch die Landschaft strampeln

Radwandern: In der Schlierseer Region gibt's Touren für jeden Geschmack. Über 50 Vorschläge mit mehr als 1000 km Gesamtlänge lassen sich unter www.tegernsee-schliersee.de downloaden (›Aktiv sein‹ anklicken und zu ›Radeln & Biken‹ gehen).

Infos

- **Gäste-Information Schliersee:** Perfallstr. 4, 83727 Schliersee, T 08026 606 50, www.schliersee.de

- **Bahn/Bus:** Bahnhof, Bahnhofstr. 10, Züge nach München halbstdl. RVO-Busse verbinden Schliersee z. B. mit Gmund, Miesbach, Spitzingsee, Infos unter www.bahn.de, www.dbregiobus-bayern.de
- **Alt-Schlierseer Kirchtag:** Anfang Aug. Zu Ehren von St. Sixtus fahren die Fischhausener morgens in geschmückten Holzbooten nach Schliersee, ziehen dann im Festzug zur Kirche St. Sixtus und feiern die Messe. Nachmittags Trachtenfestzug mit Musik, bis zum Abend Tanz.
- **Leonhardifahrt:** 6. Nov. An der Kirche St. Leonhard in Fischhausen versammeln sich die Schlierseer zur Leonhardifahrt. »Nach der vielen Arbeit Schwere an Leonhardi die Rösser ehre«, besagt eine alte Bauernregel.

Spitzingsee — H 12

Richtig idyllisch ist der Gletschersee in 1100 m Höhe zwischen die Berge gesetzt. Er ist Mittelpunkt einer schönen Wanderregion und im Winter ein beliebtes Skigebiet mit Liften, die im Westen am Rosskopf, Stümpfling und Suttenstein 1600 m erreichen, folglich also die meiste Zeit des Winters künstlich beschneit werden müssen. Während am Taubenstein gegenüber alle Lifte eingestellt wurden, haben die Alpenbahnen Spitzingsee am Stümpfling heftig investiert. Moderne Sessellifte und Beschneiung sorgen für unbegrenztes Skivergnügen. Ein ganz besonderes Event am Spitzing ist der Firtsalmfasching am Faschingssonntag, zu dem die Skifahrer bunt kostümiert über die Pisten fegen.

Seilbahn: Spitzingstr. 12, Schliersee; Taubenstein-Kabinenbahn und die Sesselbahn auf den Stümpfling Mitte Mai–Mitte Okt. tgl., danach nur Sa/So bei schönem Wetter; aktueller Winterbetrieb siehe www.alpenbahnen-spitzingsee.de

Wendelstein — H/J 12

Wenn Sie Marcus H. Rosenmüllers Spielfilm »Wer früher stirbt ist länger tot« kennen, müsste Ihnen der Wendelstein (1838 m) bekannt vorkommen. Zahlreiche Szenen wurden auf Zahnradbahn und Gipfel gedreht. Hinauf kommen Sie bequem per Seilbahn von Bayrischzell oder per Zahnradbahn von Brannenburg, doch man kann den zackigen Felsenkopf auch mit eigener Kraft erwandern. Unter den vielen Aufstiegsmöglichkeiten sei der König-Maximilian-Weg empfohlen, der von der Königslinde in Bayrischzell in rund drei Stunden zum Wendelsteinhaus führt. Nach weiteren 20 Minuten auf gesichertem Steig ist der Blick vom Gipfel einfach grandios, nur etwas beeinträchtigt von der vielen Technik: Observatorium, Sendemast des Bayerischen Rundfunks, eine Sonnen- und Windenergieanlage, dazu eine meteorologische Station des Deutschen Wetterdienstes drängeln sich auf dem Fels. Interessant ist ein Abstecher zur **Wendelsteinhöhle** (ausgeschildert), die man 400 m tief begehen kann (Mai–Nov. tgl., Rundweg ca. 1,5 Std.).

Wendelsteinbahnen: Sudelfeldstr. 106, Brannenburg, Seilbahn Talstation: Osterhofen/Bayrischzell, T 08034 30 80 oder www.wendelsteinbahn.de; die Zahnradbahn fährt 9–15 Uhr stdl., die Seilbahn 9.15–16/17 Uhr nach Bedarf halbstdl., Seilbahn hin u. zurück 27 €, Zahnradbahn 42 €

Essen

Schlemmen mit Aussicht

Wendelsteinhaus: Die Pächter setzen auf gute bayerische Küche mit Ausflügen nach Österreich und eine Reihe von kulinarischen Sonderveranstaltungen wie ›Mondscheinfahrt mit Bergbuffet‹.

Wendelstein 1, Bayrischzell, T 08023 404, www.wendelsteinbahn.de, tgl. 9.30–17, im Winter 9.30–16 Uhr, €

Zugabe Wie's wirklich war mit dem Jennerwein

Ein Grabkreuz und ein Lied

Den Jennerwein Girgl, den hat der Pfoderl Sepp in den Schlierseer Bergen niedergestreckt. Im Rücken hat er ihn getroffen und dann versucht, es zu vertuschen, indem er ihm das halbe Gesicht weggschossn hat und das Ganze als Selbstmord hingstellt. Mit dem Pfoderl war der Girgl 1870/71 im Krieg und hat auch die eine oder andere Gams vom Berg geholt. Aber dann wurde der Pfoderl Jagdgehilfe. Der Girgl aber liebte die Freiheit und stand mit den Förstern auf Kriegsfuß. Und vielleicht hatten der Pfoderl und der Girgl ja auch noch ein gemeinsames Gschpusi.

Ende November 1877 hat man ihn dann verscharrt, den Wilderer, den Verbrecher. Ein paar Jahre später wurde sein Grabkreuz versetzt, weil die Schlierseer nicht neben ihm eingebuddelt sein wollten. Das Grabkreuz also ist authentisch, wo aber seine sterblichen Überreste ihren letzten Frieden gefunden haben, das weiß nur der liebe Gott. Bald nach seinem Tod wurde er zu einem Freiheitshelden umgedichtet, der auf die Obrigkeit nichts gegeben hat, dem die Berge für alle waren und die Gamsen für jeden.

Es war ein Schütz in seinen schönsten Jahren …

Wo der Jennerwein Girgl wirklich in Frieden ruht, bleibt ein Geheimnis.

Ans schöne schmiedeeiserne Grabkreuz auf dem Friedhof von St. Martin in Westenhofen hängen's bitte keine tote Gams, wie zum 99. Todestag des Girgl geschehen. Singen's lieber das Jennerwein-Lied, und das geht so:

»Es war ein Schütz in seinen schönsten Jahren,
der wurde weggeputzt von dieser Erd;
man fand ihn erst am neunten Tage
bei Tegernsee am Peißenberg. (…)

Dort ruht er sanft im Grabe wie ein jeder
und wartet stille auf den jüngsten Tag.
Dann zeigt uns Jennerwein den Jäger,
der ihn von hint' erschossen hat.
Denn auf den Bergen, ja, gilt die Freiheit,
ja auf den Bergen ist es gar so schön,
allwo auf grauenhafte Weise
der Jennerwein zugrund mußt gehn.« ■

Chiemgau

Ein See mit drei Inseln — Berge mit Aussichtsbalkonen, Salzhandelsstädte und viele Aktivangebote verbinden sich im Chiemgau zu einer perfekten Ferienlandschaft, die leider manchmal etwas unter Überbevölkerung leidet.

Seite 182

Lokschuppen in Rosenheim

Vulkane oder irgendein anderes, sehr großes Thema? Für die Rosenheimer Museumsmacher kein Problem! Sie stellen jedes Jahr eine neue Super-Museums-Show auf die Beine.

Seite 185

Wasserburg ✪

Die in eine Innschleife geschmiegte Altstadt ist sozusagen zu Architektur geronnenes Weißes Gold: Die stolze Frauenkirche, das gotische Rathaus, die prachtvollen Rokoko-Fassaden – sie alle wurden aus den Gewinnen des Salzhandels bezahlt.

Das Blasinstrument gehört zu bayerischer Musik wie die Zither.

Seite 192

Schloss Herrenchiemsee ✪

Das große, ja größenwahnsinnige Projekt eines einsamen Königs ist trotz aller Verrücktheiten ein einmaliges Bauwerk mit einzigartiger Ausstattung und einem fantastischen Park.

Seite 194

Radtour rund um den Chiemsee

Locker geht's in fünf Stunden um den See: mit kulinarischen Pausen in Alpenblick-Cafés, erfrischenden Abstechern zu Chiemsee-Stränden und Chillen in Beach-Lounges. Wer genug hat, nimmt den Bus.

Seite 203

Bankerl-Fieber

Touristen und Einwohner entschleunigen: Über 500 Bänke in und um Aschau und Sachrang bieten Aussicht, erzählen Geschichten oder laden ein zum Insichgehen …

Seite 206

Gasthaus Schellenberg

Gehen Schweinebraten und Hamburger zusammen? Hier schon, die Küche ist traditionsverbunden – und frech.

Seite 207

Winterwanderung bei Reit im Winkl

Die 6 km lange Wanderung von der Hindenburghütte über die Hemmersuppenalm ist eine steigungsarme und besinnliche Alternative zum Skizirkus. Wer sich traut, rast mit dem Schlitten ins Tal.

Seite 209

Die Hängebrücke

Wie sollte man die wilde Tiroler Ache anders überqueren als auf einer schwingenden, schwankenden Hängebrücke? Eine Wanderung, die es in sich hat.

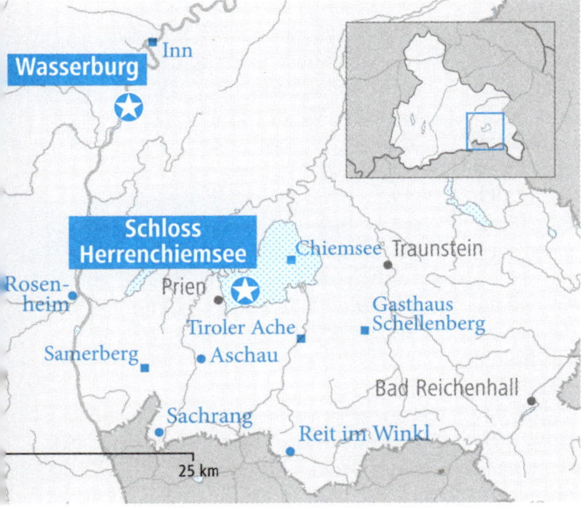

Spielen Bauern Golf? Am Samerberg jedenfalls mit etwas überdimensionalem Gerät. Und es macht Spaß!

»Die Lederhose ist einfach praktisch, sie ist eine Naturhaut, die sich im Endeffekt selbst reinigt.« (Andreas Hofmeir von der Chiemgauer Band LaBrassBanda im Interview mit www.planet-interview.de, 2013)

erleben

Voralpenlandschaft mit Weitblick

Aus dieser Landschaft stammt also die stampfende, mitreißende Musik von LaBrassBanda! Die sollten Sie hören, wenn Sie durch den Chiemgau streifen, das macht Laune. Nirgendwo sonst in Oberbayern eröffnen sich von den Berggipfeln der Voralpen so herrliche Aussichten wie hier. Und immer im Vordergrund: der Chiemsee, aber aus jeder Perspektive neu und überraschend. Auch an diesem schönen Fleckchen Bayerns steht ein Schloss von König Ludwig II. Angeblich ließ er sich immer nur nachts hinüberrudern zur Schlossinsel Herrenchiemsee, um den See nicht zu sehen.

Südlich des Sees geht die eiszeitliche Moränenhügellandschaft in die bewaldeten Hänge der bis zu 1800 m hohen Chiemgauer Alpen über, ein herrliches Wanderrevier. Nach Süden verlaufende Täler wie das Achental bilden die Verbindung durch die Gebirgswelt nach Österreich. Reit im Winkl, Ruhpolding und Inzell zählen zu den beliebtesten Wintersportorten Oberbayerns. Von der früher betriebenen Vieh- und Holzwirtschaft ist wenig übrig.

Die Landschaft fordert dazu heraus, sich aufs Rad zu schwingen, die Bergstiefel zu schnüren, sich auf die Langlaufskier zu stellen – oder was auch immer Ihre Lieblingsaktivität ist. Kunst und Architektur sind nicht so dominant wie in den Nachbarregionen, obwohl ich Ihnen versprechen kann: Auch hier werden wir der Frage nachgehen, wie sich Rokoko von Barock unterscheidet. Aber auch dem Thema des Inn-Salzach-Stils. Was das ist, davon später.

O

ORIENTIERUNG

Reisekarte: J–M 9–12
Infos: Chiemsee Tourismus, Felden 10, 83233 Bernau a. Chiemsee, T 08051 96 55 50, www.chiemsee-alpenland.de
www.chiemsee-chiemgau.info: Informationen für die gesamte Region zu Themen wie Aktivitäten, Unterkunft, Sehenswürdigkeiten, Kulinarik sowie Links zu den regionale Tourist-Infos
Verkehr: Mit der Bahn z. B. ab München nach Rosenheim, Traunstein und Prien am Chiemsee (www.bahn.de). Flugreisende haben gute Bahnverbindungen ab dem Flughafen Salzburg (www.salzburg-airport.com) in die Region. Weiterfahrt zu kleineren Orten mit Regionalbahn oder Bus.

Rosenheim

J 10/11

Eine alte Salzhandelsstadt, eine coole Ausstellungshalle, eine sehr erfolgreiche Fernsehserie (»Die Rosenheim-Cops«) – das alles ist Rosenheim. Wobei die emsige Kleinstadt mit knapp 60 000 Einwohnern nicht nur im Fernsehen wegen ihrer Polizei immer wieder mal in die Schlagzeilen gerät. Eine Häufung willkürlicher Gewaltakte und Verbreitung brauner Parolen im Bereich der Polizeiinspektion in den 2010er-Jahren ließ das Vertrauen in die ›Cops‹ deutlich sinken.

Aber wir wollen Rosenheim nicht unrecht tun, denn es besitzt eine bezaubernde Altstadt, durch die zu bummeln eine wahre Freud' ist. Dort wo die Salzstraße von Berchtesgaden nach Westen den Inn überquerte, gründeten die Grafen von Wasserburg im 13. Jh. eine Burg und eine Siedlung, die 1247 an die Wittelsbacher fiel und schnell zu einem wichtigen Warenumschlagplatz heranwuchs. Innschifffahrt und Handel blühten bis zum 16./17. Jh. und erlebten im 19. Jh. erneut einen Aufschwung, als die Soleleitung von Traunstein nach Rosenheim geführt und die Saline eröffnet wurde. Der Wohlstand der Kaufmannschaft spiegelt sich in den prunkvollen Fassaden rund um den Max-Josefs-Platz.

Es brennt!

Diesen Ruf hörten die Rosenheimer häufig in der langen Geschichte der Handelsstadt. Große Feuersbrünste zerstörten sie mehrmals, so 1469 und 1641, als der Brand mehrere Tage wütete und keinen Stein auf dem anderen ließ. Um Feuer besser eindämmen zu

Inn-Salzach-Architektur beim Haus der Bäckerei Bergmeister in Rosenheim: Das Dach verbirgt sich hinter hohen Vorschusswänden.

VORSCHUSS

Durch die Vorschussmauern bekommen die Häuser eine schmale und dabei sehr hohe Silhouette, fast wie Mini-Wolkenkratzer. Die Vorschussmauern verbergen nicht nur den Giebel, sondern ragen auch zwischen den Nachbarhäusern hoch auf. So sollte das Übergreifen der Flammen von Dachstuhl zu Dachstuhl verhindert werden. Was Sie nicht sehen können, sind die Grabendächer, sie senken sich von beiden Seiten der Vorschussmauern zu einem ›Graben‹ in der Mitte, von dem die Regenrinne dann durch die vordere Vorschussmauer nach außen geleitet wird – daher die etwas bizarr aus den Fassaden vorspringenden Rinnen.

können entwickelte sich in der Region zwischen Inn und Salzach ein nach den beiden Flüssen benannte Bauweise, der Inn-Salzach-Stil. Ihre Charakteristika finden Sie in Rosenheim auf dem Präsentierteller: Schmale Fassaden, schattige Arkaden, unter denen die Kaufleute ihre Waren unabhängig von der Witterung ausstellen konnten, teils mehrgeschossige, schmale Erker und die hoch aufragenden und den Dachgiebel verbergenden Vorschussmauern schaffen ein sehr kompaktes Stadtbild.

Typisch Inn-Salzach-Stil

Wie ein solches Haus ohne späteren Umbau oder Fassadenschmuck ausgesehen hat, zeigt exemplarisch das **Ellmaierhaus** (Max-Josef-Platz 4): Hier sind die aus der Vorschussmauer an die Fassade geführten Regenrinnen ebenso erhalten wie ein weiteres Charakteristikum, die »Himmelsleiter«. Diese geradlinig durch alle Stockwerke nach oben führende Treppe könnten Sie sogar begehen, wenn Sie das **Holztechnische Museum** im Ellmaierhaus besuchen. Es erzählt von der Bedeutung des Holzes für die Rosenheimer Wirtschaft, das auch heute noch eine gewichtige Rolle spielt: Die Fakultät Holztechnik bringt international anerkannte Fachleute hervor (www.htmverein.de, Di–Fr 10–17, Sa 13–17 Uhr, 4 €). Auch beim **Bergmeister** (Nr. 15) sieht man die schützend hochgezogenen Mauern. Das spätgotische Portal und der Rokoko-Eingang an der Heilig-Geist-Straße belegen, dass an diesem Haus über Jahrhunderte gebaut wurde. Besonders hübsch ist das aus dem 18. Jh. stammende **Fortnerhaus** (Max-Josefs-Platz 20) mit einer bewegten Rokoko-Fassade und gotischen Arkaden. Die Vorschussmauer ist hier nur noch zu erahnen, weil die Fassade durch den Einbau von Fenstern und den Rokoko-Schmuck wie aus einem Guss wirkt. Auch das **Alte Rathaus** (Nr. 22) daneben verbirgt seine Vorschussmauer geschickt. Als einziges Stadttor Rosenheims ist das 1350 errichtete **Mittertor** erhalten, das den inneren vom äußeren Markt, heute Max-Josefs- und Ludwigsplatz, trennte.

Lok-Remise mit Innenleben

Vom Mittelalter zum Historismus bzw. der Neoromanik ist es ein kleiner Spaziergang über Königs- und Rathausstraße. Nicht nur der Bahnhof (heute Rathaus), sondern auch die ihm gegenüberliegende, halbrunde Lokomotivenremise wurden 1858 in diesem eleganten Stil errichtet. Heute dient sie als Kultur- und Jugendzentrum **Lokschuppen** sowie als Veranstaltungsort für weit über Rosenheim hinaus bekannte, kultur- und naturhistorische Ausstellungen. 2024 geht's bei »Helden und Heldinnen« wieder so richtig zur Sache! Und 2025 taucht das Museum nach »Untergegangenen Städten«.

Rathausstr. 24, T 08031 365 90 36, www.lokschuppen.de, variierende Öffnungszeiten und Eintrittspreise

Schlafen

Klösterlich übernachten

San Gabriele: Das Haus im Stadtteil Heiligenblut gibt sich ganz klösterlich, mit Kreuzgratgewölben und einer Einrichtung, die dem Mittelalter nachempfunden ist.

Zellerhornstr. 16, T 08031 260 70, www.hotel-sangabriele.de, 38 Zi., €€

Tradition verpflichtet

Flötzingerbräu: Am Flötzinger kommt man in Rosenheim nicht vorbei – die Brauerei gibt's seit bald 500 Jahren. Im gemütlichen Gasthof wohnen Sie zentral in neutral-modern eingerichteten Zimmern.

Kaiserstr. 5, T 08031 317 14, www.hotel-floetzinger.de, 18 Zi., €–€€

Essen

Familienbetrieb mit Tradition

Gasthaus zum Stockhammer: Das Gasthaus im Zentrum besitzt eine fast 400-jährige Brauereitradition und ist eine der verlässlichsten Adressen für einen Abend mit gutbürgerlich bayerischer Küche oder auch nur für eine echte Chiemgauer Brotzeit.

PLÄTTE

Heute spielt die Innschifffahrt keine Rolle mehr; für den Holz- und Salzhandel aber war sie von grundlegender Bedeutung. Die Geschichte dazu erzählt das **Innmuseum,** sogar eine Original-Plätte (typisches, flaches Boot) ist ausgestellt (Innstr. 74, T 08031 315 11, April–Okt. Sa/So 10–16 Uhr, 4 €, Freigelände immer zugänglich).

Max-Josefs-Str. 13, T 08031 409 99 71, www.gasthaus-stockhammer.de, Mo–Sa 9–23 Uhr, €–€€

Charmant und angenehm klein

Glückspilz: Es liest sich recht international, was der Glückspilz serviert. Norwegischer Lachs, Chickencurry, Mediterraner Brotsalat, gegrillte Kalbsleber – die Gerichte sind durchwegs gelungen und schmecken sehr fein, der Service ist freundlich, und Lokal und (im Sommer) Innenhof sind so putzig, dass man sich einfach wohlfühlt.

Färberstr. 6, T 08031 232 83 77, www.restaurant-glueckspilz.de, Di–Fr 11.30–14, 18–21.30 Uhr, Sa nur abends, €€

Gotische Gewölbe, frische Küche

Zum Santa: Das Haus ist seit Generationen auch Weinstube und war ursprünglich in italienischem Besitz. Daran knüpft der Santa an, mit mediterranen Gerichten, vielen Brotzeitleckereien, aber auch Bayerischem wie Schweinsbraten oder gebratener Leber. Vegetarier tun sich auch leicht – die Speisen sind deutlich gekennzeichnet, und die Auswahl ist groß.

Max-Josefs-Platz 22, T 08031 400 00 79, www.zum-santa.de, Mo–Sa 9–22 Uhr, So 10–22 Uhr, €€

Einkaufen

Ganz schön trendy

Andrea Körber: Das würde frau nicht unbedingt in Rosenheim erwarten – Labels wie Miu Miu, Lanvin, Sergio Rossi oder YSL, ausgewählt mit großem Gespür für Trends, Mode und Tragbarkeit, dazu Möbel und Accessoires. Hier könnte ich schon mal gut eine Stunde verbringen!

Am Ludwigsplatz 19, T 08031 35 37 77, www.andrea-koerber.de, Mo–Fr 9–18.30, Sa 9–16 Uhr

So ruhig ist es an Sommertagen am Simssee selten. Er zählt zu den wärmsten Badeseen der Region.

Ausgehen

Abtanzen

P2: Ein bisschen Großstadtflair in Rosenheims Nachtszene: Drinks, DJs und lange Nächte.

Ruedorfferstr. 4, www.p2-club.de, Fr/Sa ab 23 Uhr

Infos

- **Tourist-Info:** Hammerweg 1 (im Parkhaus P1), 83022 Rosenheim, T 08031 365 90 61, www.touristinfo-rosenheim.de
- **Bahn/Bus:** Bahnhof, Bahnhofstr. 5, Rosenheim, Fahrplanauskunft unter T 0180 699 66 33, Züge nach München, Kufstein und Salzburg, Regionalbahn nach Wasserburg; Busbahnhof: Sollstr., RVO-Busse nach Prien, Wasserburg, Bad Aibling (www.dbregiobus-bayern.de)

Rund um Rosenheim

Simssee K 10/11

Vorab: Bitte nicht am Wochenende! Der 6 km lange und 2 km breite Simssee östlich von Rosenheim wird dann von Ausflüglern aus Rosenheim und München belagert, wochentags aber können Sie ihn ganz ruhig genießen, egal ob Sie ihn umwandern oder baden wollen. Die Moorgebiete an Süd- und Nordostufer stehen unter Naturschutz; die schönsten Badeplätze liegen beim Seewirt im Südosten und bei Baierbach und Krottenmühl am Westufer.

Rott am Inn J 10

Wie versprochen: Hier also kommt es, überwältigendes Rokoko in der ehemaligen **Klosterkirche St. Marinus und Anianus in Rott am Inn.** Das liegt nördlich von Rosenheim auf halbem Weg nach Wasserburg und ist CSU-Anhängern als Wallfahrtsstätte ein Begriff: Der ehemalige bayerische Ministerpräsidenten Franz Josef Strauß (1915–88) ist hier begraben. Das im 12. Jh. errichtete erste Gotteshaus wurde auf dem Höhe- und Endpunkt des Rokokos von Johann Michael Fischer um- und neu gebaut (1759–63); seinen Mittelpunkt bildet ein überkuppeltes Oktogon, an das sich beidseitig quadratische überkuppelte Räume anschließen. Auffallend ist das sparsam erscheinende, feine Stuckwerk von Jakob Rauch aus Wessobrunn. Die Gewölbe füllen Fresken von Matthäus Günther, Ignaz Günther steuerte die wie lebendig wirkenden Heiligenfiguren am Hochaltar und den Seitenaltären bei – halten Sie Ausschau nach der hl. Notburga mit den in der Schürze versteckten Brotlaiben und der Sichel! Gleich springt sie vom Podest und verteilt gute Gaben. Weiß und Gold sind die vorherrschenden Farben, und durch die geschickte Lichtregie Fischers erstrahlt das Gotteshaus in geradezu überirdischer Helligkeit. Viele sagen, es sei schöner als die Wieskirche (s. S. 113).

Wasserburg am Inn

Ein wunderbar erhaltener, mittelalterlicher Kern, die Traumlage in einer Innschleife und eine lebhafte Künstlerszene – das Zusammenspiel dieser Elemente schafft das besondere Flair von Wasserburg: Seit bald 40 Jahren belebt die Vereinigung ArbeitsKreis 68 mit Ausstellungen und Aktionen das historische Ambiente, seit Mitte der 1990er-Jahre sorgt das Theater Belacqua mit seinen Aufführungen und dem Sommertheater am Stoa für Aufsehen. Zwischen alten Mauern und Bürgerhäusern weht also ein ziemlich avantgardistisches Lüftchen.

Der Inn und eine Salzstraße spielten wie in Rosenheim auch bei Gründung und Blüte Wasserburgs eine Rolle: Der Fluss umgarnt die Altstadt mit einer fast geschlossenen Schleife, nur im Westen gibt's einen Landübergang. An dieser Schmalstelle erbaute Hallgraf Engelbert 1137 eine erste Burg, im 13. Jh. wurde das dazugehörige Fischerdorf mit Mauern befestigt, und ab 1248 gehörte Wasserburg den Wittelsbachern. Ludwig der

Das könnte auch ein Aquarell sein. Aber nein, es ist eine der malerischen historischen Häuserzeilen der Inn-Stadt Wasserburg!

M

MODERNE KUNST

Lassen Sie sich gerne von zeitgenössischer Kunst inspirieren, dann sollten Sie der **Galerie im Ganserhaus** (16. Jh.) links in der Schmidzeile einen Besuch abstatten (Schmidzeile 8, T 08071 44 84, www.arbeitskreis68.de, unregelmäßige Öffnungszeiten und Eintritt). Hübscher Kontrast zur modernen Kunst: Die Bemalung der Fassade entstammt noch dem 16. Jh.

Bayer förderte die Siedlung, indem er ihr das alleinige Salzniederlagerecht verlieh. Zwischen 13. und 17. Jh. war die Stadt wichtiger Warenumschlagplatz, verlor dann aber an Bedeutung.

Durch die Altstadt

Eine Zeitreise

Von Süden her führt die Salzburger Straße über die **Rote Brücke** auf das wuchtige **Brucktor** zu, das seit 1568 Kauf- und Fuhrleute auf der Salzstraße empfing. Gleich dahinter liegt linker Hand das ehemalige, 1338 erbaute Heilig-Geist-Spital. Zölle und Abgaben hatten die Kaufleute zunächst im **Alten** (um 1400 mit hübschem Renaissance-Erker), später im **Neuen Mauthaus** (ab 16. Jh.) zu entrichten. Beide liegen unmittelbar hinter der Brücke bzw. dem Brucktor. Wie in Rosenheim ist auch hier die Inn-Salzach-Bauweise mit den hohen Vorschussmauern allgegenwärtig. Was in Wasserburg dazukommt, ist die durch den begrenzten Platz extrem schmale, dafür aber tiefe Hausanlage. Manche Häuser bestehen aus Vorder-, Mittel- und Hinterhaus sowie Lichthöfen. Steht irgendwo ein Eingang offen, lugen Sie ruhig hinein oder gehen Sie hindurch, wenn Sie niemanden stören. Sie landen direkt im Mittelalter.

Seit 1410 beherrscht die **Stadtpfarrkirche St. Jakob** die Altstadt. Interessant ist ein Fresko an der Außenwand des Chores, der »Lebensbaum« zu den Themen Erbschuld und Erlösung. In bäuerlich-naiven Bildern sind Szenen aus dem Alten und dem Neuen Testament gegenübergestellt. Die Mitte beherrscht der gekreuzigte Erlöser. Der Zweck solcher Darstellungen war es, den Gläubigen die Heilsbotschaft anschaulich nahezubringen. Im barockisierten Innern rufen zahlreiche Grabplatten die großen Wasserburger Kaufmanns- und Patrizierfamilien in Erinnerung.

Rund um den Marienplatz

Die Schustergasse führt zum lebhaften Marktplatz, der **Ledererzeile,** die parallel zur hier noch erhaltenen Stadtmauer nach Nordosten verläuft und schließlich am Hofstatt genannten Platz auf einen Torturm der Stadtbefestigung, den **Roten Turm** (15. Jh.), trifft. Die Salzsenderzeile nach rechts erreicht man den Marienplatz mit einem beeindruckenden historischen Ensemble: Das **Rathaus** (erbaut 1457–59), bestehend aus dem Brothaus und der Kornschranne, in dem passenderweise auch heute eine Bäckerei (mit Café) residiert, schmücken zwei unterschiedlich hohe, getreppte Giebel. In der Ratsstube im ersten Stock sind noch gotische Wandmalereien erhalten (Führungen Sa/So 13, 14, April–Okt. auch Mo–Fr 13 Uhr, 2,50 €). Die Bemalung der Nischen in den beiden Giebelfronten wurde in den 1930er-Jahren ergänzt.

Die Sonne bringt's zum Leuchten

Gleich daneben steht die 1324 errichtete **Frauenkirche,** Wasserburgs ältestes Got-

TOUR
Kunst im Kreis

Auf dem Skulpturenweg in Wasserburg

Infos

K 9

Start: Brucktor

Ziel: Untere Innstraße

Länge/Dauer: 1,5 km; je nach Pausen an den einzelnen Kunstwerken zwischen einer halben und einer Stunde

Info: Ein Flyer zum Skulpturenweg ist in der Touristeninformation erhältlich. Im Internet ist der Weg unter arbeitskreis68.de/skulpturenweg zu besichtigen.

Wie aus dem Bilderbuch sieht die aus der Spätgotik stammende, in verschiedenen Pastelltönen gehaltene Häuserzeile am Inn aus – ein würdiger Hintergrund für moderne Kunst, beschlossen Stadt und Künstlergruppe AK 68 anlässlich der 850-Jahr-Feier von Wasserburg 1988: Entlang dem begrünten, 1,5 km langen Hochdamm, der um die Innhalbinsel verläuft und die Altstadt vor Überschwemmungen schützt, haben sie eine Kunstgalerie im Freien mit 32 Großskulpturen installiert.

Seinen Ausgang nimmt der Skulpturenweg am **Brucktor.** Vor der Innbrücke schwenkt man links auf den Zirnweg und trifft nach wenigen Schritten, hier noch auf gepflastertem Gehsteig, auf **Erika Maria Lankes** Bronzeskulptur **»Neue Figur II«**, die den Spaziergänger mit ausgebreiteten Armen empfängt. Wenige Schritte und **Lidy von Lüttwitz'** Plastik **»Entfaltung IX«** weiter weichen die Häuser zurück, und es geht ins Grüne. Alte Bäume beschatten den Weg, rechter Hand rauscht der Inn durch das tief eingeschnittene Bett der Innleite, am gegenüberliegenden Ufer wurzeln Büsche und Bäume am steilen Hang, weiße Felsen spitzen hervor. Und dazwischen, alle paar Schritte, ist Kunst zu entdecken: Mal unten am Fluss wie **Peter Wienchs** Beton-/Stahlskulptur **»An jenem Fluss der Zeitlichkeit«**, mal auf der Dammkrone wie die beiden archaischen Figuren **»Die Küniker«** von **Lisa Endriß.** Im Bogen führt der Weg um die Altstadt. Kurz vor dem Ende lädt **Ute Lechners »Innschrift der Kreise«** zu einem fokussierten Blick auf den Fluss.

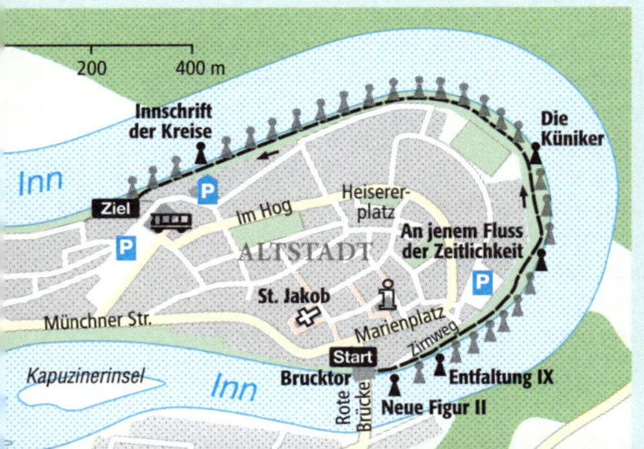

teshaus. Im barocken Innern wird ein gotisches Gnadenbild der Muttergottes verehrt; es ziert den Hochaltar mit einer Stadtansicht Wasserburgs aus dem 18. Jh. Mittags, wenn die Sonne hoch steht, lässt das Licht die mit filigranem Stuck geschmückte Fassade des **Kernhauses** (18. Jh.) gegenüber leuchten. Die Handschrift von Johann Baptist Zimmermann in der Stuckgestaltung ist unverkennbar!

Vergessene Berufe

Ein Stückchen nach hinten versetzt residiert in der Herrengasse 15 das **Museum Wasserburg** im Heimathaus. Drei spätgotische Bürgerhäuser dienen als Ausstellungsräume und sind selbst sehenswerte museale Objekte. Die Sammlung umfasst u. a. sakrale Kunst und historische Kostüme und widmet sich dem Beruf des Innschiffers, des Lebzelters (Lebkuchenbäcker) und des Wachsziehers.

Herrengasse 15, T 08071 92 52 90, www.museum.wasserburg.de, Mai–Sept. Di–So 13–17, im Winter bis 16 Uhr, Jan. geschl., 2,50 €

Schlafen

Gutbürgerlich

Fletzinger Bräu: In dem komfortablen, modern-bayrisch eingerichteten Hotel wohnen Sie im Herzen der Altstadt.

Fletzingergasse 3, T 08071 90 40 90, www.fletzinger.de, 40 Zi., DZ um 100 €

Hinter dicken Mauern

LandWirtschaft: Die Lage an der viel befahrenen Straße 10 km außerhalb ist kein schönes Entree, aber hinter den massiven Mauern des historischen Gutshofs verbirgt sich ein reizvolles Hotel, das Moderne und ländliches Wohnen zu verbinden weiß und mit einem guten Restaurant aufwartet. Gelegentlich geht's hoch her bei Veranstaltungen wie Poetry Slam oder Kabarett.

DRÜBEN

Der beste Blick auf die Altstadt eröffnet sich vom gegenüberliegenden Hochufer. Auf dem Kellerbergweg ist von der Salzburger Straße nach Osten in 15 Min. die Schöne Aussicht erreicht.

Münchner Str. 30, T 08071 904 45 90, www.landwirtschaft-staudham.de, 7 Zi., €

Essen

Fein in historischen Gewölben

Herrenhaus: Schlichte Eleganz, eine Küche, die ihr Handwerk perfekt beherrscht, frische regionale Produkte und ein aufmerksamer Service – insgesamt ein Genuss! Mittags gibt's ein günstiges Businesslunch, abends wäre das drei- bis fünfgängige Menü zu empfehlen. Die kleine Karte wechselt wöchentlich.

Herrengasse 17, T 08071 597 11 70, www.restaurant-herrenhaus.de, Di–Sa 12–14 und ab 18 Uhr, Winter nur abends, €€

Ein mediterraner Hauch

Weißes Rössl: Die bayerisch-kreative Küche gewinnt durch Mittelmeereinsprengsel – hier ein bisschen Ratatouille, dort ein Büffelmozzarella … und das kulinarische Crossover ist perfekt!

Herrengasse 1, T 08071 502 91, www.protutti.com, Di–Sa 11.30–14, 18–21.30 Uhr, €€

Frühstück in historischer Kulisse

Die Schranne: Entspannt vor dem Rathaus sitzen, gucken und gesehen werden. Gute Snacks, Salate, Kuchen und ein sehr leckeres Frühstück bis 17.30 Uhr!

Marienplatz 2, T 08071 92 10 70, Di–So 9–18 Uhr, €

Einkaufen

Gesund

Drax-Mühle: Eine Mühle, in der verschiedene Getreidesorten zu feinem Mehl gemahlen werden: Monika Drax führt ihre Mühle mit großem Engagement und hat als zweites Standbein einen Hofladen eingerichtet, in dem Sie neben dem Mehl verschiedene andere regionale Produkte kaufen können.

Hochhaus 5, Rechtmehring, www.drax-muehle.de, Mo–Fr 8–18, Sa bis 13 Uhr

Ausgehen

Avantgarde

Belacqua Theater Wasserburg: Das modern inszenierte Schauspiel und Tanztheater gewinnt zusätzlich im Sommer bei den Veranstaltungen »am Stoa«.

Salzburger Str. 15, T 08071 59 73 45, www.belacqua.de

Infos

- **Fremdenverkehrsverein:** Marienplatz 2, im Rathaus, 83512 Wasserburg am Inn, T 08071 105 22, www.wasserburg.de
- **Bahn/Bus:** Bahnhof, Bahnhofstr. 60, Wasserburg-Reitmehring. Verbindung nach München und Rosenheim. Vom Bahnhof verkehren Busse in die Altstadt. RVO-Busse verbinden Wasserburg mit kleineren Orten in der Umgebung (www.bahn.de, www.dbregiobus-bayern.de).

Samerberg

J/K 11

Ein kleines, noch sehr ursprüngliches Fleckchen Bayern duckt sich zwischen die großen Ferienregionen Wendelstein und Chiemgau. Die Samer, die mit ihren

Ein Samer ist der Besitzer dieses Pferdefuhrwerks gewiss nicht – aber er bewahrt die Tradition.

Rössern über die Saumwege Waren wie Wein oder Salz transportierten, gaben dem rund 800 m hoch gelegenen Tal ihren Namen, denn die Almwirtschaft allein ernährte die Menschen nicht. Heute leben die rund 2600 Einwohner des Samerbergs von einer Kombination aus Landwirtschaft, Direktvermarktung und Fremdenverkehr: Imker, Landwirte und Käser verkaufen ihre Produkte ab Hof. Das Puppenstubenstädtchen **Neubeuern** mit seinen kunterbunten Lüftlmalereien ist das Einfallstor zu dieser wunderbaren Hügellandschaft, die zahllose Wander- und Fahrradwege durchziehen. Charakteristisch sind die stämmigen Kirchen, viele mit getreppten Turmgiebeln anstelle einer Turmspitze. In **Törwang,** das mit

Lieblingsort

Bilder- und Bierrausch

Frömmigkeit, Kunstgenuss und Gemütlichkeit finden sich an diesem Ort perfekt vereint: Auf einem Hügel südwestlich von Prien ragt der Zwiebelturmhelm der romanischen Kirche **St. Jakobus** (K 11) über den nebenan liegenden Mesnerhof und seinen Biergarten. Von Prien aus ist dieses Voralpenidyll auf einem gemütlichen Spazierweg in knapp drei Stunden zu erwandern. »Bilderbuchweg« nennt ihn die Priener Tourist-Info, weil er so reich ist an Aussichtspunkten. Er führt zu der tausendjährigen Munzinger Linde, zu einem E-Werk, das Prien schon seit 1907 mit Strom versorgt, vorbei an Streuobstwiesen und urigen Bauernhöfen. Fast den ganzen Weg über hat man die Kampenwand im Blick. Bevor dann in **Urschalling** der hungrige Magen zu seinem Recht kommt, noch ein Blick in das Gotteshaus: Im Innern des um das 10. Jh. gestifteten Kirchleins berauscht die Freskenpracht mit bäuerlich-bunten Bildern von der Passion, Mariä Himmelfahrt und Heiligen, gemalt zwischen dem 12. und 14. Jh. Wenige Menschen konnten damals lesen oder verstanden die lateinische Liturgie – aber das Bilderbuch an den Wänden sprach eine verständliche Sprache. Dass sie so gut bewahrt sind, ist eine echte Rarität! Daneben, in den **Mesner Stub'n** wiederum, berauscht das Bier zu ländlichen, aber raffinierten Gerichten. Drinnen sitze ich nicht so gerne, weil's recht eng ist, aber draußen, vor der sonnenbeschienenen Hauswand, mit all den Gartenblumen um mich herum und dem Kircherl hinter mir, fühle ich mich wie Gott in Oberbayern (Mesner Stub'n, Urschalling 4, Prien am Chiemsee, T 08051 39 71, www.mesnerstubn.de, Mo, Mi–Sa ab 17, So ab 11 Uhr, im Winter nur an Wochenenden, €€).

seinen behäbigen blumengeschmückten Höfen aussieht wie ein Bauernhofmuseum, informiert der Verkehrsverein Samerberg (s. u.) über die vielfältigen Freizeitmöglichkeiten.

Schlafen, Essen

Übernachtungsmöglichkeiten gibt es auf den Bauernhöfen in Ferienwohnungen und Gästezimmern.

Ein Tausendsassa

Duftbräu: Das Gasthaus am Samerberg ist Ausgangspunkt für schöne Wanderungen und bekannt für gute bayerische Küche, die Schnapsbrennerei und gemütliche Gästezimmer.

Duft 1, Samerberg, T 08032 82 26, www.duftbraeu.de, Sommer Mi–Sa 8–22, So 8–19, Winter nur an Wochenenden 9–17 Uhr, €–€€, 30 Zi., €€

Wohnen beim Erzeuger

Lochnerhof: Die Zimmer sind blitzsauber und zwei Ferienwohnungen mit Balkon gibt's auch; außerdem betreiben die Eigentümer eine Käserei, deren köstliche Produkte die Gäste beim Frühstück genießen. Sehr schön auch für Kinder.

Familie Moser, Lochen 3, Grainbach/Samerberg, T 08032 84 82, www.lochnerhof.de, 3 Zi., 2 FeWo, €–€€

Bewegen

Aussichtsreich

Hochries: Auf den Berg (1568 m) führen Sessellift und Kabinenbahn. Die Panoramakanzel des Chiemgaus ist aber auch in einer gut vierstündigen Tour (ab Gasthof Duftbräu, s. o.) zu Fuß zu begehen.

Hochriesstr. 80, Samerberg, Fahrbetrieb Sommer tgl. 10–17 Uhr, Info-T 08032 975 50, www.hochriesbahn.de, Kombikarte Berg- und Talfahrt 17 €

Natürlich Baden

Naturbad Samerberger Filze: An der Straße von Törwang nach Grainbach, an der Schule rechts, schmiegt sich das moderne Naturbad mit seinen perfekt in die Landschaft eingepassten Becken und Holzstegen zwischen die Wiesen. Algen sorgen dafür, dass das Wasser angenehm sauber bleibt.

Infos

- **Verkehrsverein Samerberg:** Dorfplatz 3, 83122 Samerberg/Törwang, T 08032 989 40, www.samerberg.de
- **Bus:** RVO-Busse verbinden die Orte am Samerberg miteinander bzw. mit den Nachbargemeinden. Informationen unter www.dbregiobus-bayern.de.

Chiemsee

K/L 10/11

Das »Bayerische Meer«, der mit knapp 80 km² Fläche tatsächlich imposante Chiemsee ist der größte (nicht der wasserreichste) See Oberbayerns. Da intensive Nutzung durch Fischerei, Landwirtschaft, vor allem aber durch Freizeitaktivitäten die Uferbereiche bedroht, sieht die **Chiemseeagenda** Maßnahmen vor, diese zu schützen und ein umweltverträgliches Wirtschafts- und Tourismusmanagement auf und rund um den See durchzusetzen. Sie als Besucher profitieren davon. Etwa von der Bus-Ringlinie, die den ganzen See umrundet, und dem um den See führenden Fahrradweg (www.chiemseeagenda.de). Das lebhafte **Prien am Chiemsee** am Westufer ist mit seinem Fährhafen Stock Ausgangspunkt für Schifffahrten der Chiemsee-Flotte zu den Inseln und den anderen Ferienorten am See. Einen kurzen Bummel sollten Sie sich gönnen, denn im schmucken Ortszentrum sind rund um die Pfarrkirche Mariä Himmelfahrt (mit Fresken von J. B. Zimmermann) elegante Villen aus der Zeit des Jugendstils erhalten.

Herreninsel und Schloss Herrenchiemsee

K/L 10/11

Wollen Sie's halten wie Ludwig II.? Leider fahren die Schiffe der Chiemseeflotte nur in Ausnahmefällen nachts, wie der König es oft tat, angeblich um den See nicht anschauen zu müssen. Sie können ja die Augen zumachen, aber dann würden Sie die besondere Schönheit dieser Wasser-Berge-Landschaft verpassen!

Versailles übertroffen

Die **Herreninsel** war ursprünglich Sitz eines im 8. Jh. durch die Agilofinger gegründeten Klosters. Im 18. Jh. freskierte Johann Baptist Zimmermann die Bibliothek des Konvents; 1803 kam mit der Säkularisierung das Aus, bis König Ludwig II. die Insel Herrenwörth zum Standort seines bayerischen Versailles erhob, sie kaufte und ab 1878 durch die Architekten Georg Dollmann und Julius Hofmann bebauen ließ. 1885 stockten die Arbeiten, der König hatte kein Geld mehr. Ein Jahr später, nach dessen Tod, wurde der Bau eingestellt. Obwohl unvollendet, ist das aus drei Flügeln bestehende **Schloss Herrenchiemsee** wohl der eindringlichste Ausdruck des königlichen Größenwahns, zugleich aber ungeheuer imposant in seinen Ausmaßen und der üppigen Ausstattung. Ein würdiges Entree bilden die Wasserspiele der sieben Brunnen im Park, den Karl Effner anlegte. Über ein prunkvolles Treppenhaus erreicht man Wohn- und Repräsentationsräume, darunter die berühmte Spiegelgalerie, die mit 98 m Länge das Vorbild in Versailles (75 m) übertrifft.

WICHTIGES DATUM

Im **Alten Schloss** (ehemals Kloster) wurde 1948 das Grundgesetz der Bundesrepublik Deutschland ausgearbeitet, was eine Ausstellung dokumentiert. Ein Besuch in der **Gemäldegalerie Julius Exter,** ebenfalls im Kloster, präsentiert Werke u. a. von Julius Exter, Rudolf Hause, Karl Millner und Paul Roloff (April–Mitte Okt. 9–18 Uhr, 2,50 €).

Kontrast moderne Kunst

Das **König Ludwig II. Museum** in einem Flügel des Schlosses dokumentiert das tragische Leben des ›Kini‹ und weitere Bauprojekte. Man ist fast erleichtert, dass er so früh verstarb und nicht mehr die Möglichkeit hatte, unser schönes Oberbayern mit noch mehr Fantasiebauten zu beglücken. Da im Chorherrenstift wie im Schloss immer wieder Räume renoviert werden, sind Teilbereiche nicht immer zugänglich. Bei größeren Einschränkungen ist der Eintritt reduziert.

Schloss: Herrenchiemsee, T 08051 688 70, www.herren-chiemsee.de, April–Mitte Okt. 9–18 Uhr, laufend Führungen, Mitte Okt.–März 10–16.45 Uhr, Führungen entsprechend den Schiffsankunftszeiten; König Ludwig II. Museum: April–Ende Okt. 9–18, Mitte Okt.–März 10–16.45 Uhr; Gesamtpreis 10 €

Fraueninsel

L 10

Die Fraueninsel ist eines meiner liebsten Ziele im Chiemgau, ich finde es dort so idyllisch, vor allem im Sommer, wenn die Blumen in den Gärten in einem regelrechten Farbrausch explodieren. Al-

Versailles war gestern – mit Herrenchiemsee bekam das französische Prunkschloss ernsthafte Konkurrenz. Leider wurde der Bau nicht fertig.

lerdings: Als Freiberuflerin fahre ich nie an Wochenenden oder zu Ferienterminen hin. Als ich es einmal doch tat, war ich bitter enttäuscht. Vom Zauber war angesichts der Besuchermassen nichts mehr zu spüren. Und dieser Zauber ist wichtig, zählt die Insel mit dem im 8. Jh. durch den Agilofinger Tassilo III. gestifteten Kloster doch zu den ältesten Zeugnissen des Christentums in der Region.

Verbannung

Von den ursprünglichen Bauten ist die **Torhalle** (Mai–Okt. 11–17 Uhr) mit der Doppelstockkapelle St. Michael und St. Nikolaus erhalten. Fragmente romanischer Engelsfresken bilden in der oberen Michaelskapelle einen stimmungsvollen Rahmen für Repliken kostbarer Exponate, so einer Chorschrankenplatte von 860 und des »Kreuzes von Bischofshofen«, das um 700 entstand. Über das Alter der Torhalle streiten die Archäologen: Wäre sie tatsächlich Ende des 8. Jh. zeitgleich mit der Klosterstiftung erbaut worden, dann wäre sie das älteste noch stehende Denkmal Bayerns.

Kurz nach dem Klosterbau setzte König Ludwig der Deutsche im 9. Jh. seine Tochter, die selige Irmengard (831–866), als Vorsteherin ein. Eine Ehre war das mitnichten, eher eine Verbannung, denn viele Frauen, die auf diese abgelegene Insel gebracht und zum Eintritt ins Kloster gezwungen wurden, waren ihren Familien im Wege. Doch Irmengard führte ein so vorbildliches Leben, dass sie früh verehrt und 1929 seliggesprochen wurde.

Über den wirklich malerischen **Friedhof** mit seinen schmiedeeisernen

TOUR
Abkühlung für stramme Wadl'n

Fahrradtour rund um den Chiemsee

Infos

K/L 10/11

Start/Ziel: Bernau am Chiemsee

Länge/Dauer: 57 km, ca. 5 Std.

Einkehr: Café Seehäusl, Am See 8, Gstadt-Gollenshausen, T 0170 409 86 72, Sommer tgl. 9–22 Uhr, €; Beach Bar, Julius-Exter-Promenade 31, Übersee, de-de.facebook.com/BeachBarUebersee, Sommer tgl. 12–21 Uhr

Blaue Markierungen weisen zum **Chiemseerundweg,** der den See auf wenig befahrenen Straßen und Feldwegen umrundet und mit 221 Höhenmetern nur geringe Steigungen besitzt. Dank der Ringlinie können Sie die Fahrt in den meisten Orten abbrechen und mit dem Bus weiterfahren.

Startpunkt ist **Bernau/Felden,** von wo man auf Feldwegen nach Norden radelt. Zwischen dem Gasthof Fischer am See und Stock-Hafen führt der Radrundweg (noch) entlang der viel befahrenen Harrasser Straße – die Gemeinde Prien hat Besserung gelobt. Dann ist wieder abseits des Autoverkehrs und **Prien** (s. S. 191) passierend die Nordwestecke des Sees bei **Rimsting** erreicht. Nach Osten schwenkend, folgt die Tour weitgehend der Uferlinie und erreicht an **Gstadt** vorbei nordwärts schließlich **Seebruck** (s. S. 198). Falls der kleine Hunger kommt: Im **Café Seehäusl** mit Strandbad und 1-A-Alpenblick gibt's leckere bayerische und Fischspezialitäten – und manchmal sogar karibische Momente. Kurz danach wendet sich der Rundweg nach Süden, passiert **Chieming** und umgeht ab der Hirschauer Bucht das Naturschutzgebiet der Tiroler Achenmündung (s. S. 197). Nach Überquerung der Tiroler Ache lohnt, natürlich nur im Sommer, ein Abstecher an die **Chiemseestrände** von **Übersee** (s. S. 196): Eine entspannte Pause in der chilligen Beach Bar und Sie haben Kraft getankt für den letzten Abschnitt. Weiter geht's ein Stück vom See entfernt über Übersee und an den **Kendlmühlfilzen** entlang zum Startpunkt in **Bernau.**

Kreuzen geht's zur Basilika, deren metallenes gotisches Tor mit dem romanischen Bronze-Löwenkopf sehr archaisch wirkt. Drinnen sieht man noch einige Fresken und das Hochgrab der seligen Irmengard. Nach dem Besuch von Torhalle und **Basilika** streife ich noch über die Insel und kaufe mir dann bei einem der Fischer eine Semmel mit geräucherter Renke. Fehlt nur noch eine gut positionierte Bank am Wasser, und der Tag ist perfekt.

Schlafen

Ferienwohnungen und Privatzimmer vermittelt das Tourismusbüro (s. S. 196); ausführliches Angebot auch unter www.chiemsee.de.

Mit Blick auf den See

Villa am See: Das Hotel ist klein, familiär geführt und sehr schön gelegen, pflegt allerdings einen gewissen Hang zur Farbe Rot. Das muss man mögen. Zum Haus gehört ein beliebtes Restaurant mit guter Küche und schöner Terrasse.

Harrasser Str. 8, Prien am Chiemsee, T 08051 15 25, www.hotel-prien.de, 15 Zi., €€

Individuell am See

Chiemsee-Fischerei Wörndl: Eine einfache, rustikale Ferienwohnung für bis zu 3 Pers. am Seeufer mit Badestrand und eigenem Boot – was will man mehr?

Hausnr. 34, Fraueninsel, T 08054 72 59, chiemseefischerei.de/joseph-maria-woerndl, €€

Essen

Fangfrischer Fisch

Zum Fischer am See: Am schönsten sitzt man hier auf der großen Terrasse zum See; Spezialitäten sind Renke, Forelle und Saibling, aber auch Wild oder Vegetarisches ist auf der Karte zu finden.

Harrasser Str. 145, Prien am Chiemsee, T 08051 907 60, www.fischeramsee.de, tgl. 10–22 Uhr, Nov.–April Di–So, €€–€€€

APROPOS FRIEDHOF

Nach wie vor existiert hier das Scheingrab von Generaloberst Alfred Jodl, der als einer der Hauptkriegsverbrecher 1946 in den Nürnberger Prozessen verurteilt und gehängt wurde. Seine Familie erinnert mit einer Grabplatte an den Ober-Nazi, dessen Namen und Dienstgrad inzwischen eine Steinplatte verdeckt. Ein hässlicher Schatten auf der friedlichen Fraueninsel.

Fisch mit Pfiff

Zur Linde: In dem hübsch gelegenen Restaurant steht Fisch im Vordergrund – als Räucherfischcroutons auf Feldsalat oder als Fraueninseler Fischsuppe. Im Sommer schöner Garten zum Draußensitzen. Es gibt auch Gästezimmer.

Fraueninsel, T 08054 903 66, www.linde-frauenchiemsee.de, tgl. 11.30–20 Uhr, €€

Fischbrötchen

Familie Lex: Berühmt für ihre köstlichen Renkensemmeln mit Räucherfisch.

Hausnr. 31, Fraueninsel, www.chiemsee fischerei-lex.de, €

Einkaufen

Aus eigener Herstellung

Klosterladen: Die Schwestern der Abtei Frauenwörth produzieren feine Liköre, Lebkuchen und Marzipan.

Abtei Frauenwörth, Fraueninsel, im Sommer Mo–Sa 10–17.45, So 13–17 Uhr, im Winter eingeschränkt

Hübsche Souvenirs

Inselladen: Die Fremdenführerin Monika Huber hat in ihrem Laden ein charmantes Sammelsurium origineller Mitbringsel versammelt.

Haus 29, Fraueninsel, T 08054 322 oder 0163 183 52 83, www.inselfuehrung-fraueninsel.de

Bewegen

Schnupperkurs im Segeln

Chiemsee-Segelschule: Das ist ein Angebot: Ein Schnupperwochenende für alle, die einmal testen möchten, ob ihnen das Segeln Spaß macht!

Am Chiemseepark 7, Seebruck, T 08667 74 62, www.chiemsee-segelschule.de, Kurs um 140 €

Mit dem Wind sausen

Chiemsee Kaufmann: Die Adresse für angehende Windsurfer am südöstlichsten Zipfel des Chiemsees; Brettverleih. Außerdem können Sie hier auch SUP-Bretter und Kajaks leihen.

Ludwig-Thoma-Str. 15, Bernau, T 08051 77 77, www.chiemsee-kaufmann.de

MUSIKER VOM SEE

Ob man nun Übersee, Grassau oder gar München als Geburtsort der Chiemgauer Brass-Band LaBrassBanda bezeichnet – Tatsache ist, die Musiker, die am Richard-Strauss-Konservatorium in München zusammenfanden, stammen aus dem Chiemgau und bringen mit ihrer mitreißenden Musik inzwischen Stadien zum Tanzen. Alle sind Virtuosen auf ihren Instrumenten und spielen auch in klassischen Orchestern – und eben bei der funky Blaskapelle. Als ich sie das erste Mal sah, zogen sie mit einem Traktor (für die Technik) und auf Uralt-Mopeds von Auftritt zu Auftritt. Wie auch immer, unbedingt anhören! Ich empfehle ihre CD »Übersee« (2009).

Infos

- **Herrenchiemsee Festspiele:** Opern und Konzerte im Sommer auf der Herreninsel. Programm bei Internationale Herrenchiemsee Festspiele, www.herrenchiemsee-festspiele.de; Tickets über MünchenMusik, www.muenchenmusik.de
- **Christkindlmarkt:** an den ersten beiden Adventswochenenden auf der Fraueninsel, Fr–So 12–19 Uhr, www.christkindlmarkt-fraueninsel.de
- **Kur- und Tourismusbüro:** Alte Rathausstr. 11, 83209 Prien am Chiemsee, T 08051 690 50, tourismus.prien.de
- **Bahn/Bus:** Bahnhof Prien, Bahnhofsplatz, Prien, www.bahn.de. Regelmäßige Verbindung nach München, Salzburg, Rosenheim, Traunstein. Am Bahnhof startet zwischen Mai und Sept. stdl. der historische Dampfzug nach Stock-Hafen;s RVO-Busse zu den Orten in der Umgebung (www.dbregiobus-bayern.de).
- **Chiemseeschifffahrt:** Seestr. 108, Stock-Hafen, Prien, T 08051 60 90, www.chiemsee-schifffahrt.de. Die Schiffe fahren von Prien über Herren- und Fraueninsel nach Gstadt am Nordufer, in der Saison werden auch Seebruck und Chieming angefahren.

Zwischen Chieming und Übersee

L 10/11

Südwestlich vom lebhaften **Chieming** mit einem schönen 6 km langen Strand steht das Mündungsgebiet der Tiroler Ache unter Naturschutz. Von der Aussichtsplattform (40 Min. Fußweg vom Parkplatz am

Sonne, Sand, Wasser und eine Piña Colada – fertig ist ein romantischer Abend irgendwo in der Karibik, genauer gesagt in der bayerischen, am Chiemsee.

Strandbad Übersee) im **Naturschutzgebiet Achendelta** lassen sich seltene Vögel wie Teichrohrsänger, Drosselrohrsänger, Blaukehlchen, Eisvogel und Flussregenpfeifer beobachten. Am nächsten kommt man der Artenvielfalt und dem Prozess der stetigen Veränderung im Deltabereich bei einer Erlebnisbootsfahrt, die von den Tourist-Infos des Chiemsees (s. S. 180, 196) in Zusammenarbeit mit Umweltverbänden organisiert wird (www.tourismus.prien.de/erlebnisse/der-natur-auf-der-spur, meist Fr/Sa 14.30 Uhr ab Prien am Chiemsee, Dauer ca. 3 Std., 27,50 €). Wenn Sie sich eher für Kunst interessieren: In der Chiemseegemeinde **Übersee** lebte und arbeitete der avantgardistische Maler Julius Exter (1863–1939) im Stricker-Haus, das er 1902 kaufte und seit 1917 als Lebensmittelpunkt nutzte (Blumenweg 5, Übersee-Feldwies, T 08642 89 50 83, www.schloesser-bayern.de, April–Okt. nur zu Ausstellungen geöffnet, 2 €).

Schlafen, Essen

Etwas Besonderes

Matador Lodges: Apartment in einer historischen Villa oder Cottage im Park? Vielleicht mit Badeteich? Das Anwesen unweit des Sees ist geschmackvoll, luxuriös und natürlich nicht gerade billig!
Chieminger Str. 17, Grabenstätt, T 08661 983 30, matador-lodges.com, 4 Apt., 4 Cottages, €€€

Genießen mit Panorama

Alpenhof: Allein der Blick auf die Chiemgauer Alpen ist den Besuch wert. Dazu regionale Küche mit einigen modern-mediterranen Elementen, die vorzüglich schmeckt. Und schöne, bäuerlich eingerichtete Zimmer.

Westerbuchberg 99, Übersee, www.alpenhof-chiemgau.de, T 08642 894 00, Do–Mo 10–14, 17.30–21.30 Uhr, €€

Genießen mit Fisch

Wirtshaus zur Hirschauer Bucht: Die frisch gefangenen Spezialitäten aus dem See schmecken in der urigen Umgebung des Grabenstätter Mooses besonders gut. Das Gasthaus besitzt auch einen schönen Biergarten.

Hagenau 2, Grabenstätt, auf halbem Weg zwischen Chieming und Grabenstätt, T 08661 96 26 58, www.hirschauer-bucht.de, April–Mitte Okt. Fr–Di ab 10 Uhr, €€

Brunch im See

Haus am See: Frühstücken den lieben langen Tag, und das mit Super-Blick, denn die Terrasse des netten Bistros macht einen eleganten Schlenker übers Wasser. Dazu ein üppiges und vielseitiges Frühstück von morgens bis abends.

Markstatt 8, Chieming, T 08664 92 96 97, hausamsee-chieming.de, Di, Mi, Fr 11–20, Sa/So ab 10 Uhr, €€

Bewegen

Hangeln

Baum-Hochseilgarten: Mut, Geschick und Schwindelfreiheit trainieren sie auf Parcours verschiedener Schwierigkeitsstufen; außerdem: SUP- und Kajak-Verleih.

Julius-Exter-Promenade 23, Übersee, T 08642 595 56 50, www.parkeroutdoor.com, April–Okt. teils tgl., teils an den Wochenenden geöffnet (s. Website), 23 €

Infos

- **Tourist-Informationen:** Hauptstr. 20b, 83339 Chieming, T 08664 98 86 47, www.chieming.de; Feldwieser Str. 27, 83236 Übersee, T 08642 295, www.uebersee.com
- **Bahn/Bus:** Bahnverbindungen von München nach Übersee und Traunstein, www.bahn.de; RVO-Busse zwischen den Chiemseegemeinden und den Orten in der näheren Umgebung (www.dbregiobus-bayern.de

Rund um den Chiemsee K/L 9/10

Kleine Perlen

Es sind viele kleine Attraktionen, die Sie nördlich des Chiemsees erwarten, Ziele für einen entspannten Tagesausflug, vielleicht sogar per Rad. Da wäre beispielsweise das **Römermuseum** in **Seebruck,** wo die Alz als einziger Abfluss den Chiemsee gen Norden verlässt. Hier unterhielten die Römer die Siedlung Bedaium mit einem wehrhaften Kastell. Das Museum zeigt anschaulich und modern die Funde aus der Region, dazu ein restauriertes Teilstück der Kastellmauer und einen kleinen, nach römischem Vorbild angelegten Ziergarten – hübsch für eine kleine Pause.

L 10, Römerstr. 3, Seebruck, T 08667 75 03, roemermuseum-bedaium.byseum.de, Mi–Fr 10–13, 14–17, Sa/So 10–15 Uhr, 4 €

Kloster Seeon L 10

Zahlreiche kleinere Seen schmiegen sich nördlich von Seebruck zwischen Hügel und Wälder, und auf einem liegt ungemein malerisch das **Kloster Seeon** auf seiner Insel. Seine Geschichte lässt sich bis ins 10. Jh. zurückverfolgen. Das Benediktinerstift war ein Hort der Gelehrsamkeit und der Buchmalerei und eines

R

RUSSLAND UND BAYERN

Russisch-orthodoxe Gräber sieht man nicht häufig auf oberbayerischen Friedhöfen. Auf dem Friedhof der Kirche St. Walburgis in Seeon gibt es gleich mehrere davon. Es sind die Ruhestätten der Herzöge von Leuchtenberg, die mit dem letzten russischen Zaren verwandt waren. Das Grab des Georg von Leuchtenberg (1872–1929) ist ein besonders prunkvolles Beispiel für den russisch-orthodoxen Stil. Und wenige Schritte entfernt, ruht Anastasia Manahan, die bis zu ihrem Tod 1984 behauptete, die einzige überlebende Zarentochter zu sein.

der reichsten Klöster in Bayern. Heute wird es als Veranstaltungsort genutzt. Schon von weither grüßen die beiden gedrungenen Zwiebelkappentürme der ehemaligen Stiftskirche St. Lambert über den See. Im Innern ist der ursprünglich romanische Baukörper mit zarter Renaissance-Malerei geschmückt.

Rabenden

L 9

Das Dorf **Rabenden,** ein paar Kilometer weiter nördlich gelegen, hat seinen Namen jenem Künstler geliehen, der um 1510 den einzigartigen gotischen Altar des **Kirchleins St. Jakobus** schnitzte. Jener ›Meister von Rabenden‹ war Zeitgenosse des weitaus berühmteren Erasmus Grasser und diesem in Technik und Kunst fast ebenbürtig. In der wie ein Wehrbau wirkenden Kirche, die innen ähnlich schlicht ist wie außen, glänzt der Altar mit den drei Figuren des Jakobus, des Simon Zelotes und des Judas Thaddäus wie ein alles überstrahlendes Juwel. Viel wird gerätselt, wer nun der ›Meister‹ war; jüngere Forschungen legen jedoch nahe, dass es sich um den aus Wasserburg stammenden Wolfgang Leb handeln könnte.

Amerang

K 9/10

Das Event-Schloss

Von Rabenden nach Westen treffen Sie auf das 1072 erstmals urkundlich erwähnte **Schloss Amerang.** Die heute teils als Hotel genutzte Anlage ist in Privatbesitz und zeigt ihre Schätze bei Führungen und Veranstaltungen. Sehenswert der von einem Veroneser Scaliger-Herzog eingebaute Renaissance-Arkadenhof, die romanisch-gotische Kapelle, ein Rittersaal und die Repräsentationsräume in Barock und Rokoko.

Schloss 1, T 08075 919 20, www.schlossamerang.de, Führungen nach tel. Vereinbarung für Gruppen (mind. 8 Pers.), Hotel 6 DZ, 2 Suiten, €€€

Autofans aufgepasst!

Aber in Amerang gibt es noch mehr zu sehen: Wenn Sie Autos mögen, sind Sie in der Ausstellung **EFA Mobile Zeiten** richtig: Über 200 perfekt erhaltene Fahrzeuge, vom ersten Benz-Motorwagen bis zu aktuellen Rennboliden, stehen für die Errungenschaften des deutschen Automobilbaus.

Wasserburger Str. 38, T 08075 81 41, www.efa-mobile-zeiten.de, März, Okt./Nov. Do–So, April/Mai Mi–So, Juni–Sept. Di–So 10–18 Uhr, 13,50 €

Bäuerliches Leben

2 km nach Norden sind es zum **Bauernhausmuseum Amerang.** 17 historische Höfe aus Chiemgau und Rupertiwinkel präsentieren besondere Aspekte des bäuerlichen Alltags in diesem Teil Oberbayerns, so die verschiedenen Methoden

Wenn sie genug haben von Königsschlössern und Chiemseefischern wären die Oldtimer im Ameranger EFA-Museum eine Alternative.

der Stallviehhaltung oder spezialisierte Handwerkszweige. Und natürlich darf ein bäuerliches Café mit selbst gebackenen Kuchen nicht fehlen!

Hopfgarten 2, T 08075 915 09 11, www.bhm-amerang.de, April–Okt. 10–17 Uhr, 5,50 €

Eggstätter Seenplatte K 10

Über die **Eggstätter Seenplatte** fahren oder radeln Sie wieder zurück an den See, nicht ohne an einer besonders schönen Badestelle, zum Beispiel am **Langbürgner See** beim Weiler **Stock,** zu rasten und zu baden. Nach insgesamt 50 km erreichen Sie Prien am Chiemsee.

Schlafen, Essen

Bauernhof als Kinderparadies

Huberhof: Wenn die eigenen Kinder dem Bauernhofalter entwachsen sind, darf man auch ohne kommen und diesen wunderschönen Hof in einer Alzschleife genießen. Zum Beispiel bei einem ausgedehnten Frühstück mit hofeigenen Erzeugnissen, oder bei einer Schlauchbootpaddeltour auf der ruhigen Alz. Die Wohnungen sind gemütlich eingerichtet, und das Gastgeberpaar, Thomas und Reinhard, sorgt dafür, dass es an nichts fehlt.

Niesgau 5, Truchtlaching, T 08667 925, www.huberhof-niesgau.de, 12 FeWo jeweils mit Kinderzimmer €€

Bodenständig

Zum Alten Wirt: In klösterlichen Gewölben, im modern-rustikalen Klosterstüberl oder im schönen Garten am See schmeckt das Klostergeheimnis, eine üppige Grillfleischplatte, ganz besonders gut.

Altenmarkter Str. 10, Seeon, T 08624 89 74 29, www.zum-alten-wirt-seeon.de, Mo, Di, Fr ab 17, Sa/So ab 11 Uhr, €€

Gutbürgerlich und gemütlich

Alte Zollstation: Gasthof und Restaurant in den historischen Räumen der ehemaligen Zollstation sind modern und mit viel Holz eingerichtet, die Küche hält sich an bewährte bayerische Rezepte und serviert beispielsweise einen richtig tollen Wurstsalat, versteht sich aber auch auf einen feinen Zwiebelrostbraten oder Bärlauch-Gnocchi. In den historischen Zimmern im Haupthaus und den neu ausgebauten im Stadl lässt sich's zünftig übernachten.

Trostberger Str. 1, Pittenhart, T 08624 879 89 57, www.altezollstation.de, Di–Sa 11.30–23 Uhr, €€

Bewegen

Floß ahoi

Floßfahrten auf der Alz: In den Sommermonaten ein besinnliches Vergnügen durch die ruhige Flusslandschaft des oberen Alztals von Seebruck bis Truchtlaching.

Tourist-Info Seebruck, T 8667 71 39, www.seeon-seebruck.de/alzflossfahrt-seebruck-truchtlaching, Juli/Aug. Di, Do 14 Uhr, Rückfahrt mit dem Bus, 28 €

Gechillt wandern

Alpakahof Hasenöhrl: Alpaka-Wanderungen sind ein Genuss für die ganze Familie – Kinder lieben die sanften Wandergenossen. Und Erwachsene staunen: Eine Stunde unterwegs mit den Alpakas der Familie Hasenöhrl, und Sie fühlen sich entspannt wie noch nie. Was auch immer diesen putzigen Tieren anhaftet, es überträgt sich! Ach ja, natürlich gibt's auch Wolle zu kaufen.

Eglseer Str. 12, Nußdorf, T 08669 67 04, www.alpakas-am-chiemsee.de, 45-minütige Wanderung 25 €/Erw., 35 €/Erw. mit Begleitperson

Infos

- **Tourist-Info:** Römerstr. 10, 83358 Seebruck, T 08667 71 39, www.seeon-seebruck.de
- **Bahn/Bus:** Der nächste Bahnanschluss ist in Prien/Chiemsee; RVO-Busse verbinden Seebruck mit den Nachbarorten (www.dbregiobus-bayern.de).

Traunstein

M 10

Ein Ziel für Freunde gepflegter Biere, denn die Traunsteiner sind stolz auf ihre vielen Brauereien, wie z. B. Wochinger, die schon in 16. Generation in Familienbesitz ist und deren Biergarten regelmäßig unter die schönsten Oberbayerns gewählt wird (s. S. 202). Im **Hofbräuhaus Traunstein** können Sie eine Brauerei besichtigen (Hofgasse 6–11, T 0861 98 86 60, www.hb-ts.de, Di, Mi, Sa 11, Di, Do 14, Mo, Do 18 Uhr, inkl. Bierverkostung 14 €).

Aber blicken Sie nicht zu tief ins Bierglas, sonst entgeht Ihnen noch die reizvolle Altstadt rund um den lang gezogenen Stadtplatz zu Füßen des **Jacklturms** (16. Jh.). Auch in Traunstein hat es häufig gebrannt, so haben nur wenige mittelalterliche Bauten überlebt. Aus dem 14. Jh. stammt der wuchtige **Brothausturm,** der zusammen mit dem **Heimathaus Traunstein** ein nettes Museum beherbergt. Altes Blechspielzeug und eine Puppenstube, ein 100 Jahre altes Stadtmodell sowie der im Original erhaltene Gastraum samt Küche des bis 1919 als Gasthaus genutzten Hauses können an einem Schlechtwettertag durchaus ein paar Stunden unterhalten (Stadtplatz 2/3, T 0861 16 47 86, www.heimathaus-traunstein.de, April–Okt. Di–Sa 10–15, So 10–16 Uhr, Eintritt frei).

Essen

Unter Kastanien

Wochinger Brauhaus: Das kleinste Brauhaus von Traunstein wurde schon 1587 gegründet. Wo sonst als in diesem herrlichen Biergarten öffnet sich bei einem Wochinger Urtrunk unter alten Kastanien der Himmel der Bayern? Während die Eltern genießen, toben die Kleinen auf dem Spielplatz. Und wenn das Wetter schlecht ist, schmecken Bier und Brotzeit auch im Stüberl.

St. Oswaldstr. 4, T 0861 30 45, www.wochinger-brauhaus.com, tgl. 10–24 Uhr, Okt.–Mai nur Di–So, €–€€

R

REISE-PIONIER

Im südlichen Chiemgau wurde (indirekt) der Grundstein für einen großen deutschen Reisekonzern gelegt, die TUI. Der Berliner Reiseveranstalter Carl Degener, der Erfinder der Pauschalreise, schickte ab 1933 Sonderzüge mit Touristen nach Ruhpolding und war damit so erfolgreich, dass er 1948 das Deutsche Reisebüro DER gründete. Über mehrere Stationen ging sein Unternehmen schließlich in der TUI auf. Seine letzte Ruhestätte ist der Friedhof von Ruhpolding.

Infos

- **Tourist-Information:** Stadtplatz 39, 83278 Traunstein, T 0861 655 00, www.traunstein.de

Südlicher Chiemgau K–M 11/12

Aus der Region um die früheren Dörfer Ruhpolding, Reit im Winkl oder Aschau kommen einige der bekanntesten bayerischen Wintersportler. Ehemalige Almen wie die Winklmoosalm bei Reit im Winkl sind heute als Zentren des Skizirkus in aller Munde. Die Chiemgauer Alpen sind auch eine schöne Wanderregion mit einfachen bis anspruchsvollen Touren, so z. B. an der Kampenwand. Hier erwartet Sie ein Ferien- und Freizeitparadies, dessen Auswüchse – Hotels, Pensionen, Ferienwohnungen, Gaudihütten, Blechlawinen – nicht immer gefallen mögen.

Aschau im Chiemgau K 11

Die Gemeinde zu Füßen des auf einem Hügel thronenden Schlosses Hohenaschau stand jahrelang im kulinarischen Riesenschatten des Sternekochs Heinz Winkler, dessen Restaurant Residenz in der ehemaligen Hoftaverne aus dem 17. Jh. als Anlaufpunkt für Gourmets aus aller Welt fungierte. Als der Meister 2022 starb, entzog Michelin die verliehenen zwei Sterne. Bis zum geplanten »Neustart« erholt sich das Dorf um die barocke Pfarrkirche Mariä Himmelfahrt von dem Rummel.

Oben auf dem **Schloss Hohenaschau** mit Bergfried und Ringmauern aus dem 12. Jh. ist die Welt noch in Ordnung. Burghof und Räume wurden mehrmals umgebaut und von Enrico Zuccalli im Stil des Spätbarock ausgestattet. Sehenswert ist auch die Schlosskapelle mit anrührenden Barockfresken und einigen Stuckaturen von Johann Baptist Zimmermann. Die Flugvorführungen von Falken, Milanen und Adlern vor dieser historischen Kulisse sind spannend für Groß und Klein; gelegentlich gibt's Sonderveranstaltungen in historischen Kostümen.

Führungen: Mai–Mitte Okt. Di, Do, So 13.30, 15, Mi, Fr 10, 11.30 Uhr, 7 €; Falknerei: Schloss 1a, Aschau im Chiemgau, T 08052 95 16 91, falknerei-burghohenaschau.de, Flugvorführungen Juli/Aug. Mi–So, 11 und 15, April–Juni, Sept./Okt. Mi–So 15 Uhr, 9 €

Hinsetzen, die Aussicht genießen und nichts tun – die Bankerl in und um Aschau und Sachrang laden dazu ein.

Schlafen

In der Region werden zahlreiche Privatquartiere vermietet. Die Gastgeberlisten finden sich auf den Websites der Tourist-Infos zum Herunterladen und Buchen.

Ökoflair

Erlebnisnaturhof: In dem neu aus Massivholz und Naturmaterialien erbauten Haus gibt es sechs modern und schlicht gestaltete Wohnungen mit Extras wie Fußbodenheizung. Kinder toben auf der großen Spielwiese.

Pölching 5, Aschau, T 08052 95 46 82, www.erlebnisnaturhof.de, 6 FeWo ab 70 €

B

BANKERL-FIEBER

Die Gemeinden Aschau und Sachrang haben auf ihrem Gebiet über 500 Bänke aufgestellt, davon 200, die jeweils eigene Geschichten erzählen, besondere Ausblicke bieten oder ungewöhnlich sind. Vor allem aber laden sie zum Entschleunigen, zum Genießen des Augenblicks und zum Einssein mit der Natur ein. Sie finden sie unter www.aschau.de/bankerl.

Essen

Tradition mit Pfiff

Wirtshaus zum Baumbach: In dem behäbigen, gemütlichen Wirtshaus mit Biergarten stehen verschiedenste Braten und Schnitzel auf der Karte. Vegetariern bleiben Spätzle, Champignons oder leckere Essigknödel – gibt's nicht oft!

Kampenwandstr. 75, T 08052 178 27 77, www.baumbach-aschau.de, Mi–Mo 11.30–14, 17–22 Uhr, €-€€

Alpen-Gourmet

Landgasthof Karner: Die Küche dieses modernen Gasthofes im wenige Kilometer entfernten Frasdorf, der auch Übernachtungsmöglichkeiten bietet, wird hoch gelobt. Die Karte des Gourmetrestaurants (1 Michelin-Stern) listet Feines wie Kalbstafelspitz oder Perlhuhnbrust, aber auch einige vegetarische Positionen auf, während es in der Werstendorfer Stube etwas legerer und rustikaler zugeht.

Nußbaumstr. 6, Frasdorf, T 08052 179 70, www.landgasthof-karner.de, Werstendorfer Stube Di–Sa 18–21 Uhr, Fr/Sa auch mittags, €€, Gourmet-Restaurant nur nach Reservierung Do–Sa ab 18 Uhr, Sa auch mittags, €€€

Bewegen

Paragliding

Kurs oder Tandem? Die Hochries bietet ideale thermische Bedingungen für den eleganten Flugsport. Wer den Mut hat, schwebt im Tandem hinunter.

Flugschule Hochries, Flintsbacher Str. 6, Brannenburg, T 08034 607 96 18, www.flugschule-hochries.de

Infos

- **Tourist-Infos:** Kampenwandstr. 38, 83229 Aschau, T 08052 904 90, www.aschau.de; Dorfstr. 20, 83229 Sachrang, T 08057 90 97 37

Kampenwand

K 11

Der Name kommt nicht von ungefähr. Wie eine Wand schiebt sich der kompakte Klotz mit seiner charakteristischen ›Krone‹, dem Felssaum aus Wettersteinkalk, vor das Alpenpanorama. Mit der **Kampenwandbahn** schwebt man vom Fuß des Schlossbergs in nur 14 Minuten auf 1450 m Höhe und genießt einen fantastischen Fernblick über den Chiemgau. Alternativ wandern Sie auf einem abgesehen von ein paar steilen Passagen recht passabel ansteigenden Weg von Aschau in etwa 2–3 Stunden zur Sonnenalm unterhalb des Gipfels. Oben erwartet Sie ein Netz von Wanderwegen, vom einfachen Panoramaweg zur Steinlingalm bis hin zu anspruchsvollen Klettersteigen.

Kampenwandbahn: An der Bergbahn 8, Aschau im Chiemgau, Dez.–April 9–16.30, Mai–Nov. 9–17, Juli–Mitte Sept. bis 18 Uhr, Info-T 08052 906 44 20, www.kampenwandbahn.de, Berg- u. Talfahrt 25 €

Sachrang

K 12

Ein Dorf wie aus dem Bilderbuch: behäbige Höfe mit Geranienbalkonen, kunterbunte Bauerngärten und eine Dorfkirche, deren Prunk man von außen nicht erahnen würde. Um den Ort 8 km südlich von Aschau hat sich der Müllner Peter (1766–1843) verdient gemacht. Der aus einfachen Verhältnissen stammende Peter Huber übernahm den elterlichen Hof und die Mühle (daher der Rufname), wurde Gemeindevorstand von Sachrang, war leidenschaftlicher Komponist und Musiker und ein intimer Kenner traditioneller Heilkunst. Von ihm sind sowohl umfangreiche musikalische als auch heilkundliche Schriften erhalten. Das Müllner-Peter-Museum berichtet über sein Wirken (Mai–Okt. Fr–So, Fei 14–17 Uhr, 5 €). Das 1688 gestiftete Gotteshaus **St. Michael** prunkt, ungewöhnlich für ein ländliches Kirchlein, im Innern mit Stuck von Pietro und Giulio Zuccali. Bemerkenswert ist am rechten Seitenaltar die Darstellung der hl. Sophia mit ihren drei Töchtern Fides, Spes und Caritas. Die drei sind christliche Sinnbilder von Einbeth, Borbet und Wilbet,

Hohen Tauern, Großglockner und Großvenediger bauen sich vor dem Kampenwandgipfel auf, der bequem per Seilbahn zu erreichen ist.

den drei Bethen oder Nornen aus vorchristlicher Zeit, ein Motiv, das sich in vielen Chiemgauer Kirchen findet. Und last, but not least: Sachrang ist eines der drei Dörfer in Oberbayern, die sich mit dem Prädikat »Bergsteigerdorf« schmücken dürfen. Der Alpenverein vergibt es an Gemeinden, die ihre Traditionen besonders gut bewahrt haben und auf nachhaltigen Tourismus setzen.

Grassau

L 11

Bei Grassau beginnt das **Achental,** das nicht nur wegen seiner landschaftlichen Reize interessant ist, sondern auch wegen der Initiative Ökomodell Achental e. V., in der sich mehrere Gemeinden zusammengeschlossen haben, um den Naturraum zu erhalten. Zwischen April und Dezember verkaufen die Erzeuger aus dem Achental ihre Produkte jeden Samstagvormittag im **Heftergewölbe** (Bauernmarkt). Die barocke Pfarrkirche **Mariä Himmelfahrt** steht auf romanischen und gotischen Fundamenten. Im Innern stuckierten hier wie vielerorts im Chiemgau Mitglieder der Zuccali-Familie ein helles Barockgewand. An der Straße in Richtung Rottau widmet sich das **Klaushäusl** mit dem **Museum Salz & Moor** zwei interessanten Themen: Hier ist eine der berühmten Reichenbachschen Wassersäulenmaschinen zu besichtigen, die in der ersten Hälfte des 19. Jh. Sole vom Berchtesgadener Bergwerk nach Rosenheim pumpten. Außerdem erfahren Sie Spannendes über die **Kendlmühlfilze,** die Hochmoorlandschaft zwischen Grassau und dem Chiemsee (Klaushäusl 11, T 08641 54 67, Mai–Okt. Di–Sa 11–17 Uhr, 4 €).

E

ECHT JETZT?

Eine Umfrage unter Feriengästen brachte vor einiger Zeit die Erkenntnis, dass die Veränderungen, denen **Reit im Winkl** und viele ähnliche Ferienorte durch den Tourismus unterworfen waren, sich negativ auf den Fremdenverkehr auswirken. Es gibt keine Bauern mehr, das Ländliche ist nur noch Schein, und den durchschauen die meisten. Unter den Aspekten Freizeit, Sportmöglichkeiten und Unterkunft ist Reit im Winkl natürlich perfekt, und auch in puncto Umweltschutz hat man sich so einiges einfallen lassen: Auf die **Winklmoosalm,** sommers wie winters Ziel von Blechkarawanen, die ins Wander- oder Skigebiet drängten, wurde nun ein vorbildlicher Kabinenlift vom Parkplatz Seegatterl hinaufgeführt und die Forststraße gesperrt.

Essen

Bayerisches unter Kastanien

Gasthaus Schellenberg: Der Gasthof nordöstlich von Grassau ist ein herrliches Ausflugsziel mit Biergarten unter Kastanien und weitem Talblick. Auf der Speisekarte steht regionale Chiemgauer Küche, ergänzt durch Burger und Steaks. Fazit: junge Wirte, junge Küche und viel frischer Wind!

Schellenberg 11, Bergen, www.gasthaus schellenberg.de, T 08662 667 78 50, Mi–Fr ab 17, Sa/So ab 12 Uhr, Mitte Dez.–März geschl., €€

Infos

- **Tourist-Infos:** Kirchplatz 3, 83224 Grassau, T 08641 69 79 60, www.gras sau.de; Dorfstr. 38, 83242 Reit im Winkl, T 08640 800 20, www.reitimwinkl.de

St. Servatius auf dem Streichen L 12

Von Grassau nach Süden steht kurz vor der österreichischen Grenze die **Streichenkapelle** auf dem 300 m hohen Streichen. Das im 13. Jh. errichtete Gotteshaus besitzt einzigartigen Freskenschmuck des 16. Jh., der in bewegten Bildern vom Leben der Heiligen erzählt. Ein Schatzkästchen ist der Schreinaltar mit geschnitzten Figuren und Reliefs, die wohl um 1520 entstanden. Das an Barock und Rokoko gewöhnte Auge erlebt in diesem spätgotischen Juwel eine Vollkommenheit, der weniger Jubel als umso mehr Demut innewohnt.

www.walchsee-koessen.com/streichenkirche, Schlüssel im Berggasthof Streichen, wenn geschlossen

Ruhpolding/Inzell M 11

Wo früher Holzknechte ihrer sehr gefährlichen Arbeit nachgingen, genießen heute Urlauber eine herrliche Wander- und Skiregion. Ruhpolding und Inzell sind schmucke Städtchen, geprägt von Pensionen und Hotels. Falls Sie schon Entzugserscheinungen haben: Rokoko gäbe es in der Ruhpoldinger **Pfarrkirche St. Georg** zu bestaunen; ich zünde traditionell eine Kerze vor der Ruhpoldinger Madonna, einer romanischen Marienfigur auf einem Seitenaltar, an, das ist so Brauch. In **Laubau,** wenige Kilometer nach Süden, erläutert das **Holzknechtmuseum** in einer interak-

TOUR
Winterlich wandern

Zur Hindenburghütte

Infos

L 12

Start/Ziel: Parkplatz Blindau, einfache Fahrt 7,20 €
Länge/Dauer: 6,2 km, 1,5–2 Std.
Charakter: leichte Schneewanderung auf präparierten Wegen
Einkehr: Hindenburghütte, www.hindenburghuette.de

Der oberhalb von Reit im Winkl von der Hindenburghütte ausgehende Panoramaweg eignet sich mit 6,2 km Länge und nur geringen Steigungen auch ideal für Wanderer, die noch keine Wintererfahrung haben. Schneeschuhe brauchen Sie nicht.

Ins Tal rodeln

Der Spaß beginnt bereits bei der steilen Anfahrt mit geländegängigen Kleinbussen von **Reit im Winkl/Blindau** zur 1260 m hoch gelegenen **Hindenburghütte.** Von hier geht's zunächst noch ein Stück bergauf – Lohn ist ein schöner Blick über die Schneelandschaft auf den im Tal glitzernden Chiemsee. Dann führt der deutlich mit blauen Schildern markierte Weg in einem Bogen zwischen den Buckeln und Hügeln der **Oberen Hemmersuppenalm** hindurch und eröffnet immer neue herrliche Panoramen auf die stille Schneelandschaft. Vorbei an den Almhäusern und ein Stück durch Wald laufend, erreicht man die **Kapelle St. Anna.** Von dort ist es dann nur noch ein kurzes Stück Weg zurück zur **Hindenburghütte** mit ihrem köstlichen Milirahmstrudel und der Sonnenterrasse mit Chiemseeblick. Wer mag, leiht sich hier einen Schlitten und rodelt die 4 km ins Tal. Aber Vorsicht – die Naturbahn ist steil und für Anfänger oder kleine Kinder nicht geeignet.

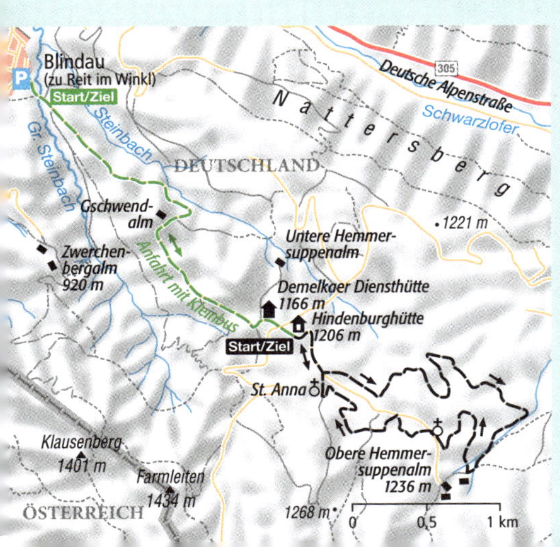

tiven Ausstellung die Arbeitsbedingungen, Techniken und Gefahren der Holzfällerei. Eine Reiffenstuehlsche Kolbenpumpe mit Wasserrad zeigt, mit welchen Hilfsmitteln man bereits im 17. Jh. die Frage des Soletransports, damals von Reichenhall nach Traunstein, löste.

Laubau 12, Ruhpolding, T 08663 639, www.holzknechtmuseum.com, Mai–Okt. Di–So 10–17 Uhr, 9 €

Schlafen

Sportlich

Gasthof Schmelz: Das nette Mittelklassehotel im alpenländischen Stil nahe Inzell mit Hallenbad liegt günstig für Wanderer; viele Touren beginnen direkt vor der Haustür.

Schmelzer Str. 132, Inzell, T 08665 98 70, www.gasthof-schmelz.de, 40 Zi., €€

Abgeschieden

Butz'n-Wirt: Hoch über Ruhpolding gelegen, ist der 400 Jahre alte Berggasthof ein ideales Domizil für Ruhebedürftige, die sich an der fantastischen Aussicht ebenso wenig sattsehen werden wie satt essen an der feinen bayerischen Öko-Küche aus regionalen Zutaten.

Brand 18, Ruhpolding, T 08663 14 22, www.butznwirt.eu, 6 Zi., €–€€

Essen

Schlemmerei mit Ausblick

Berggasthof Butz'n Wirt: Krustenbraten, Wiener Schnitzel, ein paar vegetarische Gerichte und knackige Salate stehen auf der Karte des Landgasthofs. Und ab und an wird musiziert.

s. o., So–Di, Do/Fr 15–21 Uhr, €

Urig mit hohem Anspruch

Forsthaus Adlgaß: Mitten in der Natur gibt's bayerische Schmankerl, Wild oder Forellen, gewürzt mit Kräutern aus dem Garten. Der Gasthof ist Mitglied der Slow-Food-Vereinigung; Qualität und Regionalität der Zutaten sind auf jeden Fall garantiert.

Adlgaß 1, Inzell, T 08665 483, www.forsthaus-adlgass.de, Mi–So 11.30–19.30 Uhr, €€

Luftig mit Kalorien

Windbeutelgräfin: Der Lohengrin-Windbeutel wird hier mit über 20 verschiedenen kalorienreichen Füllungen angeboten.

Brander Str. 23, Ruhpolding, T 08663 16 85, www.windbeutelgraefin.de, Mi–So 10–18 Uhr, €

Bewegen

Eisschnelllauf

Max Aicher Arena: Übers Eis flitzen wie die Stars. Auch Anni Friesinger drehte hier ihre Runden.

Reichenhaller Str. 79, Inzell, T 08665 98 81 11, www.eisstadion-inzell.de, Eislaufzeiten im Winter: tgl. 14–16 Uhr auf dem Eishockeyfeld, 6 €; Mi 19.30–21.30, So 14–16 Uhr auf der 400-m-Bahn, 15 €

Langlauf

Chiemgau-Marathon-Loipe: Sie verläuft auf 35 km Länge von Reit im Winkl über Ruhpolding bis Inzell entlang der Seenkette Weit-, Mitter- und Lödensee.

Infos

- **Tourist-Infos:** Bahnhofstr. 8, 83321 Ruhpolding, T 08663 880 60, www.ruhpolding.de; Rathausplatz 5, 83334 Inzell, T 08665 988 50, www.inzell.de
- **Bahn/Bus:** Ruhpoldinger Bahn nach Traunstein, Abfahrt stdl.; Busverbindungen in die Nachbargemeinden (www.dbregiobus-bayern.de)

Zugabe

Die Hängebrücke

Spektakuläres und Wundertätiges

Augen zu und rüber – nicht jeder kann den Blick vom schwankenden Steg auf die Tiroler Ache genießen.

Standen Sie schon einmal auf einer richtigen Hängebrücke, die über einen Wildfluss führt? Wenn nicht, empfehle ich Ihnen zum Abschluss unseres Streifzugs durch den Chiemgau eine hübsche Wanderung ins benachbarte Tirol. Dafür starten Sie an der ehemaligen Station der Geigelsteinbahn in Ettenhausen und folgen dem ausgeschilderten »Schmugglerweg« durch Wiesen und am Wald entlang und immer wieder Bäche überquerend etwa 3 km. Das letzte Stück klettert steil durch Wald bergauf, dann stehen Sie schon an der Grenze zu Tirol und schauen hinüber auf den markanten Klobenstein und die Kirche Maria Hilf. Dazwischen aber rauscht die wilde Tiroler Ache, und über ihr schwankt die Hängebrücke. Steil geht's hinunter in die Entenlochklamm, die angeblich so eng war, dass gerade mal eine Ente durchpasste. 1906 hat man sie breiter gesprengt. Nach der Brücke – nur nicht hinuntersehen und gut festhalten – kommt die Belohnung, eine Kiesbank, wo man ausruhen und den Kanuten zusehen kann, die durchs Wasser wirbeln. Dann ist es nur noch ein kurzer Zickzackweg zum Klobenstein: Durch den gespaltenen Felsen, um den sich Legenden ranken und an dem eine wundertätige Quelle entspringt, müssen Sie sich hindurchzwängen, allerdings ohne den Stein zu berühren – das erfüllt einen nicht ausgesprochenen, nicht materiellen Wunsch, wie es die heilkundige Geomantin und Weise Frau Martina Glatt aus Aschau sagt (s. Interview S. 291). Vielleicht besuchen Sie zur Sicherheit dann auch noch die Muttergottes in der Wallfahrtskirche, die ja auch gerne hilft, bevor Sie im Gasthaus Klobenstein eine gegrillte Ente bestellen – seit Jahren die Spezialität des Hauses (Klobensteiner Str. 73, A-6345 Kössen, www.gasthaus-klobenstein.com, Sa–Do 10–18 Uhr, €, Gesamtdauer der Wanderung ca. 1 Std. 15 Min., auf gleichem Weg zurück). ■

Entspringt hier eine wundertätige Quelle?

Berchtesgadener Land und Rupertiwinkel

Zackenberge, Seen und Salz in Fels und Sole — Oberbayerns Südosten ist Sehnsuchts- und Wirtschaftslandschaft.

Eintauchen

Seite 221

Magazin3

In dieser Bad Reichenhaller Institution treten die Stars der Kabarettszene auf – und natürlich die Talente in spe.

Seite 224

Schaubergwerk Berchtesgaden

Rein in die Bergmannskluft und ab über die Rutsche in die geheimnisvolle Welt unter Tage.

Seite 227

Kneifelspitze

Wanderung zu einem tollen Aussichtspunkt: (fast) alle Gipfel der Berchtesgadener Alpen auf dem Präsentierteller.

Die Brennerei Grassl macht ihren besten Enzian am Funtensee.

Seite 229

Wimbachklamm

Es gurgelt, rieselt, rauscht und tropft. Auf schmalen Stegen geht es an farnbewachsenen Wasserfällen und an einem tobenden Wildfluss entlang.

Seite 229

Nationalpark Berchtesgaden ✪

Oben wachen die schroffen Zacken von Watzmann und Hohem Göll, unten schimmern geheimnisvolle Seen, in denen sich Barock-Kirchlein spiegeln. Der Nationalpark ist ein herrliches Wander- und Erholungsgebiet.

Seite 231

Berggasthof Vorderbrand

Der gemütliche Gasthof oberhalb des Königssees punktet mit herrlichem Blick, pfundigen Wirtsleut', gemütlichen Zimmern und bodenständiger Küche. Und der üppige Kaiserschmarrn ist nicht nur für Kinder ein Genuss!

Seite 234

Burghausen

Die längste Burg der Welt, eine quirlige Altstadt, ein Jazzfest mit den Größen der Szene und der Dirndltraum schlechthin.

Seite 238

Klostergasthof

Der traditonsreiche Gasthof in Raitenhaslach ist ein Muss zur Biergartenzeit! Dann schmecken die bayerischen Schmankerln, an der Salzach genossen, noch mal so gut.

Seite 239

Neue Seilbahn auf den Jenner

Erst brachte die Birkhuhnbalz die Bauarbeiten zum Erliegen, jetzt fährt sie doch, die neue schnittige Bahn, und wird begeistert aufgenommen.

Im Berchtesgadener Land sind Deutschlands beste Rennrodler zu Hause. Bei einer Runde mit dem Bob-Taxi können Sie ausprobieren, wie sich das anfühlt.

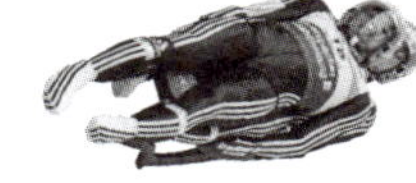

»Berchtesgaden ist der Yellowstone-Park der deutschen Alpen. Die großartigsten Schaustücke derselben liegen nirgendwo so vor deiner Türe wie hier.« (Heinrich Noe, 1898)

erleben

Wirtschaftslandschaft oder unberührte Natur

D

Der südöstlichste Winkel Oberbayerns wirkt wie eine herbe Ausgabe des weiß-blauen Postkartenidylls. Vor der zerklüfteten Bergkulisse der Berchtesgadener Alpen entfaltet sich eine Landschaft, die, so natürlich sie wirkt, stark durch die Verarbeitung ihrer Bodenschätze geprägt wurde. Über 2000 Jahre lang bestimmte das Salz aus den Solequellen in Reichenhall und dem Bergwerk in Berchtesgaden Geschichte, Landschaft und Städte. Auch wenn das Salz heute andere Vertriebswege nimmt als damals, ist es interessant, den historischen zu folgen.

Das Berchtesgadener Land ist eine der touristisch reizvollsten Regionen Oberbayerns, und das ist vor allem dem Nationalpark zu danken, dessen weit verzweigtes Netz an Wanderwegen, dessen reiche Flora und Fauna und dessen idyllische Seen und reißende Wildbäche das Herz von Wanderern und Naturliebhabern erfreuen. Allein werden Sie gewiss nicht unterwegs sein. Highlights wie Berchtesgaden und der Königssee stehen auf den To-do-Listen internationaler Reisegruppen ganz oben.

Wenn's zu viel wird, flüchte ich gerne in den Rupertiwinkel. Die Region entlang der Salzach nach Norden steht im Zeichen mächtiger Burgen, die entlang der Grenze zum Salzburger Nachbarn für die Sicherheit der Städte sorgten, und die typische Inn-Salzach-Architektur prägt Stadtplätze in Tittmoning und Laufen. Es ist reizvoll hier und gemütlich, und ich kenne da einen Laden, der näht die schönsten Dirndl der Welt.

ORIENTIERUNG

O

Reisekarte: N/O 8–14

Infos: Berchtesgadener Land Tourismus, Bahnhofsplatz 4, 83471 Berchtesgaden, T 08652 656 50 50, www.berchtesgadener-land.com

Nationalpark Berchtesgaden, Haus der Berge, Hanielstr. 7, 83471 Berchtesgaden, T 08652 979 06 00, www.nationalpark-berchtesgaden.bayern.de

Tourismusverband Inn-Salzach, Bahnhofstr. 34, 84503 Altötting, T 08671 50 24 44, www.inn-salzach.com

Verkehr: Mit der Bahn von München nach Freilassing; dort weiter nach Bad Reichenhall, Berchtesgaden u. a. Mehrere Züge tgl. von München nach Mühldorf; von dort weiter nach Altötting, Burghausen u. a. Von Salzburg mit der S-Bahn nach Berchtesgaden (www.bahn.de).

Bad Reichenhall

N 11/12

Reichenhall liegt in einem weiten Becken, umgeben von den bewaldeten Hängen von Untersberg, Lattengebirge und Hochstaufen, und wird westlich und südlich von der Saalach eingerahmt. Mit dem keltischen Begriff *hal* für Salz oder Saline sind einige Orte in dieser Region benannt: Das österreichische Hallein liegt nicht weit entfernt, und auch im nahen Salzburg wird auf das Weiße Gold Bezug genommen. In Reichenhall, dem ›reichen Salzlager‹, kam und kommt das wertvolle Mineral in Wasser gelöst ans Tageslicht. Man musste die Solequellen nur fassen und das Salz mittels Verdunstung extrahieren. 1834 sorgte ein Stadtbrand für die Grunderneuerung der Salinenwerke. Die danach eingebauten Förderräder und die Pumpe sind bis heute in Betrieb.

Staatlicher Kurort

Den Titel eines Kurbades verlieh Prinzregent Luitpold Ende des 19. Jh., und ab 1899 avancierte es zum königlich-bayerischen Staatsbad. Die Kuranlagen umgeben Villen des 19. und des beginnenden 20. Jh., so z. B. das **Kurhotel Axelmannstein** (1846; Salzburger Str. 2). Das 1900 von Max Littmann in neoklassizistischem Stil errichtete **Staatliche Kurhaus** wird heute für Veranstaltungen genutzt. Der elegante **Kurpark** stammt aus den gartenkundigen Händen von Karl Effner (1868–78). Das **Gradierwerk** vervollständigte 1929 die Kuranstalt: In dem 172 m langen und 14 m hohen Freiluftinhalatorium rieselt die Sole über 200 000 Schwarzdornreisigbündel und verteilt ihre wohltuenden Kräfte in feinen Tröpfchen in der Luft.

Musik wird in der Konzertrotunde am Bad Reichenhaller Kurhaus auch heute noch zur Unterhaltung der Feriengäste gespielt.

In der Stadt des Salzes gibt es auch eine sehr bekannte Konditorei, die Confiserie Reber – ja, die mit den Mozartkugeln!

Endlich mal Romanik

Dieses Portal würden Sie in Frankreich erwarten oder in Italien, aber doch nicht in Oberbayern, wo Barock und Rokoko Gotik und Romanik an nahezu allen Gotteshäusern den durchaus prunkvollen Garaus gemacht haben. **St. Zeno,** nordöstlich des Kurbezirks, haben die Augustinerchorherren im Jahr 1136 anstelle eines älteren, von den Agilofingern gestifteten Gotteshauses errichtet, das wiederum auf einem römischen Gräberfeld erbaut worden war – so werden Kultorte fortgeschrieben. Das wunderbare romanische Portal an der Westfassade ist aus zweifarbigem Marmor gestaltet. Auf hintereinander gestaffelten, von Löwen getragenen Säulen ruhend, endet der Torbogen unter dem Tympanon, auf dem die Madonna mit dem Jesuskind von zwei Heiligen flankiert sitzt: St. Zeno, der vor Überflutungen schützt, und der hl. Rupert, der Schutzpatron der Bergleute. Darüber steht im Bogen das Lamm Gottes. In den mit Früchten und Getier geschmückten Ranken darunter verbirgt sich übrigens eine Figur mit Judenhut, ein damals weitverbreitetes Symbol des Übergangs vom Alten (Synagoge) zum Neuen Testament (Ecclesia). Das Kircheninnere zeigt gotische Kostbarkeiten wie die Figurengruppe am Hochaltar (Mariens Krönung), der Kreuzgang fantastische romanische und gotische Kapitelle.

Salzburger Str. 30, www.kath-stadtkirche-badreichenhall.de, bei Redaktionsschluss wg. Bauarbeiten geschl.

Schmal und hoch

Die Bahnhofstraße oder der Adolf-Bühler-Weg führen südwestlich durch die beschauliche Reichenhaller Fußgängerzone, vorbei an der **St.-Johannes-Kirche**, einer weiteren romanischen Kostbarkeit aus dem 12. Jh., dem **Salzmaierhaus** (Spitalgasse, 15. Jh., Sitz der Salinenverwaltung bis 1840) und dem **Getreidestadel** (1539 erbaut) daneben. Darin führt das **ReichenhallMuseum** interaktiv und lehrreich durch 4000 Jahre Lokalgeschichte.. (Getreidegasse 4, T 08651 714 99 39, www.reichenhallmuseum.de, Sommer Mi–So, Winter Fr–So 10.30–16 Uhr, 5 €).

Vorbei am **Rathausplatz** mit dem Alten (1849) und dem Neuen Rathaus spazieren Sie in die Obere Stadt bzw. das **Sebastianiviertel** um den idyllischen **Florianiplatz.** Den ältesten Teil von Reichenhall überragt auf ihrer Anhöhe die 1219 zum Schutz der Salzstadt erbauten **Burg Gruttenstein** (Privatbesitz, keine Besichtigung möglich). Hier drängen sich typische **Inn-Salzach-Häuser,** so z. B. in der Florianigasse und in der Tiroler Straße. Laubengänge und teils mehrstöckige Erker strukturieren die schmalen, hohen Fassaden, die die Dachgiebel dahinter verbergen. Als Rest der alten Stadtbefestigung aus dem 13. Jh. bewacht der wuchtige **Peter-** und **Paulsturm** das idyllische Viertel.

Tief bohren

Die Salinenstraße führt zurück nach Nordosten zu den Backsteingebäuden der **Alten Saline** (Öffnungszeiten u. Eintritt s. Tour S. 218). Auch wenn Sie sich nicht besonders für Salzgewinnung interessieren, empfehle ich Ihnen die Besichtigung. Denn in der Alten Saline sind alle drei wichtigen Entwicklungsphasen der Salzgewinnung vereint und noch erhalten: die erste Quellfassung im 16. Jh., die Modernisierung Ende des 18. Jh. und die Runderneuerung im 19. Jh. nach dem Stadtbrand 1834. Letztere besorgten Friedrich von Gärtner und Daniel Ohlmüller. In den großen Hallen haben sich verschiedene Unternehmen niedergelassen, u. a. auch der beliebte Musik- und Kabarettclub **Magazin3** (s. S. 221). Die Solequellen von Reichenhall werden ins Gradierwerk und ins Kurhaus gepumpt, weil die inzwischen geringe Konzentration für die Salzgewinnung nicht ausreicht.

Nicht runtergucken!

Eine der spektakulärsten und zugleich die älteste erhaltene **Großkabinenbahn** DeutscAngabe hlands führt auf Reichenhalls Hausberg, den **Predigtstuhl** (1614 m): 1928 wurde sie von der Talstation im Ort in wirklich atemberaubender Steigung und über senkrechten Fels zur Bergstation in 1583 m Höhe hinaufgeführt und versieht seither zuverlässig ihren Dienst. Hofft man jedenfalls, wenn man 8,5 Minuten über dem Abgrund schwebt. Der Gipfelrundweg und der Weg zur Schlegelmunde werden auch im Winter gefräst und sind gut zu begehen. Im Sommer locken leichte Wanderwege zwischen einer halben und zweieinhalb Stunden. Zu allen Zeiten ist das Panorama sensationell. Watzmann, Hochkalter, Wilder Kaiser – alle markanten Gipfel sind vereint.

Südtiroler Platz 1, T 08651 21 27, www.predigtstuhlbahn.de, März–Okt. 9–17, im Winter 9–16 Uhr, Berg- u. Talfahrt 49 €

Ausflug nach Anger N 11

Dorfanlage, Gotteshaus, Volksfrömmigkeit und eine pfundige Wirtschaft: Das alles zeichnet die kleine Gemeinde **Anger** 12 km nordwestlich von Bad Reichenhall aus. Dank ihrer **Kirche Mariä Himmelfahrt** ist sie schon von der Autobahn A8 nicht zu übersehen. Das 1447 geweihte Gotteshaus in gotischer Architektur aus unverputzten Nagelfluhquadern besitzt einen ungewöhnlich schlanken, hohen Turm, der im 18. Jh. aufgestockt wurde. Die Kirche selbst steht erhöht über dem namensgebenden Anger, also dem ehemaligen Dorfplatz, und wirkt dadurch schon aus größerer Entfernung sehr auffällig. Eingerahmt wird das Kirchenplateau von Häusern, die aus dem 18. und 19. Jh. stammen. Das Ensemble ist ebenso hübsch wie ungewöhnlich und verleitete schon König Ludwig I. dazu, Anger als »schönstes Dorf meines Königreichs« zu bezeichnen.

Ein wirklich ungewöhnlich schönes **Wegkreuz** ziert etwa 1 km nordwestlich der Kirche die Kreuzung Holzhauser/Haslauerstraße. Maria und Johannes flankieren, neu farblich gefasst und unter ein schützendes Vordach gestellt, den Gekreuzigten. Das Besondere sind nicht nur das Alter (frühes 18. Jh.), sondern auch die darunter aufgestellten Totenbretter, die an Gefallene des Zweiten Weltkriegs erinnern. Der Brauch, Totenbretter aufzustellen, war früher weitverbreitet, kommt in heutiger Zeit aber kaum noch vor.

Schlafen

Alpin im Kurbezirk

Almrausch: Das 1902 erbaute Hotel ist top-aktuell mit Holzdekor und superbequemen Betten ausgestattet und liegt ruhig im Kurviertel. Wählen Sie besser ein Komfortzimmer, die anderen sind recht klein. Angenehm ist der freundliche und sehr aufmerksame Service.

Frühlingstr. 5, T 08651 966 90, www.almrausch-bgl.de, 23 Zi., €€

Elegant im Kurbezirk

Villa Sudrow: Auch diese Jugendstilvilla liegt im Kurbezirk unweit des Gradierwerks. Modern eingerichtete Apartments, WLAN in allen Bereichen und ein kleiner Garten gestalten den Aufenthalt angenehm.

Rinckstr. 3, T 08651 983 10, www.villa-sudrow.de, 5 Apt., Mindestaufenthalt 3 Nächte, €€

Essen

Bayerisch-gemütlich

Brauerei-Gasthof Bürgerbräu: Seit 1633 wird an dieser Stelle gebraut und bewirtet. In den gemütlichen Wirtshausstuben kommen alle bayerischen Schmankerln auf den Tisch, so auch Rehbratwürstl. Dazu gibt's süffiges Bier.

Am Rathausplatz, T 08651 60 89, www.brauereigasthof-buergerbraeu.de, tgl. 10–22 Uhr, €€

Schick und mediterran

Salin: Schon die Lage in der Alten Saline ist toll, vor allem bei schönem Wetter auf der Terrasse. Hinzu kommt italienisches Crossover mit bayerischen Anklängen! Und das schmeckt richtig gut! Mittags ist es besonders günstig – zwei Gänge für unter 10 €! Auch rundes vegetarisches/veganes Angebot!

Alte Saline 2, T 08651 717 49 07, www.salin-reichenhall.de, Mi–So 11.30–22/21 Uhr, €€

Bayerische Freaks

Goberg: Für die Kulinarik in Anger sorgen Peter Golab und Dennis Hackenberg in einer nicht gerade typischen Dorfwirtschaft am Dorfplatz mit bayerisch-kreativer Küche – manchmal gibt es Saures Lüngerl und Almkas Spatzn, dann wieder veganes Falafel-Curry! Ab und an werfen sie die GoBeats an für eine heiße Elektronacht oder engagieren eine unfolkloristische Tanzmusi wie Monobo Son. An anderen Abenden geht es aber auch durchaus traditionell zu.

Dorfplatz 36, Anger, T 08656 989 83 35, goberg.de, Do–So 10–23 Uhr, €€

Einkaufen

Süßes

Confiserie Reber: Im Stammhaus der Mozartkugeln gilt es, einem ganzen Universum von Kalorienbomben zu widerstehen.

Ludwigstr. 10–12, www.reber.com, Mo–Sa 9.30–17.30, So ab 13.30 Uhr

Salziges

Salinenapotheke: Sie führt eine breite Auswahl an Heilmitteln und Kosmetika aus Sole und Salz, z. B. ein tolles Salzpeeling. Hier bekommen Sie auch Reichenhaller Latschengummibonbons »LAGUBO«, seit 1926 das Reichenhaller Geheimrezept bei Husten und Erkrankungen der Atemwege!

Alte Saline 4, www.kurapotheke.org, Mo–Do 8–18.30, Fr 8–18, Sa 9–14 Uhr

Bewegen

Wellness

Rupertus Therme Spa & Fitness Resort: In dieser Oase mit mehreren Solebecken, einer Solegrotte, Saunalandschaft, Familienpools, Fitnesscenter sowie umfangreichem Massage- und Wellnessprogramm kommen Sie zur Ruhe oder auf Trab – wie Sie es wollen!

Friedrich-Ebert-Allee 21, T 08651 762 20, www.rupertustherme.de, 10–22 Uhr, 34,50 €

Lieblingsort

See mit Kirche und Magie

Rund 1,5 km westlich von Anger schmiegt sich ein kleiner Moorsee in die Voralpenhügel. Der **Höglwörther See** (**N 11**)ist ein Bilderbuchidyll, und das zu jeder Jahreszeit. Auf einer Insel das ehemalige **Augustinerchorherrenstift** mit der Kirche **St. Peter und Paul,** darin weiß-grün-goldener Rokoko-Stuck des Wessobrunners Benedikt Zöpfl, der wie Urwaldranken über Wände und Decke wuchert. Um den See ein **kleiner Rundweg,** den ich in einer halben Stunde entlangspaziere und Höckerschwäne und Blässhühner überhaupt nicht interessiere. Auf halbem Weg ein kleiner Wasserfall, auch ein einfaches Strandbad gibt es. Das ist zu jeder Jahreszeit schön, aber geradezu magisch **am ersten Adventwochenende,** wenn nachts 800 Laternen rund um den See symbolisch den Weg nachzeichnen, den Maria und Josef auf ihrer Flucht aus Ägypten nehmen mussten. Ich brauche die mit etwas naiven Puppen bestückten »Stationen« nicht. Der See, die Laternen, die Kerzen sind mir Zauber genug.

TOUR
Der Weg des Salzes

Mit dem Auto von Bad Reichenhall nach Grassau

Die Gier nach dem Weißen Gold machte Fürsten und Händler reich, entwaldete ganze Landstriche und trieb Ingenieure zu revolutionären technischen Neuerungen. In der Alten Saline Bad Reichenhall nahm die Geschichte ihren Anfang. Älteste schriftliche Zeugnisse über die Salzgewinnung stammen aus dem 7. Jh. 682 machte der Agilofinger Herzog Theodo II., der erste christliche Herrscher dieser Linie, Bischof Rupertus von Salzburg ein Geschenk, das Bad Reichenhall in den folgenden Jahrhunderten zum Zankapfel zwischen Bayern und dem Bistum Salzburg machen sollte, bis es 1587 endgültig an Bayern fiel: »20 Pfannstädel« und ein Drittel der Quellschüttungen wechselten damals den Besitzer, also 20 Solepfannen und ein Drittel der Solequellen. Zu jener Zeit waren die Pfannen zum Sieden der Sole mit rund 5 m Durchmesser relativ klein; später verwendete man Solepfannen mit 250 m² Bodenfläche. Heute haben energiesparende Siedeverfahren die alten Pfannen abgelöst.

Infos

L–N 10/11

Start:
Bad Reichenhall, Alte Saline (Alte Saline 9, T 08651 700 21 46, www.alte-saline.de, Mai–Okt. tgl. 10–16, sonst Di–So 11–15 Uhr und jeden 1. So/Monat, 13 €)

Ziel:
Museum Klaushäusl, Grassau (s. S. 205)

Planung:
Öffnungszeiten im Museum Klaushäusl in Grassau (s. S. 205) und im Holzknechtmuseum in Ruhpolding/Laubau (s. S. 206) beachten

Länge/Dauer:
70 km, ein Tag

Wasserkraft und Riesenräder

Auf in die **Alte Saline!** Die Besichtigung startet im Hauptbrunnenhaus mit den darunterliegenden Stollen. Zunächst sehen Sie die Maschinenhalle mit ihren imposanten Wasserrädern von 13 m Durchmesser: Angetrieben durch einen Gebirgsbach, bewegen sie zehn Pumpen und fördern so tagtäglich 900 000 Liter Sole, also salzhaltiges Wasser, aus dem 15 m tiefen Hauptschacht. Was heute die Wasserkraft leistet, mussten bis Mitte des 15. Jh. Arbeiter bewegen. Sie bildeten eine Kette und beförderten die Sole in Ledereimern nach oben.

Geniale Erfindung

Im 16. Jh. stammten ein Fünftel der herzoglichen Staatseinnahmen aus Salzzöllen. Ausgerechnet diese Quelle des Wohlstands drohte zu versiegen, denn Süßwassereinbrüche verschlechterten beständig die Qualität der Sole. Die Lösung dieses Problems hatte der Bildhauer Erasmus Grasser bereits im 15. Jh. entworfen. Verwirklicht wurden sie aber erst, als Herzog Georg der Reiche und Albrecht IV. alle in nicht-klösterlichem Besitz befindlichen Solepfannen in ihre Hand gebracht hatten. Nach Grassers Plänen entstand von 1524 bis 1538 ein Stollen, in den man nun vom Hauptbrunnenhaus über 72 Stufen hinuntersteigt. Die Solequellen fließen hier in einem zentralen Schacht zusammen, das Süßwasser hingegen speiste einen 2 km langen, unterirdischen Kanal, der es von der Sole wegleitet: den Grabenbach, an dem die Salinentour entlangführt. Keine Angst! Er ist zwar 500 Jahre alt, aber sehr stabil.

Historische Ökokatastrophe

Die Folge war eine enorme Steigerung der Produktion – Ende des 16. Jh. verließen die Saline 370 000 Zentner Salz pro Jahr. Allerdings benötigte man dafür jährlich 265 000 m³ Holz. Schon bald erwies sich der Brennstoffmangel als größtes Problem der Salzgewinnung: Die Hänge rund um Berchtesgaden und Reichenhall waren abgeholzt. Das Holz kam nun aus der weiteren Umgebung, aus Ruhpolding oder Inzell. Holzknechte waren gesucht, ebenso Trifter, die die geschlagenen Stämme auf dem Wasserweg bis nach Reichenhall lenkten. Im **Holzknechtmuseum** von **Ruhpolding** (s. S. 206) ist die Epoche dieser schweren und gefährlichen Arbeit dokumentiert.

13 m Durchmesser haben die Wasserräder, die in Bad Reichenhalls Alter Saline die Sole aus 14 m Tiefe nach oben befördern. Die Räder sind seit 1834 in Betrieb.

Sole auf Wanderschaft
Anfang des 17. Jh. wurde immer deutlicher, dass das Holzproblem nur durch die Verlagerung der Solepfannen zu bewältigen war. **Traunstein,** noch reich an Wäldern und dank naher Moorlandschaften auch mit Torf gesegnet, bot sich an. Vater und Sohn Hans und Simon Reiffenstuel konstruierten 1617 eine 31 km lange Soleleitung aus 9000 hölzernen Deicheln (Holzrohren) von Reichenhall nach Traunstein. Darin wurde die Sole über 238 m Höhenunterschied gepumpt. 7 m hohe, mit Kolben verbundene Wasserräder, drückten sie nach oben in ein Hochbecken, von dem aus sie zur nächsten Pumpstation abfließen konnte. Sieben solche Brunnhäusl hielten die »erste Pipeline der Welt« am Laufen; eines davon ist im Holzknechtmuseum zu besichtigen!

Fall der Hauptsaline
200 Jahre lang war **Traunstein** Hauptsaline, doch nur wenig erinnert heute noch an diese Epoche: Den Abriss des Salinengeländes hat nur die 1630/31 am Karl-Theodor-Platz erbaute **Salinenkapelle** überstanden, ein Stilmix aus gotischen Fenstern, barocken Turmkappen und einem Renaissance-Portal. Geweiht ist sie dem hl. Rupert, eben jenem Salzburger Bischof, dem der Agilofinger Theodo II. Salzrechte in Reichenhall geschenkt hatte und der schließlich der ganzen Salzregion, dem Rupertiwinkel, seinen Namen verlieh.

Noch eine technische Meisterleistung
Zu Beginn des 19. Jh. stand man in Traunstein erneut vor dem Problem des Brennstoffmangels. Eine weitere Verlagerung nach Rosenheim wurde beschlossen, ein weiteres technisches Meisterwerk war vonnöten. Die Antwort auf diese Herausforderung – immerhin ging's auf dieser Strecke um 350 m Höhenunterschied – lieferte Georg Friedrich von Reichenbach mit der Reichenbach'schen Solehebemaschine. Das **Museum Klaushäusl** bei **Grassau** erklärt deren Funktionsweise (s. S. 205).

Ausgehen

Live und bissig

Magazin3: Das wechselnde Liveprogramm mit Musik und Kabarett unterhält höchst anspruchsvoll in der Alten Saline. Alte Saline 15, T 08651 96 53 60, magazin3-kultur.de

Infos

- **Perchtenlauf der Nonner Perchten:** In der Nacht vom 5. auf den 6. Jan. sind die furchterregend verkleideten Perchten los und vertreiben die Wintergeister. Start ist gegen 16 Uhr (Ausgangspunkt und Wegverlauf beim Verkehrsverein).
- **Kur- und Verkehrsverein:** Wittelsbacherstr. 15, 83435 Bad Reichenhall, T 08651 71 51 10, www.bad-reichenhall.de
- **Bahn/Bus:** Hauptbahnhof am Bahnhofsplatz, Züge nach Berchtesgaden, Chiemsee, München (www.bahn.de). Busverbindungen nach Bayerisch Gmain, Thumsee und Piding. Innerstädtische Linien Rupertusbad–Kaiserplatz und Rathausplatz–Mayerhof (Fahrplanauskunft bei der Touristeninformation oder www.stadtwerke-bad-reichenhall.de). RVO-Busse u. a. nach Berchtesgaden und Traunstein (www.dbregiobus-bayern.de).

Berchtesgaden

O 12

Nach wie vor liegt über Berchtesgaden Adolf Hitlers Schatten. Sein Berghof am Obersalzberg war zweiter Regierungssitz, und auch, wenn ihn die Amerikaner 1952 gesprengt haben, sind Bunkersysteme erhalten, die Ewiggestrige und Neufaschisten nach Berchtesgaden locken. Dafür kann der Ort nichts, für die Vermarktung seiner Attraktion Eagle's Nest, gemeint ist das Kehlsteinhaus, aber schon. Wie in Oberammergau wird vieles dem Götzen Tourismus geopfert, der hier wie dort vor allem aus amerikanischen Busgruppen besteht.

Tolle Innenstadt

Aber das harmonische Ortsbild ist schon begeisternd, so sieht Bilderbuch-Oberbayern aus! Dicht gedrängt staffeln sich die hohen, schmalen Inn-Salzach-Häuser um Schloss und Stiftskirche. Der wild gezackte Watzmann, die Reiteralpe und der Hohe Göll wachen als gütige Götter über das Geschick der Winzlinge, die an ihrem Fuße seit Anfang des 12. Jh. siedeln.

Die Grafen von Sulzbach erbauten damals ein Augustinerchorherrenstift (1102–08), das nicht nur die geistliche, sondern auch die weltliche Gewalt über sein Territorium erhielt; der Klostervorsteher war zugleich Propst und später gar Fürst. 1190 begannen die Pröbste mit dem Salzabbau und 1212 richteten sie eine Saline ein. Dann ging's rund: 1328 war aus dem Stift ein Markt geworden, den sich 1393 das Bistum Salzburg einverleibte. 1594 fiel dieses, mit Berchtesgaden, an die Wittelsbacher und wurde 1704 erneut österreichisch besetzt. Das Hin und Her endete erst 1810, als Berchtesgaden endgültig zu Bayern kam. Zu diesem Zeitpunkt endete auch die Leibeigenschaft der Bauern.

Ende des 19. Jh. erreichte dann der touristische Aufschwung Berchtesgaden, der zunächst Maler und Literaten, ab 1928 dann aber Nationalsozialisten um Adolf Hitler in den Ort brachte. Die Anlagen am Obersalzberg (s. S. 226) bombardierten die Amerikaner 1945, besetzten bei Kriegsende die Ruinen und rissen in den 1950ern schließlich den Berghof ab.

Stiftskirche und Schloss

Die Stiftskirche und das nach der Säkularisation zum königlichen Schloss umgebaute Chorherrenstift beherrschen den nördlichen Eingang zur Altstadt. Die ursprünglich romanische **Basilika St. Peter und Johannes der Täufer** ❶ wurde ab 1300 rund 200 Jahre lang gotisch umgebaut und im 19. Jh. neoromanisiert. Deshalb ist der Gesamteindruck eher zwiespältig, doch im Innern prunkt sie mit einem Chorgestühl aus dem 14. Jh., einem barocken Marmoraltar (17. Jh.) und einer Vielzahl von Grabmälern der hier beigesetzten Pröpste. Im **Schloss** ❷ nebenan ist noch der **romanische Kreuzgang des Stifts** erhalten, eine Rarität im barocken Oberbayern und von zierlicher, ruhiger Schönheit. An einigen der Säulen, die die Arkadenbogen tragen, sieht man figürliche Steinmetzarbeiten wie Sirenen, Löwen und eine Darstellung des Orpheus. Für mich ist der Kreuzgang der Hauptgrund, das Schloss zu besichtigen, das zuletzt dem Kronprinzen Rupprecht von Bayern als Domizil diente (1922–33). Die Repräsentationsräume, Waffenkammern und Schlafzimmer der königlichen Herrschaften finde ich nicht so spannend, aber das ist Ansichtssache. Immerhin: Die darin ausgestellte Kunstsammlung des Kronprinzen umfasst u. a. mittelalterliche Plastiken und Gemälde, darunter zwei Altarflügel von Tilman Riemenschneider in der Gotischen Halle.

Schlossplatz 2, www.schloss-berchtesgaden.de, Pfingsten–Mitte Okt. Führungen um 10.30, 12, 14, 15.30 Uhr, Winter Mo–Do 11, 14, Fr 11 Uhr, 15 €

> **G**
>
> **GEFÄLSCHT**
>
> Das Privileg, Salz abzubauen, beanspruchte die Propstei dank eines von Friedrich Barbarossa 1156 verliehenen Salzregals – das aber war gefälscht. Der Kaiser hatte dem Kloster nur die Forsthoheit sowie das Jagd-, Weide- und Fischrecht zugestanden, das Salz hingegen schmuggelten die Pröpste hinzu.

Rund um den Marktplatz

Unübersehbar beherrscht das 1594 errichtete **Hirschenhaus** ❸ den lang gezogenen, historischen **Marktplatz** ❹ südwestlich und schräg gegenüber der Schlossanlage. Zwar wurde das Haus Ende des 19. Jh. umgebaut, aber an der der Metzgergasse zugewandten Fassade sind noch Lüftlmalereien aus der Gründungszeit erhalten: Affen symbolisieren hier die Untugenden der Menschen. Der Brunnen auf dem Markt stammt ebenfalls aus dem 16./17. Jh. Am Schlossplatz nebenan finden Sie gleich mehrere interessante Geschäfte, darunter Berchtesgadener Handwerkskunst, wo es die hübschen Berchtesgadener Spanschachteln zu kaufen gibt – Holzwar nannte man das früher und die war fast ebenso berühmt wie das Berchtesgadener Salz.

Raus aus Berchtesgaden

Gut gemacht

Heimatmuseen sind nicht immer wirklich anregend, dieses aber schon! Durchs Nonntal, eines der ältesten Siedlungsgebiete Berchtesgadens, wo man viele typische Beispiele traditioneller alpenländischer Architektur, geschmückt mit bunten Fresken der Lüftlmalerei, studieren kann, endet der Spaziergang nach rund 1 km beim **Renaissance-Schloss Adelsheim** mit dem **Heimatmuseum** ❺. ›Verle-

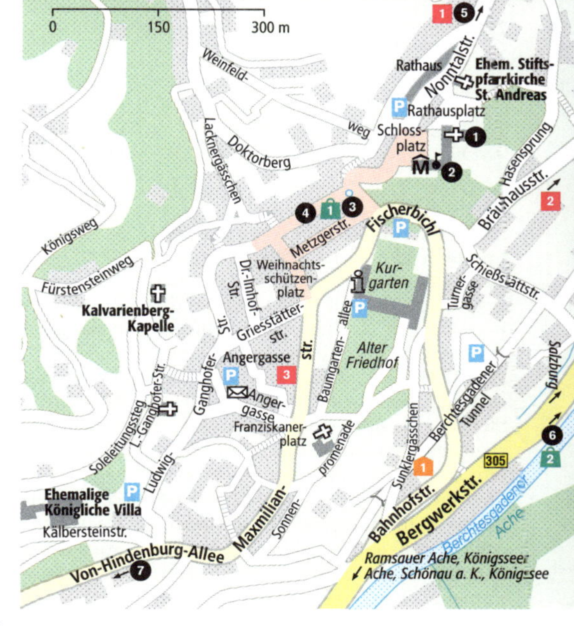

Berchtesgaden

Ansehen

1. Basilika St. Peter und Johannes der Täufer
2. Schloss
3. Hirschenhaus
4. Marktplatz
5. Schloss Adelsheim/ Heimatmuseum
6. Schaubergwerk Berchtesgaden
7. Haus der Berge

Schlafen

1 Hotel Bavaria

Essen

1 Esszimmer Berchtesgaden
2 Bräustüberl Berchtesgaden
3 Bauchgfui

Einkaufen

1 Berchtesgadener Handwerkskunst
2 Enzianbrennerei Grassl

---

ger‹, nicht im buchtechnischen Sinne, sondern Leute, die Waren von hier nach da verlegten, waren die Distributoren für das zweite große Handelsgut nach dem Salz, das Berchtesgaden in alle Teile Europas lieferte: die Erzeugnisse des Holzhandwerks, darunter die bunt bemalten, überaus leichten und praktischen Spanschachteln. Seit dem 16. Jh. ist die Berchtesgadener War' verbrieft, und wie vielseitig, funktional und zugleich hübsch gearbeitet die Spanschachteln, das Holzspielzeug, Flöten und Hausrat waren, zeigt diese Ausstellung. Faszinierend sind auch die Arbeiten der Boandlschnitzer, die aus Elfenbein, aber auch aus Rinderknochen die kompliziertesten und filigransten Gegenstände schnitzten: Vom zerlegbaren Auge über Kämme, Fingerhüte und sogar Flohfallen ist im Museum eine erstaunliche Sammlung dieser alten Kunst vertreten, die 1879 mit dem Tod des letzten Beinschnitzers in Berchtesgaden ausstarb. Neben diesen beiden Schwerpunkten zeigt das Heimatmuseum Marionetten des Bauchredners Gabriel Gailler (1838–1917), zu seiner Zeit ein berühmter Theatermann, Skulpturen und Schnitzarbeiten von Berchtesgadener Holzbildhauern aus den letzten 500 Jahren, Trachten, Votivgaben und Alltagsgegenstände aus dem Berchtesgadener Raum. Im Museumsladen können Sie dann, derart angeregt, die Berchtesgadener War' kaufen.

Schroffenbergallee 6, T 08652 44 10, www.lra-bgl.de, Do–So, März–Okt. 10–16, Dez. 10–14 Uhr, 5 €

Macht Spaß

Ein Besuch im **Schaubergwerk Berchtesgaden** ❻ ist eher spaßig als ernst, das fängt schon mit dem Anlegen der Bergmannskluft an. Dann werden die Besucher per Grubenbahn ins Innere des Haselgebirges befördert, in dem seit 1517 Salz abgebaut wird. Man läuft durch stillgelegte Sinkwerke und Stollen, teils über Holzbahnen bergab rutschend, zu einem bunt illuminierten Salzsee, den man auf einem Floß überquert. In einem »magischen Salzraum« läuft eine abwechslungsreiche Multivisionsschau zur Geschichte des Salzabbaus. Das Bergwerk ist übrigens immer noch in Betrieb, jährlich werden 600 000 m³ Sole gefördert und später in der Neuen Saline von Reichenhall verarbeitet.

Bergwerkstr. 83, T 08652 600 20, www.salzbergwerk.de, April–Okt. tgl. 9–17 (Führungen ca. alle 10–15 Min.), im Winter tgl. 11–15 Uhr (Führungen ca. alle 25 Min.), Dauer der Führung 45 Min. (weitere 45 Min. fürs Umkleiden einplanen), 22,50 €

Modern und kantig

Ein Hingucker ist das **Haus der Berge** ❼ allein schon wegen seiner Architektur, gegen die sich übrigens viele Naturliebhaber gewehrt haben – zu modern, zu kantig! Ich finde sie toll. Drinnen gibt die ständige, interaktive Ausstellung »Vertikale Wildnis« Antworten auf Fragen wie: Was sieht man auf dem Grund des Königssees? Und auf dem Watzmanngipfel? Welche Lebensräume breiten sich im Nationalpark Berchtesgaden zwischen dem tiefsten und dem höchsten Punkt aus? Wechselausstellungen zeigen ergänzend verschiedene Aspekte des Nationalparks auf. Nicht nur an Regentagen eine Alternative zur ›echten‹ Natur!

Hanielstraße 7, T 08652 979 06 00, www.haus-der-berge.bayern.de, tgl. 9–17 Uhr, 4 €

Schlafen

Es herrscht kein Mangel an Hotels, aber die Preise sind erstaunlich hoch! Vielleicht ist es günstiger, eine Ferienwohnung zu mieten.

Romantisch

1 **Hotel Bavaria:** Zentral gelegen, hübsch eingerichtet, klein und sehr persönlich geführt, und neben den komfortablen Zimmern freuen sich die Gäste über einen schönen Wellnessbereich mit Dampfbad und Sauna sowie ein reichhaltiges Frühstücksbuffet.

Sunklergässchen 11, T 08652 966 10, www.hotelbavaria.net, 26 Zi., €€–€€€

Essen

Frischer, ambitionierter Wind

1 **Esszimmer Berchtesgaden:** Roxana und Maximilian Kühbeck verbinden in ihrem Gourmetlokal alpine Gemütlichkeit und moderne Kochkunst. Natürlich mit regionalen und saisonalen Zutaten der besten Erzeuger. Rosa Rehrücken mit Süßkartoffeln, Stör aus dem nahen Gröding oder Spargel-Duett begeistern durch die Raffinesse ihrer Zubereitung. Sollten Sie probieren!

Nonntal 7, T 08652 655 43 01, esszimmer-berchtesgaden.com, Di–Sa ab 17.30 Uhr, €€€

Altbewährter Klassiker

2 **Bräustüberl Berchtesgaden:** Gemütlich, urig und beliebt bei allen, deftig-bayerische Kost und selbst gebrautes Bier.

Bräuhausstr. 13, T 08652 97 67 24, www.braeustueberl-berchtesgaden.de, tgl. 10–24 Uhr, €–€€

Nachhaltige Selbstbedienung

3 **Bauchgfui:** Ein gestandenes Wirtspaar (vormals am Söldenköpfl) stellt die bayerische Gastronomie auf den Kopf, macht ein Selbstbedienungsrestaurant auf und kocht so gut, dass der Laden brummt. Allseits beliebt sind Bowls mit allem Möglichen, asiatisch, bayerisch, italienisch … frische Salate, leckere Suppen, jede Woche neu. Was es gibt, erfährt man online. Und wer's mitnehmen möchte – es gibt Mehrweggeschirr!

Maximilianstr. 11, T 08652 975 21 80, www.bauchgfui.de, Mo–Fr 11–16 Uhr, €

Einkaufen

Buntes Handwerk

1 **Berchtesgadener Handwerkskunst:** von der Spanschachtel bis zu Puppenstubenmöbeln – alles beste Berchtesgadener War'.

Schlossplatz, www.berchtesgadener-handwerkskunst.de, Mo–Fr 9–12, 14–18, Sa 9–13 Uhr

Bitter und scharf

2 **Enzianbrennerei Grassl:** Die Brennerei ist seit 400 Jahren Berchtesgadener Platzhirsch für alles, was mit Enzianschnaps zu tun hat.

Salzburger Str. 105, www.grassl.com, Mai–Okt. Mo–Fr 9–18, Sa 9–16, Nov.–April Mo–Fr 9–17, Sa 9–12 Uhr

Bewegen

Wandern

Geführte Touren im Nationalpark: Die Nationalparkverwaltung organisiert im Winter und im Sommer naturkundliche Wanderungen, z. B. zur Beobachtung der im Schutzgebiet nistenden Adler; das Programm gibt es im **Haus der Berge** 7 oder bei der Tourist-Information im Kur- und Kongresszentrum.

Frisch gezapft schmeckt ein Helles am besten, hier im Bräustüberl Berchtesgaden.

Infos

- **Tourist-Information:** Kur- und Kongresshaus, Maximilianstr. 9, 83471 Berchtesgaden, T 08652 65 65 00, www.berchtesgaden.de
- **Nationalpark-Informationszentrum Haus der Berge:** s. S. 224
- **Bahn/Bus:** Hauptbahnhof, Bahnstraße, www.bahn.de, von hier verkehren RVO-Busse (www.dbregiobus-bayern.de) u. a. zum Dokumentationszentrum Obersalzberg und an den Königssee.
- **Obersalzbergbahn:** Bergwerkstr. 10/3, T 08652 25 61, www.obersalzbergbahn.de, April–Juni, Sept., Okt. 9.30–17, Juli/Aug. 9–17.50, Winter 10–16 Uhr, Berg- u. Talfahrt 16 €

H

HÖHENKOLLER

Zum Pflichtprogramm vor allem US-amerikanischer Touristen am Obersalzberg gehört das Eagle's Nest genannte, 1937/38 für Adolf Hitler erbaute Kehlsteinhaus, das man nach schwindelerregender Fahrt über die wahrhaft kühn in den Fels gesprengte Straße erreicht. Sie ist 6,5 km lang, und sie überwindet mit fünf Tunneln und nur einer Kehre 700 m Höhenunterschied. Vom Parkplatz unterhalb des Kehlsteinhauses bringt ein Lift Besucher die letzten 124 m durch Fels hinauf zum Haus. Hier oben, in 1834 m Höhe und mit 200 km Fernblick nach allen Seiten, hätte Hitler sich auf dem Höhepunkt seiner Macht fühlen können, hätte er nicht unter Höhenangst gelitten und diesen Ort nach Kräften gemieden (www.kehlsteinhaus.de, Mai–Okt. 8.30–16.50 Uhr, Bus u. Lift ab/ bis Dokumentation Obersalzberg 8.30–16 Uhr alle 25 Min., 30,80 €).

Rund um Berchtesgaden

Obersalzberg

O 12

Als Adolf Hitler 1936 seinen Berghof bezog, verwandelte sich das ehemalige Dorf **Obersalzberg** in ein Führersperrgebiet, in dem auch andere Nazi-Größen wie Hermann Göring und Albert Speer Häuser besaßen. Der Obersalzberg wurde zweiter Regierungssitz. Zwischen 1933 und 1945 verbrachte Hitler ein gutes Drittel der Zeit im Berchtesgadener Land, wo er sich vor der Kulisse von Hohem Göll und Kehlstein als volksnaher Landesvater zeigte. Es dauerte lange, bis Bayern 1999 mit der **Dokumentation Obersalzberg** eine zeitgeschichtliche Ausstellung auf dem Areal des gesprengten Berghofs einweihte, die sich Hitlers Inszenierung, aber auch den Folgen der hier getroffenen Entscheidungen widmet. Die 2023 im modernen Erweiterungsbau eröffnete Ausstellung »Idyll und Verbrechen« bezieht auch einen historischen Bunker in den Rundgang ein. Auf explizit Gewalt dokumentierendes Bild- und Videomaterial wurde verzichtet, sodass der Besuch auch Kindern ab zwölf Jahren zu empfehlen ist. Ein Mediaguide erleichtert das Verständnis.

Salzbergstr. 41, T. 08652 94 79 60, obersalzberg.de, April–Okt. Mo–So 9–17, Nov.–März Di–So 10–15 Uhr, 3 €

Maria Gern

O 12

Mit manchen Wallfahrten verhält es sich eigentümlich. Die zur Muttergottes in **Maria Gern** fing ursprünglich etwas tiefer im Tal und mit einem anderen Gnadenbild an. Dann schnitzte ein gewisser Wolfgang Hueber1666 ein neues Gnadenbild, und dem wurde anstelle der heutigen Wallfahrtskirche eine Holzkapelle errichtet. Flugs verlagerte sich der Pilgerstrom, sodass 1708–10 das heutige Gotteshaus als sechsseitiger Zentralbau, also ganz im Sinne des Hochbarock, errichtet wurde. Aus dieser Ära stammt auch der Brauch, die Muttergottes immer wieder neu und prunkvoll zu kleiden. Wie verehrt sie heute noch ist, beweisen die vielen Votivgaben. Mit oder ohne Wallfahrt – das Motiv der Kirche im Hochtal, im Hintergrund das Untersberg-Massiv, ist allein schon den Abstecher wert. Gegenüber der Kirche befindet sich übrigens die Werkstatt eines der letzten Böllermacher Oberbayerns: Seit über 20 Jahren fertigt er die rustikalen,

TOUR
Fotomania

Wanderung von Maria Gern auf die Kneifelspitze

Infos

O 12

Start/Ziel: Wallfahrtskirche Maria Gern (740 m)
Dauer: Aufstieg 1,5–2 Std., Abstieg 1–1,5 Std.
Anspruch: leichte Wanderung mit einigen steilen Passagen, 450 Hm

Einkehr: Paulshütte (Berggaststätte Kneifelspitze), Kneifelspitzweg, T 08652 623 38, kneifelspitze-berchtesgaden.de, April–Okt. tgl. 9–17.30 Uhr

Tolle Panoramen verspricht diese etwa dreistündige Tour, die abgesehen von einigen kräftezehrend-steilen Passagen sehr kommod ist. Die erste kommt gleich zu Beginn: Von **Maria Gern** weist ein Schild bergauf zum Waldparkplatz und warnt vor 29 % Steigung. Danach aber geht's gemütlich weiter in Richtung **Kneifellehen**. Schon nach wenigen Minuten erster kurzer Abstecher zum Fotostopp: In das Panorama von der **Marxenhöhe** schiebt sich der Watzmann mit seiner ganzen Wucht über das Puppenstuben-Berchtesgaden davor. Die Kameras können gar nicht mehr aufhören zu klicken.

Zurück auf dem Weg zum Kneifellehen wandern Sie über Wiesen und an dem einsam gelegenen **Kneifel-Hof** vorbei stetig bergauf und in den Wald. Bald wird der breite Weg holpriger, schmaler und steiler und windet sich in Serpentinen Richtung **Kneifelspitze.** Das letzte Stück ist, wieder sehr steil, auf einer Betonzufahrt zu überwinden, dann ist die **Paulshütte** erreicht, die der Kneifelspitze (1189 m) buchstäblich auf den Gipfel gesetzt wurde – nicht gerade hübsch. Forsche Geher haben etwa 1,5 Std. gebraucht, gemächliche entsprechend länger.

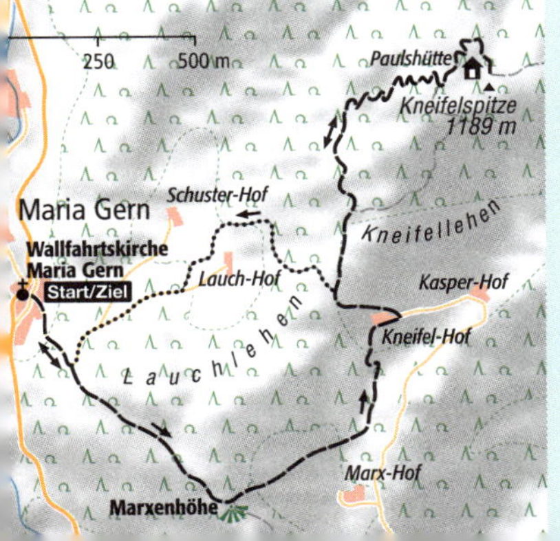

Nun aber zum versprochenen **Rundumblick:** Vom Hohen Göll über den Kehlstein bis zum Jenner und dem Steinernen Meer reicht er, im Tal breitet sich Berchtesgaden aus, und ganz hinten lugt der Königssee hervor. Zu viel versprochen? Ein Imbiss in der Paulshütte, und es geht auf (fast) gleichem Weg zurück. Kurz vor dem Kneifellehen schickt uns ein Schild in Richtung **Lauchlehen,** eine nette Variante durch hügelige Wiesenlandschaft. Dann lugt auch schon die Zwiebelhaube von **Maria Gern** aus dem Grün.

Maria Gern vor dem Untersberg-Massiv ist winters wie sommers eines der schönsten Fotomotive im Berchtesgadener Land.

nur mit Pulver geladenen Handfeuerwaffen, welche die Bayern beim Salutschießen abfeuern. Auch wenn Sie nicht die Absicht haben, sich einen Böller zuzulegen, lohnt ein Blick in seine Ausstellungsvitrine (Gerner Str. 12, Berchtesgaden, T 08652 614 91, www.boeller-pfnuer.de).

Ramsau

N 12

Das Bergsteigerdorf Ramsau stelle ich Ihnen ausführlich im Magazin vor (s. S. 272). Es liegt rund 14 km westlich von Berchtesgaden im Tal der Ramsauer Ache. Hier locken nicht nur der 2607 m hohe Hochkalter, der idyllisch zwischen Bergen gebettete Hintersee und der beliebte Soleleitungs-Wanderweg, sondern auch die **Wallfahrtskirche St. Mariä Himmelfahrt am Kunterweg.** Eine Viertelstunde auf dem Kunterweg, dem Pfad für das Kleinvieh, bergauf erreicht man dieses Kleinod des bäuerlichen Rokoko. Zwischen 1731 und 1733 erbaut, ersetzte es eine ältere Kapelle, deren Gnadenbild der Maria in den Hochaltar integriert wurde.

Schlafen, Essen

Alpin, schick, nachhaltig

Berghotel Rehlegg: Das Traditionshaus in wunderschöner Panoramalage in Ramsau besitzt große, lichte, modern-alpenländisch eingerichtete Zimmer, die wunderbar geschmackvoll sind und jeglichen Alpenkitsch vermissen lassen. Zum Haus gehören ein komfortables Wellnesscenter und ein hervorragendes Restaurant. Und Sie wohnen im ersten klimapositiven Hotel Oberbayerns!

Holzengasse 16–18, T 08657 988 44 44, www.rehlegg.de, 87 Zi., €€€, Restaurant tgl. ab 18.30 Uhr, €€

Herrlicher Blick und Regionales

Wimbachschloss: Das 1784 erbaute Schlösschen diente den Fürstpröbsten und Wittelsbachern als Jagdhütte. Heute ist es ein beliebtes Ausflugsziel mit bayerisch-Tiroler Küche, in der Vollwert-, vegetarische und vegane Gerichte unbedingt dazugehören, in der es aber auch eigenes Wild gibt. Dazu der Blick auf Watzmann und Hochkalter.

Wimbachweg 49, T 08657 343, www.wimbachschloss-ramsau.de, Mai–Okt. tgl. 8–18 Uhr, €–€€

Bewegen

Mittelschwer

Wanderung durch die Wimbachklamm: Start ist am Parkplatz an der **Wimbachbrücke** (631 m), wo man Eintritt entrichten muss (Mai–Ende Okt., 2,50 €). Durch die **Wimbachklamm** geht es über das Wimbachschloss zur **Wimbachgrieshütte** (1328 m; www.naturfreunde-bezirk-muenchen.de, Mitte Mai–Mitte Okt.), in die man einkehren kann. Tolle Blicke auf Hochkalter und Watzmann unterwegs. Einfacher Weg 3,5 Std., hin und zurück 6,5 Std.

Nationalpark Berchtesgaden

Bayerns einziger Alpen-Nationalpark bleibt ein einsamer Solitär – Versuche, auch in anderen Alpenregionen wie dem Allgäu ein ähnliches Naturschutzregime zu errichten, scheiterten kläglich. Als der Nationalpark Berchtesgaden 1978 Gestalt annahm, war es höchste Eisenbahn – mehrere heutige Nationalparkgemeinden waren kurz davor, ihre Planungen für eine Seilbahn auf den Watzmann in trockene Tücher zu legen. Ein eigenwilliges Projekt führte bereits 1921 zur Ausweisung einer ersten Schutzzone: In die Falkensteiner Wand am Königssee sollte ein Kriegerdenkmal in Gestalt eines Bayerischen Löwen eingemeißelt werden. Dies verhinderte die Gründung des »Naturschutzgebiets Königssee«.

Der Nationalpark in Zahlen

Das 210 km² große Naturschutzgebiet bedeckt Teile der Berchtesgadener Alpen mit Gipfeln wie dem **Watzmann** (2713 m), dem **Hochkalter** (2608 m), dem **Hohen Göll** (2522 m), dem **Jenner** (1874 m) und dem rund 2300 m hohen Kalk-Hochplateau des **Steinernen Meeres.** Schmale Täler greifen weit hinein in die hohen Gebirgsstöcke und bilden stellenweise tiefe Klammen, so die **Wimbachklamm** bei Ramsau (s. links). Charakteristisch ist der zu scharfen Zacken und Gesteinstürmen erodierte **Kalkfels** der Berchtesgadener Alpen, dessen

KEIN LEICHTSINN

Die Wanderung auf den Watzmann ist nur geübten Bergsteigern und Klettersteiggehern vorbehalten, doch bis zum **Watzmannhaus** können sich auch nicht ganz so erfahrene Bergfexe trauen. Von der Wimbachbrücke (s. o.) benötigt man nur etwa 3,5 Std. und Kondition für die steilen Passagen. Dann ist man den gefährlichen Spitzen ganz nah und genießt eine herrliche Fernsicht. Nur Achtung! Nicht weitergehen!

Schroffheit Bergsteiger und Wissenschaftler bereits früh faszinierte: 1798 hielt sich Alexander von Humboldt zu Vermessungsarbeiten hier auf, ein Jahr später gelang dem aus Slowenien stammenden **Valentin Stanič** die Erstbesteigung der Watzmann-Mittelspitze (2713 m). 1868 überschritten Johann Grill, Johan Punz und Albert Kaindl alle drei Watzmanngipfel. Der **Artenreichtum von Flora und Fauna** ist beeindruckend: Über 2000 Pilze, 640 Flechten, 400 Moose und 1000 Gefäßpflanzen sind nachgewiesen. Neben den für das Solekochen benötigten und in Monokultur gepflanzten Fichten wachsen Buchen, Waldkiefern, Lärchen und Zirben. Zu den Bewohnern der Bergregion gehören Rothirsche, Gämsen, Auerhähne, Murmeltiere und Steinadler; ob die früher hier heimischen Luchse, Wölfe und Bären wiedereingeführt werden sollten, ist umstritten, ein erstes Bartgeier-Projekt verläuft erfolgreich. Neben dem **Königssee** finden sich im Nationalpark viele kleinere Gebirgsseen, deren berühmtester heute der **Funtensee** ist. Wallfahrer passieren ihn jedes Jahr zur Bartholomä-Wallfahrt Ende August; Wanderer schätzen den nur 5 m tiefen See als willkommene Abkühlung. Die Enziansammler von der Brennerei Grassl (s. S. 225) besitzen am Funtensee eine Brennhütte, in der ihr wertvollster Enzian entsteht.

Königssee und Malerwinkel ⚲ O 13

Tausendfach auf Instagram, Postkarten und Gemälden gesehen, aber beim ersten richtigen Mal ist es anders: Die barocken Rundungen von **St. Bartholomä** spiegeln sich im glasblauen Wasser des Königssees, dahinter wacht die grauweiße Felswand des Watzmanns – die Natur kann ganz schön kitschig sein! Das Sinnbild für den südöstlichsten Winkel Bayerns ist so beliebt, dass es am Nordostufer des Sees tatsächlich den **Malerwinkel,** also jenen optimalen Standort für das Abbilden dieses Motivs, gibt. Und natürlich macht jeder Reisebus hier Station. Also geduldig sein, nicht drängeln, nicht ärgern, sondern lieber in der Nebensaison kommen.

Der **Königssee** ist mit 8 km Länge, aber maximal nur 1250 m Breite geformt wie ein Fjord. Das bis zu 190 m tiefe Gewässer ist von den hohen Felshängen – Watzmann, Steinernes Meer und Hagengebirge – umgeben und Teil des Nationalparks Berchtesgaden. An seinem nördlichen Ende liegt die Gemeinde Schönau mit dem Ortsteil Königssee, wo die Elektroboote zum Kirchlein St. Bartholomä starten, übrigens nicht ohne auch das berühmte Echo vorzuführen, der Bootsführer hat dafür extra eine Trompete dabei. Bereits im 12. Jh. wurde eine erste romanische Kirche auf der Halbinsel erbaut. 1697 entstand dann das heutige Kircherl mit kleeblattförmigem Grundriss im Ostteil und einem einschiffigen Langhaus, das noch von der Vorgängerin stammt. 1732 wurde am westlichen Ende ein Rundbau angefügt, der wiederum den

KÄLTEREKORD?

Südlich des Königssees in 1601 m Höhe gelegen und eingerahmt vom Fels des Steinernen Meeres, wurde der **Funtensee** einem Millionenpublikum als Deutschlands kältester Ort bekannt: Am 24. Dezember 2001 wurde hier von einer privaten Messstation ein Kälterekord gemessen, - 45,9 °C, der niedrigste Wert seit Beginn der Aufzeichnungen. Anerkannt ist er aber nicht. Der Deutsche Wetterdienst hält sich an - 37,8 °C, aufgezeichnet am 12. Februar 1929 in der Nähe von Wolnzach.

Die Kameras sind gezückt: Keine Königssee-Überfahrt ohne das berühmte Trompeten-Echo!

Übergang zum damals errichteten Jagdschloss und heutigen Gasthaus bildete. Zarte Stuckarbeiten, Altäre und Figurenschmuck stammen ebenfalls fast alle aus dem 17. Jh.

Eine Vielzahl reizvoller Wanderungen kann man vom Königssee unternehmen, Ausgangspunkte sind u. a. die nur bei Bedarf von den Booten angefahrene Anlegestelle Kessel und Salet am Südende. Von St. Bartholomä führt ein alter Wallfahrerpfad in vier Stunden zum Funtensee.

Schlafen, Essen

Urig mit Aussicht

Berggasthof Vorderbrand: Der Berggasthof in 1071 m Höhe am Brandkopf ist ein idealer Standort für alle, die wandern und Touren gehen, mit einigen urgemütlichen Zimmern mit Waschgelegenheit.

Vorderbrandstr. 91, Schönau am Königssee, T 08652 20 59, www.gasthof-vorderbrand.de, Fr–Di, 5 Zi., €–€€

Der Blick auf den See

Echostüberl: Die Seeterrasse ist natürlich der Hit, da sieht man schon über manchen stressbedingten Mangel in Service und Qualität hinweg. Die Karte liest sich als bunter Strauß mit von jedem etwas, vom Wurstsalat bis zur Riesengarnele. Um einen Tisch am See zu bekommen, unbedingt reservieren!

An der Seeklause 41, Schönau am Königssee, T 08652 94 86 30, tgl. 10–22 Uhr, www.echostueberl.de, €€

Fischers Fritze fängt ...

Fischerstüberl: Renken, Saiblinge und Forellen fängt der Fischer vom Königssee selbst und hängt sie in die Räucherkammer. Wenn sie fertig sind, bekommen Sie sie im urgemütlichen Fischerstüberl gleich neben St. Bartholomä als Fischsemmel zu echt fairen Preisen, bedenkt man den internationalen Ansturm. Mein Tipp: Auf Buchenholz geräucherte Schwarzreiter – saugut!

Kessel-St Bartholomä 3, Schönau am Königssee, T 08652 31 19, www.fischervomkoenigssee.de, Sommer tgl. 11–17 Uhr, €

Bewegen

Rodeln mit Profis

Rennbob-Taxi: Auf der Königsseer Kunsteisbahn dürfen Passagiere im Rennbob mitfahren. Mit 120 Sachen rast man durch den Eiskanal und fühlt sich wie der mehrmalige Bobweltmeister Hackl Schorsch, der aus Berchtesgaden stammt.

Graf-Arco-Str. 20, Schönau am Königssee, T 08652 97 60 69, www.rennbob-taxi.com, jeweils Sa, auf Kufen im Winter 90 € (ab Ende 2024), im Sommer auf Rädern 65 €

Die Rinder sind's gewohnt, ebenso wie deren Eigentümer. Für Nicht-Königsseer ist der Almabtrieb per Boot aber ziemlich ungewöhnlich.

Wandern oder Skifahren

Jennerbahn: Mit der Gondel aufs Jennerplateau, im Sommer ein Wanderparadies, im Winter ein Skigebiet zwischen 600 und 1800 m, das dank der neuen Anlagen kunstbeschneit wird (s. S. 239).

Jennerbahnstr. 18, Schönau am Königssee, T 08652 958 10, www.jennerbahn.de, Sommer 9–17, Winter 9–16 Uhr, Berg- und Talfahrt 42 €

Infos

- **Almabtrieb:** Wenn der Graflbauer seine Rinder im September von der Fischunkelalm am Obersee holt, müssen sie auf Flachbooten über den Königssee gesetzt werden (den aktuellen Termin s. auf der Homepage der Tourist-Info).
- **Tourist-Information:** Rathausplatz 1, 83471 Schönau am Königssee, T 08652 17 60, www.koenigssee.de (u. a. aktuelle Termine des Almabtriebs)
- **Königssee-Schifffahrt:** im Sommerhalbjahr ab 8 Uhr etwa im 30-Min.-Takt und nach Aufkommen, Dauer der Rundfahrt ca. 2 Std., aktuelle Fahrpläne unter www.seenschifffahrt.de, 22 €

Rupertiwinkel

M/N 9/10

Laufen

N 10

Die **Salzachbrücke** von Laufen ist einfach phänomenal. Genietetes Eisen. Jugendstil. 160 m lang. Ich kann mich an diesem technischen Bauwerk nicht sattsehen. 1816 wurde die Grenze zwischen Bayern und Österreich entlang der Salzach und damit durch den Ort gezogen, die Brücke, 1901–03 errichtet, verbindet die beiden Nachbarn und wäre 1945 von einem deutschen SS-Offizier um ein Haar gesprengt worden, hätten beherzte Bürger nicht eingegriffen.

Aufblitzen der Romanik

Bereits im 11. Jh. gab es hier einen Salzmarkt und eine Siedlung, die hauptsächlich von Schiffern bewohnt war. Die durch die Salz- und Holztransporte aufblühende Handelsstadt erhielt im 19. Jh. allerdings einen Dämpfer: Die Eisenbahnlinie von München nach Salzburg ließ Laufen links liegen. Damit war die große Ära vorbei. Nicht zuletzt deshalb wirkt Laufens **Altstadt** mit ihren Bürgerhäusern im Inn-Salzach-Stil (s. S. 182) und den noch erhaltenen **Toren der Stadtbefestigung** richtig lauschig – Neues wurde kaum gebaut. Die romanische **Stiftskirche Zu Unserer Lieben Frau** wurde im 14. Jh. gotisch umgestaltet. An Portal und Säulenwerk blinkt noch die Romanik auf, im Innern kontrastieren die kühnen Kreuzrippenbogen, viele mit figürlich geschmückten Schlusssteinen, mit dem Barock des Hochaltars.

Schlafen, Essen

Klösterliche Küche und Kammern

Kapuzinerhof: Der Kapuzinerhof lädt in das ehemalige Refektorium. Hier wird Traditionelles neu gedacht, das Ganze im Sinne der Slow-Food-Ideen und mit viel Charme. Unschlagbar ist die Sommerterrasse zum idyllischen Klostergarten. Es gibt auch zurückhaltend-modern gestaltete Gästezimmer.

Schlossplatz 4, Laufen, T 08682 9540, www.kapuzinerhof.de, Di–So 11.30–14, 17.30–20.30 Uhr, 55 Zi., €€

Tittmoning — M 9

So einen **Stadtplatz** muss man sich erst einmal leisten können: 300 m lang, zwischen 30 und 60 m breit und gesäumt von schmucken Inn-Salzach-Häusern, ist er Architektur gewordener Anspruch eines bedeutenden Marktortes. Allerdings wurde in Tittmoning, das bis 1810 Salzburg bzw. Österreich unterstand, kein Salz gestapelt. Dafür lag der Ort zu hoch über der Salzach, wer wollte da seine Ware hochschleppen. Nein, hier handelten die Erzeuger aus dem bäuerlichen Umland. Anfang des 13. Jh. sicherten die Salzburger ihren Vorposten mit einer mächtigen Burg; auch die **Stadtmauer** aus dem 14. und 15. Jh. ist noch nahezu vollständig erhalten. Ab dem 17. Jh. nutzten die Salzburger Bischöfe die Burg als Sommerresidenz, und heute fungiert sie als **Museum Rupertiwinkel.** Vor allem die Sammlung historischer Schützenscheiben gefällt mir gut, da erzählt ja eine jede dank der naiv-bäuerlichen Bemalung eine eigene Geschichte

www.tittmoning.de, Besuch mit Führung Mai–Okt. Do–So 14 Uhr, 3 €, ohne Führung sind Teile der Sammlung Mi–So 14–17 Uhr zugänglich, 2 €, mit Führung 5 €

Essen

Essen bei den Genossen

Dorfwirtschaft Asten: Das alte Wirtshaus stand vor dem Aus, da fasste sich die Dorfgemeinschaft ein Herz, renovierte, reparierte, suchte einen neuen Pächter und voilà: ein Wirtshaus, wie man es sich wünscht, mit Backhendlsalat, Haxe, dreierlei Knödeln, Biergarten und Blick über die Salzach.

Am Gangsteig 1, 5 km nordwestlich von Tittmoning, T 08683 484, www.dorfwirtschaft-asten.com, Mi–So 11–23 Uhr, €€

Bewegen

Salzachschiffer

Plättenfahrten: Buchung bei der Tourist-Information in Tittmoning oder Burghausen, Mai–Mitte Sept. So 14 Uhr. Auf Plätten, die den historischen Salzschiffen nachempfunden sind, geht die Fahrt von Tittmoning über Raitenhaslach bis Burghausen.

Infos auf www.visit-burghausen.com/oeffentliche-plaettenfahrten

Infos

- **Tourist-Info:** Stadtplatz 1, 84529 Tittmoning, T 08683 70 07 10, www.tittmoning.de

Burghausen N 8

Wer mit der längsten Burg der Welt werben kann, hat die Herzen der Familien gewonnen, wer das coolste Jazzfest Bayerns ausrichtet, hat eine große Musikfan-Gemeinde, und wer die einzige Waldrappkolonie Deutschlands hochpäppelt, erfreut sich der Hochachtung der Naturfreunde. Burghausen (18 000 Einw.) mit seiner Burg ist (fast) eine einzige Attraktion – über die Chemieindustrie an der Peripherie hüllen wir uns in Schweigen. Schließlich ist sie größter Arbeitgeber.

Auch Burghausen verdankt seine Existenz dem Salz, aber nicht jenem aus Berchtesgaden und Reichenhall. Denn von dort wurde es vornehmlich nach Westen, in Richtung Bodensee und München, geliefert. Das weit nördlich liegende Burghausen, auf einem von der Salzach und ihrem Altarm nahezu gänzlich umflossenen Höhenrücken, war eine wichtige Furt der Salzhandelsstraße von Hallein und verdiente gut an der Maut. Ab dem 11. Jh. ist der Höhenrücken als Königshof verbrieft, im 12. Jh. wurde die Burg zur mächtigen Festung ausgebaut. Als Burghausen sein Hinterland verlor – 1779 Abtretung des Innviertels an Österreich –, versank es schnell in Bedeutungslosigkeit. Erst Anfang des 20. Jh. erwachten Burghausen und die umliegenden Orte aus dem Dornröschenschlaf. Der Ansiedlung von Wacker Chemie folgten weitere Chemieunternehmen, die Neustadt entstand, die Altstadt wurde saniert.

Burg

Guinness-Rekord?

Mit 1043 m ist sie definitiv die längste Burganlage Europas, doch ob das Zertifikat des Guinnessbuches »längste Burg der Welt« so wirklich stimmt, wird von vielen bezweifelt. Die Bayerische Schlösserverwaltung, die in der Burg die Aufsicht führt, übernimmt diesen Superlativ jedenfalls nicht. Es ist ja auch nicht so wichtig, welchen Rang diese Burg einnimmt – wichtig ist, dass sie wirklich ungemein beeindruckend ist. Sie besteht aus fünf hintereinander angeordneten Burghöfen und zieht sich den schmalen, von Salzach und Wöhrsee (ehemals Ur-Salzach) umflossenen Bergsporn hoch über der Stadt entlang. Hof für Hof spaziert man immer tiefer hinein in die Geschichte dieser Festungsanlage, die nie wirklich umkämpft war.

Von Hof zu Hof

Letztes Zeugnis des mit Türmen, Zugbrücke und Bastionen gesicherten nördlichen Zugangs ist der **Öttinger-Torturm** vor dem fünften Hof. Sehenswert sind u. a. die im 15. Jh. erbaute gotische **Hedwigskapelle** im vierten Hof (leider

G

GERETTET

Wenn Sie von der Burg nicht in Richtung Altstadt, sondern zum westlich liegenden Wöhrsee hinuntergehen, erreichen Sie am alten Pulverturm eine der ungewöhnlichsten Attraktionen Burghausens: Hier nistet eine **Population von Waldrappen,** einer etwa gänsegroßen Zugvogelart, die als fast ausgestorben gilt. Eine Bürgerinitiative hat die Vögel von Hand hochgepäppelt, die Jungvögel mit Ultralight-Flugzeugen zu ihren Überwinterungsgebieten im Süden begleitet und konnte im folgenden Frühjahr die Heimkehrer wieder in Burghausen begrüßen. Eine Vogelschönheit ist die schwarze Waldrappe mit ihrem roten Kopf und langem, sichelförmigen Schnabel zwar nicht, dafür eine Vogelrarität: Im 17. Jh. wurden sie in Europa ausgerottet; eine kleine Kolonie hat nur in Marokko überlebt. Weil sich das Projekt immer größerer Beliebtheit erfreut, leitet Burghausen die Interessierten mittels eines GPS-basierten Waldrapp-Spaziergangs rund um die Burg. Multimediale und interaktive Elemente sowie Schautafeln klären über den eigenwilligen Vogel auf (Details bei der Tourist-Info, s. S. 238).

geschlossen), der **Schergenturm** (3. Hof, mit einem kleinen Museum), in dem man sich vor Verliesen und Folterwerkzeugen gruseln kann, und das **Aventinus-Haus** im gleichen Hof (15./16. Jh.), benannt nach dem bayerischen Gelehrten, der hier 1509/10 lebte. Der zweite Hof steht ganz im Zeichen von Waffenkammern und Verteidigungsanlagen (**Pfefferbüchsen** genannte Gefechtstürme, **Büchsenmeister-Turm, Kurzer Kasten** als Waffenkammer). In den letzten Vorhof führt das gotische **Georgstor** (1494), das ein bayerisch-polnisches Doppelwappen schmückt: Es erinnert an die Heirat Georgs des Reichen mit der polnischen Königstochter Jadwiga (Hedwig) 1475, die als Landshuter Hochzeit bis heute Anlass für ein alle vier Jahre stattfindendes Historienspiel im niederbayerischen Landshut ist (nächste Hochzeit 2027). Über eine Brücke und durch einen Torbau gelangt man schließlich in den Inneren Schlosshof mit **Dürnitz** (beheizbarer Raum für die Ritter), der Kemenate für die edlen Damen, der **Schatzkammer** und dem **Palas** (Fundamente 12./13. Jh., Rest 15. Jh.). Wehrhaft türmen sich die Mauern um den schmalen Hof; fast vermeint man, das Hufgetrappel der Pferde und das Klirren der Waffen zu hören. Zur richtigen Zeit, nämlich im April, gerät die Burg ins Swingen: Dann wird hier oben zur Internationalen Jazzwoche gejammt, was die alten Mauern halten. In den Räumen der Hauptburg stellt die Bayerische **Staatsgemäldesammlung** Gemälde und Plastiken der Spätgotik aus, in der Kemenate lädt das **Stadtmuseum** zu einem höchst interessanten Spaziergang durch die Geschichte der Burg, Burghausens und seiner Kunst.

Burg/Bayerische Staatsgemäldesammlung: Burg 48, www.burg-burghausen.de, April–Sept. tgl. 9–18, Okt.–März 10–16 Uhr, 5 €; Stadtmuseum: www.stadtmuseum-burghausen.de, April–Sept. 9–18, Okt., 15. März–30. März 10–16 Uhr, 5 €

Altstadt

An Größe kann sich der **Stadtplatz** mit Tittmoning nicht messen, aber an Stattlichkeit allemal: Am südlichen Ende begann wahrscheinlich die Baugeschichte der Siedlung Burghausen. Man vermu-

Heute dient die »längste Burg der Welt« hoch über Burghausen als Museum und Filmkulisse. Szenen für die Neuverfilmung der »Drei Musketiere« wurden 2011 hier gedreht.

tet, dass hier im 12. Jh. die ersten Häuser errichtet wurden. So wie sich der Platz heute präsentiert, ist er das Ergebnis eines Wiederaufbaus um 1504, nachdem ein Brand die Stadt verwüstet hatte. Spätgotische Häuser im Inn-Salzach-Stil (s. S. 182) reihen sich aneinander, zeigen zarte Pastelltöne und den Schmuck der hohen Brandmauern, die hier die Form kunstvoller Giebel annehmen. Sieger im Schönheitswettbewerb ist sicherlich das blaue, geradezu orientalisch wirkende ehemalige **Regierungsgebäude** (Nr. 108). Es wurde Mitte des 16. Jh. errichtet; der Brandmauer nehmen drei Renaissance-Türmchen die Strenge. Rokoko prägt die Fassade der **Stadtapotheke** gegenüber (Nr. 40, 1596), und im Giebel des ebenfalls im Rokoko umgestalteten **Rauchhauses** (Nr. 49, 16. Jh.) sieht man das ›Auge Gottes‹, ein von einem Strahlenkranz umgebenes Auge. Auch das **Rathaus** (Nr. 112–114) aus dem 14./15. Jh. ist imposant, wurde später allerdings klassizistisch überformt. Sowohl die **Pfarrkirche St. Jakob** als auch die **Studienkirche St. Joseph** am gegenüberliegenden, nördlichen Ende des Stadtplatzes zeigen nur noch in einigen Ausstattungsdetails ihren gotischen bzw. barocken Ursprung. Der letzte Stadtbrand im 19. Jh. hat beide so schwer beschädigt, dass ein neugotischer Wiederaufbau erfolgte.

In die Grüben

Nach Süden und bergab schließen sich an den Stadtplatz die **Grüben** und **Spitalvorstadt** an, die Wohn- und Arbeitsviertel von Hand- und Kunsthandwerkern in ständiger Bedrohung durch Überschwemmungen der Salzach. Das einst so lebhafte Viertel war lange verwaist, die spätgotischen Häuser verwahrlost, bis sich Künstler und Kneipenwirte der ›Unterstadt‹ annahmen, renovierten, Läden, Restaurants und Pensionen eröffneten, sodass die Grüben heute weitaus lebhafter und malerischer wirkt als die ›Oberstadt‹ um den Marktplatz: Im **Malerhaus** (Nr. 142, 17. Jh.) residieren beispielsweise die Altstadt-Pension und die Disco Moloko. Das **Café am Bichl** (1408) mit seinem schönen Freisitz kocht nicht nur köstlich, sondern verkauft auch edle regionale Nahrungsmittel (beide s. u.). Im alten Straßenpflaster eingelassene Metallplatten erinnern an Jazzgrößen wie Woody Herman und Klaus Doldinger, die Burghausen die Ehre gaben.

Schlafen

Historisch mit modernem Akzent

Hotel Post: Die Zimmer des Traditionshauses sind zeitgemäß aufgehübscht und bilden mit ihrer Mischung traditioneller und moderner Elemente einen angenehmen Rahmen. Restaurant und Biergarten laden zum bayerischen Schlemmen ein.

Stadtplatz 39, T 08677 96 50, www.altstadthotels.net, 24 Zi., €€

Am Puls des Geschehens

Altstadt-Pension: Zentraler als in dieser sympathischen Altstadtpension können sie nicht wohnen – und dabei ist es erstaunlich ruhig. Eigentümerin wie Personal sind sehr engagiert und helfen weiter, wo's geht. Fahrräder und evtl. auch ein Auto finden in der Garage Platz.

In der Grüben 142, T 0171 369 39 38, www.familie-matusch.de, 8 Zi., 1 Apt., €

Essen

Bayerisch mit Aussicht

Bayerischer Hof: Wo sollte man sonst speisen als auf diesem herrlichen Stadtplatz, umgeben von den schönsten Inn-Salzach-Fassaden. Dass es zu dieser Kulisse auch richtig gut schmeckt, dafür sorgt die vorsichtig modernisierte Regionalküche dieses Traditionshauses.

Stadtplatz 45/46, T 08677 978 40, www.bayerischer-hof-burghausen.de, Mi–Mo 9–24 Uhr, €€

Aussicht zum Verlieben

Burgcafé: Psst, nicht weitersagen: Das Allertollste in diesem hübschen Café-Restaurant auf der Burg ist das Pfingstgartl, eine kleine Terrasse raus zur Altstadtseite. Da kann man nicht reservieren und es herrscht Selbstbedienung, aber Sie schweben richtiggehend über Burghausen. Ach ja, das Essen? Sehr fein und lecker, z. B. Pfifferlinge mit Semmelknödeln oder der frisch gebackene Apfelstrudel.

Burg 46, T 08677 87 73 40, www.burgcafe-burghausen.de, März–Dez. Mi–So 10–20 Uhr, €€

Essend um die Welt

Café am Bichl: Sehr ambitioniert begibt sich die Küche dieses alternativen Lokals auf Weltreise: lieber Sushi oder Burger, Tabouleh oder Zwiebelsuppe?

In den Grüben 162, T 08677 91 39 93, www.bichl-burghausen.de, Mo–Fr ab 11.30, Sa/So 9–22/18 Uhr, €–€€

Einkaufen

Dirndl-Traum

Stephan Barbarino: Seit 1824 handelt Familie Barbarino aus dem Friaul im Haus 116 am Stadtplatz: früher mit Wein, Salz, Tabak und Wertpapieren. Erst 1952 eröffneten Anton und Gretl Barbarino im biedermeierlich ausgestatteten Laden ein Trachtengeschäft. Die traumhaft schönen Dirndl kombinieren Traditionen aus dem Salzburger Land und aus Oberbayern.

Stadtplatz 116, www.barbarino-burghausen.de, Mo–Fr 9.30–12.30, 14–17, Sa 10–13 Uhr

Ausgehen

1960er Kino-Nostalgie

Ankersaal: Filmkunst, Doku-Filme, Blockbuster sowie Musik- und Kulturveranstaltungen im 1960er-Ambiente. Keine Vorbestellung möglich: Stilgerecht gibt's nur Abrisskarten an der Kinokasse.

Marktler Str. 17, T 08677 881 40, www.ankersaal.de

Indie und Reggae

Club Moloko: Hier tobt an den Wochenenden die junge Szene bei Themenabenden und Cocktails.

In den Grüben 144, www.clubmoloko.de, Fr/Sa 22–3 Uhr

Infos

- **Internationale Jazzwoche:** im April, Programm unter www.b-jazz.com
- **Tourist-Information:** Stadtplatz 112, 84489 Burghausen, T 08677 88 71 40, www.burghausen.de, www.visit-burghausen.com
- **Bahn/Bus:** Bahnhof, Am Bahnhof, www.bahn.de. Verbindungen über Mühldorf nach München. Zur Altstadt fährt der Citybus Nr. 1. Bus: Bahnhofsplatz; RVO-Busse in die Orte der Umgebung (www.dbregiobus-bayern.de).

ALT, ABER NICHT SO ALT

Den 20 km von Burghausen entfernten Wallfahrtsort **Altötting** (M 7/8) besuchen jedes Jahr Hunderttausende von Pilgern. Seit 748 ist die Existenz der Gnadenkapelle verbrieft. Das heute im Allerheiligsten aufgestellte Gnadenbild der Schwarzen Muttergottes mit Kind stammt sicherlich nicht aus dieser ersten Zeit des Wallfahrtsortes; vielmehr wird es auf das Jahr 1330 datiert. Nähere Infos auf www.altoetting.de.

Rund um Burghausen

Raitenhaslach M 8

In der **Klosterkirche** von **Raitenhaslach** in einer Salzachschlinge 5 km südlich von Burghausen bestätigt sich, was man schon immer vermutet hat: Religion lebt von Inszenierung. Ein blauroter Brokatvorhang, gerahmt von blauen und roten Säulen umschwingt die Bühne des Altars. Johann Baptist Zimmermann drapierte den Stuck und Johann Zick aus Ottobeuern schmückte die Decke mit farbenmächtigen Fresken. Ein grandioser Auftritt, den Barock und Rokoko hier zelebrieren – der romanische Korpus der Zisterzienserkirche ist kaum noch zu erkennen. Aber das allein ist nicht der Grund hierherzukommen (z. B. mit dem Fahrrad an der Salzach entlang). Denn zu jedem Kloster gehört ein Gasthof, und dieser ist besonders schön!

Schlafen, Essen

Himmlischer Genuss

Klostergasthof: Schräg gegenüber von der Klosterkirche sitzt man besonders schön auf der Terrasse zur Salzach hin: Lammhaxn, Obazda und Fleischpflanzerl stehen auf der Tageskarte. 17 elegant eingerichtete Zimmer.

Raitenhaslach 8, T 08677 96 50, www.klostergasthof.com, April–Okt. tgl. 11–23 Uhr, Restaurant €€, Hotel €€–€€€

Zugabe
»Jeden Tag Geld verdienen«

Neue Seilbahn für den Jenner

Wenn es nach den Naturschützer gegangen wäre, hätte die Jennerbahn ihr nostalgisches Antlitz gerne behalten können.

Der ganze Talkessel muss doch froh sein, dass wir das sind und kein anderer. Der Russe oder der Chinese, der braucht keine drei Wochen, und dann sitzt der da droben«, verlautbarte der österreichische Investor Martin Harlander 2018 zur Ablehnung seines neuen Wohnungsbauprojektes auf dem Gelände der historischen Villa Schön in Berchtesgaden. Bis zu dieser investorenfeindlichen Entscheidung war für Harlander und seine Pongauer Mitinvestoren fast alles glatt gelaufen: Die Bürgermeister von Berchtesgaden und Schönau waren begeistert von der Bereitschaft der österreichischen Nachbarn, in Berchtesgaden zu investieren. Die größte Geldanlage, die neue Jennerbahn, wurde von der bayerischen Staatsregierung mit 10,5 Mio. € gefördert, sodass die Kostensteigerungen von 47 auf 54 Mio. € zu verkraften waren, die Naturschützer der Jennerbahn eingebrockt hatten. Als alle Proteste und Apelle nichts halfen, zog der BUND Naturschutz vor Gericht und erwirkte 2018 einen Baustopp wegen der Birkhuhnbalz. Mehrere Monate standen Bagger und Traktoren still.

Die Passagiere müssen kleinere Brötchen backen.

Zu Pfingsten 2019 ist die Bahn dann doch in Betrieb gegangen: Die alten Zweiergondeln wurden durch schnittige Zehn-Personen-Flitzer ersetzt, Tal-, Mittel- und Bergstation sind in zeitgemäßer Funktionalität und Architektur aus dem Berg geklotzt worden, wenngleich deutlich kleiner als gewünscht – das Birkhuhn eben. Die stündlich 1600 Passagiere, die die Bahn auf den Berg schaufelt, müssen kleinere Brötchen backen, was den reduzierten Platz in der Gastronomie und auf Sonnenterrassen angeht. Dass die Bahn dennoch begeistert aufgenommen wurde, belegten schon die Besucherzahlen des ersten Wochenendes: 9600 Passagiere fuhren auf den 1874 m hohen Berg über dem Königssee. Damit ist wahr geworden, was Co-Investor Peter Hettegger gegenüber dem ORF äußerte: »Ich glaube, das wird dann der einzige Berg sein, mit dem ich jeden Tag Geld verdienen kann.« ■

Das Kleingedruckte

»Fremd ist der Fremde nur in der Fremde.« Karl Valentins Leitspruch für jeden, der unterwegs ist.

Anreise

Mit Autobahnen, Bundes- und Regionalstraßen ist Oberbayern verkehrstechnisch sehr gut ausgebaut. In einigen Regionen muss man beim Befahren privater Straßen eine Maut entrichten. Im Winter können höher gelegene Straßen gesperrt sein oder es herrscht Schneekettenpflicht. Auch mit öffentlichen Verkehrsmitteln lässt sich die Region sehr gut bereisen.

... mit dem Flugzeug

Internationales Drehkreuz ist der Flughafen Franz Josef Strauß in Erding bei München. Hierher fliegen die meisten internationalen Fluglinien und viele Chartergesellschaften. Über Ankünfte und Abflüge informiert die Flugauskunft: T 089 975 00. Nach München bestehen S-Bahn- und Busverbindungen.
www.munich-airport.de

... mit der Bahn

Am Münchner Hauptbahnhof enden oder kreuzen sich Bahnlinien aus allen Nachbarländern bzw. den deutschen Bundesländern.
www.bahn.de

... mit dem Bus

Busse der Unternehmen Eurolines-Deutsche Touring und Flixbus verbinden München mit zahlreichen Städten in den Nachbarländern. Fahrplanauskunft unter:
www.eurolines.de, www.flixbus.de

... mit dem Auto

In Oberbayern bzw. München kreuzen sich die Autobahnen aus Richtung Stuttgart (A 8), Nürnberg (A 9), Deggendorf/Regensburg (A 93), Salzburg, Kufstein/Innsbruck (A 8) und Schweiz/Bodensee (A 96). Zu Ferienbeginn und -ende kann es auf den nach Süden führenden Strecken zu langen Staus kommen.

STECKBRIEF

Lage: südöstlichster Regierungsbezirk Bayerns, grenzt im Osten und Süden an Österreich
Größe: 17 529 km^2
Höchster Gipfel: Zugspitze (2962 m)
Einwohner: 4 729 243 (2021)
Religion: 51,3 % Katholiken, 13,5 % Protestanten
Verwaltungssitz: München (1 487 708, 2021)
Sprachen: Deutsch, Bairisch
Politik: Oberbayern ist einer von vier Regierungsbezirken des Bundeslandes Bayern. Bei den Landtagswahlen 2023 entfielen auf die CSU 37,0 %, auf die Freien Wähler 15,8 %, auf die AfD 14,6 %, auf die Grünen 14,4 % und auf die SPD 8,4 %. Ministerpräsident der Koalitionsregierung aus CSU und Freien Wählern ist Markus Söder.
Wirtschaft: BIP/Einwohner 58 756 € (Rang 8 in der EU); davon Forst- u. Landwirtschaft 0,4 %, produzierendes Gewerbe 28,5 %, Dienstleistung 71,7 %; Arbeitslosigkeit 3,1 %
Umwelt: 4,7 % der Landesfläche stehen unter Naturschutz, ca. 20 % sind als Landschaftsschutzgebiete ausgewiesen.

HOCHSEILGARTEN UND FLYING FOX

Obwohl Oberbayern Sportbegeisterten eine breite Palette an Aktivitäten bieten kann, sind künstlich angelegte, adrenalinsteigernde Trendsportarten auf dem Vormarsch. Hochseilgärten etwa erleben einen wahren Boom. Flugs sind findige Unternehmer und Gemeinden dabei, solche Freizeitanlagen zu errichten, so am Chiemsee (www.parkeroutdoor.com). Der auf der Alpspitze eröffnete AlpspiX ist eine Abwandlung des Skywalk über dem amerikanischen Grand Canyon: Zwei 8 m lange Stege schweben als Aussichtsplattform über dem Abgrund!

Bewegen und Entschleunigen

Ayurveda

Auch das können Sie in Oberbayern erleben und genießen. Mehrere Hotels bieten Ayurveda-Behandlungen an, darunter beispielsweise das Schlossgut Oberambach am Starnberger See (www.schlossgut.de). Ganzheitliche Ayurveda-Kuren können Sie beispielsweise im Gesundheitszentrum RoSana buchen (www.rosana.de).

Fahrradfahren

Mehrere Fernradwege führen durch Oberbayern, darunter der Bodensee-Königssee-Radweg (440 km, www.bodensee-koenigssee-radweg.de), die Romantische Straße (460 km, www.romantischestrasse.de), der Isarradweg (299 km, www.isarradweg.de) oder die Via Bavarica Tyrolensis als Teilstück des Radwegs München-Venedig (220 km, www.muenchen-venezia.info). Beliebte Fahrradregion im Norden ist das Altmühltal, wo man dem mäandernden Fluss bis zur Donau folgen kann. Auf den Webseiten der jeweiligen Fremdenverkehrsämter finden sich fast immer auch Hinweise auf Fahrradstrecken in der Region.

Geocaching

Die Schnitzeljagd mit elektronischen Hilfsmitteln, sprich: einem GPS-Gerät, wird immer beliebter und verbindet Wandern mit Kombinieren. Die meisten Gemeinden haben eigene Caches (Verstecke) angelegt und verleihen Navigationsgeräte und Kartenmaterial. Wer unabhängig davon suchen möchte, findet auf einschlägigen Websites Anregungen:
www.opencaching.de

Gleitschirmfliegen

Beliebte Startplätze für Gleitschirmflieger sind z. B. das Brauneck, der Blomberg, der Herzogstand, die Hochries und der Predigtstuhl. Die Thermik ist hier besonders gut und macht lange Flüge möglich. Wer im Tandem mitfliegen möchte, findet bei vielen lokalen Flugschulen erfahrene Piloten mit Tandem-Spezialausbildung. Allgemeine Informationen erteilt der Deutsche Hängegleiterverband:
Am Hoffeld 4, 83703 Gmund am Tegernsee, T 08022 967 50, www.dhv.de

Golf

Oberbayern besitzt zahlreiche hochklassige Greens, die Sie sich auf golf.bayern-online.de ansehen können. Als Golfregion empfiehlt sich das Fünfseenland, wo man rund um Starnberger See und Ammersee zehn attraktiv und sehr anspruchsvoll angelegte Greens findet (www.golfeninstarnbergammersee.de). Eines der am höchsten gelegenen und landschaftlich schönsten ist das 9-Loch-Green am Obersalzberg (Golfclub Berchtesgaden, Salzbergstraße 33, 83471 Berchtesgaden, T 08652 21 00, golfclub-berchtesgaden.de). Zwischen Hopfenfeldern können Konditionsstarke im Golfclub Holledau spielen (Weihern 3, 84104 Rudelzhausen, T 08756 960 10, www.golfclubholledau.de).

Kanu und Kajak

Ein beliebter, ruhiger Wanderfluss ist die Altmühl, anspruchsvoll und reißend sind hingegen die Alpenflüsse Loisach, Partnach, Isar, Ammer usw. Organisierte Wildwassertouren können z. B. gebucht werden bei Snow and Raft (Marktstr. 4, 83661 Lenggries, T 08042 962 09 25, snow-and-raft.de). Zahlreiche Wildwasserschulen starten ihre Touren in Bad Tölz (z. B. Action & Funtours, Karlstr. 7, 82131 Gauting, T 089 850 59 04, action-funtours.de). Im Internet informiert www.kanu-info-isar.de über die Isar und ihre Nebenflüsse.

Kur und Wellness

Sole und Moor sind die beiden Pfeiler des oberbayerischen Kurbetriebs. Dank der heilenden Kraft der Sole aus den Tiefen des Berchtesgadener Landes entwickelte sich Bad Reichenhall (s. S. 213) zu einem der bekanntesten Kurorte Deutschlands. Neben Kurkliniken, dem Gradierwerk und Wellnesscentern wie der Rupertitherme können Sie das Angebot des Berchtesgadener Salzbergwerks nutzen und die Kraft der mit Mineralien angereicherten Luft und des Wassers im Heilstollen auf sich wirken lassen.

Die bis zu mehreren Metern dicken Torfmoorschichten des Hochmoors bei Bad Aibling haben den Ruf dieses bereits im 16. Jh. bekannten Kurbades begründet. Moorpackungen entspannen und lindern Gelenkschmerzen. Außerdem sind sie ein bewährtes Schönheitsmittel. Mit Heu zu heilen, hat ebenfalls Tradition. Viele Wellnesshotels bieten ihren Gästen Heupackungen an. Infos beim Bayerischen Heilbäderverband unter der kostenlosen Hotline T 0800 587 67 83 oder: www.gesundes-bayern.de

Mountainbike

Anspruchsvolle MB-Strecken stellen hohe Ansprüche an Kondition und Können, aber es gibt auch zahlreiche Touren für Einsteiger. Zudem lassen sich Steigungen ja auch bequem mit dem E-Mountainbike bewältigen. Die meisten Touristeninformationen haben Karten bzw. Broschüren mit empfehlenswerten MB-Touren in ihrer Region zusammengestellt, viele mit GPS-Daten. Da Wander- und MB-Route häufig identisch sind, sollte man bei allem Fahrspaß auf Wandernde achten.

Wandern

Über die Wanderwege und Klettersteige in Oberbayern informieren detailliert die jeweiligen Touristeninformationen; die meisten verkaufen auch empfehlenswerte Wanderführer für ihre Region. Organisierte Wanderungen werden ebenfalls vor Ort angeboten. Besonders interessant ist das stetig wachsende Angebot an Kräuterwanderungen und -touren, bei denen die Teilnehmenden viel über die Natur und deren Heilkraft erfahren.

Windsurfen, Kitesurfen und SUP

Beliebte Surfseen sind der Ammer- und der Walchensee. Auskunft über Surfschulen, Brettverleih, Windverhältnisse und die besten Spots findet man auf den Webseiten der Tourismusverbände (www.ammersee-region.de, www.kochel.de) und unter www.windinfo.eu. Den meisten Surfschulen ist ein Verleih für Kajaks und fürs Stand Up Paddling (SUP) angeschlossen.

Wintersport

Alpinskifahren, Snowboarden, Langlaufen, Rodeln, Tourengehen und Schneeschuhwandern sind in den bayerischen Voralpen und in den Alpen theoretisch überall möglich, praktisch muss für die Alpinskifahrer meistens mit Schneekanonen nachgeholfen werden. Insofern zählt diese Art des Schneevergnügens heute leider nicht mehr zu den Sportarten, die

kleine ökologische Fußabdrücke hinterlassen. Beliebte Skigebiete von München aus sind das Brauneck (Lenggries), das Sudlfeld (Bayrischzell), der Wendelstein, der Spitzingsee (Schliersee) und die Langlaufloipen um Bad Tölz und in der Jachenau. Auf der Zugspitze fahren diejenigen, die nach dem Ende der Saison nicht genug bekommen bzw. deren Beginn nicht erwarten können, denn auf dem Zugspitzplatt dreht sich das Skikarussell von November bis Mai. Wer Touren gehen und Winterwanderungen unternehmen möchte, findet in den Alpen ein dichtes Netz reizvoller Wandertouren, sollte sich aber unbedingt über die aktuelle Lawinenwarnstufe informieren. Informationen und Links zum Wintersport gibt's auf:
erlebe.bayern

Essen und Trinken

Von Gourmettempeln über vegetarische/ vegane bis hin zu Restaurants aller nur vorstellbarer Regionalküchen ist die Auswahl im Münchener Einzugsgebiet groß. Auf dem Land hingegen ist das Angebot deutlich eingeschränkter. Vor allem vegetarisch/vegan essende Gäste finden es auf Dauer eintönig, ständig zwischen Salat, Kässpatzen oder Dreierlei Knödel wählen zu müssen. Aber auch in der Region ist vieles im Wandel. Das von vielen so bejammerte Wirtshaussterben auf dem Dorf hat eine Gegenbewegung ausgelöst. Junge Köchinnen und Köche kehren den internationalen Kochtöpfen den Rücken und wenden sich wieder dem heimatlichen Herd zu. Da entsteht dann etwas richtig Spannendes: traditionell bayerische Küche mit hohem kulinarischem Anspruch. Wo immer ich davon weiß, habe ich solche alt-neuen Wirtshäuser aufgenommen und empfohlen. Nicht alle gehören zu einem Slow-Food-Convivium, aber auch deren Homepage ist ein guter kulinarischer Reiseführer zu Küchenchefs mit Anspruch:
www.slowfood.de/slow_food_vor_ort

P

PREISE IM BUCH

€	bis 12 Euro
€€	12 bis 20 Euro
€€€	über 20 Euro

Preise für ein Hauptgericht

Das traditionelle **Wirtshaus mit Biergarten,** Sinnbild oberbayerischer Genüsse – ist es ein Garant für Qualität? Nicht immer. Sie sind nicht davor gefeit, dass der Schweinsbraten nach Maggi schmeckt oder die Suppe aus dem Brühwürfel kommt. Wenn Sie Einheimische fragen, können die sicherlich eine Gaststätte empfehlen. Auch wenn die auf den ersten Blick nicht so urig wirkt wie der geraniengeschmückte Platzhirsch.

Lokaler Rat bewährt sich auch bei den **Almhütten,** die manchmal gar nichts Hüttenhaftes an sich haben, sondern stattliche Wirtshäuser sein können. Ob die aktuellen Pächter auf der Alm wirklich gut kochen, backen oder käsen können, weiß nur der Volksmund. Ich habe in diesem Reiseführer diejenigen empfohlen, die durch beständige kulinarische Qualität glänzen.

Internationale Küchen von Italien über die Türkei bis Indien sind vor allem in den Kleinstädten beheimatet. Ist ja auch verständlich, wieso sollten Oberbayern immer nur oberbayrisch essen wollen. Ich habe keine Restaurants aus dieser Kategorie empfohlen, weil ich denke, Sie bevorzugen in Ihren Ferien bayerische Küche. Aber Sie bekommen selbstverständlich überall auch eine Pizza oder Döner.

Pulled Pork und **Burger** erobern auch die bayerische Provinz, ebenso wie **Craft Beer, Whisky** vom Schliersee (slyrs.com) oder **Gin** aus dem Landkreis Rosenheim (www.brennerei-stocker.de). Wir leben ja schließlich nicht hinter dem Mond!

Zu den **Öffnungszeiten:** Meist wird mittags und abends aufgesperrt, mit zwei, drei Stunden Pause dazwischen. Ruhetage sind oft Montag und Dienstag, und viele Gasthöfe öffnen sonntags nur für den Familien-Mittagstisch. In den Wintermonaten sind die Zeiten eingeschränkt, viele machen gleich ganz zu. Und wenn Sie selbst einkaufen möchten, fragen Sie am besten wieder die Einheimischen. Die kennen sicher einen **Hofladen,** in dem alles regional und saisonal, womöglich sogar auch bio ist.

Feiertage

1. Januar: Neujahr
6. Januar: Heilige Drei Könige
Ende März/Anfang April: Ostern
1. Mai: Tag der Arbeit
Mai/Juni: Christi Himmelfahrt; Pfingstsonntag/-montag; Fronleichnam (zehn Tage nach Pfingsten)
15. August: Mariä Himmelfahrt
3. Oktober: Tag der deutschen Einheit
1. November: Allerheiligen
25./26. Dezember: Weihnachten

Gesundheit

Bayern ist Hochrisikogebiet für die von Zecken übertragene FSME-Infektion (Hirnhautentzündung), gegen die es eine Impfung gibt. Beim Wandern und Wintersport auf guten Sonnenschutz achten, da die Gebirgssonne deutlich kräftiger ist.

Informationsquellen

In Deutschland

BAYERN TOURISMUS Marketing GmbH
erlebe.bayern

In Österreich und der Schweiz

In Österreich und der Schweiz ist Bayern durch Büros der Deutschen Zentrale

Spätestens bei diesem Bild wissen Sie, dass Gott ein Oberbayer ist – nirgendwo sonst werden ihm so schöne Häuser gebaut.

für Tourismus (DZT) in Wien und Zürich (kein Parteienverkehr) vertreten. Infomaterial, Prospekte und Informationen können Sie hier anfordern:
www.germany.travel/de

Infos im Internet

www.bayern.de
Die Homepage der bayerischen Staatsregierung informiert über Politik, Wirtschaft, Aktuelles; Links zu bayernrelevanten Themen.
erlebe.bayern
Tourismus in Bayern mit Unterkünften, Events, Infos zu Sport und Freizeit, Routenplaner etc. Flott, interessant und anregend sind Rubriken wie »Bayerninsider« (unterwegs mit Almhirten oder Dirndl-Designerinnen) oder »Bayern-Listicles« (Insider-Tipps und Bucket-List, von Barfuß-

pfaden bis hin zum jüngsten Lüftlmaler ist alles dabei),

www.blauergockel.de
Such- und Buchungsportal der unter dem Qualitätslabel »Blauer Gockel« zusammengeschlossenen Ferienbauernhöfe.

www.alpenverein-muenchen-oberland.de
Informationen über Wanderungen und Hütten, Tourenvorschläge, viele auch mit Download-Möglichkeit, sowie zuverlässige Auskünfte zum Bergwetter.

www.bergfex.de
Unter dem Menüpunkt Bayern/Oberbayern finden sich Wandervorschläge für den Sommer sowie ausführliche Beschreibungen der Skigebiete für den Winter. Praktisch: Verweise und Links auf benachbarte Wander- und Skiregionen.

www.lawinenwarndienst-bayern.de
Vor Skitouren und Winterwanderungen ein Muss!

www.radlland-bayern.de
Beschreibung der Fernradwege mit Karte, Höhenprofil, Hinweisen auf Sehenswürdigkeiten mit jeweils weiterführenden Links, das Ganze auch als GPX-Datei oder als Radwege-App herunterzuladen. Ein praktisches Extra ist der individuelle Radtourenplaner.

volxmusik.de
Plattform für Volksmusik mit bayernweiten Veranstaltungsterminen von Musikantentreffen, Stammtischen und Auftritten.

www.br-online.de
Die Website des Bayerischen Rundfunks enthält viel Wissenswertes über Land und Leute, Historisches und Modernes, Brauchtum und Traditionen, Literatur, Handwerk und Musik, teils mit Podcast- und Download-Möglichkeit.

www.opencaching.de
Koordinaten fürs Geocaching mit zahlreichen ›Verstecken‹ in Oberbayern.

blog.berchtesgadener-land.com/tag/oberbayern
Einige Tourismusverbände sind richtig kreativ, so auch die Berchtesgadener. Viele interessante Storys und Tourenvorschläge.

www.instagram.com/explore/tags/oberbayern/?hl=de
Neue Sehnsuchtsorte entdecken und dort Hunderte von Instagramern treffen.

www.dbregiobus-bayern.de
Fahrtauskunft für den Regionalverkehr.

Internetzugang

Ups, schwieriges Thema, denn obwohl Bayern doch so fortschrittlich ist, sind die Schwarzen Löcher kaum zu zählen. Nach Internetzugang fragen Sie am besten im Hotel oder Gasthof. In größeren Gemeinden mag es freie WLAN-Zonen im Zentrum geben (so in München, s. S. 41). Und dann ist da noch das Bayern-WLAN. Sie rufen www.wlan-bayern.de auf, geben den gewünschten Ortsnamen ein und bekommen angezeigt, wo sich die nächsten Einwählpunkte fürs Bayern-WLAN befinden.

Kinder

Oberbayern ist ein kinderfreundliches Ferienland; Streichelzoos, Märchenparks, Spaßbäder etc. sind so gut wie überall zu finden. Wer gerne wandert oder Radtouren unternimmt, sollte darauf achten, die Ausdauer seiner Sprösslinge nicht zu überschätzen. Kinderfreundliche Wanderungen haben die meisten Fremdenverkehrsregionen in eigenen Broschüren zusammengefasst und empfehlen sie auf ihren Websites. Das Personal in den Informationsbüros gibt gerne Tipps und Auskunft. Das Sammeln von Wandernadeln macht den Kindern besonders viel Spaß und spornt den Ehrgeiz an. Die erfolgreichen Gipfelstürme werden in den Wanderpass (erhält man bei der Touristeninformation) eingetragen, und für eine bestimmte Anzahl Einträge gibt's die

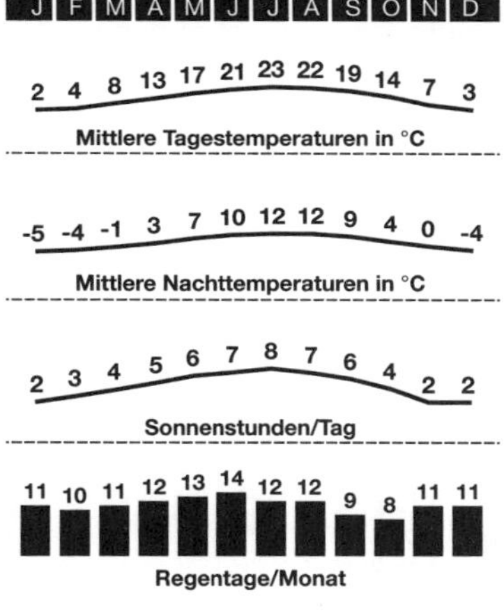

So ist das Wetter in München.

Nadel in Silber oder Gold. Gerade wer mit Kindern reist, sollte sich über die Zeckengefahr informieren (s. S. 245) und gegebenenfalls Vorsorge treffen.

Klima und Reisezeit

Warme Sommer, lange, aber längst nicht mehr schneesichere Winter und große Temperaturunterschiede zwischen Voralpenland und dem nördlichen Oberbayern kennzeichnen das Klima. Während im Voralpenland und hinauf bis zur Altmühl mitteleuropäisches Kontinentalklima das Wetter mit warmen Sommern, kalten Wintern und regenreichem Frühjahr und Herbst bestimmt, ist die Voralpen- und Alpenregion härteren klimatischen Bedingungen ausgesetzt. Der Winter beginnt in den Bergen früh – schon im November kann der erste Schnee fallen – und dauert bis Ende Mai, gelegentlich sogar bis in den Juni hinein. Mit 1200 mm verzeichnet die Region am Alpenrand relativ hohe Niederschläge; München liegt mit 900 mm etwas darunter. In den Bergen fallen über 2000 mm, teils als Regen, teils als Schnee. Die Schneegrenze, ab der man in den Wintermonaten zwischen Januar und März relativ sicher mit der weißen Pracht rechnen kann, liegt derzeit bei ca. 1800 m.

Oberbayerns Wettergeheimwaffe ist der Föhn, ein von der Alpenkette mit Geschwindigkeiten von bis zu 100 km herabwehender Fallwind, der die Atmosphäre reinigt und für den berühmten glasklaren und weißblauen Schäfchenwolkenhimmel sorgt. Die Berge rücken dann ganz nah an München heran. Auch wer wandert, profitiert von der herrlichen Sicht. Föhnopfer gibt's aber auch: Menschen, denen diese Wetterlage zu schaffen macht, leiden unter starken Kopfschmerzen.

Lesetipps

Interessante Buchentdeckungen, Hinweise auf Lesungen sowie auf literarische Veranstaltungen finden sich auf www.literaturportal-bayern.de.

Carl Amery: Leb wohl geliebtes Volk der Bayern. Carl Amery zeichnet in seinem mit viel Liebe, aber auch kritischem Blick geschriebenen Buch die bayerische Geschichte spannend und anschaulich nach und zeigt Zusammenhänge auf, die die besondere Entwicklung Bayerns im positiven wie negativen Sinne begünstigt haben.

Lena Christ: Erinnerungen einer Überflüssigen. Kindheit und Jugend von Lena Christ waren geprägt von Armut, Lieblosigkeit und Gewalt. Ihre Lebensgeschichte zeigt die Lebensumstände der armen, bäuerlichen Bevölkerung um die Wende vom 19. zum 20. Jh.

Lion Feuchtwanger: Erfolg. München in den 1920er-Jahren: Wirtschaftskrise und aufkommender Nationalsozialismus prägen das Stadtleben ebenso wie eine vitale Kulturszene. Der Roman ist ein farbiges,

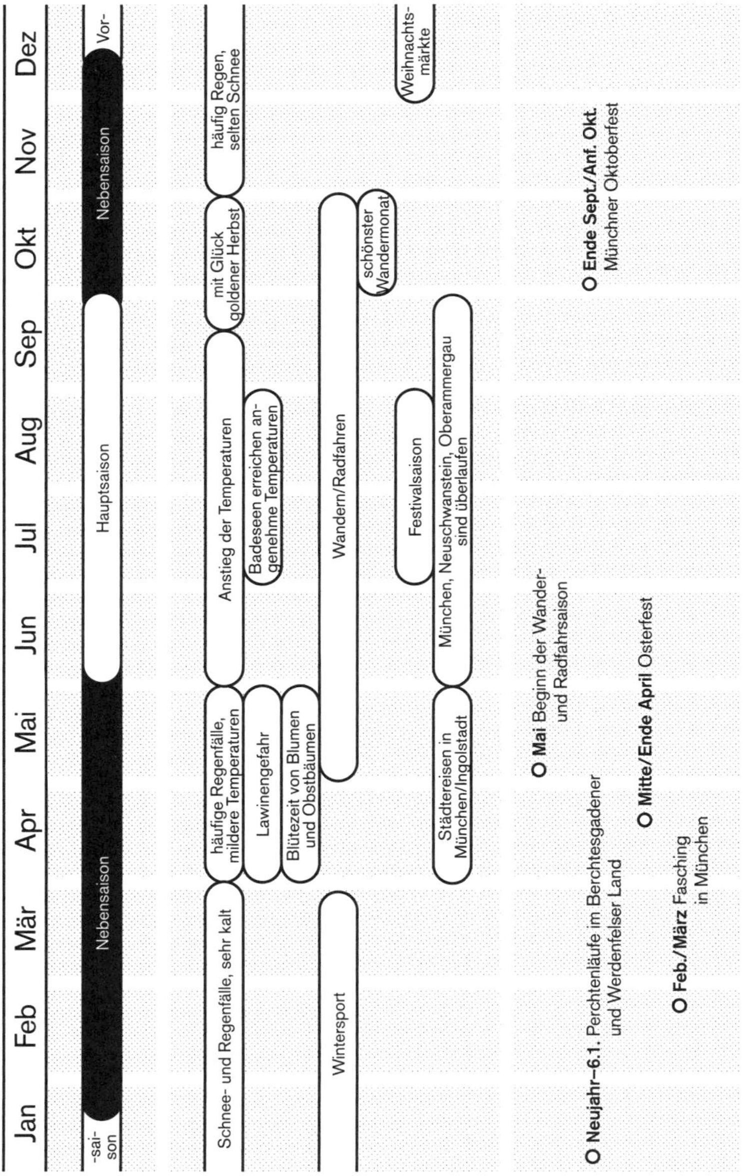

Jan Feb Mär Apr Mai Jun Jul Aug Sep Okt Nov Dez

-saison | Nebensaison | Hauptsaison | Nebensaison | Vor-

Schnee- und Regenfälle, sehr kalt
häufige Regenfälle, mildere Temperaturen
Anstieg der Temperaturen
mit Glück goldener Herbst
häufig Regen, selten Schnee
Lawinengefahr
Badeseen erreichen angenehme Temperaturen
Blütezeit von Blumen und Obstbäumen
Wintersport
Wandern/Radfahren
schönster Wandermonat
Festivalsaison
Weihnachtsmärkte
Städtereisen in München/Ingolstadt
München, Neuschwanstein, Oberammergau sind überlaufen

O **Mai** Beginn der Wander- und Radfahrsaison

O **Neujahr–6.1.** Perchtenläufe im Berchtesgadener und Werdenfelser Land

O **Ende Sept./Anf. Okt.** Münchner Oktoberfest

O **Mitte/Ende April** Osterfest

O **Feb./März** Fasching in München

intensives Sittenbild Münchens auf dem Weg zu Hitlers Machtergreifung.
Ludwig Ganghofer: Der Jäger von Fall. Der Klassiker der oberbayerischen Heimatliteratur.
Oskar Maria Graf: Das Leben meiner Mutter. Die Liebeserklärung des Schriftstellers an seine Mutter ist ein grandioser Familienroman, der schonungslos den harten Alltag einer oberbayerischen Bauernfamilie schildert, aber auch ihre Beharrlichkeit und Kraft.
Heidi Hohner: Zipfelklatscher. Der erste Band der »Fraueninsel-Reihe« spielt, man kann sich's vorstellen, auf der idyllischen Fraueninsel, auf der es zu wenige knackige Männer gibt. Die Protagonistin, eine junge Fischerin, weiß sich zu helfen. Amüsant und frech. Und Sie lernen ganz nebenbei, was ein »Zipfelklatscher« (Aussprache: Zibbfegladscha) ist. Nämlich wörtlich übersetzt ein Penisklatscher. Und im Bairischen: ein Depp.
R. W. B. McCormack: Tief in Bayern. Ein britischer Ethnologe macht sich auf zur Feldforschung beim Stamm der Bayern. Was er dabei beobachtet, ist witzig geschrieben und öffnet augenzwinkernd ungeahnte Einblicke in die bayerische Volksseele.
Oberbayern-Krimis: Die Krimi-Welle hat auch bayerische Autorinnen und Autoren ergriffen. Spannende Lektüre kommt z. B. von Nicola Förg oder Jörg Maurer.
Michael Pause: Münchner Hausberge. Der Klassiker unter den Wanderführern stellt die schönsten und beliebtesten Wanderrouten in den Bayerischen Alpen vor. Ende der 1970er schrieb Vater Walter die erste Auflage; Sohn Michael setzt die Arbeit nun fort.
Luise Rinser: Die gläsernen Ringe. Luise Rinsers Erinnerungen an ihre Zeit in Wessobrunn sind von magischem Reiz.
Michael W. Weithmann: Kleine Geschichte Oberbayerns. Anschaulich beschreibt der Autor die Geschichte Oberbayerns von den Anfängen über die Landesteilungen und das Königreich bis zur Entwicklung zum Hightech-Standort.

Reisen mit Handicap

Bei den lokalen Touristeninformationen bzw. auf deren Webseiten bekommen Reisende mit Handicap meist gute Informationen zu geeigneten Unterkünften und barrierefreiem Zugang zu den Sehenswürdigkeiten. Auch die meisten Regionalbahnen und -busse sind barrierefrei ausgestattet. Das ist bei vielen älteren Bergbahnen noch nicht der Fall oder lässt sich auch nicht bewerkstelligen. Moderne Anlagen wie die Jenner- oder die Zugspitz-Seilbahn berücksichtigen natürlich auch die Bedürfnisse von Reisenden mit körperlichen Einschränkungen. Anlaufstelle in München ist der

Club Behinderter und ihrer Freunde
Johann-Fichte-Str. 12
80805 München
T 089 356 88 08
www.cbf-muenchen.de
Mo, Di, Do, Fr 9–16 Uhr

Hier bekommt man Broschüren mit empfehlenswerten, weil behindertengerechten Kinos, Theatern und Restaurants in München. Regelmäßig organisiert der Club Ausflugsfahrten und Rollstuhlwanderungen in die Region.

Reiseplanung

Stippvisite

Wollen Sie in drei, vier Tagen einen ersten Eindruck von der Region gewinnen, dann starten Sie die Erkundung im Blauen Land. Rund um Murnau finden Sie komprimiert vieles, was typisch ist, und Charakteristika, die das Besondere ausmachen: eine Kleinstadt mit wunderbar intaktem Altstadtkern, reizvolle

Badeseen, Rokoko-Orgien in Klöstern und Kirchen, geheimnisvolle Moorlandschaften und kühne Voralpengipfel sowie die Spuren, die die Maler des Blauen Reiters hinterlassen haben. Dazu gehören neben ›Originalschauplätzen‹ auch außergewöhnliche Museen – vor allem das Campedonk-Museum in Penzberg möchte ich Ihnen ans Herz legen. Ein Ausflug nach München rundet die erste Begegnung ab.

Was Sie meiden sollten? Ich würde sagen, Schloss Neuschwanstein muss man sich ebenso wenig antun wie das Münchner Oktoberfest – es sei denn, Sie sind ›Kini‹-Verehrer oder tanzen gerne auf Biertischen. Ziemlich überlaufen sind auch andere König-Ludwig-Highlights wie die Schlösser Linderhof und Herrenchiemsee, außerdem die typisch oberbayerischen Bilderbuchdörfer Oberammergau und Mittenwald sowie Starnberger- und Tegernsee an Schönwetterwochenenden. Da diese Ziele aber auch sehr reizvoll sind, liegt die Lösung in der Wahl der richtigen Reisezeit. Ich sage nur: Nebensaison.

Picknickkorb einpacken, eine Blumenwiese (möglichst mit Badesee) finden und unter blauweißem Himmel entspannen – Auszeit à la Oberbayern.

Rundreisevorschlag

Die perfekte Rundreise gibt es nicht, aber folgende Tour macht Spaß und zeigt die interessantesten und malerischsten Seiten von Oberbayern. Sie sind eine Woche unterwegs und legen etwa 400 km zurück. Es bleibt Zeit für Wanderungen und Radtouren, auch um mehr als die üblichen Highlights zu sehen, aber ich empfehle Ihnen: Dehnen Sie den Aufenthalt aus, nur wer Zeit hat, kann Entdeckungen machen. Zudem: München (mindestens zwei Tage) und das nördliche Oberbayern (wenigstens ein Tag für Ingolstadt/Manching) sind hier noch gar nicht bedacht. Starten Sie in **München** und nehmen sich **Landsberg am Lech** (ca. 60 km) als erstes Ziel vor. Mittelalterliche Türme und Tore, dazu südländisches Flair am Lech, das macht Spaß. Weiter geht's in Richtung **Dießen am Ammeersee** (28 km) durch stille, unaufgeregte Hügellandschaft mit Wäldern und einsamen Höfen – das gibt es auch noch in Oberbayern. Ein Keramik-Kunst-Bummel durch Dießen, dann fahren Sie weiter in den Pfaffenwinkel zu den schönsten Barock- und Rokoko-Kirchen Oberbayerns: **Rottenbuch, Steingaden** und **Wieskirche** (55 km). Die erste Etappe endet in **Murnau** (30 km), wo zwei Übernachtungen sinnvoll wären. Im Blauen Land gibt es viel zu sehen.

Über **Kochel- und Walchensee** (hier lockt eine schöne Gratwanderung, s. S. 165) fahren Sie nach Süden bis **Mittenwald** (45 km) und weiter durch das Rißtal nach Norden bis **Bad Tölz** (55 km). Hier oder in **Gmund** am **Tegernsee** (15 km) ist die zweite Etappe zu Ende. Wenn Sie am Tegernsee übernachten, sollten Sie unbedingt im Miesbacher Restaurant Manuelis (s. S. 171) zu Abend essen.

Nächster Anlaufpunkt ist **Rosenheim** (40 km) mit seiner ungewöhnlichen Ausstellungshalle, dem Lokschuppen, und neuen Architekturformen. Hier lernen Sie den Inn-Salzach-Stil kennen und fahren an diesem Tag gar nicht mehr weit, der **Chiemsee** ist nur 25 km entfernt. Weil es da viel zu sehen (Schloss Herrenchiemsee) und zu unternehmen (einmal drumherumradeln, die Kampenwand erobern) gibt, sollten Sie irgendwo am oder um den See zwei Nächte bleiben.

Bad Reichenhall (55 km) öffnet die Tore zum Berchtesgadener Land, eine von hohen Felsgipfeln, uralten Handels- und Bergwerksstädten und einem vorbildlichen Bergsteigerdorf geprägte Landschaft. Auch hier sollten es zwei Übernachtungen sein, Sie wollen ja nicht nur herumfahren, sondern auch wandern!

Sicherheit und Notfälle

Über die üblichen Vorkehrungen hinaus – nichts im Auto lassen, auf Handtasche/Rucksack achten – können Sie sich in Oberbayern überall sicher fühlen. Natürlich kann in einer Metropole wie München eher etwas passieren – aber sie gehört zu den sichersten Großstädten der Welt.

Diplomatische Vertretungen

Österreichisches Generalkonsulat
Ismaninger Str. 136
81675 München
T 089 99 81 50
www.bmeia.gv.at/gk-muenchen
muenchen-gk@bmeia.gv.at

Schweizerisches Generalkonsulat
Prinzregentenstr. 20
80538 München
T 089 286 62 00
www.eda.admin.ch/muenchen

NOTRUFNUMMERN

Polizei: T 110
Feuerwehr/Rettungswagen: T 112
Bergrettung: T 112
Pannendienst (ADAC): T 01 80 222 22 22, mobil 22 22 22
Ärztlicher Bereitschaftsdienst: T 116 117
Sperrung von Handys, Bank- und Kreditkarten: T 116 116

Übernachten

Auf den Webseiten so gut wie aller Tourismusverbände (s. Adressen beim jeweiligen Ort im Unterwegs-Teil ab S. 12) sind die Adressen von Unterkünften gelistet, fast immer mit Beschreibung und/oder weiterführendem Link. Eine Entscheidungshilfe bei der Wahl bieten Bewertungsportale wie www.holidaycheck.de oder www.booking.com. Nachhaltig geführte Betriebe finden Sie u. a. auch auf dieser Website:
www.wirsindanderswo.de

Hotels

Die meisten Hotels in Oberbayern sind familiengeführte Betriebe von übersichtlicher Größe. Zur Ausstattung im modernen oder traditionellen Alpinstil gehört fast überall ein Wellnesscenter mit Sauna/Dampfbad/Massagen. Auch immer mehr Boutique-Hotels, exklusive Häuser mit wenigen Zimmern und luxuriöser Ausstattung, eröffnen in ländlichen Regionen. Ein Zentrum des mondänen Tourismus (mit entsprechendem Hotel- und Restaurantangebot sowie Preisen) ist der Tegernsee. Besondere Buchungsportale für Oberbayern kann ich nicht empfehlen. Die üblichen Anbieter sind oben bereits genannt.

PREISE IM BUCH

€	bis 80 Euro
€€	80 bis 150 Euro
€€€	über 150 Euro

Preise für ein Doppelzimmer mit Frühstück

Pensionen

Pensionen sind eine billigere und häufig auch individuellere Alternative zum Hotel, scheinen aber auch in Oberbayern langsam auszusterben. Der Übergang zur Privatvermietung von Gästezimmern oder aber zum Bed & Breakfast ist fließend. Folgende Portale listen auch solche Unterkünfte auf:
www.booking.com, www.wimdu.de, www.airbnb.com

Auszeit im Kloster

Einige Konvente haben umgebaut und vermieten einfach eingerichtete, aber stets sehr geräumige Zimmer an Feriengäste, so z. B. in Eichstätt oder Benediktbeuern. Andere bieten längere Aufenthalte mit Meditationsprogramm, zu Schweigewochen oder auch mit kräuterkundlichen Workshops an (z. B. auf der Fraueninsel). Adressen und Beschreibungen der Angebote u. a. auf:
stillefinden.org

Ferien auf dem Bauernhof

Für Familien die ideale Alternative zum Hotel: Die Kinder können draußen toben und mit den Streicheltieren spielen; es gibt oft auch ein Freizeitprogramm für die Kleinsten, aber auch für die Eltern, so etwa Kräuterwanderungen oder Radtouren.
www.bauernhof-urlaub.com

Ferienwohnungen und Ferienhäuser

In so gut wie jeder Region Oberbayerns können Sie Ferienwohnungen mieten, sei es als Einliegerwohnung bei einem Privatvermieter, sei es in einer Wohnanlage. Frei stehende Ferienhäuser zur alleinigen Nutzung sind nicht so leicht zu finden. Berghütten reserviert man über den Alpenverein (www.alpenverein-muenchen-ober land.de). Über das Angebot informieren die regionalen Touristeninformationen. Ein Internetvermittler von Ferienwohnungen ist **www.fewo24.de,** bei dem für den Kunden keine Gebühren anfallen und wo man mit den Vermietern direkt in Kontakt treten kann. In der Hochsaison sollte man unbedingt langfristig im Voraus buchen. Bei Anmietung eines Ferienhauses oder einer -wohnung ist zu beachten, dass man sich persönlich beim Kuramt anmelden und eine Kurtaxe bezahlen muss.

Jugendherbergen

Die zahlreichen Jugendherbergen sind eine preiswerte Alternative für junge Leute, viele nehmen auch ältere Gäste mit Jugendherbergsausweis auf:

Deutsches Jugendherbergswerk
Landesverband Bayern e. V.
Mauerkircherstr. 5
81679 München
T 089 922 09 85 55
www.jugendherberge.de

Camping

Zeltplätze sind in allen Ferienregionen Oberbayerns vorhanden, Tipps für besondere Plätze gibt es z. B. online auf erlebe.bayern; in Campingführern werden die Plätze ausführlich beschrieben und bewertet, z. B. vom ECC, Europa Camping und Caravaning.
europa-camping.com

Verkehrsmittel

Bahn

Die Bahnverbindungen zwischen den größeren Städten und auch in kleinere

Orte sind sehr gut. Von München kommt man mit der S-Bahn im 20- bis 40-Minuten-Takt an Ammersee und Starnberger See, stündlich verkehren Züge nach Landsberg, Miesbach oder Rosenheim. Informationen zu den Verbindungen gibt es online unter:
www.bahn.de

Preisgünstig ist das **Bayern-Ticket,** mit dem bis zu 5 Personen zum Pauschalpreis kreuz und quer durch Bayern fahren können (27 € plus 9 € für jede weitere Person, Mo–Fr 9–3 Uhr, Sa/So ganztags, Bayern-Ticket Nacht 25 € plus 6 € für jede weitere Person, Mo–Fr 9–3 Uhr, Sa/So ab 0 Uhr).

Bus
Busse des Regionalverkehrs Oberbayerns (RVO) verbinden die Städte mit dem Umland und kleinere Orte miteinander. Die regionalen Fahrpläne bekommt man meist in der Touristeninformation und im Internet. Samstags und sonntags ist der Busverkehr eingeschränkt.
www.dbregiobus-bayern.de

Auto
Über die Autobahnen München–Salzburg, München–Garmisch und München–Nürnberg sind fast alle oberbayerischen Orte von München aus in einer Fahrtzeit von einer Stunde erreichbar. Das Straßennetz ist gut ausgebaut; im Winter und nach Hochwasser können einige Gebirgsstrecken nur eingeschränkt oder gar nicht befahrbar sein.

Fahrrad
Das Fern- wie Nahwegenetz ist sehr gut ausgebaut und ausgeschildert; in einigen Regionen ist die Fahrradmitnahme in der Bahn vom Tourismusverband subventioniert und für Radelnde gratis. Einen Fahrradverleih findet man in den meisten größeren Orten. Weitverbreitet sind E-Bikes, die viele Gemeinden ihren Gästen gegen eine Gebühr zur Verfügung stellen.

Schiff
Die Fahrpläne der Schiffe im Sommer auf den meisten oberbayerischen Seen gibt es unter www.seenschifffahrt.de, die Verbindungen auf dem Chiemsee unter www.chiemsee-schifffahrt.de.

DER UMWELT ZULIEBE – NACHHALTIG REISEN

Die Umwelt schützen, die lokale Wirtschaft fördern, intensive Begegnungen ermöglichen, voneinander lernen, jeder kann dazu beitragen, einen nachhaltigen Tourismus zu unterstützen. Und das ist gerade in Oberbayern ziemlich einfach, denn das, was in ländlichen Regionen ohnehin schon immer selbstverständlich war – die Verarbeitung regionaler und saisonaler, möglichst auch nach ökologischen Prinzipien angebauter oder gezogener Lebensmittel und Tierprodukte – ist heute guter Trend. Zeigen Sie also Riesengarnelen und Lachs (die ja immer noch auf vielen Speisekarten stehen) den kalten Rücken und bestellen Sie Saibling oder Renke – die Natur dankt's Ihnen. Einige, nicht alle nachhaltig wirtschaftenden Restaurants und Gasthäuser gehören der Organisation Slow Food (www.slowfood.de) an. Fahren Sie, wenn möglich, mit öffentlichen Verkehrsmitteln – die Verbindungen sind gut (s. u.)! Oder lassen Sie das Auto am Hotel stehen und unternehmen Sie Ausflüge mit dem Rad. Wie Sie es mit umstrittenen Super-Seilbahnen oder Installationen auf Berggipfeln halten, bleibt Ihnen überlassen. Oberbayerns Infrastruktur bietet Ihnen beste Gelegenheit für nachhaltigen Urlaub.

Das

Magazin

Warten … auf was? Oberbayerisches Brauchtum wird von Alt und Jung gepflegt, ist aber manchmal auch einfach langweilig.

»Die Berge waren immer schon Kulisse«

… doch in dieser ›Kulisse‹ wird gearbeitet, stehen verlassene Dörfer und sind Bergopfer zu beklagen. Kulturphilosoph und Bergführer Jens Badura fordert mehr Bereitschaft für einen realistischen Blick auf die Berge.

Eventisierung, Overtourism, Instagramisierung — auch die Alpen sind nicht vor den Entwicklungen gefeit, die den Tourismus weltweit prägen und die touristischen Regionen belasten.

In der Süddeutschen Zeitung vom 8. November 2018 habe ich dazu ein interessantes Interview gefunden, das SZ-Journalist Dominik Prantl mit dem Philosophen Jens Badura führte. Mit diesem leicht gekürzten und von Jens Badura aktuell überarbeiteten Gespräch möchte ich meinen Streifzug durch Oberbayern eröffnen.

Hat sich die Philosophie, mit der Menschen in die Berge gehen, geändert?

Ich würde nicht von Philosophie, sondern von Einstellungen sprechen, im wörtlichen Sinne des »eingestellt sein«. Aber zur Frage: Ja, geändert in dem Sinne, dass ein durch regelmäßige längere Aufenthalte bewirktes Einlassen auf den Gesamtzusammenhang, der die Berge ausmacht, zunehmend durch ein kurzlebiges Fly-in-fly-out-Modell ersetzt wird.

Das heißt?

Wenn ein Gast eine Region öfter besucht, erwächst daraus eine Sensibilisierung ihr gegenüber. Er wird dadurch jemand, der Entwicklungen mitbekommt und in verschiedener Hinsicht auch lokale Verhältnisse einzuschätzen weiß. Das fehlt beim spontanen, heute üblichen Wochenendaufenthalt, der beispielsweise nur dem biografischen Abhaken der Watzmannüberschreitung dient. Eine Konsequenz aus dieser Entwicklung kann sein, dass man die Verhältnisse falsch einschätzt und dann möglicherweise ins Verderben rennt.

Jens Badura ist habilitierter Kulturphilosoph. Er betreibt mit Kollegen den Thinktank »creativeALPS« in Bischofswiesen (www.creativealps.org), ist geprüfter Bergwanderführer, beratend für die Alpenschutzorganisation Cipra International tätig und macht sich Gedanken über die Zukunft des Alpenraums.

Was suchen die Menschen heute in den Bergen?

Ich glaube, das unterscheidet sich gar nicht so von dem, was sie schon vor 150 Jahren gesucht haben. Es ist das, was in einem gesicherten, stark normalisierten, städtischen Leben nicht mehr zu finden ist. Es wird ein vermeintlicher Gegenpol zu dem erhofft, was die Alltagserfahrung prägt. Wenn beispielsweise ständig von der Ruhe in den Bergen die Rede ist, dann gibt es im Alltag offenbar ein Lärm- oder Stressproblem. Wenn von Authentizität die Rede ist, gibt es offenbar ein Problem mit einer hochgradig durch Kulissenerfahrung durchtränkten Welt.

Was suchen Sie denn in den Bergen?

Starke Räume. Da, wo es steil wird, gibt die Welt einen Widerstand vor, der im Flachland in der Form nicht da ist. Das ermöglicht Erfahrungen, die ich anderswo nicht machen kann, und regt zum Denken an; in der Atmosphäre des Vertikalen funktioniert der Geist anders. Und ganz profan: Ich lebe da einfach gerne.

Stimmt der Eindruck, dass zwar immer mehr Menschen in die Berge gehen, aber immer weniger bereit sind, die stark frequentierten Hauptwege zu verlassen?

Ich denke schon. Das hat damit zu tun, dass viele Menschen eine Konstellation vorfinden wollen, die bereits im Vorfeld gerahmt wurde, also nur eine gewisse Erwartungsbefriedigung suchen. Eine Erfahrung im substanziellen Sinne mache ich aber erst dann, wenn meine Erwartungshaltungen scheitern und mir augenscheinlich wird, dass mein Konzept von der Welt hier nicht greift und ich insofern mein Überzeugungssystem verschieben muss. Das wiederum setzt voraus, dass ich mich ein Stück weit den Unwägbarkeiten der Welt aussetze und nicht dadurch versichert bin, dass ich schon vorher weiß, was ich sehen will, und auch nur darauf schaue.

Nur sucht gerade die heutige Selfie-Gesellschaft genau nach diesen Bildern, die ein bestimmtes Schema erfüllen.

Beim Selfie-Thema muss man eine Schleife weiter gehen. Es geht nicht nur darum, sich sozial zu platzieren, nach dem Motto »Schau, was ich kann und wo ich war«. Genauso wichtig ist es, sich selbst zu bezeugen, dass man da war. Da knüpfe ich bei meinem Erfahrungsbegriff an. Wenn ich mich auf einen Moment oder Ort nicht mehr einlasse, sondern nur vorgegebenen Schemata folge, dann schreiben sich diese Momente oder Orte auch nicht in mein Erfahrungsrepertoire ein – ich brauche dann das Selfie quasi als Beweis für mich selbst.

Sie kritisieren auch immer wieder, dass die Bildsprache der Werbung unser Bild der Berge maßgeblich

beeinflusst. Verkommen die Berge dadurch zur Kulisse?

Die Berge der Alpen waren in gewisser Hinsicht doch immer schon Kulisse, zumindest seit es das Bild der Alpen so gibt, wie wir es heute gewohnt sind. Das permanente Verpflichtetsein auf ein visuelles Vokabular, das dem touristischen Blick von vor etwa 150 Jahren entstammt, verhindert allerdings andere, zukunftsorientierte Formen, in den Alpen zu leben. Eine Öffnung des Horizonts kann ich zwar nicht unbedingt von der Werbebranche erwarten, aber von allen, die für sich beanspruchen, verantwortungsvoll mit dem Lebensraum Alpen umzugehen.

Ganz konkret: Welche Bilder müsste man denn zeigen?

Die Alpen sind durch die Kleinräumigkeit ja ein Raum, in dem es viel und sehr Unterschiedliches zu sehen gibt – auch Dinge, die nicht dem gewohnten Bild entsprechen: ungeschönte Almarbeit, Fabrikhallen, verlassene Dörfer oder Bergopfer. Ich würde mich freuen, wenn diese Perspektiven viel stärker mit dem Alpenraum assoziiert würden als der schöne Berg im Sonnenuntergang, ein Kletterer einarmig am Fels oder die schöne Sennerin, die im Dirndl den Käse serviert.

Das heißt, wir brauchen Ihrer Meinung nach eine neue touristische Angebotskultur in den Alpen?

Ich würde mir zumindest etwas mehr Reflexivität wünschen. Es geht nicht darum, dass man es nicht schön haben soll, sich gut bedienen lässt oder Ruhe oder auch Action genießt. Es geht darum, dass die eigene Rolle stärker bewusst ist. Ich kann nicht erwarten, dass nur Einheimische bedienen sollen, wenn die Rahmenbedingungen nicht stimmen. Ich kann nicht über das Verkehrsaufkommen jammern, wenn ich in meinem Pkw im Ausflugsstau stehe. So viel Verantwortlichkeit darf man erwarten – und zwar von allen Beteiligten, ob von Anbietern, Vermarktern oder Konsumenten.

Also weniger Ischgl, mehr Ramsau?

Wir haben die Tendenz, den Alpentourismus in ein Plus-Minus-Pol-System einzuteilen. Die Bösen sind in Ischgl, die Guten in Ramsau. Diese Form der Gegenüberstellung halte ich für falsch und überheblich – und das sage ich als jemand, der geografisch der ›guten‹ Seite zugeordnet wird. Ich glaube, es gibt nicht von vornherein den Anspruch, wie Alpentourismus auszusehen hat. Wenn ich ein paar Ischgls sinnvoll umgrenze und nach geltenden Umweltvorschriften einrichte, dann bin ich damit vielleicht alpenfreundlicher unterwegs, als wenn ich Tausende Kleinskigebiete schaffe.

Müssen wir die Alpen neu sehen lernen?

Wir brauchen ein auch visuell neues Narrativ vom Alpenraum, in dem klar ist: Die Alpen sind zunächst einmal ein Lebensraum, in dem das Leitprinzip jeglicher Entscheidungen das Gemeinwohl der ansässigen Bevölkerung ist. Und dazu gehören andere Bilder als die, die das visuelle Vokabular der touristischen Überlieferung gerne hätte. ■

»Da, wo es steil wird, gibt die Welt einen Widerstand vor, der im Flachland in der Form nicht da ist.«

Feiern, wie die Feste fallen

Es ist stockfinster — nur ein paar Funzeln beleuchten den Rosenheimer Weihnachtsmarkt. Und dann brechen sie aus einer Seitengasse: Perchten, Buttmandln, Krampln und wie sie alle heißen. Furchterregende, in Felle gehüllte und mit schweren Schellen behängte Gestalten.

Brüllend rennen sie auf die Zuschauer zu und schmieren ihnen Ruß ins Gesicht. Das ist allerdings noch harmlos – manche haben auch Stöcke oder Peitschen dabei, und wer nicht aufpasst, bekommt eins über die Beine gezogen. Altes Brauchtum ist auf dem Vormarsch, vor allem so spektakuläres wie die Perchtenläufe.

Den Winter verjagen

Die Raunächte, also die zwölf Tage zwischen der Thomasnacht vom 21. auf den 22. Dezember bis Epiphanias vom 5. auf den 6. Januar sind im oberbayerischen Voralpenland eine magische Zeit. Die Geister des Winters müssen verscheucht, die unter dem Schnee schlummernden Samen geweckt werden. Perchten und andere Unholde ziehen durch die Straßen und werden mit Lärm, Peitschenknallen oder Geschenken verjagt bzw. besänftigt. Besonders eindrucksvoll im Berchtesgadener Land und im Chiemgau.

Den Frühling begrüßen

Inoffizielles Frühlingsfest in vielen Gemeinden ist Maria Lichtmess am 2. Februar. Die Frauen bringen ihre Kerzen in die Kirche, um sie dort segnen zu lassen. Als Lichtbringer wird auch der hl. Georg angesehen, der mit Georgiritten an Ostern oder an seinem Festtag, dem 23. April, gefeiert wird.

VIEL INDIE FÜR WENIG GELD

Oberbayerns berühmtestes Indie-Festival, der Chiemsee Summer, pausiert – dafür gibt's so manche Alternative zu entdecken: z. B. Elektro, House & Techno beim Echelon Ende August in der US-Kaserne Bad Aibling (www.echelon-festival.de) Beim **OBEN OHNE Open Air** auf dem Münchner Königsplatz Ende Juli treten neben Newcomern auch prominente Acts wie Blumentopf oder BAUSA auf (www.oben-air.de). Das **Kuahgartn Festival** Ende August ist eine große Party in der Nähe von Wasserburg/Inn, auf der man tolle Entdeckungen machen kann; aber auch Prominenz wie beispielsweise **Frittenbude** spielt auf (www.kuahgartnopenair.de).

Die Perchten und Krampusse von Sparifankerl Pass sind Münchner. Auf dem Christkindlmarkt veranstalten sie ein Riesen-Spektakel.

Den Maibaum aufstellen
Am 1. Mai muss er auf dem Dorfplatz stehen, der geschmückte Maibaum; dann wird um ihn herum ausgelassen gefeiert – es sei denn, er wurde von der Nachbargemeinde geklaut. Das ist erstens eine Schande fürs Dorf und kostet zweitens mehrere Trageln Bier, mit denen der Maibaum ausgelöst werden muss.

Die Ernte sichern
Der zweite Donnerstag nach Pfingsten gehört den Fronleichnamsprozessionen, die reich geschmückt durch die Orte und durch Wald und Flur ziehen, um gute Ernten zu erbitten. Etwa zur gleichen Zeit, am 21. Juni, gerät das magische Gleichgewicht der Welt zur Sommer-Tagundnachtgleiche aus den Fugen und in den Bergen werden Sonnwendfeuer entzündet, mancherorts auch Feuerräder ins Tal gerollt.

Maria huldigen
Im Jahreslauf gibt es viele Feiertage, an denen vor allem Frauen in Kirchen und Wallfahrtskapellen die Zwiesprache mit Maria suchen. Der 15. August, Mariä Himmelfahrt, ist der höchste Marientag und wird ganz besonders inbrünstig in Altötting begangen. Viele Frauen binden einen Kräuterbuschen aus Wildkräutern, der gesegnet wird und als Schutz vor Krankheit und schlechten Einflüssen am Haus oder im Stall aufgehängt wird.

Rinder und Schafe holen
Der Almabtrieb Mitte bis Ende September hat keinen religiösen Hintergrund; es ist aber nichtsdestotrotz ein farbenfrohes Schauspiel, wenn die üppig geschmückten Rinder oder Schafe unter Schellengeläut von ihren Almen ins Tal ziehen.

Die Tiere segnen
Der hl. Leonhard gilt als Schutzpatron der Pferde und des Viehs, und an seinem Festtag am 6. November bzw. an einem Wochenende davor oder danach erweisen ihm die Bäuerinnen und Bauern ihre Verehrung, indem sie auf reich geschmückten Rössern zu einem dem Heiligen geweihten Gotteshaus wallfahren. Die Leonhardifahrt endet mit einer Tiersegnung. ■

Ein König im Mondenschein

»Denk ich an Bayern in der Nacht — dann bin ich um den Schlaf gebracht«, ist man versucht ganz im Sinne König Ludwigs II. (und nicht Heinrich Heines) zu zitieren. Denn der ›Kini‹, wie wir alle ihn zärtlich nennen, er liebte seine bayerischen Berge und er liebte die Nacht. Zum Schlafen war sie ihm viel zu schade.

Ludwig II., König von Bayern, Verehrer Richard Wagners und Erbauer der oberbayerischen Märchenschlösser, ist der bekannteste Vertreter der Wittelsbacher, eines der ältesten Adelshäuser Europas. Das Geschlecht herrschte mit Herzogs- und Kurfürstenwürde von 1180 bis 1799 über Bayern. Dann gelang den Wittelsbacher der Aufstieg in die Königsklasse. Der schuf die Grundlage für den Größenwahn, der Ludwig I. und Ludwig II. so antrieb, dass Großvater wie Enkel nacheinander scheiterten.

Wir sind König

Die Vorgeschichte: Als der bayerische Kurfürst Karl Theodor 1799 ohne Nachkommen starb, rückte Maximilian IV. von Pfalz- Zweibrücken (1756–1825) als nächster Verwandter nach. Er entstammte einer Linie aus dem deutsch-französischen Grenzgebiet jenseits des Rheins, war in Frankreich aufgewachsen und sprach besser Französisch als Deutsch. Maximilians gute Kontakte zum Nachbarn und seine Unterstützung für Napoleon machten sich bezahlt: 1806 erklärte Napoleon Bayern zum Königreich; aus dem Kurfürsten wurde König Maximilian I. Dass er in seiner Regierungszeit 1805–13 ganz nach französischem Vorbild das Land säkularisierte bzw. dies seinen Superminister, den Grafen von Montgelas, tun ließ, nahmen die Bayern nur Montgelas übel. ›König Max‹ war und ist bis heute beim Volk eine der beliebtesten Herrschergestalten der jüngeren bayerischen Geschichte. Und was die Säkularisierung anging: Sohn Ludwig machte das meiste rückgängig und ließ die frommen Orden wieder ins Land.

Theatermaler Christian Jank zeichnete Ludwigs II. letzten nicht verwirklichten Traum: die Aufstockung der Burgruine Falkenstein bei Pfronten im Allgäu.

Eine verhängnisvolle Affäre

Ludwig (1786–1868), geboren in Straßburg, gestorben in Nizza, bestieg als Ludwig I. 1825 den Thron und machte sich sogleich an die Erfüllung seines Lebenstraums: Er liebte die antiken Stätten Griechenlands und Italiens und wollte dieses Architekturideal auch in seiner bayerischen Heimat verwirklicht sehen. Seine Baumeister Leo von Klenze und Friedrich Gärtner setzten die klassischen Ideale ihres Herrschers in München, aber auch bei Regensburg und Kelheim um: Der Königsplatz mit seinen Tempelbauten, die Walhalla hoch über der Donau, der Ruhmestempel am Donaudurchbruch – Bayern wurde antikisiert. Das Ende dieser Ära verursachte die 25-jährige Lola Montez, als Elizabeth Rosanna Gilbert in Irland geboren: 1846 brach sie des Königs Herz. Der 60-Jährige kaufte ihr eine Villa, ließ sie für die Schönheitengalerie in Schloss Nymphenburg porträtieren, setzte durch, dass sie einen bayerischen Pass und einen Adelstitel erhielt. Das Volk rebellierte; Ludwig dankte 1848 schließlich zugunsten seines Sohnes Maximilian II. ab, der sich vor allem als Förderer bayerischen Brauchtums einen Namen machte und ansonsten unauffällig blieb.

So fantastisch seine Schlösser auch waren – oben wartet Ludwig II. in Schloss Linderhof auf das Tischleindeckdich aus dem Untergeschoss –, so tragisch war des Märchenkönigs Ende: Er ertrank auf unerklärliche Weise im Starnberger See; in Berg wurde an der Stelle ein schlichtes Holzkreuz aufgestellt.

Die unerträgliche Wirklichkeit des Seins

Dann aber schlug die Stunde des Märchen-›Kinis‹, der seinen Großvater in puncto Bauwut und Volksferne übertrumpfen sollte: Ludwig II. (1845–86) wurde 1864 nach dem Tod Maximilians II. im Alter von 19 Jahren König. In Erinnerung blieben von den Jahren seiner Herrschaft die Extravaganzen des jungen Mannes, seine hingebungsvolle Verehrung für Richard Wagner und dessen Musik, die der Komponist schonungslos auszubeuten wusste, seine

Sucht, immer neue, prunkvolle Schlösser nach Motiven der germanisch-Wagnerschen Sagenwelt und später nach dem Vorbild von Versailles und Ludwigs XIV. zu bauen, seine Flucht in Natur und Einsamkeit vor der kalten Realität bayerischer und deutscher Politik und seine immer exzessiver gelebte Homosexualität, die kaum noch zu verschleiern war.

Der unnahbare Mondkönig

»Auch ich liebe nicht das Befassen mit neuen Menschen, wie Sie sich ausdrücken, auch ich will mich der verdammten Höllendämmerung, die mich beständig in ihren qualmenden Dunstkreis reißen will, entziehen, um selig zu sein in der erhabenen Berges-Einsamkeit, fern von dem ›Tage‹, dem verhaßten Feind, fern von der Tages-Sonne sengendem Schein!!«, schrieb Ludwig 1871 an Richard Wagner. In München wurde der Regent selten gesehen, und auch an all seinen Fluchtpunkten – auf dem Schachen, in der Venusgrotte von Linderhof oder im leeren Thronsaal von Neuschwanstein (der Thron wurde nie angefertigt) – tauchte er meist nachts auf. Er ertrug den Tag nicht. Auf Gemälden wie die »Wilde Jagd« sehen wir ihn in seiner Kutsche oder dem Schlitten, begleitet von einigen treuen Lakaien, durch von Mondlicht beschienene Berglandschaft rasen. Manchmal hielt er an, bat an einem Hof oder einer Hütte um Wasser und belohnte seine treuen Untertanen mit einem Goldstück. Den Menschen auf dem Land fühlte er sich nahe; jenen in der Stadt misstraute er zutiefst.

Ein Urteil mit Nachwirkung

Und das zu Recht. Am 11. Juni 1886 wurde der König durch den Psychiater Dr. Bernhard von Gudden in einem zweifelhaften Gutachten für geisteskrank und regierungsunfähig erklärt, in Neuschwanstein verhaftet und auf Schloss Berg am Starnberger See unter Arrest gestellt. Zwei Tage später waren beide tot, ertrunken im seichten Wasser des Sees, wenige Schritte vom Ufer entfernt. War es ein Unglücksfall? War es Mord? War der ›Kini‹ wirklich verrückt oder wurde er Opfer einer Intrige, die auf Initiative seines Onkels und Nachfolgers Luitpold in enger Zusammenarbeit mit Ludwigs Ministern gestartet worden war, um Luitpold an die Macht zu bringen? Bis heute beschäftigt diese Frage die Stammtische im Oberland. Wäre Ludwig II. altersschwach in seinem Bett gestorben, man hätte ihn wohl längst vergessen.

Übrigens wurde das (unvollendete) Schloss Neuschwanstein bereits sechs Wochen nach dem Tod des Königs für Besucher geöffnet. Der Andrang war so groß und die Eintrittsgebühren so saftig, dass der hoch verschuldete Tote bereits 13 Jahre später, 1899, schuldenfrei war. ■

K

»EIN KÖNIG WIRD BESEITIGT« …

… ist Wasser auf den Mühlen der ›Kini‹-Verehrer: In seinem umfangreichen Werk (München 2010) attestiert der Psychiater Heinz Häfner Ludwig II. zwar Sozialphobie und Bauwut, hält ihn aber nach ausführlicher Sichtung auch bislang unbekannten Materials für psychisch gesund. Weniger analytisch, aber umso anregender beschreibt Manfred Hummel die **»Wege zum Märchenkönig«**, nämlich die schönsten Wanderungen zu Ludwigs Bergresidenzen und Schlössern (München 2011).

Der Spielleiter

Alle zehn Jahre — am Aschermittwoch um 11 Uhr wird in Oberammergau der »Haar- und Barterlass« plakatiert und das Dorf verwandelt sich. Rund eineinhalb Jahre, bis zur Premiere Mitte Mai des folgenden Jahres, wachsen Haare und Bärte, und das Dorf scheint nur noch von Hipstern bewohnt. Allein die Darsteller der römischen Soldaten sind davon ausgenommen.

»Alle männlichen und weiblichen Mitwirkenden und alle Kinder, die an den Passionsspielen 2020 teilnehmen, werden hiermit vom Spielleiter und der Gemeinde Oberammergau aufgefordert, sich ab Aschermittwoch, den 9. März 2019, die Haare, die Männer auch die Bärte wachsen zu lassen«, lautet der Text auf dem Plakat, mit dem für Spielleiter Christian Stückl und 2400 Mitwirkende aus Oberammergau die heiße Phase bis zum Beginn der Oberammergauer Passion 2020, die dann wegen Corona erst 2022 stattfand, beginnt. Die Namen der Hauptdarsteller von Jesus, Maria, Petrus, Judas, Pontius Pilatus und Kaiphas sowie 120 weiterer Sprechrollen sind zu diesem Zeitpunkt bereits bekannt – im Oktober 2018 wurden sie veröffentlicht, zusammen mit der feierlichen Erneuerung des Gelübdes.

Oberammergau gegen Pest und Engstirnigkeit

1634 versprachen die Oberammergauer, alle zehn Jahre den Leidensweg Christi zu spielen, sollte die Pest keine weiteren Opfer mehr fordern. Das Passionsspiel wird seit nunmehr bald 390 Jahren, natürlich mit kriegsbedingten Unterbrechungen, wiederholt. Längst hat es sich zu einem internationalen Event gemausert, wird aber nach wie vor von Laien dargestellt, die im Dorf geboren sind. Spielleiter

C

CHRISTIAN STÜCKL IN MÜNCHEN

Sie kommen zwischen den Passionen nach Oberbayern? Auf Christian Stückls Theatertemperament brauchen Sie deshalb nicht zu verzichten. Als Intendant des Münchners Volkstheaters inszeniert er auch an seinem Haus, z. B. einen unvergesslichen »Brandner Kaspar« nach Franz von Kobell oder die furiose Brechtsche »Dreigroschenoper«. Tickets unter www.muenchner-volkstheater.de.

Christian Stückl wählt seine 2500 Schauspieler aus einer Flut von Bewerbungen aus; darüber, wer letztendlich mitmachen darf, entscheidet der Gemeinderat. Dass der kritische und immer 150 % gebende und fordernde Theaterberserker Stückl sein Dorf damit (und nicht nur damit) vor immer neue Zerreißproben stellt, daran haben sich die Oberammergauer inzwischen gewöhnt. Jesus als Revoluzzer, ein Protestant, der Judas spielen darf, Abdullah Kenan Karaca, ein von türkischen Eltern abstammender muslimischer Oberammergauer als zweiter Spielleiter – dass christliches Denken und Handeln weit über den Horizont katholischer Volksfrömmigkeit hinausgeht, hat Stückl in Oberammergau wiederholt vorgelebt und durchgesetzt.

Am Aschermittwoch 2019 ging's zum letzten Mal vor den Spielen 2020, die dann wegen Corona erst 2022 stattfanden, zur Friseurin. Hier kümmert sie sich um einen der beiden Jesusdarsteller, Rochus Rückel.

Jesus verstehen

Dass er dabei 1990 als blutjunger Regisseur mit seiner ersten Spielleitung und einem radikal-revolutionären Jesus etwas übers Ziel hinausgeschossen ist, das ist Christian Stückl heute bewusst. Inzwischen agiert er subtiler, aber nicht minder temperamentvoll. Das Ergebnis: Seit 1990 dürfen auch Verheiratete und Frauen mitspielen; 2000 und 2010 entrümpelte er sukzessive Text und Spiel von antisemititischen Tendenzen. 2022 kam mit Cengiz Görür ein muslimischer Judas auf die Bühne und ein neu interpretierter Jesus: »Zu lange war er viel zu sehr auf sein Leiden begrenzt«, sagte Stückl dem Bayerischen Rundfunk.

Ein waschechtes Kind der Passion

Stückl hat Erfolg bei Publikum wie Kritik und deshalb selbst bei Traditionalisten (fast) freie Bahn. Aufgewachsen ist der 1961 Geborene in einer Gastwirtsfamilie, Vater und Mutter waren und sind bei der Passion dabei, und auch der kleine Christian wirkte schon früh mit und wusste da schon, dass er Spielleiter werden wollte. Seine erstaunliche Karriere: eine abgebrochene Gymnasiallaufbahn in Kloster Ettal, eine Holzschnitzerlehre in Oberammergau, eine erste Theatergruppe, die Assistenz an den Münchner Kammerspielen, der »Jedermann« in Salzburg, die Intendanz am Münchner Volkstheater. 1987 wurde er zum bislang jüngsten Spielleiter der Passion berufen und seither dreimal wiedergewählt. Am Aschermittwoch vor dem nächsten Passionsjahr, 2029 also, beginnt für Christian Stückl wahrscheinlich wieder die äußere und innere Passion. Stückl wird inszenieren, spielen, kämpfen, in 102 Vorstellungen, für 450 000 Zuschauer und für sich selbst. ■

Gottes Lob in Gips

Die ursprünglich geplante Privatkapelle von Cosmas Damian und Egid Quirin Asam in München geriet dann doch etwas größer und prunkvoller.

»Gestatten, Asam mein Name — Cosmas Damian Asam. Verzeihen Sie meinen Aufzug, ich komme gerade von der Baustelle. Kirche St. Johann Nepomuk in der Sendlinger Gasse zu München. Mein Bruder Egid Quirin und ich bauen eine Art Hofkapelle, gestiftet von uns Bürgerlichen. Ich möchte nicht unbescheiden sein, aber sie wird ein Meisterwerk.«

So etwa könnte sich Cosmas, der ältere der beiden Asam-Brüder, im Jahr 1733 vorgestellt haben. Immer in Eile, von Bau zu Bau hetzend, aber im vollen Selbstbewusstsein des eigenen, andere Künstler jener Epoche weit überragenden Talents, das sich nur mit dem seines jüngeren Bruders messen konnte.

Künstlerdynastie des Spätbarock

Dieses Talent war den beiden in die Wiege gelegt. Vater Hans Georg Asam war Klostermaler zu Benediktbeuren, Mutter Maria Theresia Prugger war Tochter des Hofmalers Niklas Prugger, bei dem Georg Asam ausgebildet wurde, und selbst eine berühmte Porträtmalerin, deren Miniaturen bei Hofe ungemein beliebt waren. Der Vater nahm die gesamte Familie mit, wenn er irgendwo ein Engagement bekam, und so lernten die beiden Brüder sozusagen schon in Windeln, mit Pinsel, Farbe und Gips umzugehen. Ab 1700 arbeiteten sie mit Vater, Mutter und der älteren Schwester Maria Salome in einer gemeinsamen Werkstatt, vorrangig für den berühmten Architekten Giovanni Antonio Viscardi (u. a. Ausbau von Schloss Nymphenburg, s. S. 27).

R

DIE ROKOKO-KÜNSTLERGEMEINSCHAFT

Kloster Wessobrunn kam bei der Verbreitung des Rokoko eine besondere Rolle zu. Nicht nur, weil es mit dem Tassilosaal einen der schönsten Rokoko-Räume Oberbayerns besitzt. In den Klosterorten Gaispoint, Haid und Forst wuchsen Generationen begnadeter Mauerkünstler heran, die in Wessobrunn und an allen Kirchen und Klöstern im Umkreis arbeiteten. Namen wie Feichtmayr, Schmuzer, Üblher, Zöpf sind nur die bekanntesten von geschätzten 600 aus dieser Gegend stammenden Rokoko-Künstler.

Start einer beispiellosen Karriere
Wahrscheinlich durch Viscardis Vermittlung bekam Cosmas Damian 1711 die Chance, sich in Rom weiterzubilden. 1713 erhielt er in Anwesenheit des Papstes die Auszeichnung als bester Schüler seines Jahrgangs an der Accademia di San Luca, während Bruder Egid Quirin eine Bildhauerlehre in München absolvierte. 1716 treten die beiden dann gemeinsam ins Licht der Kunstgeschichte und werden schon bald mit Großaufträgen vorrangig in Niederbayern, der Oberpfalz und in Böhmen überschüttet. Cosmas Damian ist zuständig für die Fresken; Egid Quirin fungiert als Architekt, Bildhauer und Stuckateur, beide fühlen sich der üppigen, aber auch sehr majestätischen Formensprache des Hochbarock verpflichtet.

Frischer Wind aus Frankreich
Etwa gleichzeitig der Siegeszug des in Frankreich erblühten Rokoko in Bayern. Künstler wie Johann Michael Fischer oder Dominikus und Johann Baptist Zimmermann, auch sie zwei Brüder, setzten dessen fröhliche Verspieltheit in Architektur, Plastik und Fresko ländlicher Klöster und Kirchen um. Kunstwissenschaftler erklären den großen Erfolg des Rokoko in Bayern damit, dass dieser Stil sich ideal dazu eignete, einerseits das ländliche Bedürfnis nach farbenfroher, praller Dekoration zu stillen und andererseits auch imstande war, Elemente der Volkskunst aufzunehmen. Der Übergang vom Spätbarock zum Rokoko war fließend, doch sind deutliche Unterschiede sichtbar: Während die Werke der Asams noch in prunkvollem Ernst verharren, sind die der Zimmermanns beschwingt.

Das pralle Leben
Beim Betrachten der ornamentalen Flut an Wänden und Decken, der ins Groteske überzogenen Heiligenfiguren und der überprallen Putten kann man sich des Eindrucks nicht erwehren, dass die Baumeister bei ihrer Arbeit hie und da derb-bäuerlich scherzten – und dass sie gelegentlich ganz und gar Unchristliches in die Kirchen schmuggelten. Warum sonst malte Johann Baptist Baader aus Lechmühlen, genannt Lechhansl, in der Wessobrunner Pfarrkirche St. Johann Baptist (s. S. 106) in sein Deckenfresko ein Büblein, dessen zerrissene Hose einen Blick auf seine Blöße freigab? Bei der Restaurierung erhielt das Kind dann prompt eine Windel.

Teatrum Sanctum zum Lobe Gottes und der Asams
Zurück zu den Asams: Ihrem Werk (u. a. Freisinger Dom, s. S. 43, Schloss Schleißheim, s. S. 42) war zunächst alles Kokette fremd, doch ist mit dem Alter eine zunehmende Leichtigkeit zu beobachten – sei sie dem Einfluss der Rokoko-Mode oder ihrer eigenen Souveränität geschuldet. Nach einer beispiellosen Karriere und

geradezu atemlosem Arbeitspensum holen sie aus zu ihrem größten Coup. Es war den Brüdern gelungen, vier aneinandergrenzende Grundstücke in der Münchner Sendlinger Gasse zu erwerben und vom Kurfürsten die Genehmigung zu erhalten, eine Kirche zu errichten. 1733 wird der Grundstein gelegt, eifersüchtig beäugt von Kollegen und Nachbarn, denn solche Prachtentfaltung einer nicht-adeligen Privatperson gilt als unziemlich. Mit St. Johann Nepomuk, benannt nach einem böhmisch-bayerischen Heiligen, gelingt den beiden Asams die perfekte Umsetzung des Leitgedankens, der Spätbarock und Rokoko beherrschte, der des Gotteshauses als Teatrum Sanctum, als heiliges Theater.

Blick in den bayerischen Himmel

»Tretet ein, keine Scheu«, flüstern Cosmas Damian und Egid Quirin, »zugegeben, es ist zunächst etwas duster, aber der Eingangsbereich spiegelt das Leiden der Welt!« Zwei Schritte weiter, und der Besucher steht in einem von Weiß und Blau beherrschten, indirekt erleuchteten Kirchenraum, dessen Intimität – die Kirche misst nur 8 auf 22 m – ihn umhüllt wie eine warme Höhle. »Nur weiter«, locken die Brüder, »den Blick nach vorn gewandt, seht ihr es?« Ja, dort am Hochaltar explodieren Farben und Formen, und im Herzen dieses Wunderwerks lässt die Sonne ein Auge erstrahlen, das alles zu sehen scheint. Den Clou haben sich die Asams für den Schluss aufgehoben: Der Blick nach oben, auf eines der letzten von Cosmas Damian angefertigten Deckenfresken, er endet nicht, er führt geradewegs in den Himmel. »Und der Engel«, meint Cosmas Damian verschmitzt, »der ist mir doch besonders gut gelungen«. Er hat ihn von unten gemalt und die Hosen vergessen. Damit hat er sich doch noch eingeschlichen, der beschwipste Wind des Rokoko ins ernste Werk der Asams. ■

Der Fassadenschmuck am Asam-Wohnhaus stellt links das weltliche Leben dem christlichen des Künstlers und Hausherrn rechts am Erker gegenüber.

Das vorbildliche Dorf

Ein großes Trara — hat Ramsau nie gemacht, obwohl es so ungemein malerisch liegt am Fuß von Watzmann und Hochkalter. Den Rummel hat es gerne dem nahen Berchtesgaden überlassen. Und ähnlich unspektakulär war es plötzlich Bergsteigerdorf.

Eines von bislang erst vier Bergsteigerdörfern in den bayerischen Alpen, während es im Nachbarland Österreich davon nur so wimmelt. Aber was ist das eigentlich genau, ein Bergsteigerdorf? Ich mache mich auf Spurensuche.

Was ist ein »Bergsteigerdorf«?

Von Wikipedia erfahre ich zum Begriff »Bergsteigerdorf«, dass es sich dabei um eine Initiative des Österreichischen Alpenvereins handelt, der seit 2008 zusammen mit dem Ministerium für ein lebenswertes Österreich Dörfer auszeichnet die sich der naturnahen und alternativen Tourismusentwicklung verschrieben haben. Dann übernahm der Deutsche Alpenverein das Konzept. Erstes Bergsteigerddorf in Deutschland wurde 2015 Ramsau. Schleching, Sachrang und Kreuth sind seither dazugekommen. Ortsbildtypische Bebauung, Bewahrung der örtlichen Kultur und Tradition, Verzicht auf technische Erschließungsmaßnahmen und mindestens ein Fünftel der Fläche als Schutzgebiet ausgewiesen, sind nur einige der Kriterien, die ein Bergsteigerdorf erfüllen muss. Also keine Seilbahnen, keine Luxushotels, keine Bespaßung der Gäste. Stattdessen Natur, Wandern, Radeln, Tourengehen, die Natur genießen. »Hier ist kein Platz für Schneekanonen, Massen- und Eventtourismus. Hier ist Platz für Bewegung aus eigener Kraft«, sagte Ramsaus Bürgermeister Gschoßmann der Süddeutschen Zeitung.

Ortstermin

Das mit der »ortstypischen Bebauung« ist den Ramsauern ganz gut gelungen, denk' ich beim Spaziergang entlang der Ramsauer Ache, die jetzt im späten Frühjahr gespeist von der Schneeschmelze einen ordentlichen Drive hat. Urige Bauernhöfe sind rar, aber im Großen und Ganzen haben sich die Ramsauer an die alpenländische Architektur gehalten, ihre Häuser mit breiten Balkonen und diese mit Kaskaden von Geranien geschmückt. Die Pfarrkirche steht, als sei sie von einem

Was macht man hier so? Bergsteigen natürlich. Im Hintergrund übrigens die Rotleitenschneid, die im Blick hat, wer den Hirschwieskopf besteigt.

Mitte Mai bis Anfang Oktober ist die urige Schärteralm geöffnet. Ein grandioser Blick und ebenso grandiose Kuchen belohnen den Wanderer. Der Hof mit den vom Aussterben bedrohten Alpinen Steinschafen liegt am Eingang zum Wimbachtal.

Heimatmaler passgenau ins Bild platziert, oberhalb der Ache und vor schönstem Bergpanorama, weshalb sie gerne fotografiert und gemalt wird. Hotels und Gasthöfe gibt's auch – Ramsau hat 2400 Gästebetten –, aber nichts ist aufdringlich oder schrill. Das Vier-Sterne-Haus Berghotel Rehlegg registriere ich zunächst irritiert – muss so viel Luxus sein? Aber eben dieses Hotel war Vorreiter auf dem Weg zum Bergsteigerdorf, setzte bereits auf Bio-Putzmittel, alternative Energie und regionale Produkte, als andere Ramsau noch an die nahen und kunstbeschneiten Götschen-Skilifte anschließen wollten, sozusagen zu einem Mini-Skizirkus. Gegen die Großen »können wir sowieso nicht anstinken«, meint Hannes Lichtmanegger, der Direktor vom Rehlegg. Seinen Gästen passt's.

Bayerisch Kanada

Zwei dieser Gäste machen sich vor dem Hotel gerade fertig für die beliebte Wanderung durch die Wimbachklamm. Feste Bergschuhe, Wanderstöcke und vor allem einigermaßen wasserfeste Kleidung sind Bedingung, denn in der Schlucht des Wimbaches gischt und tropft es von unten und oben; der Weg ist glitschig. Bis nach »Bayerisch Kanada« will das Ehepaar aus Leipzig – so heißt das Wimbachgries im Volksmund, ein 15 km langes, von Kies bedecktes Tal, das direkt auf Watzmann und Hochkalter zuführt und in das die Klamm mündet. Von Ramsau haben sie in der Zeitung gelesen, als es zum Bergsteigerdorf gekürt wurde. Das Konzept hat sie angesprochen. Der Spruch des Bürgermeisters über »Bewegung aus eigener Kraft« auch. Und wie gefällt es ihnen? »Die Ruhe ist einfach himmlisch. Kein Hüttenzauber. Einfach nur Natur, Berge, Wandern und abends im Hotel gemütlich am Kamin sitzen«, lobt der Ehemann. »Gestern haben wir einen Steinadler gesehen«, schwärmt die Gattin. Dann marschieren sie los.

Bringt das Konzept neue Gäste?

Wie ist die Resonanz nach vier Jahren Bergsteigerdorf? Hat das Siegel neue Gäste nach Ramsau gebracht? Andere Gäste? Mehr Gäste? Tourismuschef Fritz Rasp verzeichnet leicht steigende Besucher- und dennoch konstante Übernachtungszahlen. Die Gäste bleiben kürzer, diesen Trend beobachten so gut wie alle Ferienorte. Aber um eine Steigerung der Besucherzahlen geht es der Gemeinde gar nicht. »Die Philosophie einer nachhaltigen touristischen Entwicklung unseres Dorfes stand und steht für uns im Vordergrund«, sagt Rasp.

Eigentlich hat sich nicht viel verändert in Ramsau. Ein Bergsteigerdorf war es schon immer – der Erstbesteiger der Watzmann-Ostwand (1881), Johann Grill, stammte aus dem Dorf. Ein anderer Ramsauer, Toni Palzer, hält seit 2018 seinen Rekord bei der Watzmannüberschreitung. Das Bergsteigen liegt den Ramsauer im Blut. Deshalb passt das Siegel perfekt. ■

F

DICKES FELL

Nicht nur die wilde Natur wird in und um Ramsau bewahrt, sondern auch eine alte Nutztierrasse: Das Alpine Steinschaf, heimisch in den Ostalpen, ist vom Aussterben bedroht. Etwa 1500 Mutterschafe und 100 Böcke soll es im gesamten Alpenraum noch geben. Rund 40 davon werden im Wimbachlehen gezüchtet. Geschätzt werden sowohl das zarte Fleisch als auch die robuste Wolle der Tiere. Im Wollstadl des Wimbachlehens können Sie sich davon überzeugen (Wimbachweg 24, Ramsau, T 08657 531, www.wimbachlehen.de).

Das zählt

Zahlen sind schnell überlesen — aber sie können die Augen öffnen. Nehmen Sie sich Zeit für ein paar überraschende Einblicke. Und lesen Sie, was in Oberbayern zählt.

42

Prozent aller Touristenankünfte in Bayern entfallen auf Oberbayern, knapp 200.000 Menschen leben direkt oder indirekt vom Tourismus.

1.500

Passagiere schafft die neue Jennerbahn pro Stunde, schließlich müssen 47 Mio. Euro Investitionskosten wieder eingefahren werden.

24,7

Prozent der Fläche Oberbayerns sind Wald, 42 Prozent werden landwirtschaftlich genutzt.

7,2

Mio. Besucher kamen 2023 auf das Oktoberfest und tranken ›nur‹ 6,5 Mio. Liter Bier, ein Rückgang um gut elf Prozent zum Vorcoronajahr 2019.

99

-Jährige und Ältere haben in Begleitung ihrer Eltern freien Eintritt im Valentin-Karlstadt-Musäum, das auch sonst nicht mit Wunderlichkeiten à la Valentin geizt.

534

Menschen drängen sich im Großraum München auf einem Quadratkilometer, in der Region Oberland müssten sie ihn nur mit 113 anderen teilen. Und dieses Verhältnis wird sich noch zuspitzen, denn München wächst und wächst und wächst.

5.000

Tonnen Spargel werden jedes Jahr um Schrobenhausen gestochen und zumeist in München verzehrt – er gilt als der beste Oberbayerns.

1.051

Meter lang ist die längste Burganlage Europas in Burghausen, und laut Guinness-Buch der Rekorde ist sie sogar die längste der Welt.

2.944

Meter hoch liegt der höchstgelegene islamische Gebetsraum Deutschlands, nämlich knapp unterhalb des Zugspitzgipfels. Man hat sich hier oben bestmöglich auf seine internationalen Besucher eingestellt.

500

Bänke laden im Bankerldorf Aschau zur Entschleunigung mit Blick auf die herrliche Alpenkulisse ein.

32

größere Seen animieren zu einem Sprung ins erfrischende Nass. Ungezählt die vielen anderen kleineren Seen, die so gut wie immer eine lauschige Einkehr am Wasser bieten. Oberbayern ist Seenland!

35

von insgesamt 69 Michelin-Sternen in Bayern gehen an oberbayerische Restaurants. Immer mehr Chefs de Cuisine machen sich – auch jenseits von Sternen – Gedanken über eine innovative bayerische Küche.

2.713

Meter misst Oberbayerns höchster Berg, der Watzmann. Der Zugspitzgipfel ist zwar höher, doch der Berg liegt zum größten Teil auf österreichischem Gebiet. Laut dem Magazin »Bergsteiger« gilt der Watzmann übrigens als »der schönste Berg der Welt«; er lässt damit Berühmtheiten wie K2 und Machapuchare im Himalaya oder den Eiger in den Berner Alpen hinter sich.

580

Passagiere schaufelt die neue Zugspitz-Seilbahn stündlich auf den Gipfel, auf dem eigentlich gar nicht so viel Platz ist.

310

Steinböcke, wahrscheinlich aber einige mehr, leben laut letzter Bestandszählung 2016 in den oberbayerischen Alpen. Wer sie in freier Wildbahn beobachten möchte, kann dies sehr gut an der Benediktenwand tun: Dort leben mindestens 75 von ihnen.

1.500.000

Menschen besuchen jährlich Schloss Neuschwanstein und bescheren der bayerischen Schlösserverwaltung erquickliche Einnahmen. Insofern waren Ludwigs Traumschlösser doch eine gute Investition in Bayerns Zukunft.

Weißes Gold

Die Well-Brüder spielen Landler — die Spargelkönigin lächelt hold, und unzählige fröhliche Besucher kosten an den Ständen von dieser und jener Spargelspezialität. Im Mai ist Spargelfest auf dem Schrobenhausener Markt, ein hemmungsloses Geschlemme rund um das feine Gemüse, das einzige, das es tatsächlich nur saisonal gibt.

Denn nur zwischen Anfang April und Josephi (24. Juni) treibt der Spargel aus. Anders als bei Erdbeeren oder Tomaten, die zu fast jeder Jahreszeit in Gewächshäusern heranreifen, steht die Saison für den Spargel unverrückbar fest. Manchem Bauern gelingt es, die Saisoneröffnung etwas vorzuziehen, indem er die Böden (im Schrobenhausener Gebiet unrechtmäßig) beheizt, aber an Josephi ist definitiv Schluss. 5000 Tonnen des edlen Gemüses stechen osteuropäische Erntehelfer in dieser Zeit aus den sandigen Böden.

L

LILA SPITZEN

Ein Graus! Deshalb muss der Spargel mittels Plastikplanen vor der Sonne geschützt werden. Außerdem stauen Planen Wärme (deshalb kann er früher geerntet werden) und schützen vor Wind. Allerdings stellen sie auch eine Umweltbelastung dar. Einige Erzeuger wie der Spargelhof Rehm haben umgesattelt und verzichten auf Plastik. Ihr Spargel ist lila – und konkurrenzlos aromatisch (www.spargel-rehm.de).

Vom Hoflieferanten zur Massenproduktion

Das und noch viel mehr erfahren Besucher des Schrobenhausener Spargelmuseums, das sich voll und ganz dem königlichen Gemüse widmet. Bereits Mitte des 19. Jh. lieferte die Region Schrobenhausen Spargel an den bayerischen Königshof nach München. Angebaut wurde er auf dem Besitz der Grafen von Sandizell, wie Dokumente der Sandizeller Hofküche belegen. Um aus der Region Bayerns größtes zusammenhängendes Anbaugebiet zu machen, bedurfte es allerdings eines ›Zuagroasten‹. 1912 kam Christian Schadt aus Groß-Gerau nach Schrobenhausen und begann den gewerbsmäßigen Spargelanbau. Erst in den 1920er-Jahren bekam er Konkurrenz von anderen Großbetrieben. Heute werden rund 900 ha Spargelfläche bewirtschaftet – mit steigender Tendenz.

Plastikplanen-Landschaft

Hübsch sieht die eigentlich doch so malerische Landschaft entlang dem ungezähmt mäandernden Flüsschen Paarl in der Spargelzeit nicht aus, denn etwas, was der Spargel gar nicht verträgt, ist

Wenn die Schrobenhausener Spargelkönigin auf dem Viktualienmarkt die Saison eröffnet, kommt natürlich auch CSU-Polit-Prominenz wie Ilse Aigner. Die Arbeitsbedingungen bei der Ernte sind indes alles andere als glamourös.

Licht. Früher setzten die Bauern dem aus dem Boden lugenden Gemüse Mützchen auf, damit sich die Spitzen nicht lila verfärbten. Später ging man zu effektiveren Methoden wie hohen Erdwällen über, die das Licht abschirmten. Heute wächst der Spargel unter Plastikplanen, die dunkle Seite nach oben, wenn er friert, die silberne, wenn es ihm zu warm wird.

Spargelstecher händeringend gesucht

Regional gezogener Spargel besitzt einen kleinen ökologischen Fußabdruck, aber einen großen sozialen: Zur Spargelernte kommen jedes Jahr Hunderte von Erntehelfern aus Osteuropa ins Schrobenhausener Land, früher hauptsächlich aus Polen, heute vorrangig aus Rumänien. Theoretisch bekommen die saisonalen Arbeitskräfte den in Deutschland gesetzlich garantierten Mindestlohn von 12 € (der in einigen Nachbarländern deutlich höher liegt). Tatsächlich zahlen viele Landwirte für diese körperlich extrem belastende Arbeit weniger aus, weil sie unverhältnismäßig hohe Summen für Verpflegung und Unterkunft abziehen. Kontrollen sind rar, und die Erntehelfer scheuen sich, auf ihrem Recht zu bestehen. Sie stimmen einfach mit den Füßen ab: Von Jahr zu Jahr wird der Arbeitskräftemangel schlimmer.

Ein Hoch auf den Spargel

Auf dem Schrobenhausener Marktplatz ist die Spargel-Welt noch in Ordnung: Die Well-Brüder singen vom »Spargel-Woodstock«, die Kartoffelkönigin gewinnt das Spargel-Wettschälen, und Gourmet-Koch Hans Haas demonstriert, dass man aus Spargel noch viel Köstlicheres machen kann, als ihn einfach nur mit Butter, Schinken und Kartoffeln zu kombinieren. Dennoch: So schmeckt er am besten. ■

Die 1950er-Jahre mischten selbst das spießige München auf – Jugendliche feiern bei einem Rock 'n' Roll-Konzert.

Reise durch Raum & Zeit

Zerstrittene Herzöge, schwärmende Könige, polternde CSU-Ministerpräsidenten — Oberbayerns Geschichte wurde häufig von sehr markanten Herrschern bestimmt.

Augustus' Söhne nördlich der Alpen

15 v. Chr.

Immer wieder verschiebt Rom seine Grenzen nach Norden auf die Alpen zu, doch in die Berge wagt man sich lange nicht. Dann marschieren die beiden Stiefsöhne des römischen Kaisers Augustus los: Drusus überquert die Alpen auf der Strecke des heutigen Brennerpasses, Tiberius kommt westlich durchs Rheintal auf den Bodensee zu. Die seit 500 Jahren im Voralpenland ansässigen Kelten, denen die Isar ihren Namen die »Reißende« verdankt, müssen die neuen Herren anerkennen. Als nördliche Grenze der Provinz Raetia fungiert die Donau.

Zum Anschauen
Kelten- und Römermuseum Manching, S. 56

Die Bayern kommen und machen Gesetze

551

Oder waren sie (unerkannt) schon die ganze Zeit da? In Dokumenten des 6. Jh. ist erstmals von den Baiovarii die Rede, die im Gebiet nördlich der Alpen und östlich des Lechs, also in etwa das des heutigen Oberbayerns, leben. Wie aus dem nichts tauchen sie auf. Deshalb sind Historiker der Meinung, dass sich verschiedene Bevölkerungsgruppen – Nachfahren von Kelten und Römern, Elbgermanen, die an der Donau siedeln, Flüchtlinge aus anderen Regionen – Mitte des 6. Jh. unter dem Dach eines Herzogtums zusammenfinden, dessen überlieferter Name Baiuaria lautet. Ab 635 lässt das Herzogtum seine Gesetze schriftlich fassen: Diese *Lex Baiuvariorum* nennt auch den Namen des Herrschergeschlechts: Agilofinger.

Zum Anschauen
Torhalle auf der Fraueninsel, S. 193

Vom Ende der Agilofinger

788

Der Machtpolitik Karls des Großen im Wege zu stehen, ist nicht empfehlenswert. Diese Erfahrung muss der letzte bayerische Agilofinger-Herzog Tassilo III. machen, als ihn der Karolinger in einem Schauprozess absetzen, blenden und schließlich ins Kloster verbannen lässt. Tassilo und die Agilofinger stehen für die Christianisierung Bayerns – Emmeram (Mitte 7. Jh., Regensburg), Korbinian (Anfang 8. Jh., Freising) und Willibald (Mitte 8. Jh., Eichstätt) dürfen unter ihrer Herrschaft missionieren. Die Herzöge selbst errichten die erste Gnadenkapelle im heutigen Altötting sowie zahlreiche Klöster, darunter Polling und die Konvente auf den Inseln im Chiemsee.

Zum Anschauen
Fassade von St. Michael, München, S. 21

Der Löwe brüllt, weil er selbst am Salzhandel verdienen will
1158

Welfenherzog Heinrich den Löwen ärgert es, dass die Freisinger Bischöfe das große Geld machen mit dem Isarübergang der Salzstraße von Reichenhall nach Augsburg. Kurzerhand lässt er ihren Steg zerstören, baut einen eigenen, weiter südlich, ungefähr dort, wo heute das Deutsche Museum steht, und »gründet« so München. Ganz so streng darf man das aber nicht sehen, eine Siedlung gab es sicher schon vorher. Denn München leitet sich von *apud munichen* ab, bei den Mönchen.

Zum Anschauen
Moriskensaal im Stadtmuseum München, S. 28

Immer Ärger mit dem Erbe
1506

Gleich mehrere Landesteilungen macht Bayern unter den Wittelsbachern durch, bevor Herzog Albrecht IV. der Weise (1467–1508) seinem Namen gerecht wird und 1506 das Recht der Primogenitur verordnet. Davor teilten sich die Erben, also alle Söhne, das Herzogtum auf. 1255 ist die erste Landesteilung dokumentiert, 1376 die zweite, zwischendrin gab's noch Teil-Teilungen (Oberbayern 1310). Selbst Ludwig IV. von Wittelsbach (1281/82–1347), als ›Ludwig der Bayer‹ ab 1328 Kaiser des Heiligen Römischen Reiches, kann die Zersplitterung Bayerns nicht aufhalten. 1392 erfolgt die dritte bayerische Landesteilung. Erst 1506 wird das Land wiedervereint.

Zum Anschauen
Alter Hof, München, S. 24

Die Mutter aller Kriege
17. Jh.

Zwei Wittelsbacher – Kurfürst Friedrich von der Pfalz und Herzog Maximilian I. von Bayern – kämpfen im Dreißigjährigen Krieg gegeneinander. Der Pfälzer Kurfürst aufseiten der Lutheraner, der Bayer für die Katholische Liga. Maximilian verbietet, kaum in Amt und Würden, alles, was den Bayern Freude macht: Wirtshausbesuche (nur sonntags erlaubt), das Tragen enger Hosen (unsittlich) und das beliebte Fensterln (noch unsittlicher). Seiner tiefen Verehrung für die Gottesmutter setzt er durch die Errichtung der Mariensäule in München ein Denkmal. Keine Frage, dass dieser Herzog mit Feuereifer in den Krieg gegen seinen protestantischen Verwandten zog. Erst 1648 setzt der Westfälische Friede dem Schlachten und Plündern ein Ende. Bayern hatte zwischen ein und zwei Drittel seiner Bevölkerung verloren.

Zum Anschauen
Mariensäule, Münchner Marienplatz, S. 20

Der Vater aller Schlösserbauer
1679

Nicht erst Ludwig II., der Schloss Herrenchiemsee nach Versailler Vorbild errichten ließ, bereits Kurfürst Max II. Emanuel (1662–1726) eifert dem französischen Sonnenkönig Ludwig XIV. nach. Mit ihm beginnt die Ära des Absolutismus in Bayern, und Schloss Schleißheim bei München wird Max Emanuels Versailles – übrigens ebenso unvollendet wie später Ludwigs Herrenchiemsee. Der Kurfürst brockt seinen Untertanen mit seinem Franzosenfaible allerdings auch gehöriges Unheil ein: Er verbündet sich mit Frankreich gegen die Habsburger, verliert und muss in die Niederlande fliehen. Österreich besetzt Bayern.

Zum Anschauen
Schloss Schleißheim, S. 42

Lieber bayerisch sterben …
25. Dezember 1705

Wenige Daten beschäftigen oberbayerische Traditionalisten so sehr wie dieses. Als »Mordweihnacht« ging es in die Chroniken ein und gebar einen

Helden, den Schmied von Kochel. Der Hintergrund: Nach einem Jahr österreichischer Besatzung sind die Bayern mit ihrer Geduld am Ende. Ausgepresst durch hohe Steuern, der jungen Männer beraubt durch Zwangsrekrutierungen, sehen sie nur noch einen Ausweg: »Lieber bayerisch sterben als kaiserlich verderben« lautet der Schlachtruf der rund 3000 mit Dreschflegeln bewaffneten Bauern aus dem Oberland, die gen München marschieren und am 25. Dezember angreifen. Ihr Anführer, so erzählt man später, sei ein hünenhafter Schmied aus Kochel gewesen (den es allerdings nie gegeben hat). Gegen die bewaffneten Verteidiger hatten die Bauern keine Chance – 2000 von ihnen sterben »bayerisch«. Die Österreicher ziehen 1714 ab.

Zum Anschauen
Denkmal für den Schmied von Kochel in Kochel am See, S. 159

Als die Tänzerin Lola Montez Ludwig I. auch politisch zu beeinflussen begann, kam es 1848 zum Aufstand – und er verzichtete auf den Thron.

Raus mit den Pfaffen

1806

Die Leidenschaft fürs Französische hält trotz der Erfahrungen mit der österreichischen Besetzung an. Nächster Bayern-Kurfürst mit Ambitionen ist Max IV. Joseph (1756–1825): Er lässt sich mit Napoleon ein und darf dafür König werden. Als König Max I. Joseph lässt er seinen Kanzler Graf Maximilian Josef Montgelas Bayern modernisieren und säkularisieren. Klöster werden aufgelöst, kirchlicher Grundbesitz beschlagnahmt. 1808 regelt eine bayerische Verfassung die Aufhebung der Leibeigenschaft und drückt dem Adel Steuern auf.

Zum Anschauen
Max I. Joseph-Denkmal am Max-Joseph-Platz in München, S. 25

Der König und die Tänzerin

1848

Dass ein König, der so sehr den ästhetischen wie philosophischen Idealen der Antike verbunden war wie Ludwig I. (1786–1868), ausgerechnet über eine Varietétänzerin stolpert, versteht bis heute in Bayern niemand. 1848 dankt er ab, weil seine Liebe zu Lola Montez größer ist als die zu seinem Volk und allen griechischen Tempeln zusammen. Er hinterlässt München den wundervollen Königsplatz als Antiken-Ensemble des Klassizismus und Bayern das Y – bis dahin hatte man es Baiern geschrieben.

Zum Anschauen
Porträt von Lola Montez in der Schönheitengalerie, Schloss Nymphenburg, S. 27

Der König und der Komponist

1864

Er muss, ob er will oder nicht. Gerade einmal 19-jährig, besteigt Ludwig II. (1845–86) nach dem Tod seines Vaters Maximilian II. den Thron. Da hatte der sensible Prinz längst sein Herz an die Musik Richard Wagners und an die germanische Sagenwelt verloren. 1870 kommt Bayern zum Deutschen Reich, und Ludwig beschäftigt sich fortan mit dem Bau seiner Schlösser (u. a. Neuschwanstein, Herrenchiemsee) und der Förderung Richard Wagners. Am 10. Juni 1886 wird er für geistesgestört erklärt und abgesetzt. Wenige Tage später ertrinkt er unter mysteriösen Umständen im Starnberger See.

Zum Anschauen
Gedenkkreuz für Ludwig II. im Starnberger See, S. 74

München wird revolutionär

7. November 1918

Verschwenderische Monarchen – zwei Wittelsbacher folgen noch auf Ludwig II. –, Erster Weltkrieg, die Lage der Menschen in Bayern ist bedrückend. Dann stürzt die von Kurt Eisner angeführte Novemberrevolution am 7. November 1918 die Monarchie. Die neue Regierung stützt sich auf die von Berufsständen und Bevölkerungsgruppen gewählten »Räte«. Am 21. Februar 1919 ermordet Graf von Arco auf Valley Kurt Eisner und in München formiert sich die »Münchner Räterepublik«, die allerdings nur kurz Bestand hat: Am 1. Mai 1919 marschieren die »weißen« Reichstruppen ein und üben gnadenlos Vergeltung.

Zum Anschauen
Graffito von WON ABC mit Kurt Eisner, Sonja Lerch, Erich Mühsam, Gustav Landauer und Ernst Toller am Giesinger Grünspitz, Tegernseer Landstr. 104

Der Bierkeller-Putsch

9. November 1923

Adolf Hitler und die NSDAP machen in München Ernst und putschen gegen die bayerische Regierung. Am Tag darauf folgt der Marsch auf die Feldherrnhalle. Dort beenden bayerische Polizisten den Putschversuch. Vier Polizeibeamte, ein unbeteiligter Zuschauer und 15 Putschisten werden erschossen, Hitler verhaftet und in Landsberg am Lech interniert. Die Machtergreifung gelingt ihm knapp zehn Jahre später. Am 22. März 1933 wird das Konzentrationslager für politische Gefangene in Dachau eröffnet.

Zum Anschauen
Gedenktafel für die getöteten Polizisten an der Residenz gegenüber der Feldherrnhalle, München, S. 25

NS-Oberbayernidyll und »Hauptstadt der Bewegung«

1933–1945

Wie herzig die Maderln mit blonden Zöpfen und Dirndl, wie gütig lächelnd der Führer samt Schäferhund vor Alpenkulisse – der Obersalzberg bei Berchtesgaden wird das Herzstück der NS-Inszenierung Heimat, während München mit seelenloser Protzarchitektur zur ›Hauptstadt der Bewegung‹ avanciert. Die Olympischen Winterspiele 1936 in Garmisch-Partenkirchen, am Fuß von Deutschlands höchstem Berg, sind ein PR-Erfolg. Am 8. November 1939 scheitert Kurt Elsners Attentat auf Hitler. Am 18. Februar 1943 werden Hans und Sophie Scholl in der Münchner Universität verhaftet und damit die Widerstandsgruppe »Weiße Rose« zerschlagen.

Zum Anschauen
NS-Dokumentationszentrum, München, S. 33

Der doch nicht so ganz unaufhaltsame Höhenflug der CSU

1. Dezember 1946

In Bayern, Teil der amerikanischen Besatzungszone, wird erstmals seit 1932 wieder frei gewählt. *And the winner is* mit 52,3 % die CSU. So soll es denn auch die nächsten Jahrzehnte bleiben bzw. stetig bergauf gehen. Höhepunkt im absoluten Königtum der Christsozialen ist das Jahr 1974: Alfons Goppel holt 62,1 %. 2003 schafft es Ministerpräsident Edmund Stoiber noch mal über die 60 %, von da an geht's bergab. Unter Markus Söder dümpeln die Zustimmungswerte in der mittleren 30er-Zone.

Zum Anschauen
Staatskanzlei am Hofgarten, München

Olympia in München

Sommer 1972

Für die XX. Olympischen Sommerspiele wird München komplett umgemodelt. Es bekommt seine erste U-Bahn und ein Sport-/Veranstaltungsgelände. Als wegweisend wird seine luftige Architektur mit an Netze erinnernden Dächern über den Spielstätten gefeiert, als ebenso bahnbrechend gilt die einheitliche grafische Gestaltung des Büros von Otl Aicher. München setzt auf heitere Spiele, doch ein Palästinenserkommando nimmt elf israelische Sportler als Geiseln. Der Befreiungsversuch scheitert, alle Geiseln, fünf Terroristen und ein Polizist sterben.

Zum Anschauen
Erinnerungsort Olympia-Attentat, Olympiapark, München, S. 26

Flüchtlingsstrom durch Oberbayern

Sommer 2015

Auf dem Höhepunkt des Flüchtlingszuzugs über die Westbalkanroute und durch Österreich nach Oberbayern erweisen sich die Einheimischen als herzliche Gastgeber. Landauf landab wird gespendet und geholfen. Die Begeisterung hält allerdings nicht lange an. Bei den Landtagswahlen 2018 kommt die AfD auf 10,2 % der Stimmen, 2023 auf 14,6 %!

Zum Anschauen
Flüchtlingsprojekt Café Bellevue di Monaco, München, S. 23

Maskendeals

2020–2022

Corona bringt es an den Tag: Spezlwirtschaft allerorten. Abgeordnete und Sprösslinge von CSU-Granden überschlagen sich mit Vermittlungsangeboten kostengünstiger Corona-Maskengeschäfte an die bayerische Staatskanzlei und kassieren zweistelligen Millionenprovisionen. Das ist unmoralisch, aber legal.

Zum Anschauen
B24-Berichterstattung auf www.youtube.com/watch?v=W9QHAGXTVno

Keltengold

Juli 2023

Ermittler fassen die Diebe des »Keltenschatzes« von Manching. Ein Teil der kostbaren Münzen war jedoch schon eingeschmolzen worden.

Zum Anschauen
Kelten- u. Römermuseum Manching, S. 67

Schicksalswahl

Oktober 2023

Die CSU landet bei den Landtagswahlen in Bayern bei 37 % der Stimmen; Ministerpräsident Markus Söder fährt damit das zweitschlechteste Ergebnis der CSU in Bayern ein. *And the winner is:* Hubert Aiwanger und seine Freien Wähler. Dank hemmungslosem Populismus werden sie mit 15,8 % zweitstärkste Kraft im Landtag. Die Grünen müssen sich mit dem vierten Rang (14,4 %) noch hinter der AfD begnügen.

Zum Anschauen
Das schwarz-blaue Maximilianeum, S. 31

Der Wandelbare: Markus Söder als Marilyn Monroe beim Fasching.

Jodeln jenseits von DJ Ötzi

Treibende Bläser, stampfender Beat — auch so lässt sich ein Landler spielen. Zwischen dem Eibl Sepp und LaBrass-Banda liegen zwar Welten, aber oft der gleiche Rhythmus.

Vor einigen Jahren galten die Musiker von LaBrassBanda noch als Geheimtipp. Da tourte die Bläserkombo mit Uralt-Mopeds und einem Traktor durchs Chiemgau und spielte, was ihr gerade einfiel, denn das Motto lautete: »Ned zvui ausmachn und wenn doch, dann mach mas spontan anders.« Inzwischen ist die Motorisierung der Band vorangeschritten, und auch einige andere Provisorien sind einer etwas weniger spontanen Arbeitsweise gewichen. Was die Wirkung der Musik nicht schmälert: Wie beim ersten öffentlichen Auftritt in Rosenheim löst die mit Tuba, Posaune, Trompeten, Bass und Schlagzeug besetzte Band bei so gut wie jedem Publikum immer die gleiche Reaktion aus – ein unwiderstehliches Zucken in Armen und Beinen, das in wilde Tänze mündet.

F

FRAUNHOFER VOLKSMUSIKTAGE

Die veranstaltet die Münchner Traditionswirtschaft Fraunhofer seit Jahren im Januar/Februar und vergibt zum Abschluss einen »Volksmusikpreis«. Um den bewarben sich in den letzten Jahren später berühmt gewordene Vertreter der »Neuen Volksmusik« wie eben LaBrassBanda oder die Allgäuer Alpenjazzer Kerberbrothers (www.fraunhofertheater.de/die_volksmusiktage).

Landler und Gstanzln

Die Grundform alpenländischer Volksmusik ist der Landler, ein meist im Dreivierteltakt vorgetragenes Tanzmusikstück. Dabei vollführen die Tanzpaare komplizierte Figuren; manchmal wird dazu auch geplattelt, das heißt, die Männer schlagen sich auf Schenkel und Schuhsohlen und stampfen mit den Füßen auf. Der Landler ist auch Grundlage für die Stubnmusi: Die gesungenen Gstanzln oder Schnaderhüpfln sind Vierzeiler mit lustigem oder ernstem, gelegentlich auch politischem Inhalt. Häufig werden sie wie auch die Instrumentalbegleitung (Diatonisches Akkordeon, Hackbrett, Zither) improvisiert; beim Gesang unterscheidet man Zweigesang (Hauptstimme und zweite Stimme eine Terz darüber) oder Dreigesang (zusätzliche Tenor- oder Bassbegleitung). Manchmal endet ein Musikstück mit einem kunstvollen, mehrstimmigen Jodler.

Wie klingt authentische Volksmusik?

Das Jodeln kann der zurzeit wohl berühmteste »Volksmusiker« Andreas Gabalier perfekt. Doch zwischen seiner

Egal, ob die Chiemgauer Bläser von LaBrassBanda im Norden oder Süden der Republik auftreten, der bayerische Beat geht sofort in Beine und Arme.

Pseudo-Folklore oder der eines DJ Ötzi, dem traditionellen Volkslied von den Rehm Buam, dem Eibl Sepp oder von Ruperti Blech und der Fusion-Musik der jüngeren Generation liegen Welten. Und auch innerhalb des Genres »Neue Volksmusik« ist die Bandbreite enorm: Volkslieder mit irischen Anklängen spielt die Gruppe Fraunhofer Saitenmusik, Kofelgschroa aus Oberammergau gelten als punk- und elektroaffin, die CubaBoarischen aus München verbinden Landler mit Salsa, während der Zither Manä seine Zither teils wie eine Rockgitarre spielt. Die Bühne für solche Bands bieten die Fraunhofer Volksmusiktage, die sich zu einer der wichtigsten Volksmusikveranstaltungen im Alpenraum gemausert haben.

Aus Weilheim in die Welt

Was machen drei Weilheimer, wenn sie sich treffen? – Sie gründen eine Band! In Weilheim mag diesen Witz niemand mehr hören, aber in den vielen Presseberichten über das Weilheimer Musikphänomen taucht er regelmäßig auf: Auf 20 000 Einwohner kamen in den besten Zeiten rund 13 Bands, deren Mitglieder sich aus einer Szene von rund 30 Musikern rekrutierten. Die Weilheimer Bands spielen gegen jeden folkloristischen Strich. Indietronics nennt man diese sehr relaxte Art von Musik, die akustische Elemente mit elektronischen Klangteppichen mixt. Stilistisch sind die jungen Leute stets in Bewegung und offen für alles Neue. Dreh- und Angelpunkt der Szene sind die Brüder Markus und Micha Acher, die Gründer von The Notwist, wo außerdem Max Punktezahl, Andi Haberl, Karl Ivar Refseth und Cico Beck mitspielen. Die Acher-Brüder sind außerdem sowohl beim Tied + Tickled Trio (Jazz/Elektronik) als auch bei den New Orleans Dixie Stompers von Vater Acher dabei. Für den Soundtrack zum Spielfilm »Sturm« von Hans-Christian Schmid erhielten The Notwist 2009 den Deutschen Filmpreis. ■

Die Eventisierung der Alpen

Pro und contra — Hochseilparks, Klettersteige, Aussichtsplattformen, braucht's des? Können die Berge mit all ihrer Majestät und Schönheit nicht einfach für sich stehen? Unsere Autorin ist Befürworterin einer (wenn auch) vorsichtigen Alpen-Eventisierung, ihr Mann, der passionierte Wanderer Friedrich Köthe, gibt Contra.

Pro Eventisierung

Zunächst: Was versteht man unter ›Eventisierung‹? Ist damit jeder Eingriff in die Gebirgslandschaft gemeint, also auch Bergbahnen? Oder geht es bei der Kontroverse um die Alpen als Freizeitpark um Auswüchse wie am Schweizer Schilthorn, besser bekannt als Piz Gloria, wo es rund um den markanten Gipfel eine komplette 007-Erlebnis- und Adrenalinlandschaft gibt? Fakt ist, immer mehr Gemeinden verpassen ihren Bergen zusätzliche Attraktionen, angefangen bei architektonisch ansprechenden Liftstationen oder Berghütten über abenteuerliche bis adrenalinlastige Installationen für den Weg ins Tal (Alpincoaster, Flying Fox) bis hin zu gläsernen Aussichtsplattformen, Hängebrücken und Pseudo-Klettersteigen. Die Gründe dafür liegen auf der Hand: Der Wintersport, bislang eine sichere Bank, ist durch den Klimawandel auf dem Rückzug. Nur Skigebiete, die sich zu überregionalen Verbünden zusammengeschlossen haben und sich deshalb kostenintensive Beschneiung sowie modernes Liftmaterial leisten können, werden langfristig überleben. Die Kleineren müssen sich etwas einfallen lassen.

Kritiker monieren, dass mit dem Bau solcher Adrenalin-Attraktionen nur kurzfristig Geld verdient wird. Gegenbeispiel: AlpspiX am Osterfelderkopf bei Garmisch-Partenkirchen: Die 24 breite Aussichtsplattform aus Stahl und Glas schwebt über einem 1000 m tiefen Abgrund. Seit sie 2010 eröffnet wurde, verzeichnen die Bergbahnen 30 % mehr Passagiere. Die fahren nicht nur auf die Alpspitze, sondern parken, verzehren, kaufen Souvenirs. Für Bergbahn und Gemeinde ein Erfolg.

Naturschützer wie Alpenverein führen andere Argumente ins Feld: Da geht es um die Verschandelung der Landschaft durch über den Fels ragende »Rohre« (Karwendel), da wird die Belastung der Natur ins Feld geführt. Menschen, die nicht bergaffin sind, zertrampeln rücksichtslos die empfindliche Flora und verscheuchen das Wild. Das mag richtig sein. Aber sind die Gipfel unserer Berge ausschließlich passionierten Wanderern vorbehalten?

Dürfen nur Konditionsstarke und Nicht-Behinderte in den Genuss einer Gipfelregion kommen? Und gibt es eine objektive Bergästhetik? Ich persönlich finde moderne Bergarchitektur, wie man sie vor allem im Allgäu und im Bregenzer Wald findet, ungemein spannend. In Oberbayern gibt es in dieser Richtung viel zu wenig Mut.

Last but not least: Ich bin nicht schwindelfrei und deshalb kaum in der Lage, einen Karwendelgipfel oder die Alpspitze zu besteigen. Bergbahnen und moderne Installationen ermöglichen es mir, das Bergpanorama trotzdem zu genießen. Sie müssen ja nicht auf jedem Gipfel stehen.

Contra Eventisierung

Ich kann mich noch gut erinnern, was für ein Gefühl es war, nach sieben Stunden auf dem Mittenwalder Klettersteig an der Westlichen Karwendelspitze anzukommen und plötzlich wieder unter Menschen zu sein, die mit der Karwendelbahn hochgefahren sind. Man wollte möglichst schnell weg. Dann baute Mittenwald 2008 das »Bergwelt Karwendel« genannte Naturinformationszentrum mit dem spektakulären »Riesenfernrohr«, und aus den paar Dutzend Menschen wurden Besuchermassen. Seitdem bin ich den Steig nicht mehr gegangen.

Mir widerstreben nicht nur die vielen Menschen, die um die Karwendelgrube herumtrampeln, ohne Rücksicht auf die Alpenschneehühner, die dort brüten. Mich nervt auch der Lärm, das Selfie-Geknipse, das ganze Verhalten, das nichts mit den Bergen zu tun hat. Aber das ist nur die Spitze des Eisbergs. Die Eingriffe in die oberbayerische Alpenlandschaft werden ja immer brutaler: Die neue Beschneiungsanlage am Sudelfeld beispielsweise ist die größte in Bayern. Und das für ein Skigebiet, das mit Höhen von 800 bis 1563 m angesichts des Klimawandels kaum Überlebenschancen hat. Hier im Sommer zu wandern, ist wie ein Marsch durch Bergwüste. Für Speichersee und Pisten wurde alles plattgemacht.

Schon ist auch in Bezug auf die Alpen von *overtourism* die Rede: Noch betrifft das nur Attraktionen wie König Ludwigs Märchenschlösser oder die Zugspitze. Doch man kann bei Städten wie Dubrovnik beobachten, wie schnell ein Hype entsteht und wie wenig man dieser durch soziale Medien angeheizten Hysterie dann entgegensetzen kann. Ich gehöre nicht zu den radikalen Naturschützern, die fordern, der Mensch solle sich völlig aus den Alpen zurückziehen. Die Berge waren schon immer auch Kulturland, man legte Almen an, rodete Wälder, baute Straßen. Würde der Mensch die Landschaft nicht hegen, sie würde im wahrsten Sinne des Wortes verbuschen. Und natürlich haben die Berg- bzw. Talbewohner das Recht, aus der Schönheit ihrer Heimat Kapital zu schlagen. Aber mit umweltverträglichem, Ressourcen-schonendem Tourismus. Nicht, indem sie Attraktionen für Massen schaffen, auch nicht mit Kunstschnee. ■

R

ALPEN IM FOKUS

Werner Bätzing ist Professor für Kulturgeografie und Mahner für einen verantwortungsvollen Umgang mit den Alpen. In der Streitschrift »Zwischen Wildnis und Freizeitpark« legt er sehr pointiert und leidenschaftlich dar, wie er sich die Zukunft der Alpen vorstellt (Zürich 2017). Sein Standardwerk »Die Alpen« (München 2015) sei jedem empfohlen, der nach einem nicht-touristischen Blick auf das Gebirge sucht.

Bei ihren Führungen erzählt Martina Glatt nicht nur von der Heilkraft der Pflanzen, sondern auch von deren Bedeutung im Volksglauben.

Die ›weise Frau‹

Martina Glatt aus Aschau — unternimmt Kräuterwanderungen, kann seit früher Kindheit mit der Wünschelrute umgehen und weiß, welche vorchristlichen Traditionen im christlichen Gewand überdauert haben. Ich treffe sie auf einem der 500 Bankerl des Bankerldorfs Aschau direkt am Moorbad mit besonders schöner Aussicht ins Priental hinein.

Frau Glatt, wie ist es dazu gekommen, dass sie »Alte Wege neu gehen«, wie ihre Webseite heißt. Was soll man sich darunter vorstellen?

Alte Wege, altes Kräuterwissen und Traditionen wiederzuentdecken und für das Leben heute neu zu beleben. Mir liegt es besonders am Herzen, den Menschen die Wunder am Wegesrand zu zeigen und sie zu eigenem wieder »Hinspüren« mit allen Sinnen zu ermutigen.

Sie erklären bei Ihren Wanderungen welche Heilkraft Pflanzen besitzen, aber auch, wie sie traditionell als Schutz von Haus und Hof dienen. Haben Sie ein Beispiel?

Bestes Beispiel ist wohl der Holunder, der zum einem ein Multi-Hausmittelbaum ist, von den Blüten, zu den Beeren, der Rinde und sogar den Pilzen, die auf ihm wachsen, ist alles heilkräftig. Zum anderem galt er früher als wichtigster Hausschutzbaum, ihn zu fällen, sollte Unglück bedeuten, und die Bauern zogen vor ihm den Hut. Er wurde als Sitz der alten Muttergöttin, der Frau Holle, gesehen und als Sitz der Ahnen. Sie zu achten und um Schutz und Hilfe zu bitten, war wohl für die Menschen früher sehr wichtig. Des Weiteren kann ich zu dem Thema aus der Sicht einer Rutengängerin sagen: Würde man den Holunder da wachsen lassen, wo er von alleine wachsen will, könnte man sich viele sogenannte Entstörmaßnahmen, die so mancher Kollege für viel Geld verkaufen möchte, wirklich sparen. Der Holunder ums Haus entstört und wandelt, von Wasseradern bis zu Elektrosmog.

Ist denn dieses alte Wissen heute auf dem Land noch lebendig?

Ja, wenn auch vieles sehr versteckt, schließlich war die Laienheilkunde bzw. Volksheilkunde seit Jahrhunderten offiziell verboten und ist im Zuge der modernen Medizin eher verpönt und belächelt. Aber alle Bäuerinnen, die ich kenne, räuchern z. B. ihre Ställe bei Krankheitsfällen aus, nur redet man nicht so gerne darüber.

Sind es vor allem Frauen, die an Ihren Exkursionen teilnehmen? Frauen hier aus der Gegend. Oder gibt's auch Interesse unter Feriengästen?

Ja, stimmt, es sind meistens mehr Frauen, die mitkommen, vor allem beim Thema Kräuter. Da allerdings bunt gemischt: Einheimische, Münchner Tagesgäste und auch Feriengäste. Das

Thema Geomantie/Rutengehen interessiert eher die Männer mehr.

Apropos Geomantie, Sie machen Hausbegehungen mit der Wünschelrute. Wenn Sie Wasseradern oder auch technische Strahlungen entdecken, wie können Sie die beheben?

Das ist ein sensibles Thema, denn das »Beheben« funktioniert nur bedingt. Aber ich versuche mit einfachen Mitteln und altem geomantischem Wissen umzulenken oder zu wandeln. Dazu gehören eben z. B. Pflanzen, wie ich es gerade vom Holunder erzählt habe, oder auch alte Symbole, mit denen schon unsere Vorfahren gearbeitet haben.

Würden Sie sich, im positiven Sinne, als Hexe bezeichnen?

Noch ein sensibleres Thema, da der Begriff an sich negativ besetzt ist und schnell mit Okkultismus oder schwarzer Magie in Verbindung gebracht wird und damit hab' ich nun wirklich gar nichts am Hut. Im Althochdeutschen hieß Hexe eigentlich »Hagazussa«, was Zaunsitzerin bedeutet. Der Begriff passt wohl schon zu mir, da ich gerne zwischen den Welten der aufgeklärten Moderne und der Tradition der weisen Frauen vermittle und mich eben auch die Heilwirkung der Pflanzen außerhalb des Hages/Gartenzaunes interessieren.

MARTINA GLATT ERLEBEN

Alles über Martina Glatts Exkursionen und Führungen steht auf www.alte-wege-neu-gehen.de. Anmeldung online oder unter T 08052 41 27. Bankerl- und Genusstouren können auch bei der Gästeinfo Aschau oder unter www.aschau.de gebucht werden.

»Vor dem Holunderbaum zogen die Bauern den Hut. Ihn zu fällen, bedeutete Unglück.«

Was bedeutet die Tradition der weisen Frauen und wie unterscheidet sie sich von der Schulmedizin und der klassischen alternativen Medizin?

In so kurzen Worten wie möglich und leicht überspitzt gesagt: In der Schulmedizin wird eine Krankheit als Feind gesehen und mit Medikamenten und Operationen bekämpft. In der klassischen alternativen Medizin gilt man immer als vergiftet und muss, wie auch immer, meist mit komplexen, schwierigen Mitteln gereinigt werden (z. B. Homöopathie). In der Tradition der weisen Frauen gilt die Krankheit als natürliche Verbündete, Heilmethoden wie Kräuter etc. sind einfach, nähren und machen Spaß (z. B. Wildkräuterküche), und die einzige Regel in dieser Tradition ist, dass es keine Regel gibt! Schön für mich ist, dass sich mittlerweile alle Traditionen begegnen und mischen, denn jede hat ihre Grenzen, aber eben auch ihre Wichtigkeit und Wahrheit. Meine Tochter hätte ohne Schulmedizin und der alternativen Medizin nie so lange gelebt, aber nur mit der Schulmedizin etc. eben auch nie so lange! Aus den prognostizierten drei Monaten sind 14 Jahre geworden – und das war ein riesiges Geschenk!

Holunder ist vielseitig verwendbar: Man erntet seine Blüten und Beeren, aber er schützt auch vor Blitzschlag – in diesem Fall die Kirche von Aschau.

Sie haben ein Buch mit dem Titel »Alte Wege neu gehen« verfasst. Was erwartet die Leser da?

Das Buch entstand auf Wunsch vieler Teilnehmer meiner Exkursionen: eben mein gesammeltes Wissen über Kräuter, Brauchtum, den Jahreskreis und die Tradition der weisen Frauen aufzuschreiben. Mittlerweile in 6. Auflage, hat es sich zu einem Doppelbuch vereint mit dem Buch »Möge der Himmel vereinen unser Lachen und Weinen«, in dem ich Abschiedsbriefe an meine Tochter verfasst habe. Das langjährige Begleiten und ihr Sterben sind ein wesentlicher Teil meines gesamten Lebensweges und gehört zu »Alte Wege neu gehen« dazu.

Sie arbeiten auch als Gästeführerin in Aschau und bieten unter anderem eine Aschauer Bankerl-Genuss-Tour an. Wie läuft die ab?

Bei einem kulinarischen Ortsrundgang erfahren die Teilnehmenden neben der spannenden Historie Aschaus interessante wie humorvolle Geschichten rund um die über 200 Themenbankerl, aber vor allem genießen sie an zehn Genuss-Bankerl-Stationen die kulinarische Vielfalt des Genussortes Aschau. Es erwarten sie verschiedenste »Bayerische Magentratzerl« von regionalen Käsespezialitäten des Prientaler Bergbauernladens zum Naschen auf dem »Dampfeibankerl« und vieles mehr. ■

DER MÜLLNER PETER

Der als Peter Huber 1766 in Sachrang geborene »Müllner Peter« wurde als Heilkundiger und Apotheker weit über die Grenzen des Dorfes bekannt. Seine Schriften zur Naturheilkunde zählen zu den wichtigsten Exponaten des Müllner-Peter-Museums im alten Schulhaus zu Sachrang (www.muellner-peter-museum.de, s. auch S. 204).

Davidstern und weißblaue Raute

Rund 10 000 Jüdinnen und Juden leben in München — organisiert in zwei Gemeinden, der orthodoxen Kultusgemeinde und der liberalen Beth Schalom. Jüdische Kultur ist bereits für 1210, also kurz nach der Stadtgründung, verbrieft.

Doch schon 1285 folgte der erste Pogrom, bei dem 67 Juden den Tod fanden, weil sie angeblich einen Ritualmord an einem christlichen Knaben begangen bzw. gebilligt hatten. Ähnlich lesen sich auch die jüdischen Chroniken aus Städten wie Ingolstadt, Eichstätt, Burghausen oder Landsberg am Lech.

Gesellschaftlicher Status: Jude

Die Herrscher schrieben vor, wo Menschen jüdischen Glaubens wohnen durften, und sie gewährten ihnen Schutzregale: Gegen Zahlung von Geld durften sie sich niederlassen und Handel treiben. In vielen Städten mussten sie besondere Kleidung – einen gelben, an das Obergewand gehefteten Ring – tragen, damit Religionszugehörigkeit und Status für jeden erkennbar waren. 1342 führte Kaiser Ludwig der Bayer den Goldenen Opferpfennig als Kopfsteuer für Juden über zwölf Jahre ein. Da Angehörige der jüdischen Gemeinschaft zunächst als ›Freie‹ angesehen wurden, verwehrte man ihnen sowohl die Mitgliedschaft in Handwerkszünften als auch jede landwirtschaftliche Tätigkeit. Was blieb, waren Wissenschaft, Handel und Geldverleih. 1314 verpfändeten die bayerischen Herzöge die gesamte Stadt München an einen jüdischen Geldverleiher aus Augsburg. Um derlei lästige finanzielle Verpflichtungen wieder loszuwerden, inszenierte man Pogrome. 1442 mussten auf Geheiß Herzog Albrechts III. alle Juden Oberbayern verlassen.

JÜDISCHE UND ISRAELISCHE KÜCHE

Feine, koscher zubereitete Gerichte askenasischer bis sephardischer Tradition serviert das Restaurant Einstein im Kulturzentrum der israelitischen Kultusgemeinde. Vor allem die leckeren, preiswerten Mittagsmenüs sind zu empfehlen (Restaurant Einstein, St.-Jakobs-Platz 18, T 089 202 40 03 33, www.einstein-restaurant.de, Mo–Fr 12–14.30, Mo–Do auch 18–22 Uhr, €€, bitte Ausweis bereithalten!)

Fluchtpunkt ländliche Regionen

Zwischen dem 15./16. und dem 18. Jh. sind Zeugnisse jüdischen Lebens in Bayern nur spärlich vorhanden. Im 17./18. Jh. kannte die bayerische Landbevölkerung Juden in erster Linie als fahrende Händler, die Waren aus der Stadt auf dem Land ver-

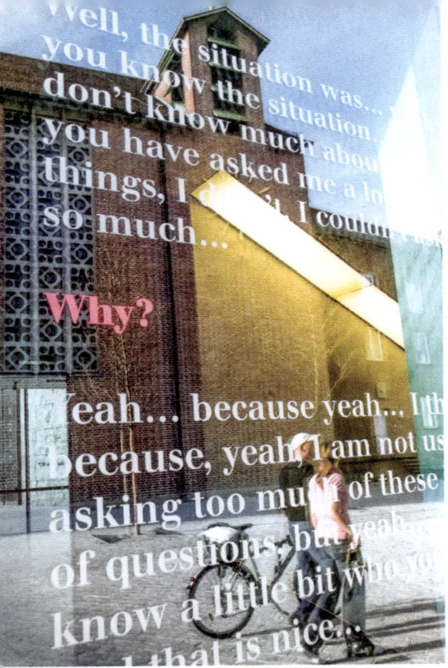

Mit Transparenz lädt das Jüdische Museum zu München dazu ein, den Spuren jüdischen Lebens in Bayern zu folgen.

kauften. Einige fungierten als ›Schmuser‹, als Vermittler von Verträgen, Geschäften und Ehen. Als Händler und Verhandlungsführer gebraucht, als Mitbürger aber nicht anerkannt, lebten die Jüdinnen und Juden auf dem Land in zumeist ärmlichen Verhältnissen am Rande der Dorfgemeinschaft. Sobald sich die Bedingungen in den Städten besserten, versuchten viele, nach München, Ingolstadt, Eichstätt oder Landsberg zurückzukehren.

Schritt für Schritt zur Anerkennung

1813 regelte das ›Judenedikt‹ von König Maximilian I. den Rechtsstatus der jüdischen Mitbürger in Bayern neu. Es sicherte den 30 000 im Königreich lebenden Juden Religionsfreiheit zu und die Möglichkeit, Bürgerrechte und Grundbesitz zu erwerben. 1848 bekamen die bayerischen Juden aktives und passives Wahlrecht, und 1871 wurde ihnen nach der Gründung des Deutschen Reiches die Gleichberechtigung zugestanden. In München gründete sich 1815 die Israelitische Kultusgemeinde, die 1826 die erste Synagoge seit der Zerstörung des mittelalterlichen Bethauses errichtete. Ein halbes Jahrhundert später stellte Ludwig II. der Gemeinde ein repräsentatives Grundstück im Stadtzentrum zur Verfügung, wo 1877 feierlich die neue Hauptsynagoge eingeweiht wurde. Anfang des 20. Jh. lebten über 10 000 jüdische Mitbürger in der Stadt, darunter zahlreiche Literaturschaffende und Intellektuelle wie Lion Feuchtwanger, Erich Mühsam oder Max Reinhardt. Auch in Eichstätt, Ingolstadt und anderen oberbayerischen Städten gab es wieder jüdisches Leben.

Vernichtung und Neubeginn

Oberbayern erwies sich mit München, der ›Hauptstadt der Bewegung‹, als Vorreiter des NS-Vernichtungsfeldzugs gegen die Juden. 1933 wurde vor den Toren Münchens das Konzentrationslager Dachau errichtet. Schon im Juni 1938 ließ Joseph Goebbels die Münchner Hauptsynagoge zerstören, ohne damit Proteste auszulösen. Bis 1936 war die jüdische Gemeinde in München durch Flucht auf knapp die Hälfte geschrumpft; von den verbliebenen 6000 Jüdinnen und Juden wurden 3000 in Konzentrationslager deportiert. 1945 zählte die Gemeinde 430 überlebende Mitglieder. Dass sich diese Zahl schnell vervielfachte – 1946 waren es bereits wieder 2800 – lag unter anderen an Münchens Funktion als Auffanglager für *displaced persons*, also Überlebende der Konzentrationslager und Flüchtlinge aus Osteuropa. 1947 war die Synagoge in der Reichenbachstraße wiederhergestellt. Mit dem Bau der neuen Hauptsynagoge, des Kulturzentrums und des Jüdischen Museums in München erhielt die Israelitische Kultusgemeinde aber erst 2006 wieder einen kulturell-religiösen Mittelpunkt im Herzen der Stadt. ■

Es gibt nix Feiners wia a Schweiners

Schweinsbraten, Knödel und Krautsalat — fertig ist Oberbayerns kulinarische Dreifaltigkeit. Rezepte dafür gibt es so viele, wie Köche und Köchinnen am Herd stehen. Sogar wissenschaftlich wurde der Schweinsbraten schon untersucht.

Und zwar von einem oberbayerischen Gymnasiasten, der dem perfekten Schweinebraten 2015 eine 30-seitige Seminararbeit widmete. Das Ergebnis seiner Studie finden Sie als Rezept im Kasten.

Ohne Kruste nix Gscheids

Die Qualität eines Schweinsbratens wird an der Reschheit seiner Kruste gemessen. Während Gymnasiast Felix auf Einsalzen und abschließendes Grillen setzt, empfiehlt Sterne- und Fernsehkoch Alexander Herrmann, nachgewiesenermaßen ein Oberfranke, eine gänzlich andere Methode: Er lässt den Braten mit der Schwarte nach unten in (schwartenhoch stehendem) Wasser etwas köcheln, bevor er sie einritzt, mit Salz einreibt und anbrät. Das weitere Verfahren ist deutlich komplizierter als das des Gymnasiasten, endet aber ebenfalls mit Vollbeschuss durch den Grill.

Zum Thema Schweinebraten hat natürlich auch Oberbayerns Starkoch schlechthin, Alfons Schuhbeck, etwas beizutragen: Im Prinzip macht er's ähnlich wie sein Kollege, nur gart er die Schwarte in Brühe und das eine Stunde lang, bevor er die entscheidenden Schnitte setzt. Gesalzen wird die Schwarte bei Schuhbeck erst kurz vor Schluss, danach wandert sie für 30 Minuten unter die Oberhitze.

Schulter, Nacken oder Bauch?

Gemeinhin nimmt man ein Schulterstück, manchmal auch Nacken. »Meine Oma hat immer a Wammerl mitgebraten, wegen dem Geschmack«, erläutert die Kellnerin im Ähndl im Murnauer Moos, als sie zum Erstaunen des Gastes statt Schulter- einen Wammerl-(Schweinebauch-)Braten serviert. Das geht also auch. Über die Kalorien möchte man nicht nachdenken. Figurbewusste Menschen bestellen deshalb ohnehin keinen Krusten-, sondern einen einfachen Schweinebraten, das verringert den Fettanteil erheblich.

S

DER PERFEKTE SCHWEINSBRATEN

Kruste einschneiden, gut salzen und eine Stunde stehen lassen; dann bei etwa 190° im Ofen mindestens zwei Stunden garen, bis das Fleisch eine Kerntemperatur von 75° erreicht hat. Zwischendurch mehrmals vorsichtig mit dunklem Bier einpinseln. Wenn's so weit ist, fünf Minuten bei höchster Temperatur mit Oberhitze oder Grillfunktion nachbraten. Krosser geht's nicht!

Die Beilage macht's

Klassiker ist der Kartoffelknödel aus geriebenen und ausgedrückten rohen Kartoffeln, in dessen Mitte ein paar geröstete Brotwürfel gerollt werden. Stammtische können sich allerdings nächtelang darüber streiten, ob die Knödel besser schmecken, wenn sie zur Hälfte aus gekochten Kartoffeln, also ›halb und halb‹ zubereitet werden.

Semmelknödel formt man aus alten Semmeln oder Knödelbrot, verfeinert die Masse mit Ei, Petersilie und angeschwitzten Zwiebeln und, wenn man Schuhbeck-Fan ist, mit Ingwer (die oberbayerischen Koch-Omas drehen sich im Grab um). Brezenknödel werden wie Semmelknödel, aber aus Brezenresten zubereitet.

Dann fehlt nur noch die Seligkeitsbeilage Nummer zwei, der Krautsalat. Geriebener Weißkohl, etwas Zucker, etwas Kümmel, Weißweinessig. Und ein frisch gezapftes Bier! ■

Noch mehr aktuelle Reisetipps von Daniela Schetar und News zum Reiseziel finden Sie auf www.dumontreise.de/oberbayern.

MIX
Papier | Fördert gute Waldnutzung
FSC® C018236